应用经济数学（下）

主　编　段　渊
副主编　陈剑军　师亚萍　芮伟芳
参　编　张　庚　李小琴　史慧娟

北京理工大学出版社
BEIJING INSTITUTE OF TECHNOLOGY PRESS

内 容 简 介

本书是"行知教育协作联盟"用书,由广东科技学院和黄河交通学院联合编写. 全书分上、下两册,本书为下册,主要包括概率论、线性代数、线性规划三章. 书末附有各章习题的参考答案及部分解题过程.

本书以"掌握基础、强化应用、提高能力"为宗旨,突出体现知识的应用及与专业的结合,书中配有丰富的应用例题与习题.

本书适用于应用型本科院校经管类各专业,也可作为经管类专业学生继续深造及各类考证的参考用书,还可作为经管类从业人员的参考工具书.

版权专有 侵权必究

图书在版编目(CIP)数据

应用经济数学. 下 / 段渊主编. —北京:北京理工大学出版社,2020.12
ISBN 978-7-5682-9418-8

Ⅰ. ①应… Ⅱ. ①段… Ⅲ. ①经济数学 – 高等学校 – 教材 Ⅳ. ①F224.0

中国版本图书馆 CIP 数据核字(2021)第 001717 号

出版发行 / 北京理工大学出版社有限责任公司

社　　址 / 北京市海淀区中关村南大街 5 号

邮　　编 / 100081

电　　话 / (010)68914775(总编室)
　　　　　　(010)82562903(教材售后服务热线)
　　　　　　(010)68948351(其他图书服务热线)

网　　址 / http://www.bitpress.com.cn

经　　销 / 全国各地新华书店

印　　刷 / 涿州市新华印刷有限公司

开　　本 / 787 毫米 × 1092 毫米　1/16

印　　张 / 16　　　　　　　　　　　　　　　　　　　责任编辑 / 孟祥雪

字　　数 / 376 千字　　　　　　　　　　　　　　　　文案编辑 / 孟祥雪

版　　次 / 2020 年 12 月第 1 版　2020 年 12 月第 1 次印刷　责任校对 / 周瑞红

定　　价 / 48.00 元　　　　　　　　　　　　　　　　责任印制 / 李志强

图书出现印装质量问题,请拨打售后服务热线,本社负责调换

前 言 ——— PREFACE

　　随着高等教育大众化的不断推进，越来越多的高校走上了应用型高等教育的探索之路.
数学教育作为高等教育的重要一部分，如何体现"应用"性，如何为"高素质应用型人才"
的培养打好理论基础，如何在基础理论课与地方本科院校生源状况的夹缝中找到突破，长期
以来是数学教师们研究和探索的主要课题. 本教材就是基于以上的思考，遵循"立足基础、
强化能力、突出应用"的编写原则，围绕"应用＋实用"的指导思想，在应用型本科数学
教材建设方面的一次尝试与探索. 本教材有以下几方面的特色：

　　1. 打破传统学科本位的思想，在不影响学科体系完整性、系统性的前提下，淡化理论
学习，强化知识应用，力求使抽象的概念通俗、形象、直观.

　　2. 加强了数学和专业知识的融合. 在教材的每一章都有安排一节内容，专门介绍本章
知识在经济领域的应用. 通过这些经济案例的教学，学生可以将所学知识融会贯通，提高应
用能力，并为后续的专业学习打好基础.

　　3. 教材涵盖了大学数学的所有内容，包括一元微积分、多元微积分、无穷级数、微分
方程与差分方程、概率论、线性代数及数学规划，可以满足不同专业的学生的学习需求.

　　4. 教材展示了数学应用的广泛性，通过大量的数学应用例题和习题，使学生能体会到
数学的应用价值，更明确了学习数学的目的.

　　5. 教材渗透了数学文化的教育，每章的开篇都有一个对本章知识及一两位数学家的简
短介绍，让教材更具有可读性，扩大了学生的知识面，丰富了学生的课外知识.

　　全书分上、下两册，共9章，上册内容有极限与连续、一元函数微分学、多元函数积分
学、多元函数微积分、无穷级数、微分方程与差分方程初步. 下册内容有概率论、线性代
数、线性规划. 各册书末均配有习题答案.

　　本教材为"行知教育协作联盟"用书，由广东科技学院和黄河交通学院联合编写. 主
编为段渊教授. 具体编写分工如下：段渊教授负责第1、2章；师亚萍老师负责第3、4章；
芮伟芳老师负责第5章；史慧娟老师负责第6章；陈剑军老师负责第7章；张庚老师负责第
8章；李小琴老师负责第9章. 教材在编写过程中，得到"行知教育协作联盟"、广东科技
学院以及黄河交通学院各级领导和老师的大力支持，在此表示由衷的感谢！

　　由于编者水平所限，书中不足和考虑不周之处肯定不少，错误也在所难免，我们期望得
到专家、同行和读者的批评指正，使本书在教学实践中不断完善.

编　者

目录 CONTENTS

第7章 概率论

※数学史话※

关于概率论

在自然界和人类的日常生活中，随机现象非常普遍，比如每期福利彩票的中奖号码．概率论与数理统计是研究和揭示随机现象统计规律性的一门基础学科．

概率与统计的一些概念和简单方法，早期主要用于赌博和人口统计模型．随着人类的社会实践，人们需要了解各种不确定现象中隐含的必然规律性，并用数学方法研究各种结果出现的可能性大小，从而产生了概率论，并使之逐步发展成一门严谨的学科．概率与统计的方法日益渗透到各个领域，并广泛应用于自然科学、经济学、医学、金融保险甚至人文科学中．

18、19 世纪，随着科学的发展，人们注意到在某些生物、物理和社会现象与机会游戏之间有某种相似性，从而由机会游戏起源的概率论被应用到这些领域中；同时，这也大大推动了概率论本身的发展．使概率论成为数学的一个分支的奠基人是瑞士数学家伯努利，他建立了概率论中第一个极限定理，即伯努利大数定律，阐明了事件的频率稳定于它的概率．随后棣莫弗和拉普拉斯又导出了第二个基本极限定理（中心极限定理）的原始形式．

拉普拉斯在系统总结前人工作的基础上写出了《分析的概率理论》，明确给出了概率的古典定义，并在概率论中引入了更有力的分析工具，将概率论推向一个新的发展阶段．

19 世纪末，俄国数学家切比雪夫、马尔可夫、李亚普诺夫等人用分析方法建立了大数定律及中心极限定理的一般形式，科学地解释了为什么实际中遇到的许多随机变量近似服从正态分布．20 世纪初受物理学的刺激，人们开始研究随机过程，这方面柯尔莫哥洛夫、维纳、马尔可夫、辛钦、莱维及费勒等人做了杰出的贡献．

本章主要介绍有关概率论的基础知识、方法与理论．

数 学 家

蒲丰（1707—1788 年），法国数学家、自然科学家．1707 年 9 月 7 日生于蒙巴尔；1788 年 4 月 16 日卒于巴黎．蒲丰 10 岁时在第戎耶稣会学院念书，16 岁主修法学，21 岁到昂热转修数学，并开始研究自然科学，特别是植物学．1733 年当选为法国科学院院士，1739 年任巴黎皇家植物园园长，1753 年进入法兰西学院．1771 年继承法王路易十四的爵封．

蒲丰是几多概率的开创者，并以蒲丰投针题目著称于世，发表在其 1777 年的论著《或然性算术试验》中. 其中首先提出并解决下列题目：把一个小薄圆片投入被分为几多个小正方形的矩形域中，求使小圆片完全落入某一小正方形内部的概率是多少，接着讨论了投掷正方形薄片和针形物时的概率题目. 这些题目都称为蒲丰题目. 投针题目可述为：设在平面上有一组平行线，其距都是 D，把一根长 $l < D$ 的针随机投上去，则这根针和一条直线相交的概率是 $\dfrac{2l}{\pi}D$. 由于他的投针试验法可以使用许多次随机投针试验算出 π 的类似值，因此特别引人瞩目，这也是最早的几多概率题目.

蒲丰于 1740 年翻译了牛顿的《流数法》，并探究了牛顿和莱布尼兹发明微积分的历史.

蒲丰还以研究自然博物史著称，他集多年研究成果编成巨著《自然史》（44 卷，蒲丰生前出书 36 卷，后 8 卷由他的门生完成.）. 他是第一个对地质史分时期的科学家，他还首次提出太阳与彗星碰撞孕育发生行星的理论.

7.1 随机事件及概率

一、随机事件

1. 随机现象

在一定条件下，必定会发生的现象称为**必然现象**（或确定性现象）.

事前可预言的现象，即在准确地重复某些条件下，它的结果总是肯定的. 如：在一个标准大气压下给水加热到 100℃便会沸腾；太阳总是从东边升起；同性电荷相互排斥，异性电荷相互吸引.

在一定条件下，出现的可能结果不止一个，事前无法确切知道哪一个结果一定会出现，但大量重复试验或观察中其结果又具有一定规律性的现象称为**随机现象**.

事前不可预言的现象，即在相同条件下重复进行试验，每次结果未必相同，或知道事物过去的状况，但未来的发展却不能完全肯定. 例如：以同样的方式抛掷硬币可能出现正面向上也可能出现反面向上；走到某十字路口时，可能正好是红灯，也可能正好是绿灯.

随机现象特点：

（1）随机现象的结果至少有 2 个；

（2）至于哪一个出现，事先并不知道.

2. 随机试验

为了研究随机现象的统计规律性，需要对随机现象进行重复观察或试验，下面列举试验的例子.

E_1：掷一枚硬币，观察正反面出现的情况；

E_2：将一枚硬币连续抛两次，观察正反面出现的情况；

E_3：抛掷一颗骰子，观察出现的点数；

E_4：观察某书城一天内售出的图书册数；

E_5：在一批灯泡中任意抽取一只，测试它的使用寿命.

以上的五个试验具有以下三个共同的特点：

(1) 可重复性：试验在相同条件下可重复进行；

(2) 可知性：每次试验的可能结果不止一个，并且事先能明确试验所有可能的结果；

(3) 不确定性：进行一次试验之前不能确定哪一个结果会出现，但必然会出现结果中的一个.

具有以上三个特点的试验称为**随机试验**，一般用 E 来表示.

3. 样本空间与随机事件

要研究一个随机试验，首先要搞清楚这个试验的所有可能结果. 不论可能的结果有多少，总可以从中找出一组基本结果，满足：(1) 每进行一次试验，必然出现且只能出现其中的一个基本结果；(2) 任何结果，都是由其中的一些基本结果组成的.

随机试验 E 的所有基本结果组成的集合称为**样本空间**，记为 Ω. 样本空间的元素，即 E 的每个基本结果，称为**样本点**.

例1 设随机试验 E 为"抛一颗骰子，观察出现的点数". 那么 E 的样本空间是 $\Omega = \{1, 2, 3, 4, 5, 6\}$.

例2 设随机试验 E 为"从 52 张扑克牌中随机抽出一张". 那么 E 的一个可能的样本空间是数字 $\Omega = \{A 到 K\}$，另外一个可能的样本空间是花色 $\Omega = \{黑桃, 红桃, 梅花, 方块\}$.

例3 设随机试验 E 为"从某厂生产的相同型号的灯泡中抽取一只，测试它的寿命（即正常工作的小时数)". 那么 E 的样本空间 $\Omega = [0, \infty)$，它是一个数集，由不可列无限个样本点组成.

由上面的例子可知，样本空间可以是数集，也可以不是数集；可以是有限集，也可以是无限集.

我们把随机试验 E 的样本空间 Ω 的子集称为 E 的**随机事件**，简称**事件**，通常用大写字母 $A, B, C, \cdots$ 表示. 在试验中，如果随机事件所包含的某个样本点出现，则称这一事件发生. 例如，在掷骰子的试验中，可以用 A 表示"出现点数为偶数"这个事件，若试验结果是"出现 6 点"，就称事件 A 发生. 特别地，仅含有一个样本点的随机事件称为**基本事件**.

每次试验中都必然发生的事件，称为**必然事件**. 样本空间 Ω 包含所有的样本点，它是 Ω 自身的子集，每次试验中都必然发生，故它就是一个必然事件. 因而必然事件我们也用 Ω 表示. 在每次试验中不可能发生的事件称为**不可能事件**. 空集 $\varnothing$ 不包含任何样本点，它作为样本空间的子集，在每次试验中都不可能发生，故它就是一个不可能事件. 因而不可能事件我们也用 $\varnothing$ 表示.

4. 事件关系与运算

事件是一个集合，因而事件间的关系与事件的运算可以用集合之间的关系与集合的运算来处理．下面我们讨论事件之间的关系及运算．

（1）如果事件 A 发生必然导致事件 B 发生，则称事件 A 包含于事件 B（或称事件 B 包含事件 A），记作 $A \subset B$（或 $B \supset A$）．$A \subset B$ 的一个等价说法是，如果事件 B 不发生，则事件 A 必然不发生．

（2）若 $A \subset B$ 且 $B \subset A$，则称事件 A 与 B **相等**（或等价），记为 $A = B$．为方便起见，规定对于任一事件 A，有 $\varnothing \subset A$．显然，对于任一事件 A，有 $A \subset \Omega$．

（3）"事件 A 与 B 中至少有一个发生"的事件称为 A 与 B 的**并**（或和），记 $A \cup B$（或 $A + B$）．

由事件并的定义，可以得到：对任一事件 A，有

①$A \cup \Omega = \Omega$；$A \cup \varnothing = A$．

②$A = \bigcup\limits_{i=1}^{n} A_i$ 表示"$A_1, A_2, \cdots, A_n$ 中至少有一个事件发生"这一事件．

③$A = \bigcup\limits_{i=1}^{\infty} A_i$ 表示"可列无穷多个事件 A_i 中至少有一个发生"这一事件．

（4）"事件 A 与 B 同时发生"的事件称为 A 与 B 的**交**（或积），记为 $A \cap B$ 或（或 AB）．

由事件交的定义，可以得到：对任一事件 A，有

①$A \cap \Omega = A$；$A \cap \varnothing = \varnothing$．

②$B = \bigcap\limits_{i=1}^{n} B_i$ 表示"$B_1, \cdots, B_n$，n 个事件同时发生"这一事件．

③$B = \bigcap\limits_{i=1}^{\infty} B_i$ 表示"可列无穷多个事件 B_i 同时发生"这一事件．

（5）"事件 A 发生而 B 不发生"的事件称为 A 与 B 的**差**，记为 $A - B$．

由事件差的定义，可以得到：对任一事件 A，有

$$A - A = \varnothing；A - \varnothing = A；A - \Omega = \varnothing$$

（6）如果两个事件 A 与 B 不可能同时发生，则称事件 A 与 B 为**互不相容**（或互斥），记作 $A \cap B = \varnothing$．

注意：任意两个基本事件是互不相容的．

（7）若 $A \cup B = \Omega$ 且 $A \cap B = \varnothing$，则称事件 A 与事件 B 互为**逆事件**（或**对立事件**）．A 的对立事件记为 $\overline{A}$，$\overline{A}$ 是由所有不属于 A 的样本点组成的事件，它表示"A 不发生"这样一个事件．显然 $\overline{A} = \Omega - A$．

在一次试验中，若 A 发生，则 $\overline{A}$ 必不发生（反之亦然），即在一次试验中，A 与 $\overline{A}$ 二者只能发生其中之一，并且也必然发生其中之一．显然 $\overline{\overline{A}} = A$．

注意：对立事件必为互不相容事件；反之，互不相容事件未必为对立事件．

以上事件之间的关系及运算可以用文氏（Venn）图来直观地描述．若用平面上一个矩形表示样本空间 Ω，矩形内的点表示样本点，圆 A 与圆 B 分别表示事件 A 与事件 B，则 A 与

B 的各种关系及运算如图 7-1 所示.

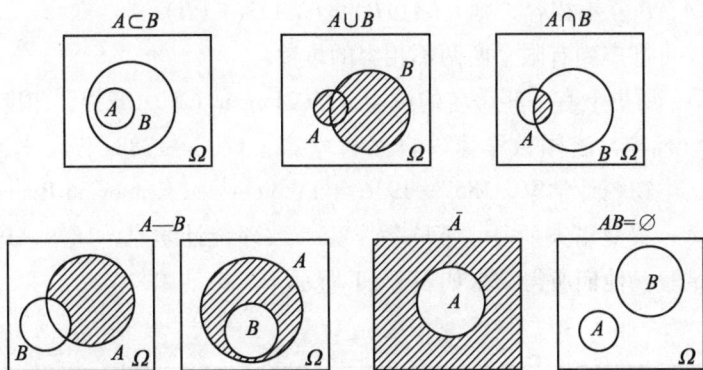

图 7-1

5. 事件的运算规律

事件的运算规律与集合的运算规律相同，读者可自行证明以下运算规律：

（1）交换律：$A\cup B = B\cup A, A\cap B = B\cap A$；

（2）结合律：$A\cup(B\cup C) = (A\cup B)\cup C, A\cap(B\cap C) = (A\cap B)\cap C$；

（3）分配律：

$A\cup(B\cap C) = (A\cup B)\cap(A\cup C), A\cap(B\cup C) = (A\cap B)\cup(A\cap C)$；

（4）德·摩根律：$\overline{A\cup B} = \overline{A}\cap\overline{B}, \overline{A\cap B} = \overline{A}\cup\overline{B}$.

以上各运算律可推广至有限个或可数个事件的情形.

例 4 设 A, B, C 为三个事件，试用 A, B, C 的运算关系式表示下列事件：

（1）A 发生，B, C 都不发生：$A\overline{B}\overline{C}$；

（2）A 与 B 发生，C 不发生：$AB\overline{C}$；

（3）A, B, C 都发生 $ABC = \overline{\overline{A}\cup\overline{B}\cup\overline{C}}$；

（4）A, B, C 至少有一个发生：$A\cup B\cup C$；

（5）A, B, C 都不发生：$\overline{ABC} = \overline{A\cup B\cup C}$；

（6）A, B, C 不都发生：$\overline{ABC}$；

（7）A, B, C 至多有 2 个发生：$\overline{A}\cup\overline{B}\cup\overline{C}$；

（8）A, B, C 至少有 2 个发生：$AB\overline{C}\cup A\overline{B}C\cup\overline{A}BC\cup ABC$.

二、随机事件的概率定义与性质

1. 频数与频率

定义 1 在相同的条件下，进行了 n 次试验，在这 n 次试验中，事件 A 发生的次数 m 称为事件 A 发生的**频数**. 比值 m/n 称为事件 A 发生的**频率**，记为 $f_n(A) = m/n$. 用文字表示定义为：每个对象出现的次数与总次数的比值是频率.

由定义不难证明事件频率具有以下几个性质：

（1）对任一事件 A，有 $0\leqslant f_n(A)\leqslant 1$；

（2）对必然事件 Ω，有 $f_n(\Omega) = 1$；

（3）若事件 A，B 互不相容，则 $f_n(A \cup B) = f_n(A) + f_n(B)$.

注意：性质 3 可推广到有限个两两不相容的事件.

关于抛掷硬币，历史上有一些著名的试验. De Morgan（德·摩根，印度数学家，1806—1871 年）、Buffon（蒲丰，法国数学家、自然科学家，1707—1788 年）、K. Pearson（皮尔逊，英国数学家、生物统计学家，1857—1936 年）、Vcevolod Evanovich Romanovsky（弗谢沃洛德·叶瓦诺维奇·罗曼诺夫斯基，苏联数学家、数理统计学家，1879—1954 年）等曾进行过大量掷硬币试验，他们所得结果如表 7 – 1 所示.

表 7 – 1

试验者	掷硬币次数	出现正面次数	出现正面的频率
De Morgan	2 048	1 061	0.518 0
Buffon	4 040	2 048	0.506 9
K. Pearson	12 000	6 019	0.501 6
K. Pearson	24 000	12 012	0.500 5
V. E. Romanovsky	80 640	40 173	0.498 2

可见出现正面的频率总在 0.5 附近摆动，随着试验次数增加，它逐渐稳定于 0.5. 这个 0.5 就反映抛掷一次硬币出现正面的可能性的大小.

大量试验证实，随着重复试验次数 n 的增加，频率 $f_n(A)$ 会逐渐稳定于某个常数附近，而偏离的可能性很小. 每个事件都存在一个这样的常数与之对应，因而可将频率 $f_n(A)$ 在 n 无限增大时逐渐趋向稳定的这个常数定义为事件 A 发生的概率.

2. 概率

定义 2（统计定义） 设事件 A 在 n 次重复试验中发生的次数为 m，当 n 很大时，频率 m/n 在某一数值 p 的附近摆动，而随着试验次数 n 的增加，发生较大摆动的可能性越来越小，则称数 p 为事件 A 发生的**概率**，记为 $P(A) = p$.

定义 3（公理化定义） 设 E 是随机试验，Ω 为它的样本空间，A 是其中的任意一个事件，赋予事件 A 一个实数 $P(A)$，如果 $P(A)$ 满足以下条件：

（1）非负性：$0 \leqslant P(A) \leqslant 1$；

（2）完备性：$P(\Omega) = 1$；

（3）可列可加性：对于两两互不相容的可列无穷多个事件 $A_1, A_2, \cdots, A_n, \cdots$，有

$$P\left(\bigcup_{n=1}^{\infty} A_n \right) = \sum_{n=1}^{\infty} P(A_n)$$

则称实数 $P(A)$ 为事件 A 的**概率**.

3. 概率的相关性质

由概率公理化定义，可推出概率的一些性质（证明过程留给有兴趣的读者自行完成）.

性质1 不可能事件 $\varnothing$ 的概率：$P(\varnothing)=0$.

这个性质说明：不可能事件的概率为 0. 但逆命题不成立.

性质2 （有限可加性）若 $A_1, A_2, \cdots, A_n$ 为 n 个两两互不相容事件，则有

$$P\left(\bigcup_{k=1}^{n} A_k\right) = \sum_{k=1}^{n} P(A_k)$$

性质3 设 A，B 是两个事件，则有

$$P(B-A) = P(B) - P(AB)$$

特别地，若 $A \subset B$，则

$$P(B-A) = P(B) - P(A) \quad \text{或} \quad P(A) \leqslant P(B)$$

性质4 对于任一事件 A，有：$P(\bar{A}) = 1 - P(A)$.

性质5 （加法公式）对于任意两个事件 A，B，有：$P(A \cup B) = P(A) + P(B) - P(AB)$. 性质5还可推广到 3 个事件的情形. 例如，设 A，B，C 为任意 3 个事件，则有：

$$P(A \cup B \cup C) = P(A) + P(B) + P(C) - P(AB) - P(AC) - P(BC) + P(ABC)$$

可推广至更一般的情形，设 A_1，A_2，$\cdots$，A_n 为任意 n 个事件，由归纳法证可得：

$$P(A_1 \cup \cdots \cup A_n) = \sum_{i=1}^{n} P(A_i) - \sum_{1 \leqslant i < j \leqslant n} P(A_i A_j) +$$

$$\sum_{1 \leqslant i < j < k \leqslant n} P(A_i A_j A_k) - \cdots + (-1)^{n-1} P(A_1 A_2 \cdots A_n)$$

例5 设 A，B 为两事件，$P(A)=0.5, P(B)=0.3, P(AB)=0.1$，求：

（1）A 发生但 B 不发生的概率；

（2）A 不发生但 B 发生的概率；

（3）至少有一个事件发生的概率；

（4）A，B 都不发生的概率；

（5）至少有一个事件不发生的概率.

解 （1）$P(A\bar{B}) = P(A-B) = P(A-AB) = P(A) - P(AB) = 0.4$；

（2）$P(\bar{A}B) = P(B-AB) = P(B) - P(AB) = 0.2$；

（3）$P(A \cup B) = 0.5 + 0.3 - 0.1 = 0.7$；

（4）$P(\bar{A}\,\bar{B}) = P(\overline{A \cup B}) = 1 - P(A \cup B) = 1 - 0.7 = 0.3$；

（5）$P(\bar{A} \cup \bar{B}) = P(\overline{AB}) = 1 - P(AB) = 1 - 0.1 = 0.9$.

三、古典概型与几何概型

1. 古典概型

定义4 若随机试验 E 满足以下条件：

（1）试验的样本空间 Ω 只有有限个样本点，不妨记作：$\Omega = \{A_1, A_2, \cdots, A_n\}$；

（2）试验中每个基本事件的发生是等可能的，即

$$P(\{A_1\}) = P(\{A_2\}) = \cdots = P(\{A_n\})$$

则称此试验为**古典概型**，或称为**等可能概型**. 在古典概型中，如果可以知道某一事件 A 包含的基本事件数，就可以很容易地计算出 $P(A)$.

设试验结果共有 n 个基本事件，且这些事件的发生具有相同的可能性，而事件 A 由其中的 m 个基本事件组成，则事件 A 的概率为古典概型：

$$P(A) = \frac{事件 A 包含的基本事件数}{试验的基本事件总数} = \frac{m}{n}$$

用这种方法算得的概率称为古典概率，求古典概型中随机事件 A 的概率问题，就是计算事件 A 包含的基本事件数与试验的基本事件总数之比的问题．等可能概型中常见的问题有摸球问题、质点入盒问题与随机取数问题等．一般地，可利用加法原理、乘法原理及排列、组合的知识计算 m 和 n，进而求得相应的概率．

加法原理：设完成一件事有 m 种方式，第 i 种方式有 n_i 种方法，则完成该件事的方法总数为 $n_1 + n_2 + \cdots + n_m$．

乘法原理：设完成一件事有 m 个步骤，第 i 步有 n_i 种方法，必须通过 m 个步骤的每一步才能完成该事件的方法总数为 $n_1 \times n_2 \times \cdots \times n_m$．

排列公式（既取又排）：从 n 个不同元素中任取 k 个 $1 \leqslant k \leqslant n$ 的不同排列总数为

$$A_n^k = n(n-1)(n-2)\cdots(n-k+1) = \frac{n!}{(n-k)!}$$

特别地，当 $k = n$ 时称其为**全排列**．

$$A_n^n = n(n-1)(n-2)\cdots 2 \cdot 1 = n!$$

组合公式（只取不排）：从 n 个不同元素中任取 k 个 $1 \leqslant k \leqslant n$ 的不同组合总数为

$$C_n^k = \frac{A_n^k}{k!} = \frac{n!}{(n-k)!k!} = \frac{n \cdot (n-1) \cdot (n-2)\cdots(n-k+1)}{k!}$$

注意：排列组合的基本内容请有需要的读者详见有关书籍．

例 6 将一枚硬币抛掷 3 次，求：

（1）恰有一次出现正面的概率；

（2）至少有一次出现正面的概率．

解 设 H 代表正面，T 代表反面，那么将一枚硬币抛掷三次的样本空间可列举出来：

$$\Omega = \{HHH, HHT, HTH, THH, HTT, THT, TTH, TTT\}$$

Ω 中包含有限个元素，且由对称性知每个基本事件发生的可能性相同．

（1）设事件 A 表示"恰有一次出现正面"，则：$A = \{HTT, THT, TTH\}$，

故有：$P(A) = \dfrac{3}{8}$．

（2）设事件 B 表示"至少有一次出现正面"，由 $\overline{B} = \{TTT\}$，得：

$$P(B) = 1 - P(\overline{B}) = 1 - \frac{1}{8} = \frac{7}{8}$$

当样本空间的元素较多时，我们一般不再将 Ω 中的元素一一列出，而只需分别求出 Ω 中与事件 A 中包含的元素的个数（即基本事件的个数），再求出事件 A 的概率．

例 7 将 3 个球随机放入 4 个杯子，问：杯子中球的个数最多为 1，2，3 的概率各是多少？

解 A, B, C 分别表示杯子中的最多球数为 1，2，3 的事件．我们认为球是可以区分的，于是，放球过程的所有可能结果数为 $n = 4^3$．

（1）A 所含的基本事件数，即是从 4 个杯子中任选 3 个杯子，每个杯子放入一个球，杯

子的选法共有 C_4^3 种，球的放法有 3！种，故

$$P(A) = \frac{C_4^3 \cdot 3!}{4^3} = \frac{3}{8}$$

（2）C 所含的基本事件数：由于杯子中最多球数是 3，即 3 个球放在同一个杯子中共有 4 种放法，故

$$P(C) = \frac{4}{4^3} = \frac{1}{16}$$

（3）由于 3 个球放在 4 个杯子中的各种可能放法为事件：$A \cup B \cup C$，显然 $A \cup B \cup C = \Omega$，且 A,B,C 互不相容，故

$$P(B) = 1 - P(A) - P(C) = \frac{9}{16}$$

例 8 12 名新生中有 3 名优秀生，将他们随机地平均分配到 3 个班中去，试求：

（1）每班各分配到一名优秀生的概率；

（2）3 名优秀生分配到同一个班的概率.

解 12 名新生平均分配到 3 个班的可能分法总数为：$C_{12}^4 C_8^4 C_4^4 = \frac{12!}{(4!)^3} = 34\ 650$.

（1）设事件 A 表示"每班各分配到一名优秀生"，3 名优秀生每一个班分配一名共有 3！种分法，而其他 9 名学生平均分配到 3 个班共有 $\frac{9!}{(3!)^3} = 1\ 680$（种）分法，由乘法原理，$A$ 包含基本事件数为：$3! \cdot \frac{9!}{(3!)^3} = \frac{9!}{(3!)^2} = 10\ 080$.

故有：
$$P(A) = \frac{10\ 080}{34\ 650} = \frac{16}{55}$$

（2）设事件 B 表示"3 名优秀生分到同一班"，故 3 名优秀生分到同一班共有 3 种分法，其他 9 名学生分法共有 $C_9^1 C_8^4 C_4^4 = \frac{9!}{1!\ 4!\ 4!} = 630$（种）分法，故由乘法原理，$B$ 包含基本事件数为：$3 \times \frac{9!}{1!\ 4!\ 4!} = 1\ 890$.

故有：
$$P(B) = \frac{1\ 890}{34\ 650} = \frac{3}{55}$$

例 9 一口袋装有 6 只球，其中 4 只白球，2 只红球. 从袋中取球两次，每次随机地取一只. 考虑两种取球方式：

（1）第一次取一只球，观察其颜色后放回袋中，搅匀后再任取一球. 这种取球方式叫作有放回抽取.

（2）第一次取一球后不放回袋中，第二次从剩余的球中再取一球. 这种取球方式叫作不放回抽取.

试分别就上面两种情形求：

A 取到的两只球都是白球的概率；

B 取到的两只球均为红球的概率；

C 取到的两只球中至少有一只是白球的概率.

解 （1）有放回抽取的情形：

设 A 表示事件"取到的两只球都是白球"，B 表示事件"取到的两只球都是红球"，C 表示事件"取到的两只球中至少有一只是白球". 则 $A \cup B$ 表示事件"取到的两只球颜色相同"，而 $C = \bar{B}$.

在袋中依次取两只球，每一种取法为一个基本事件，显然此时样本空间中仅包含有限个元素，且由对称性知每个基本事件发生的可能性相同，因而可利用古典概型公式来计算事件的概率.

第一次从袋中取球有 6 只球可供抽取，第二次也有 6 只球可供抽取. 由乘法原理知共有 $6 \times 6 = 36$（种）取法，即基本事件总数为 36. 对于事件 A 而言，由于第一次有 4 只白球可供抽取，第二次也有 4 只白球可供抽取，故由乘法原理知共有 $4 \times 4 = 16$（种）取法，即 A 中包含 16 个基本事件. 同理，B 中包含 $2 \times 2 = 4$（个）基本事件，于是

$$P(A) = \frac{16}{36} = \frac{4}{9}, \quad P(B) = \frac{4}{36} = \frac{1}{9}$$

由于 $A \cap B = \varnothing$，故

$$P(A \cup B) = P(A) + P(B) = \frac{5}{9}, \quad P(C) = P(\bar{B}) = 1 - P(B) = \frac{8}{9}$$

（2）不放回抽取的情形：

第一次从 6 只球中抽取，第二次只能从剩下的 5 只球中抽取，故共有 $6 \times 5 = 30$（种）取法，即基本事件总数为 30. 对于事件 A 而言，第一次从 4 只白球中抽取，第二次从剩下的 3 只白球中抽取，故共有 $4 \times 3 = 12$（种）取法，即 A 中包含 12 个基本事件，同理 B 中包含 $2 \times 1 = 2$（个）基本事件，于是

$$P(A) = \frac{12}{30} = \frac{2}{5}, \quad P(B) = \frac{2}{30} = \frac{1}{15}$$

由于 $A \cap B = \varnothing$，故

$$P(A \cup B) = P(A) + P(B) = \frac{7}{15}, \quad P(C) = P(\bar{B}) = 1 - P(B) = \frac{14}{15}$$

在不放回抽取中，一次取一个，一共取 m 次也可看作一次取出 m 个，故本例中也可用组合的方法，得

$$P(A) = \frac{C_4^2}{C_6^2} = \frac{2}{5}, \quad P(B) = \frac{C_2^2}{C_6^2} = \frac{1}{15}$$

例 10 箱中装有 a 只白球，b 只黑球，现做不放回抽取，每次取一只. 求：

（1）任取 $m + n$ 只，恰有 m 只白球，n 只黑球的概率$(m \leqslant a, n \leqslant b)$；

（2）第 k 次才取到白球的概率$(k \leqslant b + 1)$；

（3）第 k 次恰取到白球的概率.

解 （1）可看作一次取出 $m + n$ 只球，与次序无关，是组合问题. 从 $a + b$ 只球中任取 $m + n$ 只，所有可能的取法共有 C_{a+b}^{m+n} 种，每一种取法为一基本事件且由于对称性知每个基本事件发生的可能性相同. 从 a 只白球中取 m 只，共有 C_a^m 种不同的取法，从 b 只黑球中取 n 只，共有 C_b^n 种不同的取法. 由乘法原理知，取到 m 只白球，n 只黑球的取法共有 $C_a^m C_b^n$ 种，于是所求概率为

$$P = \frac{C_a^m C_b^n}{C_{a+b}^{m+n}}$$

（2）抽取与次序有关．每次取一只，取后不放回，一共取 k 次，每种取法即是从 $a+b$ 个不同元素中任取 k 个不同元素的一个排列，每种取法是一个基本事件，共有 A_{a+b}^k 个基本事件，且由对称性知每个基本事件发生的可能性相同．前 $k-1$ 次都取到黑球，从 b 只黑球中任取 $k-1$ 只的排法种数为 A_b^{k-1} 种，第 k 次抽取的白球可为 a 只白球中任一只，有 A_a^1 种不同的取法．由乘法原理，前 $k-1$ 次都取到黑球，第 k 次取到白球的取法共有 $A_b^{k-1} A_a^1$ 种，于是所求概率为

$$P = \frac{A_b^{k-1} A_a^1}{A_{a+b}^k}$$

（3）基本事件总数仍为 A_{a+b}^k．第 k 次必取到白球，可为 a 只白球中任一只，有 A_a^1 种不同的取法，其余被取的 $k-1$ 只球可以是其余 $a+b-1$ 只球中的任意 $k-1$ 只，共有 A_{a+b-1}^{k-1} 种不同的取法，由乘法原理，第 k 次恰取到白球的取法有 $A_a^1 A_{a+b-1}^{k-1}$ 种，故所求概率为

$$P = \frac{A_a^1 A_{a+b-1}^{k-1}}{A_{a+b}^k} = \frac{a}{a+b}$$

例 10（3）中值得注意的是概率 P 与 k 无关，也就是说其中任一次抽球，抽到白球的概率都跟第一次抽到白球的概率相同，均为 $\frac{a}{a+b}$，而跟抽球的先后次序无关（例如购买福利彩票时，尽管购买的先后次序不同，但各人得奖的机会是一样的）．

2. 几何概型

古典概型利用等可能性的性质，对有限样本空间适用，但不适于有无限多样本点的情形．下面将古典概型的计算加以推广，以克服有限的局限性，这类问题一般可以通过几何方法解决．

定义 5 设试验具有以下特点：

（1）样本空间 Ω 是一个几何区域，这个区域大小可以度量（如长度、面积、体积等），并把 Ω 的度量记为 $m(\Omega)$．

（2）向区域 Ω 内任意投掷一个点，落在区域内任一个点处都是"等可能的"．或者设落在 Ω 中的区域 A 内的可能性与 A 的度量 $m(A)$ 成正比，与 A 的位置和形状无关．

则称此试验为**几何概型**．

不妨也用 A 表示事件"掷点落在区域 A 内"，那么事件 A 的概率可用下列公式计算：

$$P(A) = \frac{m(A)}{m(\Omega)}$$

称它为**几何概率**．几何概率同样具有概率的基本性质．

怎样确定具体问题中几何概率的几何量的度量呢？一般地，若所考虑的问题中只有一个因素在变，则取一维几何量——长度作几何度量；若所考虑的问题中有两个因素在变，则取

二维几何量——面积作几何度量；若所考虑的问题中有三个因素在变，则取三维几何度量——体积作几何度量.

例 11 两人约定上午 8:00—9:00 在公园会面，如果每人在这指定的 1 h 内任一时刻到达是等可能的，求一人要等另一人 30 min 以上的概率.

解 设 x, y 为两人到达预定地点的时刻，那么，两人到达时间的一切可能结果落在边长为 60 的正方形内，即 $0 \leqslant x, y \leqslant 60$. 令事件 A 表示"一人要等另一人 30 min 以上"，则 A 等价于 $|x - y| > 30$, 如图 7-2 所示阴影部分. 由几何概型公式，得

$$P(A) = \frac{m(A)}{m(\Omega)} = \frac{30^2}{60^2} = \frac{1}{4}$$

例 12 在区间 $(0,1)$ 内任取两个数，求这两个数的乘积小于 $\frac{1}{4}$ 的概率.

解 设在 $(0,1)$ 内任取两个数为 x, y, 则 $0 < x < 1$, $0 < y < 1$, 即样本空间是由点 (x, y) 构成的边长为 1 的正方形 Ω, 其面积为 1.

令 A 表示"两个数乘积小于 $\frac{1}{4}$", 则

$$A = \left\{ (x, y) \mid 0 < xy < \frac{1}{4}, 0 < x < 1, 0 < y < 1 \right\}$$

事件 A 所围成的区域如图 7-3 所示，则所求概率为

$$P(A) = \frac{1 - \int_{1/4}^{1} \mathrm{d}x \int_{1/4x}^{1} \mathrm{d}y}{1} = \frac{1 - \int_{1/4}^{1} \left(1 - \frac{1}{4x}\right) \mathrm{d}x}{1} = 1 - \frac{3}{4} + \int_{1/4}^{1} \frac{1}{4x} \mathrm{d}x = \frac{1}{4} + \frac{1}{2} \ln 2$$

例 13 两人相约在某天下午 2:00—3:00 在预定地方见面，先到者要等候 20 min, 过时则离去. 如果每人在这指定的一小时内任一时刻到达是等可能的，求约会的两人能会到面的概率.

解 设 x, y 为两人到达预定地点的时刻，那么两人到达时间的一切可能结果落在边长为 60 的正方形内，这个正方形就是样本空间 Ω, 而两人能会面的充要条件是 $|x - y| \leqslant 20$, 即

$$x - y \leqslant 20 \text{ 且 } y - x \leqslant 20$$

令事件 A 表示"两人能会到面", 这区域如图 7-4 中的 A 所示. 则

$$P(A) = \frac{m(A)}{m(\Omega)} = \frac{60^2 - 40^2}{60^2} = \frac{5}{9}$$

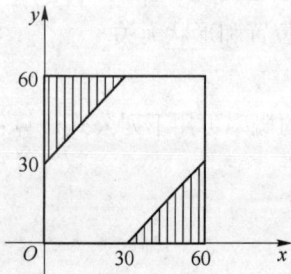

图 7-2

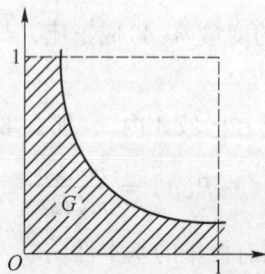

图 7-3

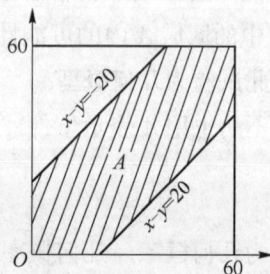

图 7-4

四、条件概率

1. 条件概率

定义 1.6 设 A,B 是随机试验 E 的两个随机事件，且 $P(B)>0$，称

$$P(A \mid B) = \frac{P(AB)}{P(B)}$$

为在事件 B 发生的条件下，事件 A 发生的**条件概率**.

不难证明，条件概率 $P(A|B)$ 满足概率的三条公理，即

（1）非负性：对于任一事件 A，有 $0 \leqslant P(A|B) \leqslant 1$；

（2）规范性：$P(\Omega|B) = 1$；

（3）可列可加性：对于两两互不相容的事件列 $A_1, A_2, \cdots, A_n, \cdots$，有

$$P(\bigcup_{i=1}^{\infty} A_i \mid B) = \sum_{i=1}^{\infty} P(A_i \mid B)$$

例 14 设某种动物活 20 年以上的概率为 80%，活 25 年以上的概率为 40%. 如果现在有一个已活 20 年的动物，它能活 25 年以上的概率是多少？

解 设事件 $A =$ "能活 20 年以上"；事件 $B =$ "能活 25 年以上". 按题意，$P(A) = 0.8$，$P(B) = 0.4$，由于 $A \subset B$，因此 $P(AB) = P(B) = 0.4$. 由条件概率定义

$$P(B \mid A) = \frac{P(AB)}{P(A)} = \frac{0.4}{0.8} = 0.5$$

例 15 设 A,B 为随机事件，且 $P(B)>0, P(A|B) = 1$，试比较 $P(A \cup B)$ 与 $P(A)$ 的大小.

解 因为

$$P(A \cup B) = P(A) + P(B) - P(AB)$$
$$P(AB) = P(B) \cdot P(A|B) = P(B)$$

所以

$$P(A \cup B) = P(A) + P(B) - P(B) = P(A)$$

例 16 为了防止意外，在矿井内同时装有两种报警系统 Ⅰ 和 Ⅱ. 两种报警系统单独使用时，系统 Ⅰ 和 Ⅱ 有效的概率分别 0.92 和 0.93，在系统 Ⅰ 失灵的条件下，系统 Ⅱ 仍有效的概率为 0.85，求：

（1）报警系统 Ⅰ 和 Ⅱ 都有效的概率；

（2）系统 Ⅱ 失灵而系统 Ⅰ 有效的概率；

（3）在系统 Ⅱ 失灵的条件下，系统 Ⅰ 仍有效的概率.

解 设 $A =$ "系统Ⅰ有效"，$B =$ "系统Ⅱ有效"；已知 $P(A) = 0.92$，$P(B) = 0.93$，$P(B \mid \bar{A}) = 0.85$，而

$$P(B \mid \bar{A}) = \frac{P(B\bar{A})}{P(\bar{A})} = \frac{P(B\bar{A})}{1 - 0.92} = 0.85$$

所以

$$P(B\bar{A}) = 0.85 \times 0.08 = 0.068$$

由 $P(B\bar{A} + BA) = P(B\bar{A}) + P(BA) = P(B)$，因此

（1）两种报警系统 Ⅰ 和 Ⅱ 都有效的概率：

$$P(AB) = 0.93 - 0.068 = 0.862$$

（2）系统 Ⅱ 失灵而系统 Ⅰ 有效的概率：

$$P(A\overline{B}) = P(A - AB) = P(A) - P(AB) = 0.058$$

（3）在系统Ⅱ失灵的条件下，系统Ⅰ仍有效的概率：

$$P(A \mid \overline{B}) = \frac{P(A\overline{B})}{P(\overline{B})} = \frac{P(A\overline{B})}{0.07} = \frac{0.058}{0.07} \approx 0.828\,6$$

2. 乘法公式

由条件概率的定义可得下面的概率公式：

当 $P(A) > 0$ 时，有 $P(AB) = P(A)P(B \mid A)$；

当 $P(B) > 0$ 时，有 $P(AB) = P(B)P(A \mid B)$.

我们称之为**乘法公式**. 利用这个公式可以计算积事件的概率.

乘法公式可以推广到 n 个事件的情形：若 $P(A_1A_2 \cdots A_{n-1}) > 0$，则

$$P(A_1A_2 \cdots A_{n-1}) = P(A_1)P(A_2 \mid A_1)P(A_3 \mid A_1A_2) \cdots P(A_n \mid A_1 \cdots A_{n-1})$$

特别地，当 $n = 3$ 时，有

$$P(A_1A_2A_3) = P(A_1)P(A_2 \mid A_1)P(A_3 \mid A_1A_2)$$

在某些问题中，若条件概率是已知的或者是比较容易求得的，就可以利用乘法公式来计算积事件的概率.

例 17 袋中有 6 只红球，4 只白球，某人从中连取两次，每次取一只球，取后不放回. 求：

（1）两次都取到红球的概率；

（2）第二次才取到红球的概率.

解 设 A_1 表示"第一次取到红球"，A_2 表示"第二次取到红球"，则

（1）两次都取到红球的概率：

$$P(A_1A_2) = P(A_1)P(A_2 \mid A_1) = \frac{6}{10} \times \frac{5}{9} = \frac{1}{3}$$

（2）第二次才取到红球的概率：

$$P(\overline{A_1}A_2) = P(\overline{A_1})P(A_2 \mid \overline{A_1}) = \frac{4}{10} \times \frac{6}{9} = \frac{4}{15}$$

例 18 公司现在有一个出国旅游的名额，5 个职工都想要，老板决定用抓阄的办法分这个名额. 问：抓阄这个办法公平吗？是不是先抓比后抓占便宜？

解 设 A_i "第 i 个人抓到'有'"，$i = 1,2,3,4,5$，显然，$P(A_1) = \frac{1}{5}$，第二个人抓到"有"的必要条件是第一个人抓到"无"，因此，所以为 $\overline{A_1}A_2$，故

$$P(\overline{A_1}A_2) = P(\overline{A_1})P(A_2 \mid \overline{A_1}) = \frac{4}{5} \times \frac{1}{4} = \frac{1}{5}$$

依次类推，有

$$P(\overline{A_1}\,\overline{A_2}A_3) = P(\overline{A_1})P(\overline{A_2} \mid \overline{A_1})P(A_3 \mid \overline{A_1}\,\overline{A_2}) = \frac{4}{5} \times \frac{3}{4} \times \frac{1}{3} = \frac{1}{5}$$

$$P(\overline{A_1}\,\overline{A_2}\,\overline{A_3}A_4) = P(\overline{A_1})P(\overline{A_2} \mid \overline{A_1})P(\overline{A_3} \mid \overline{A_1}\,\overline{A_2})P(A_4 \mid \overline{A_1}\,\overline{A_2}\,\overline{A_3}) = \frac{4}{5} \times \frac{3}{4} \times \frac{2}{3} \times \frac{1}{2} = \frac{1}{5}$$

$$P(\overline{A_1}\,\overline{A_2}\,\overline{A_3}\,\overline{A_4}A_5) = P(\overline{A_1})P(\overline{A_2}\mid\overline{A_1})P(\overline{A_3}\mid\overline{A_1}\,\overline{A_2})P(\overline{A_4}\mid\overline{A_1}\,\overline{A_2}\,\overline{A_3})P(A_5\mid\overline{A_1}\,\overline{A_2}\,\overline{A_3}\,\overline{A_4})$$

$$= \frac{4}{5}\times\frac{3}{4}\times\frac{2}{3}\times\frac{1}{2}\times 1 = \frac{1}{5}$$

即每个人不管抓阄的先后顺序，得到这个名额的概率都是 $\frac{1}{5}$，机会是公平的.

这个问题的结论可以推广到 n 个人抓一个阄的情况：n 个人排队抓阄，每个人抓到"有"的概率都是 $\frac{1}{n}$，此概率和抓阄的先后顺序无关，即"抓阄不分先后"，体现了抓阄的公平性.

3. 全概率公式与贝叶斯公式

引例 设某工厂有甲、乙、丙 3 个车间生产同一种产品，产量依次占全厂的 45%，35%，20%，且各车间的次品率分别为 4%，2%，5%，现在从一批产品中抽检查 1 个为次品，问：该次品是由哪个车间生产的可能性最大？

人们在计算某一较复杂的事件的概率时，有时根据事件在不同情况或不同原因或不同途径下发生而将它分解成两个或若干个互不相容的部分的并，分别计算每一部分的概率，然后求和，我们先看下面的例子.

例19 设某工厂有甲、乙、丙三个车间生产同一种产品，产量依次占全厂的 45%，35%，20%，且各车间的次品率分别为 4%，2%，5%，现在从这批产品中任意抽检查 1 个，问：抽到次品的概率是多少？

解 记 A_1 为事件"抽到甲车间的产品"，A_2 为事件"抽到乙车间的产品"，A_3 为事件"抽到丙车间的产品"，B 为事件"抽到次品". 由题设知：$P(A_1)=0.45$，$P(A_2)=0.35$，$P(A_3)=0.20$. 且 $P(B\mid A_1)=0.04$，$P(B\mid A_2)=0.02$，$P(B\mid A_3)=0.05$.

而 $B = A_1B + A_2B + A_3B$，且 A_1B,A_2B,A_3B 两两互斥，因此

$$P(B) = P(A_1B) + P(A_2B) + P(A_3B)$$
$$= P(A_1)P(B\mid A_1) + P(A_2)P(B\mid A_2) + P(A_3)P(B\mid A_3)$$
$$= 0.45\times0.04 + 0.35\times0.02 + 0.2\times0.05 = 0.035$$

此例题采取的思路：欲求一个事件 B 的概率，首先找出影响事件 B 发生的几种情况或条件（即 A_1、A_2 和 A_3），将事件 B 分解成几个互不相容的部分：A_1B,A_2B,A_3B，且人们事先能够得到每一种情况下事件 B 发生的概率，即条件概率 $P(B\mid A_1)$、$P(B\mid A_2)$ 和 $P(B\mid A_3)$. 可由乘法公式分别计算它们的概率.

将上述方法一般化，便得到下面的定理.

定理1 （全概率公式） 设 $A_1,A_2,\cdots,A_n,\cdots$ 是一列有限（或可数无穷个）两两不相容的非零概率事件，且 $\bigcup_i A_i = \Omega$，则对任意事件 B，有 $P(B) = \sum_i P(A)P(B\mid A_i)$.

例20 某生考试做一道单项选择题，假定他会做该题的概率为 $\frac{1}{2}$，如果他不会做则从四个答案中随机选一个，求他能答对该题的概率.

解 设 B = "他答对该题"，A = "他会做该题"，他在两种情况下能答对该题，一是他会

做；二是不会做，但蒙对了．

已知 $P(A) = \dfrac{1}{2}, P(\overline{A}) = \dfrac{1}{2}, P(B \mid A) = 1, P(B \mid \overline{A}) = \dfrac{1}{4}$．由全概率公式，可得

$$P(B) = P(A)P(B \mid A) + P(\overline{A})P(B \mid \overline{A}) = \frac{1}{2} \times 1 + \frac{1}{2} \times \frac{1}{4} = \frac{5}{8}$$

思考题：两台机床加工同样的零件，次品率依次为 0.04 和 0.07．加工出来的零件混放，并设第一台机床加工的零件是第二台机床加工的零件的 2 倍．现任取一零件，问：是合格品的概率是多少？

利用全概率公式，人们可以通过综合分析一个事件发生的不同原因、不同情况或途径及其可能性，求得该事件发生的概率．现在我们来考虑与之完全相反的问题．观察到一个事件已经发生，我们要考察所观察到的事件发生的各种原因、情况或途径的可能性．

这类现象的概率叫**后验概率**，往往是一种结果出现了，我们来分析它的原因或导致它发生的条件的概率．这要用到贝叶斯公式．贝叶斯公式由英国数学家贝叶斯（Thomas Bayes 1702—1763 年）发现，一般用于"执果寻因"问题，是在乘法公式和全概率公式的基础上推得的．

定理 2 （贝叶斯公式） 设 $A_1, A_2, \cdots, A_n, \cdots$ 是一列有限（或可数无穷个）两两不相容的非零概率事件，且 $\bigcup\limits_i A_i = \Omega$，则对任意事件 B，$P(B) > 0$，有

$$P(A_i \mid B) = \frac{P(A_iB)}{P(B)} = \frac{P(A_i)P(B \mid A_i)}{\sum\limits_i P(A_i)P(B \mid A_i)}, i = 1, 2, \cdots$$

例 21 在前面例 20 中如果学生答对了该题，求他确实会做该题的概率．

解 设 B ＝"他答对该题"，A ＝"他会做该题"，由贝叶斯公式，可得

$$P(A \mid B) = \frac{P(AB)}{P(B)} = \frac{P(A)P(B \mid A)}{P(A)P(B \mid A) + P(\overline{A})P(B \mid \overline{A})} = \frac{\dfrac{1}{2} \times 1}{\dfrac{1}{2} \times 1 + \dfrac{1}{2} \times \dfrac{1}{4}} = \frac{4}{5}$$

由这个例子我们看到，已知 A 和 $\overline{A}$ 这两个"原因"都能引起 B 这个"结果"的发生，若将该学生做选择题看作一次试验，那么 $P(A) = P(\overline{A}) = \dfrac{1}{2}$ 是在试验前就已经知道的，一般称其为先验概率．当试验进行以后，我们获得了新的信息（即 B 已发生），由贝叶斯公式计算出的条件概率 $P(A \mid B) = \dfrac{4}{5}\left(\text{及} P(\overline{A} \mid B) = \dfrac{1}{5}\right)$ 反映了在获得了新的信息以后，对这两个"原因"发生的概率所做出的新的估价，这两个概率通常称为后验概率．也就是说当他答对了该题后就不能再认为他会做该题的概率为 $\dfrac{1}{2}$，而应为 $\dfrac{4}{5}$．由此可见，贝叶斯公式是在综合了先前的经验（先验概率）以及试验所提供的新的信息的基础上，来对事件发生的可能性进行重新推断．根据这种思想建立起来的统计分析方法，就称为贝叶斯方法．贝叶斯方法在实际问题中有着广泛的应用．

当然，我们也可以这么理解．在实际问题中，常把事件 B 理解为"结果"，把事件 A_1，$A_2, \cdots, A_n$ 理解为导致事件 B 发生的"原因"，所以，$P(A_1), P(A_2), \cdots, P(A_n)$ 就表示各种

"原因"发生的可能性大小,称之为先验概率. 它一般是以往经验的总结,并且在试验以前就知道了. 而条件概率 $P(A_i \mid B)$ 称为后验概率,它反映了在知道事件 B 已发生的情况下,对各种"原因" $A_1, A_2, \cdots, A_n$ 发生可能性大小的重新认识. 因此,对于条件概率 $P(A_i \mid B)$ 中最大的一个,其相应的"原因" A_i 导致事件 B 发生的可能性最大. 这在一定程度上可以帮助我们分析事件 B 发生的原因.

例 22 在前面例 19 中,如果从零件中任取一件是次品,问:哪个车间生产的可能性大?

解 沿用例 19 中的符号. 易知,所求为 $P(A_1 \mid B), P(A_2 \mid B), P(A_3 \mid B)$,然后通过比较三者的大小来得出结论. 根据贝叶斯公式,可得

$$P(A_1 \mid B) = \frac{P(A_1)P(B \mid A_1)}{P(A_1)P(B \mid A_1) + P(A_2)P(B \mid A_2) + P(A_3)P(B \mid A_3)}$$

$$= \frac{0.45 \times 0.04}{0.45 \times 0.04 + 0.35 \times 0.02 + 0.2 \times 0.05} = \frac{0.018}{0.035} = 0.5143$$

$$P(A_2 \mid B) = \frac{P(A_2)P(B \mid A_2)}{P(A_1)P(B \mid A_1) + P(A_2)P(B \mid A_2) + P(A_3)P(B \mid A_3)}$$

$$= \frac{0.35 \times 0.02}{0.45 \times 0.04 + 0.35 \times 0.02 + 0.2 \times 0.05} = \frac{0.007}{0.035} = 0.2$$

$$P(A_3 \mid B) = \frac{P(A_3)P(B \mid A_3)}{P(A_1)P(B \mid A_1) + P(A_2)P(B \mid A_2) + P(A_3)P(B \mid A_3)}$$

$$= \frac{0.2 \times 0.05}{0.45 \times 0.04 + 0.35 \times 0.02 + 0.2 \times 0.05} = \frac{0.01}{0.035} = 0.2857$$

由此可见,该次品是第甲车间生产的可能性大.

例 23 由以往的临床记录,某种诊断癌症的试验具有如下效果:被诊断者有癌症,试验反应为阳性的概率为 0.95;被诊断者没有癌症,试验反应为阴性的概率为 0.95;现对自然人群进行普查,设被试验的人群中患有癌症的概率为 0.005,求:已知试验反应为阳性,该被诊断者确有癌症的概率.

解 设 A 表示"患有癌症",$\overline{A}$ 表示"没有癌症",B 表示"试验反应为阳性",则由条件得:$P(A) = 0.005, P(\overline{A}) = 0.995, P(B \mid A) = 0.95, P(\overline{B} \mid \overline{A}) = 0.95.$

由此:$\quad P(B \mid \overline{A}) = 1 - 0.95 = 0.05.$

由贝叶斯公式得:

$$P(A \mid B) = \frac{P(A)P(B \mid A)}{P(A)P(B \mid A) + P(\overline{A})P(B \mid \overline{A})} = 0.087$$

这就是说,根据以往的数据分析可以得到,患有癌症的被诊断者,试验反应为阳性的概率为 95%,没有患癌症的被诊断者,试验反应为阴性的概率为 95%,都叫作先验概率. 而在得到试验结果反应为阳性,该被诊断者确有癌症重新加以修正的概率 0.087 叫作后验概率. 此项试验也表明,用它作为普查,正确性诊断只有 8.7%(即 1 000 人具有阳性反应的人中大约只有 87 人的确患有癌症),由此可看出,若把 $P(B \mid A)$ 和 $P(A \mid B)$ 搞混淆就会造成误诊的不良后果.

五、事件的独立性与伯努利试验

1. 事件的独立性

如果事件 A（或 B）是否发生，对事件 B（或 A）发生的概率没有影响，我们就把这样的两个事件叫作相互独立事件.

定义 7　设 A,B 是两事件，且 $P(A)>0$，若
$$P(B|A) = P(B)$$
则称事件 B 对事件 A 是独立的. 容易验证，事件 A 与 B 的独立性是相互对称的，所以也称 A、B 是**相互独立**的事件.

由乘法公式 $P(AB) = P(A)P(B|A)$，若 A、B 是相互独立的，则有
$$P(AB) = P(A)P(B|A) = P(A)P(B)$$
反之，若 $P(AB) = P(A)P(B)$ 成立，则代入乘法公式，可得 $P(B|A) = P(B)$.

于是，事件 A 与 B 相互独立的**充要条件**：$P(AB) = P(A)P(B)$.

相互独立事件有如下的性质：

（1）若事件 A 与 B 是相互独立的，那么 $\overline{A}$ 与 B，A 与 $\overline{B}$，$\overline{A}$ 与 $\overline{B}$ 各组内都是相互独立的.

（2）设有 n 个事件 $A_1,A_2,\cdots,A_n$，若它们中任何一个事件的发生都不受其他事件的影响，则称这 n 个事件相互独立，且有：
$$P(A_1 A_2 \cdots A_n) = P(A_1)P(A_2)\cdots P(A_n)$$

注意：事件的独立与事件的互不相容是两个不同的概念：前者是相对于概率的概念，但事件可以同时发生；而后者只是说两个事件不能同时发生，是从事件的关系上做出判断的.

在实际问题中，两事件是否独立，可以根据具体情况来分析、判断，只要事件的概率之间没有关系或者联系甚微，我们就可以认为它们是相互独立的. 如：有放回地抽取产品，各次抽取的结果是相互独立的；两个射手在相同的条件下射击，一般说来，每个人是否击中目标相互之间没有什么影响，所以可以看作是相互独立的；从两个口袋中分别取球，其结果也是独立的；电路中各元件是否损坏，相互之间的影响是很微小的，一般认为是相互独立的；投掷两颗骰子，各自出现的点数一定是独立的.

在概率的实际计算中，人们常常根据经验来确定事件的相互独立性，然后应用相互独立事件概率的乘法公式使问题和计算得到简化.

例 24　为了防止"新冠肺炎"病情的进一步蔓延，某地积极出台了一系列的预防措施. 设可实际采用的四个预防措施为甲、乙、丙、丁，并且认为它们作用是相互独立的. 经过多方论证，可得表 7 – 2.

表 7 – 2

预防措施	甲	乙	丙	丁
概率 p	0.95	0.85	0.75	0.65
费用/万元	9	6	3	1

注意：概率 p 表示单独采用甲、乙、丙、丁预防措施后"新冠肺炎"病情不发生的概率. "费用"表示单独采用相应措施的花费. 由于地方财力有限，仅能提供资金 12 万元. 问：我们应采取怎样的预防措施会比较合理？（方案可单独采用也可联合采用）

解法一 单独采用甲措施，费用 9 万元. 可使"新冠肺炎"病情不发生的概率最大为 0.95.

解法二 联合采用甲、丙两种措施，费用 12 万元. 可使此事件不发生的概率最大为
$$P = 1 - (1 - 0.95)(1 - 0.75) = 0.987\,5$$

解法三 联合采用乙、丙、丁三种措施，费用 10 万元. 可使此事件不发生的概率最大为
$$P = 1 - (1 - 0.85)(1 - 0.75)(1 - 0.65) = 0.986\,875$$

综合上述三种预防方案可知，在总费用不超过 12 万元的前提下，运用方案三比较合理. 因为方案一虽然所用花费最低，但"新冠肺炎"病情不发生的概率比较低，对防止"新冠肺炎"病情的进一步蔓延起不到很高系数的保证. 为了起到对防止"新冠肺炎"病情的进一步蔓延有很高系数的保证，并且又可以最大限度地节省财力的情况下，方案三比方案二要合理一些. 以最小的成本获得最大的安全保障的总目标，尽可能节约成本，是科学管理的一项重要内容.

例 25 甲、乙二人同时向同一目标射击一次，甲的命中率为 0.8，乙的命中率为 0.7，求在一次射击中，目标被击中的概率.

解法一 设 $A = \{$甲命中目标$\}$，$B = \{$乙命中目标$\}$，$C = \{$目标被击中$\}$，则 $C = A \cup B$，因为事件 A 与事件 B 是相互独立的，所以
$$P(C) = P(A \cup B) = P(A) + P(B) - P(AB) = P(A) + P(B) - P(A)P(B)$$
$$= 0.8 + 0.7 - 0.8 \times 0.7 = 0.94$$

解法二 C 的对立事件是"目标没有被击中"，即 A、B 两个事件都没有发生，而 $\bar{A}$ 与 $\bar{B}$ 也是相互独立的，所以有
$$P(C) = 1 - P(\bar{C}) = = 1 - P(\overline{AB}) = 1 - P(\bar{A})P(\bar{B}) = 1 - (1 - 0.8)(1 - 0.7) = 0.94$$

例 26 加工某一零件要经过三道工序，设第一、二、三道工序的次品率分别为 0.03，0.02，0.01，假定各道工序是互不影响的. 试求加工出来的零件为合格品的概率.

解 设事件 $A = \{$加工出来的零件为合格品$\}$，$A_k = \{$第 k 道工序为合格品$\}$（$k = 1, 2, 3$）. 加工出来的零件为合格品，也就是说经过每一道工序加工后都是合格品. 因为各道工序是互不影响的，所以 A_1, A_2, A_3 相互独立，而 $A = A_1 A_2 A_3$，于是有
$$P(A) = P(A_1 A_2 A_3) = (1 - 0.03)(1 - 0.02)(1 - 0.01) = 0.941\,1$$

事件的独立性在系统可靠性中的应用：

元件的可靠性：对于一个元件，它能正常工作的概率称为元件的可靠性.

系统的可靠性：对于一个系统，它能正常工作的概率称为系统的可靠性.

例 27 如图 7-5 所示，用 8 个相同的元件构成一个系统，每个元件的可靠性均为 0.9，且各元件能否正常工作是相互独立的，试比较下面两种不同系统的可靠性.

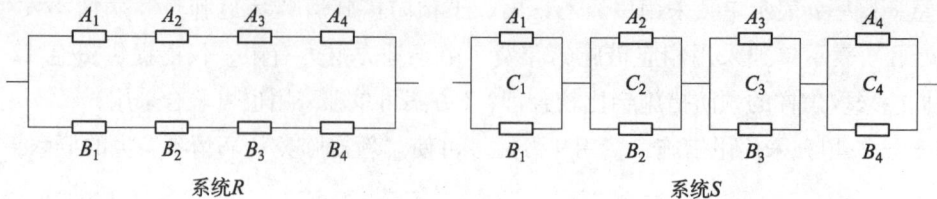

图 7－5

解 在系统 R 中设 A_1,A_2,A_3,A_4 构成的线路为子系统 A；B_1,B_2,B_3,B_4 构成的线路为子系统 B. 子系统 A、B 能正常工作，当且仅当通路上各元件都能正常工作，其可靠性为

$$P(A) = P(A_1A_2A_3A_4) = P(A_1) \cdot P(A_2) \cdot P(A_3) \cdot P(A_4) = 0.9^4$$

$$P(B) = P(B_1B_2B_3B_4) = P(B_1) \cdot P(B_2) \cdot P(B_3) \cdot P(B_4) = 0.9^4$$

从而系统 R 的可靠性为

$$P(A \cup B) = P(A) + P(B) - P(AB) = P(A) + P(B) - P(A) \cdot P(B)$$
$$= 0.9^4 + 0.9^4 - 0.9^4 \times 0.9^4 = 0.881\,7$$

在系统 S 中，当且仅当子系统 C_1,C_2,C_3,C_4 都能正常工作，系统 S 才能正常工作. 而

$$P(C_4) = P(A_4 \cup B_4) = P(A_4) + P(B_4) - P(A_4) \cdot P(B_4) = 0.9 + 0.9 - 0.9 \times 0.9 = 0.99$$

$$P(C_1) = P(C_2) = P(C_3) = P(C_4) = 0.99$$

由于子系统 C_1,C_2,C_3,C_4 之间也是相互独立的，因此系统 S 的可靠性为

$$P(C_1C_2C_3C_4) = P(C_1) \cdot P(C_2) \cdot P(C_3) \cdot P(C_4) = 0.99^4 = 0.960\,6$$

显然，系统 S 的可靠性大于系统 R 的可靠性.

2. 伯努利试验

下面我们来讨论有关独立事件的一类概率问题.

某射击运动员在条件相同的情况下向一目标连续射击 10 次，每次射击的结果有两种：击中和不击中. 各次的结果是相互独立的，射击一次击中目标的概率都是 $P(A) = 0.9$，与射击的次数无关.

如果把一枚硬币抛掷 6 次（它和一次抛掷 6 枚相同的硬币是等价的），那么这 6 次抛掷的结果是相互独立的，而且每次抛掷只有两个可能的结果：出现正面或反面. 在各次抛掷硬币中出现正面的概率都是 0.5.

在 100 件产品中有 5 件是次品，从中有放回地连续抽取 9 次（每次抽取一件），每次的结果有两种：取到正品或取到次品. 各次抽取的结果是相互独立的，每次抽取到正品的概率都是 0.95.

上述的各种随机试验有个共同的特点：在相同的条件下试验可以重复进行，且每次试验有两个结果 A 及 $\bar{A}$. 我们把这一类的随机试验称为**伯努利试验**.

一般地，在相同的条件下独立地重复做 n 次伯努利试验（如果每一次试验只有两个可能的结果 A 及 $\bar{A}$，并且每次试验中事件 A 发生的概率都不变）. 即

$$P(A) = p, P(\bar{A}) = 1 - p = q(0 < p < 1)$$

那么，这样的试验就叫作 n **重伯努利试验**（或 n **次独立重复试验**）.

n 次独立重复试验无论是在理论研究还是在实践中都具有重要的意义. 我们往往关心的是在这 n 次试验中，事件 A 恰好出现 k 次的概率. 人们把这类概率问题称为伯努利（独立重复）试验概型.

定理 3（伯努利定理） 设在一次试验中事件 A 发生的概率为 $p(0 < p < 1)$，在 n 次试验中事件 A 恰好发生 k 次的概率记作 $P_n(k)$，那么

$$P_n(k) = C_n^k p^k (1 - p)^{n-k} \quad (k = 0,1,2,\cdots,n)$$

例 28 某人对同一目标进行 10 次独立射击，已知每次射击的命中率为 0.9，试求这 10 次射击中恰有两次命中目标的概率.

解 显然这是独立重复试验概型，设 $A = \{$击中目标$\}$，那么

$$n = 10, \quad k = 2, \quad P(A) = p = 0.9$$

应用公式，得

$$P_{10}(2) = C_{10}^2 0.9^2 (1 - 0.9)^8 = 0.000\,000\,364$$

例 29 振安商场黄金部营业员接待一位顾客并做成一笔生意的概率是 0.4，在某天他接待了 5 位顾客，则做成 3 笔生意的概率是多少？

解 在这天他接待 1 位顾客看成 1 次随机试验，因此这也是独立重复试验概型. 设 $A = \{$做成 1 笔生意$\}$，那么

$$n = 5, k = 3, \quad P(A) = 0.4$$

应用公式，得

$$P_5(3) = C_5^3 0.4^3 (1 - 0.4)^2 = 0.230\,4$$

例 30 某厂家声称自己生产的产品的合格率为 99%，今从这批产品中每次抽一件（假定抽取后放回抽样），连抽 5 次，结果发现有 2 次抽到次品，据此能否接受该厂家的说法？

解 假设厂家的说法为真，那么正品率 $p = 0.99$，次品率为 0.01，抽取 5 次是试验重复了 5 次，抽到 3 次正品. 所以

$$n = 5, k = 3$$

应用公式，得

$$P_5(3) = C_5^3 0.99^3 0.01^2 \approx 0.000\,97$$

这是一个小概率事件，在 1 000 次这样的抽取检验中，这种结果出现还不到一次. 而这一次检验就出现，据此不能接受厂家的说法.

7.2　随机变量及其分布

一、随机变量及其分布函数

1. 随机变量

在上一节中，我们讨论了随机事件、随机事件的运算法则、随机事件的概率等，并介绍

了概率论中的一些基本概念. 但是，我们的研究还只限于孤立地研究个别随机事件的概率. 并且使用的数学方法比较简单，具有较大的局限性. 实际生活中往往要求我们从总体上去认识随机现象的规律性，了解某类随机现象所有可能出现的结果及每个结果发生的概率（即将随机试验结果数量化）. 为此，这一节我们将引入随机变量这一重要概念.

在实际问题中，有些试验的结果与数值有关（试验结果本身就是一个数），显然该随机试验的结果可用数量来表示. 例如，在产品检验问题中，我们关心的是抽样中出现的废品数；在车间供电问题中，我们关心的是某时期内正在工作的车床数；在电话问题中，我们关心的是某一段时间内的话务量等. 还有一些现象并不直接表现为数量，例如人口的男女性别、试验结果的阳性或阴性、在投硬币实验中出现的正面或反面等，但我们可以规定男性为"1"，女性为"0"；试验结果的阳性对应"1"，阴性对应"0"；指定"1"代表正面，"0"代表反面等，那么非数量标志也就可以用数量来表示了.

这些例子中所提到的量，尽管它们的具体内容是各式各样的，但从数学观点来看，它们表现了同一种情况，这就是每个变量都可以随机地取得不同的数值，而在进行试验或测量之前，我们可以预知这个变量将取得数值的范围，但在一次试验中究竟取哪个确定的数值是不能事前预知的，我们称这类变量为"随机变量".

下面给出随机变量的一般定义.

定义 1　设 E 为一随机试验，Ω 为它的样本空间，若 $X = X(\omega)(\omega \in \Omega)$ 为实值函数，则称 X 为随机变量.

随机变量通常用英文大写字母 X, Y, Z 等表示. 随机变量的取值一般用小写字母 x, y, z 等表示. 一个随机试验可能结果（称为基本事件）的全体组成一个样本空间 Ω. 随机变量 X 是定义在样本空间 Ω 上的取值为实数的函数，即样本空间 Ω 中每一个点，也就是每个基本事件都有实轴上的点与之对应.

例如，掷一颗骰子，它的所有可能结果是出现 ⚀ ⚁ ⚂ ⚃ ⚄ ⚅，若定义 X 为掷一颗骰子时出现的点数，则 X 为一随机变量，出现 $1,2,3,4,5,6$ 点时 X 分别取值 $1,2,3,4,5,6$.

2. 随机变量的分布函数

要全面了解一个随机变量，不但要知道它取哪些值，而且要知道它取这些值的规律，即要掌握它的概率分布. 概率分布可以由分布函数刻画. 若知道一个随机变量的分布函数，则它取任何值和它落入某个数值区间内的概率都可以方便地求出.

有些随机现象需要同时用多个随机变量来描述. 例如，子弹着地点的位置需要两个坐标才能确定，它是一个二维随机变量. 类似地，需要 n 个随机变量来描述的随机现象中，这 n 个随机变量组成 n 维随机向量. 描述随机向量的取值规律，用联合分布函数.

由随机变量的定义可知，对于每一个实数 x，$\{X \leqslant x\}$ 都是一个事件，因此，有一个确定

的概率 $P\{X \leq x\}$ 与 x 相对应. 那么，概率 $P\{X \leq x\}$ 是 x 的函数. 这个函数在理论和应用中都具有重要意义，为此，我们有以下定义：

定义 2 设 X 为一个随机变量，x 为任意实数，称函数

$$F(x) = P\{X \leq x\}$$

为 X 的**概率分布函数**，简称为**分布函数**.

显然，在上述定义中，当 x 固定为 x_0 时，$F(x_0)$ 为事件 $\{X \leq x_0\}$ 的概率；当 x 变化时，概率 $P\{X \leq x\}$ 便是 x 的函数.

分布函数的性质：

(1) $F(x)$ 是 x 的单调不减函数，即当 $x_1 < x_2$ 时，有 $F(x_1) \leq F(x_2)$；

(2) $0 \leq F(x) \leq 1$，且

$\lim\limits_{x \to +\infty} F(x) = 1$，常记为 $F(+\infty) = 1$；

$\lim\limits_{x \to -\infty} F(x) = 0$，常记为 $F(-\infty) = 0$.

(3) $F(x+0) = F(x)$，即 $F(x)$ 为右连续.

3. 随机变量的分类

按照随机变量可能取值的不同情形，可以把它们分为两种基本类型：将取有限个或可列个值的随机变量称为离散型随机变量，其余的称为非离散型随机变量. 在非离散型随机变量中，有一类最重要的也是实际问题中经常遇到的随机变量，称为连续型随机变量. 后面我们将重点讨论这两类随机变量.

二、离散型随机变量及其概率分布

1. 离散型随机变量的概率分布

如果随机变量 X 仅取有限个或可列个值，则称 X 为离散型随机变量. 容易知道，只要解决离散型随机变量 X 所有可能的取值以及取各个值的概率，那么就能够完全描述随机变量 X.

定义 3 设离散型随机变量 X 可能取的值为 $x_1, x_2, \cdots, x_n, \cdots$，且 X 取这些值的概率为

$$P\{X = x_1\} = p_i, \quad i = 1, 2, \cdots, n, \cdots$$

上式称为离散型随机变量 X 的**概率分布律**，简称**分布律**.

概率分布律也可以表示为

X	x_1	x_2	$\cdots$	x_n	$\cdots$
P	p_1	p_2	$\cdots$	p_n	$\cdots$

易知，离散型随机变量的概率分布律具有以下两个性质：

$(1) p_i \geqslant 0 (i = 1, 2, \cdots, n, \cdots)$; $(2) \sum\limits_{i=1}^{\infty} p_i = 1$.

显然，离散型随机变量的分布函数与分布律的关系为

$$F(x) = P\{X \leqslant x\} = \sum\limits_{i \leqslant x} P\{X = x\} \sum\limits_{i \leqslant x} p_i$$

例1 设袋中装有 6 份文件，分别标有编号数字 1,2,2,3,3,3,从袋中任取一文件，求取到的文件上所标编号数字 X 的分布律和分布函数.

解 因为 X 的可能取值为 1,2,3, 而且 $P\{X = 1\} = \dfrac{1}{6}$, $P\{X = 2\} = \dfrac{2}{6}$, $P\{X = 3\} = \dfrac{3}{6}$, 所以, X 的分布律为

X	1	2	3
P	$\dfrac{1}{6}$	$\dfrac{2}{6}$	$\dfrac{3}{6}$

当 $x < 1$ 时，$\{X \leqslant x\}$ 为不可能事件，所以 $F(x) = 0$；

当 $1 \leqslant x < 2$ 时，$\{X \leqslant x\}$ 等价于 $\{X = 1\}$, 所以 $F(x) = \dfrac{1}{6}$；

当 $2 \leqslant x < 3$ 时，$\{X \leqslant x\} = \{X = 1\} + \{X = 2\}$, 所以 $F(x) = \dfrac{1}{6} + \dfrac{2}{6} = \dfrac{3}{6}$；

当 $x \geqslant 3$ 时，$\{X \leqslant x\}$ 是必然事件，所以 $F(x) = 1$.

概括起来：

$$F(x) = \begin{cases} 0, & x < 1 \\ \dfrac{1}{6}, & 1 \leqslant x < 2 \\ \dfrac{3}{6}, & 2 \leqslant x < 3 \\ 1, & x \geqslant 3 \end{cases}$$

分布函数的图像如图 7-6 所示.

例2 设随机变量 X 所有可能取值为 1,2, $\cdots$, n, 且已知概率 $P\{X = k\}$ 与 k 成正比，即 $P\{X = k\} = ak$, $k = 1, 2, \cdots, n$. 求常数 a 的值.

解 由概率分布的性质有：

$$1 = \sum\limits_{k=1}^{n} P\{x = k\} = \sum\limits_{k=1}^{n} ak = a \cdot \frac{n(n+1)}{2}$$

所以

$$a = \frac{2}{n(n+1)}$$

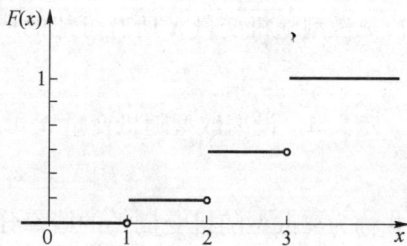

图 7-6

2. 几种常见的离散型随机变量的概率分布

常见的几种离散型分布有两点分布、二项分布、几何分布、超几何分布、泊松分布等. 由于篇幅有限，本节在这里只介绍两点分布、二项分布和泊松分布.

（1）两点分布.

有一类随机试验，比如在一次随机抽样中抽到合格品或次品；购买彩票中奖或不中奖；医学检验结果的阳性或阴性；在投硬币问题中出现的正面或反面. 在这些随机试验中尽管背景意义不同，但它们的共同特点是试验只有两种结果，我们把它们的结果对应一个随机变量，这个随机变量只有两种取值. 因此，我们用一个数学模型来描述它，那就是"两点分布".

定义 4 如果随机变量 X 只有两个可能取值 x_1 和 x_2，且其分布为

$$P\{X = x_1\} = p, \quad P\{X = x_2\} = 1 - p, \quad 0 < p < 1$$

则称 X 服从 x_1, x_2 处参数为 P 的**两点分布**.

在实际中，一个两点分布的随机变量通常根据某试验中一特定事件 A 的发生与否构造出来. 例如，设 $P(A) = p, P(\overline{A}) = 1 - p$，则随机变量

$$X(\omega) = \begin{cases} x_1, \omega \in A(\text{即 } A \text{ 发生}), \\ x_2, \omega \notin A(\text{即 } A \text{ 不发生}) \end{cases}$$

便服从 x_1, x_2 处参数为 p 的两点分布.

特别的，如果 X 服从 $x_1 = 1, x_2 = 0$ 处的参数为 P 的两点分布，即

$$P\{X = 1\} = p, \quad P\{X = 0\} = 1 - p, \quad 0 < p < 1$$

则称 X 服从参数为 P 的 $0 - 1$ 分布，记作：$X \sim b(1, p)$. 其分布律也可以写为

X	0	1
P	$1 - p$	p

显然，它满足离散型随机变量的概率分布律的两个性质. 该分布描述的随机现象非常广泛，只要随机试验只有两种结果，都可以用这类分布来描述.

（2）二项分布.

定义 5 若随机变量 X 的分布律为

$$P\{X = k\} = C_n^k p^k (1 - p)^{n-k}, k = 0, 1, \cdots, n$$

则称 X 服从参数为 n, p 的**二项分布**，记作 $X \sim B(n, p)$.

易知上述随机变量 X 满足概率分布律的两个性质. 事实上，$P\{X = k\} \geq 0$ 是显然的；再由二项展开式知

$$\sum_{k=0}^{n} P\{X = k\} = \sum_{k=0}^{n} C_n^k p^k (1 - p)^{n-k} = [p + (1 - p)]^n = 1$$

我们知道，$P\{X = k\} = C_n^k p^k (1 - p)^{n-k}$ 恰好是 $[p + (1 - p)]^n$ 二项展开式中出现 p^k 的那一项，这就是二项分布名称的由来.

回忆 n 重伯努利试验中事件 A 出现 k 次的概率计算公式

$$P_n(k) = C_n^k p^k (1 - p)^{n-k}, k = 0, 1, \cdots, n$$

可知，若 $X \sim B(n, p)$，X 就可以用来表示 n 重伯努利试验中事件 A 出现的次数. 因此，二项分布可以作为描述 n 重伯努利试验中事件 A 出现次数的数学模型. 比如，射手射击 n 次中，"中的"次数的概率分布；随机抛掷硬币 n 次，落地时出现"正面"次数的概率分布；

从一批足够多的产品中任意抽取 n 件，其中"废品"件数的概率分布等.

二项分布是概率论中重要的分布之一. 显然，当 $n=0$ 时，二项分布 $b(1,p)$ 实际上就是参数为 p 的 $0-1$ 分布（两点分布）.

下面我们来看看应用二项分布的例子.

参保问题：现在社会上很多商品都有保险可选，保险公司经常要解决盈利不少于多少的问题.

例3 某县城有 3 000 人参加了海尔冰箱的保险，每人在年初时给保险公司交了 15 元的保险费，假如在该年中购买的海尔冰箱损坏，则可以向保险公司索要 2 500 元的补偿费，设此款冰箱的损坏的概率为 0.001，求保险公司保证盈利不少于 25 000 元的概率.

解 设 X 表示"参保人员中冰箱损坏的数量"，由题意可知 X 服从参数为 3 000，0.001 的二项分布. 按题意，要保证保险公司营利不少于 25 000 元，所以，有

$$15 \times 3\,000 - 2\,500X \geqslant 25\,000, 解得 X \leqslant 8$$

因此，所求概率为

$$P\{X \leqslant 8\} = \sum_{k=0}^{8} C_{3\,000}^{k}(0.001)^{k}(0.999)^{3\,000-k} \approx 0.996\,2$$

例4 厂家接到订单要启动一批设备进行生产，为保证设备正常工作，需要配备一些维修工. 如果各台设备发生故障是相互独立的，且每台设备发生故障的概率都是 0.01，试在以下各种情况下，求设备发生故障而不能及时维修的概率：

（1）1 名维修工负责 30 台设备；

（2）3 名修工负责 90 台设备；

（3）10 名修工负责 500 台设备.

解 （1）以 X_1 表示 30 台设备中同时发生故障的台数，则 $X_1 \sim b(30, 0.01)$，若发生故障的台数超过 1 台，则出现有设备发生故障不能及时维修，故所求概率为

$$P\{X_1 > 1\} = 1 - P\{X_1 \leqslant 1\} = 1 - (0.99)^{30} - 30 \times 0.01 \times (0.99)^{29} \approx 0.036\,1$$

（2）以 X_2 表示 90 台设备中同时发生故障的台数，则 $X_2 \sim b(90, 0.01)$，若发生故障的台数超过 3 台，则出现有设备发生故障不能及时维修，故所求概率为

$$P\{X_1 > 3\} = 1 - P\{X_1 \leqslant 3\}$$

$$= 1 - C_{90}^{0}(0.01)^{0}(0.99)^{90} - C_{90}^{1}(0.01)^{1}(0.99)^{89} - C_{90}^{2}(0.01)^{2}(0.99)^{88} - C_{90}^{3}(0.01)^{3}(0.99)^{87}$$

$$\approx 1 - 0.404\,73 - 0.367\,94 - 0.165\,38 - 0.049\,00 = 0.012\,95$$

从以上的计算结果可以看出，（1）和（2）都是平均每人负责 30 台设备，而 3 人共同维护 90 台设备比一人单独负责维护 30 台，出现设备发生故障而不能及时维修的风险要减少了一半以上.

（3）以 X_3 表示 500 台设备中同时发生故障的台数，则 $X_3 \sim b(500, 0.01)$，若发生故障的台数超过 10 台，则出现有设备发生故障不能及时维修，故所求概率为

$$P\{X_1 > 10\} = 1 - P\{X \leqslant 10\} = 1 - \sum_{k=0}^{10} C_{500}^{k}(0.01)^{k}(0.99)^{500-k}$$

这个计算量太大了，太复杂了！有没有简便点的计算方法？为此，我们有下面的分布.

（3）泊松分布.

定义6 设随机变量 X 的分布律为

$$P\{X = k\} = \frac{\lambda^k e^{-\lambda}}{k!} \quad (k = 0,1,2,\cdots)$$

其中，$\lambda > 0$ 是常数，则称随机变量 X 服从以 λ 为参数的**泊松（Poisson）分布**，记为 $X \sim P(\lambda)$ 或 $X \sim \pi(\lambda)$.

泊松分布是 1873 年由法国数学家泊松首次提出的. 对泊松分布而言，很容易验证其所有取值概率的总和为 1，即它满足离散型随机变量分布律的两个性质. 泊松分布不能用古典概率直接计算出来，而是通过大量的统计分析得出来的. 泊松分布是一种常用的离散分布，它常与单位时间（或单位面积、单位产品等）上的计数过程相联系，比如：

①在一段时间内，来到某商场的顾客数；

②在某火车站售票窗口，排队的人数；

③一份印刷品，出现错误的个数；

④在单位时间内，一电路受到外界电磁波冲击的次数；

⑤液晶显示器上的亮点个数；

⑥在一定时期内，某种放射性物质放射出来的 $\alpha -$ 粒子束；

等等，都服从泊松分布. 事实上泊松分布可以看成二项分布的极限分布，当二项分布中的 n 很大，而 p 较小，且 $np = \lambda$（$\lambda > 0$ 是一常数）时，有如下近似公式：

$$C_n^k p^k (1 - p)^{n-k} \approx \frac{\lambda^k}{k!} e^{-\lambda}$$

实际计算概率时，可以查泊松分布数值表（书后附表）.

例5 一家商店采用科学管理，为此在每一个月的月底要制订出下一个月的商品进货计划，为了不使商店的流动资金积压，月底的进货不宜过多，但是为了保证人们的生活需求和完成每月的营业额，进货又不应该太少. 由该商店过去的销售记录知道，甲商品每月的销售数可以用参数为 $\lambda = 4$（百件）的泊松分布来描述，为了以 95% 以上的把握保证不脱销，问：商店在月底至少应进甲商品多少？

解 设该商店每月销售甲商品 X 百件，月底的进货为 a 百件，则当 $X < a$ 时就不会脱销. 已知该商店每月销售甲商品件数服从参数为 4 的泊松分布，即 $X \sim P(4)$，根据题意有

$$P\{X < a\} = 1 - P\{X \geq a\} = 0.95$$

查表得：$a = 8$.

于是，这家商店只要在月底进货甲商品 8 百件（假定上月没有存货），就可以 95% 以上的概率保证这种商品在下个月内不会脱销.

例6 一铸件的砂眼（缺陷）服从参数为 $\lambda = 0.5$ 的泊松分布，试求此铸件上至多有 1 个砂眼（合格品）的概率和至少有 2 个砂眼（不合格品）的概率.

解 以 X 表示这种铸件的砂眼数，由题意知 $X \sim P(0.5)$. 则此种铸件上至多有 1 个砂眼的概率为

$$P\{X \leq 1\} = \frac{0.5^0}{0!} e^{-0.5} + \frac{0.5^1}{1!} e^{-0.5} = 0.91$$

所以至少有 2 个砂眼的概率为

$$P\{X \geqslant 2\} = 1 - P\{X \leqslant 1\} = 0.09$$

例 7 厂家接到订单要启动一批设备进行生产，为保证设备正常工作，需要配备一些维修工. 如果各台设备发生故障时相互独立，且每台设备发生故障的概率都是 0.01. 试在 10 名维修工负责 500 台设备情况下，求设备发生故障而不能及时维修的概率.

解 以 X 表示 500 台设备中同时发生故障的台数，则 10^k 用参数为 $\lambda = np = 500 \times 0.01 = 5$ 的泊松分布作近似计算，得所求概率为

$$P\{X > 2\} = \sum_{k=11}^{\infty} \frac{5^k}{k!} e^{-5} = 0.013\ 7$$

在此种情况下，所求概率与例 4(2) 中概率十分接近，而且 10 名维修工负责 500 台设备相当于每个维修工负责 50 台设备，工作效率是例 4(2) 中的 1.67 倍. 由计算可知，若干维修工共同负责大量设备的维修，将提高工作的效率.

三、连续型随机变量及其概率分布

除了离散型随机变量外，还有一类重要的随机变量——连续型随机变量，这种随机变量可以取某个区间的一切值. 由于这种随机变量的所有可能取值无法像离散型随机变量那样一一排列，因而也就不能用离散型随机变量的分布律来描述它的概率分布，刻画这种随机变量的概率分布可以用分布函数，但在理论上和应用中更常用的方法是用概率密度函数来描述.

1. 概率密度函数

定义 7 设随机变量 X 的分布函数为 $F(x)$，如果存在一个非负可积函数 $f(x)$，使得对于任意实数 x，有

$$F(x) = P\{X \leqslant x\} = \int_{-\infty}^{x} f(t)\,\mathrm{d}t$$

则称 X 为连续型随机变量，而称 $f(x)$ 为 X 的**概率密度函数**，简称**概率密度**.

由分布密度的定义及概率的性质可知分布密度函数 $f(x)$ 满足：

(1) $f(x) \geqslant 0$；

(2) $\int_{-\infty}^{+\infty} f(x)\,\mathrm{d}x = 1$.

这是因为 $\{-\infty < X < +\infty\}$ 是必然事件，所以

$$\int_{-\infty}^{+\infty} f(x)\,\mathrm{d}x = P\{-\infty < X < +\infty\} = P\{\Omega\} = 1$$

从几何角度来看，对于任一连续型随机变量，其分布密度函数曲线在 x 轴的上方，且与 x 轴之间所围成的面积是 1；

(3) 对于任意实数 a, b，且 $a < b$，有

$$P\{a < X \leqslant b\} = F(b) - F(a) = \int_{a}^{b} f(x)\,\mathrm{d}x$$

(4) 若 $f(x)$ 在点 x 处连续，则有 $F'(x) = f(x)$.

由这个性质可知，在连续点 x 处有

$$f(x) = \lim_{\Delta x \to 0^+} \frac{F(x + \Delta x) - F(x)}{\Delta x} = \lim_{\Delta x \to 0^+} \frac{P\{x < X \le x + \Delta x\}}{\Delta x}$$

(5) 对于任意实数 a，有 $P\{X = a\} = 0$，即连续型随机变量取任一实数值的概率为零. 从而

$$P\{a < X < b\} = P\{a \le X < b\} = P\{a < X \le b\}$$
$$= P\{a \le X \le b\} = \int_a^b f(x)\,\mathrm{d}x$$

上式说明，计算连续型随机变量在某一区间上取值的概率，区间端点对此概率无影响. 性质还说明，概率为 0 的事件不一定是不可能事件，概率为 1 的事件也不一定是必然事件.

例8 设随机变量 X 具有分布密度

$$f(x) = \begin{cases} Ke^{-3x}, & x > 0, \\ 0, & x \le 0 \end{cases}$$

(1) 试确定常数 K；(2) 求 $P\{X > 0.1\}$；(3) 求 $F(x)$.

解 (1) 由于 $\int_{-\infty}^{+\infty} f(x)\,\mathrm{d}x = 1$，即

$$\int_{-\infty}^{+\infty} f(x)\,\mathrm{d}x = \int_0^{+\infty} Ke^{-3x}\,\mathrm{d}x = \frac{1}{-3}\int_0^{+\infty} Ke^{-3x}\,\mathrm{d}(-3x) = \frac{K}{3} = 1$$

得 $K = 3$. 于是 X 的分布密度

$$f(x) = \begin{cases} 3e^{-3x}, & x > 0, \\ 0, & x \le 0 \end{cases}$$

(2) $P\{X > 0.1\} = \int_{0.1}^{+\infty} f(x)\,\mathrm{d}x = \int_{0.1}^{+\infty} 3e^{-3x}\,\mathrm{d}x = 0.740\,8$；

(3) 由定义 $F(x) = \int_{-\infty}^x f(t)\,\mathrm{d}t$，当 $x \le 0$ 时，$F(x) = 0$；

当 $x > 0$ 时，$F(x) = \int_{-\infty}^x f(t)\,\mathrm{d}t = \int_{-\infty}^0 0\,\mathrm{d}t + \int_0^x 3e^{-3x}\,\mathrm{d}t = \int_0^x 3e^{-3x}\,\mathrm{d}t = 1 - e^{-3x}$，

所以

$$F(x) = \begin{cases} 1 - e^{-3x}, & x > 0, \\ 0, & x \le 0 \end{cases}$$

2. 几种常见的连续型分布

常见的几种连续型分布有均匀分布、指数分布、正态分布等.

(1) 均匀分布.

定义8 如果连续型随机变量 X 的概率密度函数为

$$f(x) = \begin{cases} \dfrac{1}{b - a}, & a \le x \le b, \\ 0, & \text{其他} \end{cases}$$

则称 X 服从 $[a,b]$ 上的**均匀分布**，记为 $X \sim U[a,b]$，其分布函数为

$$F(x) = \begin{cases} 0, & x < a, \\ \dfrac{x-a}{b-a}, & a \leqslant x \leqslant b, \\ 1, & x > b \end{cases}$$

函数 $f(x)$ 与 $F(x)$ 的图形分别如图 7-7、图 7-8 所示.

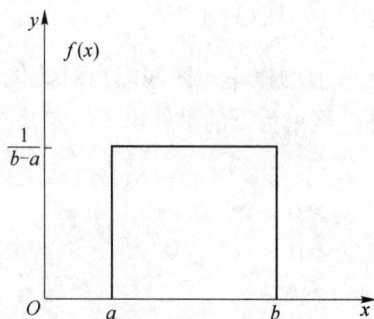

图 7-7

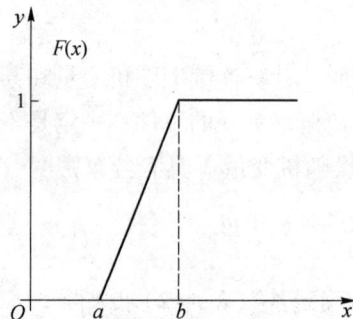

图 7-8

如果 X 服从 $[a,b]$ 上的均匀分布，那么对于任意满足 $a \leqslant c \leqslant d \leqslant b$ 的 c,d，应有：

$$P\{c \leqslant X \leqslant d\} = \int_c^d f(x)\,\mathrm{d}x = \frac{b-c}{b-a}$$

上式说明，X 取值于 $[a,b]$ 中任意小区间的概率与该小区间的长度成正比，而与该小区间的位置无关.

例 9 有一同学乘出租车从学校到火车站赶乘火车，火车是 18：30 发车，出租车从学校开出的时间是 18：00，若出租车从学校到火车站所用的时间 $X \sim U[15,30]$，且从下出租车到上火车还需 9 min，问：此人能赶上火车的概率是多少？

解 若要赶上火车，则出租车行驶的时间最多只能有 21 min，由 X 的分布密度

$$f(x) = \begin{cases} \dfrac{1}{15}, & 15 \leqslant x \leqslant 30, \\ 0, & \text{其他} \end{cases}$$

可得

$$P\{X \leqslant 21\} = \int_{-\infty}^{21} f(x)\,\mathrm{d}x = \int_{15}^{21} \frac{1}{15}\mathrm{d}x = \frac{2}{5}$$

则此人能赶上火车的概率只有 40%.

（2）指数分布.

定义 9 如果连续型随机变量 X 的概率密度函数为

$$f(x) = \begin{cases} \lambda e^{-\lambda x}, & x > 0, \\ 0, & x \leqslant 0 \end{cases}$$

其中，$\lambda > 0$，则称 X 服从参数为 λ 的**指数分布**，记为 $X \sim e(\lambda)$. 其分布函数为

$$F(x) = \begin{cases} 1 - e^{-\lambda x}, & x > 0, \\ 0, & x \leqslant 0 \end{cases}$$

例 10 设顾客排队等待服务的时间 X（以分计）服从 $\lambda = \dfrac{1}{5}$ 的指数分布. 某顾客等待服务，若超过 10 min，他就离开. 他一个月要去等待服务 5 次，以 Y 表示一个月内他未等到服务而离开的次数，试求 Y 的概率分布和 $P\{Y \geqslant 1\}$.

解 记某一次顾客排队等待服务的时间超过 10 min 的概率为 P，则

$$P = \int_{10}^{+\infty} \frac{1}{5} e^{-\frac{x}{5}} dx = e^{-2} \approx 0.135\ 3$$

顾客一个月要去等待服务 5 次，也就是进行了 5 重伯努利试验，他一个月内未等到服务而离开的次数 Y 服从 $n = 5, P = \lambda = e^{-2}$ 的二项分布，所以

$$P\{Y \geqslant 1\} = 1 - P\{Y = 0\} = 1 - (1 - e^{-2})^5 \approx 0.516\ 7$$

例 11 设某种电子元件的使用寿命时数(h)X 服从指数分布，其概率密度函数为

$$f(x) = \begin{cases} \dfrac{1}{100} e^{-\frac{x}{100}}, & x > 0, \\ 0, & \text{其他} \end{cases}$$

求：（1）该电子元件使用寿命超过 20 h 的概率？

（2）若已知该电子元件使用了 100 h，它还能够再使用 20 h 以上的概率？

解 （1）由已知条件，可得：

$$P\{Y > 20\} = \int_{20}^{+\infty} \frac{1}{100} e^{-\frac{x}{100}} dx = -e^{-\frac{x}{100}} \Big|_{20}^{+\infty} = e^{-\frac{1}{5}}$$

（2）根据题意，所求为条件概率：

$$P\{Y > 120 \mid X > 100\} = \frac{\int_{120}^{+\infty} \frac{1}{100} e^{-\frac{x}{100}} dx}{\int_{100}^{+\infty} \frac{1}{100} e^{-\frac{x}{100}} dx} = \frac{e^{-\frac{6}{5}}}{e^{-1}} = e^{-\frac{1}{5}}$$

上面的计算结果表明，已知该电子元件使用了 100 h，它还能够再使用 20 h 以上的概率，与从开始使用时计算它至少能使用 20 小时以上的概率相同，这就是说，元件对它已经使用了 100 h 没有记忆. 这是指数分布特有的性质.

指数分布具有无后效性，即若设 X 服从指数分布，则对 $\forall s > 0,\ t > 0$，有

$$P\{X > s + t \mid X > s\} = \frac{P\{X > s + t\}}{P\{X > s\}} = \frac{\int_{s+t}^{+\infty} \lambda e^{-\lambda x} dx}{\int_{s}^{+\infty} \lambda e^{-\lambda x} dx} = \frac{e^{-\lambda(s+t)}}{e^{-\lambda s}} = e^{-\lambda t} = P\{X > s\}$$

指数分布也被称为寿命分布，如电子元件的寿命，电话通话的时间，随机服务系统的服务时间等都可近似看作是服从指数分布的. 指数分布在可靠性理论和排队论中有着广泛的应用.

（3）正态分布.

假如我们对一个省的人口进行身高测量，将所有人的身高平均数和标准差求出，比如平均数为 1.70 m，标准差为 0.05 m. 我们将发现在平均数附近的人特别多，比如说在 1.70 − 1.96 × 0.05 到 1.70 + 1.96 × 0.05 的人占到了总人数的 95%，这个时候我们大概能够判断出这个省人的身高服从正态分布.

正态分布有极其广泛的实际背景，如测量误差；人的生理特征尺寸，如身高、体重等；

正常情况下生产的产品尺寸：直径、长度、重量；炮弹的弹落点的分布等，都服从或近似服从正态分布．可以说，正态分布是自然界和社会现象中最为常见的一种分布．一个变量如果受到大量微小的、独立的随机因素的影响，那么这个变量一般是一个正态随机变量．

定义 10 如果连续型随机变量 X 的概率密度函数为

$$f(x) = \frac{1}{\sigma \sqrt{2\pi}} e^{-\frac{(x-\mu)^2}{2\sigma^2}} \quad (-\infty < x < +\infty)$$

其中，μ 和 σ 都是常数，并且 $\sigma > 0$，则称 X 服从参数为 μ 和 σ^2 的**正态分布**，记作 $X \sim N(\mu, \sigma^2)$．后面学习会发现这两个参数实际上分别为其数学期望和方差，即 $\mu = E(X)$，$\sigma^2 = D(X)$．

首先，我们观察一下正态分布的密度函数 $f(x)$ 的特征．如图 7-9 所示，$f(x)$ 具有钟形的图像，且以 x 轴为渐近线；关于 $x = \mu$ 对称，在 $x = \mu$ 处达到函数最大值 $f(\mu) = \dfrac{1}{\sigma \sqrt{2\pi}}$．

接着，我们再看看正态分布 $N(\mu, \sigma^2)$ 的图形特点，如图 7-10 所示．可以看出，μ 决定了图形的中心位置，σ 决定了图形峰的陡峭程度．

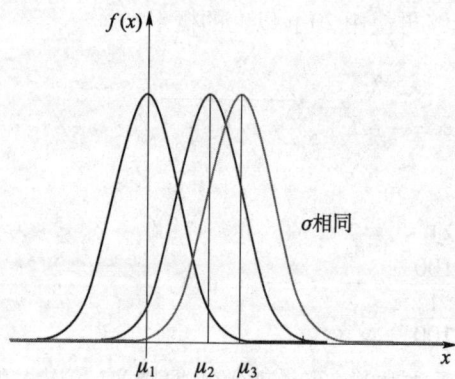

图 7-9

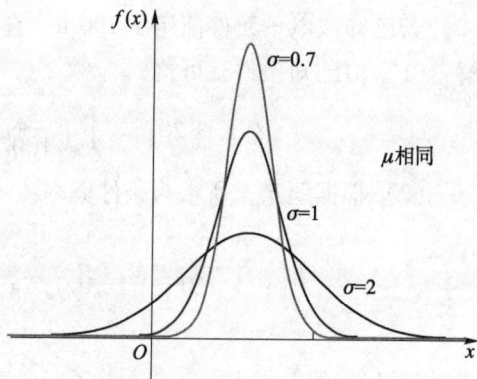

图 7-10

① 曲线关于 $x = \mu$ 对称．

② 曲线在 $x = \mu$ 处取到最大值，x 离 μ 越远，$f(x)$ 值越小．这表明对于同样长度的区间，当区间离 μ 越远时，X 落在这个区间上的概率越小．

③ 曲线在 $\mu \pm \sigma$ 处有拐点．

④ 曲线以 x 轴为渐近线．

⑤ 若固定 μ，σ 越小时图形越尖陡，因而 X 落在 μ 附近的概率越大；若固定 σ，μ 值改变，则图形沿 x 轴平移，而不改变其形状．故称 σ 为精度参数，μ 为位置参数．

正态分布"两头低，中间高，左右对称"的钟形特点与实际中很多随机变量的分布规律相吻合．一般来说，如果某随机变量的取值充满某区间，而且取在偏中间的值多，偏两头的值少，则大都近似服从正态分布．另外，正态分布具有许多良好的性质，很多的概率分布都可以用正态分布来近似，所以，不论在理论研究还是在应用研究上，正态分布都是十分重要的．

（4）标准正态分布.

特别的，当 $\mu = 0, \sigma^2 = 1$ 时，称 X 服从**标准正态分布**，记为 $X \sim N(0,1)$. 我们用 $\varphi(x)$ 表示标准正态分布的密度函数，

$$\varphi(x) = \frac{1}{\sqrt{2\pi}} e^{-\frac{x^2}{2}} \quad (-\infty < x < +\infty)$$

另外，用 $\Phi(x)$ 来表示**标准正态分布的分布函数**，

$$\Phi(x) = P\{X \leqslant x\} = \int_{-\infty}^{x} \varphi(t) \mathrm{d}t = \int_{-\infty}^{x} \frac{1}{\sqrt{2\pi}} e^{-\frac{t^2}{2}} \mathrm{d}t$$

$\Phi(x)$ 的几何意义为 $(-\infty, x]$ 上 $\varphi(x)$ 下的图形的面积，如图 7-11 所示中阴影部分. 容易看出，标准正态分布的分布函数 $\Phi(x)$ 具有以下性质：

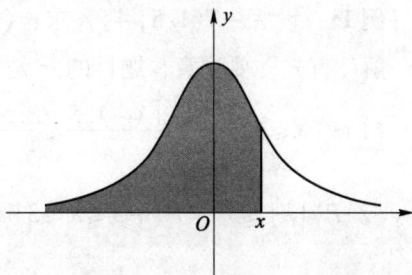

① $\Phi(0) = 0.5$；

② $\Phi(-x) = 1 - \Phi(x)$，对任意的 $x \in \mathbf{R}$；

③ $P\{a < X < b\} = P\{a < X \leqslant b\} = \Phi(b) - \Phi(a)$.

为了应用方便，在附录中给出了标准正态分布的分布函数值表. 因为正态分布具有对称性，所以表中只须列出 $x \geqslant 0$ 时的 $\Phi(x)$ 的值.

图 7-11

例 12 求 $\Phi(1.65)$ 和 $\Phi(-1.96)$.

解 $\Phi(1.65) \overset{\text{查表}}{=} 0.950\,5$；

$\Phi(-1.65) = 1 - \Phi(1.65) \overset{\text{查表}}{=} 1 - 0.975\,0 = 0.025\,0.$

例 13 已知 $X \sim N(0,1)$，求 $P\{X \leqslant 1.65\}$ 和 $P\{1.65 < X \leqslant 2.09\}$.

解 $P\{X \leqslant 1.65\} \overset{\text{查表}}{=} \Phi(1.65) = 0.950\,5$；$\Phi(2.09) = 0.981\,7.$

$P\{1.65 < X \leqslant 2.09\} = \Phi(2.09) - \Phi(1.65) = 0.981\,7 - 0.950\,5 = 0.031\,2.$

3. 一般正态分布与标准正态分布的关系

标准正态分布可以通过查标准正态分布表直接得，那一般的正态分布如何计算呢？下面我们看一个定理.

定理 设 $X \sim N(\mu, \sigma^2)$，则 $Y = \dfrac{x - \mu}{\sigma} \sim N(0,1)$.

此定理说明如果随机变量 X 服从参数为 μ 和 σ^2 的正态分布，那么随机变量 $Y = \dfrac{x - \mu}{\sigma}$ 服从标准正态分布. 所以，一般的正态分布都可以先通过线性变换转化为标准正态分布再查表即得.

例 14 （1）设 $X \sim N(3, 2^2)$，求 $P\{X \leqslant 2\}$.

解 $P\{X \leqslant 2\} = P\left\{\dfrac{X-3}{2} \leqslant \dfrac{2-3}{2}\right\} = P\left\{\dfrac{X-3}{2} \leqslant -\dfrac{1}{2}\right\} \quad \left(\dfrac{X-3}{2} \sim N(0,1)\right)$

$$= \Phi\left(-\frac{1}{2}\right) = 1 - \Phi\left(\frac{1}{2}\right) = 1 - 0.691\ 5 = 0.308\ 5.$$

（2）设 $X - N(3,2^2)$，求 $P\{X > 2\}$.

解　$P\{X > 2\} = P\left\{\dfrac{X-3}{2} > \dfrac{2-3}{2}\right\}$

$$= P\left\{\frac{X-3}{2} > -\frac{1}{2}\right\} = 1 - P\left\{\frac{X-3}{2} \leqslant -\frac{1}{2}\right\}\left(\frac{X-3}{2} \sim N(0,1)\right)$$

$$= 1 - \Phi\left(-\frac{1}{2}\right) = \Phi\left(\frac{1}{2}\right) = 0.691\ 5.$$

例 15　设 $X - N(1.5, 4)$，求：（1）$P\{X \leqslant 3.5\}$；（2）$P\{|X| \leqslant 3\}$.

解　首先，要注意，题目的 σ 是 2 而不是 4.

（1）$P\{X \leqslant 3.5\} = P\left\{\dfrac{X-1.5}{2} \leqslant \dfrac{3.5-1.5}{2}\right\} = P\left\{\dfrac{X-1.5}{2} \leqslant 1\right\} = \Phi(1) = 0.841\ 3.$

（2）$P\{|X| \leqslant 3\} = P\{-3 \leqslant X \leqslant 3\} = P\left\{\dfrac{-3-1.5}{2} \leqslant \dfrac{X-1.5}{2} \leqslant \dfrac{3-1.5}{2}\right\}$

$$= P\left\{-2.25 \leqslant \frac{X-1.5}{2} \leqslant 0.75\right\}\quad\left(\frac{X-1.5}{2} \sim N(0,1)\right)$$

$$= \Phi(0.75) - \Phi(-2.25) = \Phi(0.75) + \Phi(2.25) - 1$$

$$= 0.773\ 4 + 0.987\ 8 - 1 = 0.761\ 2.$$

例 16　设在一次数学考试中，某班学生的分数 $X \sim N(110, 20^2)$，试卷满分为 150 分，这个班共有学生 54 人. 求这个班在这次数学考试中及格的人数和 130 分以上的人数.

解　根据假设 $X \sim N(110, 20^2)$，考试及格对应事件 $\{X \geqslant 90\}$，概率为

$$P\{X \geqslant 90\} = 1 - P\{X < 90\} = 1 - P\left\{\frac{X-110}{20} < \frac{90-110}{20}\right\}$$

$$= 1 - \Phi(-1) = \Phi(1) = 0.841\ 3$$

这个班在这次数学考试中及格的人数为：$54 \times 0.841\ 3 \approx 45$（人）. 又

$$P\{X \geqslant 130\} = 1 - P\{X < 130\} = 1 - P\left\{\frac{X-110}{20} < \frac{130-110}{20}\right\}$$

$$= 1 - \Phi(1) = 1 - 0.841\ 3 = 0.158\ 7$$

这个班在这次数学考试中在 130 分以上的人数为：$54 \times 0.158\ 7 \approx 9$（人）.

例 17　设 $X \sim N(\mu, \sigma^2)$，求 X 分别落入区间 $(\mu - \sigma, \mu + \sigma)$，$(\mu - 2\sigma, \mu + 2\sigma)$，$(\mu - 3\sigma, \mu + 3\sigma)$ 内的概率.

解　（1）$P\{\mu - \sigma < X < \mu + \sigma\} = P\left\{\dfrac{\mu - \sigma - \mu}{\sigma} < \dfrac{X - \mu}{\sigma} < \dfrac{\mu + \sigma - \mu}{\sigma}\right\}$

$$= P\left\{-1 < \frac{X - \mu}{\sigma} < 1\right\} = \Phi(1) - \Phi(-1) = \Phi(1) - [1 - \Phi(1)]$$

$$= 2\Phi(1) - 1 = 2 \times 0.841\ 3 - 1 = 0.682\ 6.$$

（2）类似的，$P\{\mu - 2\sigma < X < \mu + 2\sigma\} = 2\Phi(2) - 1 = 2 \times 0.977\ 25 - 1 = 0.954\ 5.$

（3）类似的，$P\{\mu - 3\sigma < X < \mu + 3\sigma\} = 2\Phi(3) - 1 = 2 \times 0.998\ 65 - 1 = 0.997\ 3$.

上面的结果表明，服从正态分布 $N(\mu + \sigma^2)$ 的随机变量 X 落在区间 $(\mu - 3\sigma, \mu + 3\sigma)$ 内的概率为 0.997 3，落在该区间外的概率只有 0.002 7，也就是说，X 几乎不可能在区间（$\mu - 3\sigma$，$\mu + 3\sigma$）之外取值. 在企业生产过程中，某项质量指标 X 在生产过程正常时服从正态分布 $N(\mu + \sigma^2)$，当对该项质量指标做抽样检验时，若生产过程正常，则抽样值几乎不可能落在 $(\mu - 3\sigma, \mu + 3\sigma)$ 之外，因此，可以把抽样值是否落在 $(\mu - 3\sigma, \mu + 3\sigma)$ 之中作为判断生产过程是否正常的一个重要标志，称之为质量控制的 3σ 原则.

四、多维随机变量及其概率分布

一个随机变量的概率分布只能描述单个随机变量的行为、性质和特征，在实际应用中，有些随机现象需要同时用两个或者两个以上的随机变量来描述. 例如，研究某地区学龄儿童的发育情况时，就要同时抽查儿童的身高 X、体重 Y，这里，X 和 Y 是定义在同一个样本空间 $S = \{$某地区的全部学龄儿童$\}$ 上的两个随机变量. 又如，某地区的一个居民家庭 e 的收入水平 $X(e)$ 和消费水平 $Y(e)$ 的情况，它们也是定义在同一个样本空间 $\Omega = \{e\}$ 上的两个随机变量. 再如，分析某个地区的气象情况，它与该地区的气压、气流、温度、湿度等诸多因素有关，而气压、气流、温度、湿度等都是随机变化的，这就涉及更多的随机变量. 因此，在实用上，有时只用一个随机变量是不够的，要考虑多个随机变量及其相互的联系. 我们不但要研究多个随机变量各自的统计规律，而且还要研究它们之间的统计相依关系，因而还要考察它们联合取值的统计规律，即多维随机变量的分布. 在这里我们仅以二维随机变量为例.

多维随机变量也称随机向量，同单个随机变量的概率分布一样. 若多维随机变量中的每一变量都为离散型的，则称之为离散型随机向量；若多维随机变量的分布函数可由联合密度函数表示，则称之为连续型随机向量. 下面，我们主要讲述二维离散型、连续型随机变量的联合概率分布、边缘概率分布和条件概率分布，其有关概念、特征、性质、结论等都不难推广到三维及其以上离散型随机向量和连续型随机向量的情形.

1. 二维离散型随机变量的联合概率分布

定义 11 若二维随机变量 (X, Y) 的所有可能取值是有限对或可列无穷多对，则称 (X, Y) 为**二维离散型随机变量**.

设二维离散型随机变量 (X, Y) 的一切可能值相应为 (x_i, y_i)，其中 $i, j = 1, 2, \cdots$，且 (X, Y) 取值 (x_i, y_j) 的概率为

$$P\{X = x_i, Y = y_i\} = p_{ij},\ i, j = 1, 2, \cdots$$

则称上式为随机变量 (X, Y) 的**联合概率分布**或**联合分布律**，也称作随机向量 (X, Y) 的概率分布. 其中 $\{x_1, y_1\}, \{x_2, y_2\}, \cdots, \{x_n, y_n\}, \cdots$ 构成一个完备事件组. 显然，$0 \leqslant p_{ij} \leqslant 1$，并且 $\sum_i \sum_j p_{ij} = 1$.

为直观起见，当离散型随机变量的所有可能取值不多的时候，我们还常常采用表 7 - 3 的形式来表示.

表 7 – 3

X Y	x_1	x_2	$\cdots$	x_n	$\cdots$
y_1	p_{11}	p_{21}	$\cdots$	p_{n1}	$\cdots$
y_2	p_{12}	p_{22}	$\cdots$	p_{n2}	$\cdots$
$\cdots$	$\cdots$	$\cdots$	$\cdots$	$\cdots$	$\cdots$
y_m	p_{1m}	p_{2m}	$\cdots$	p_{nm}	$\cdots$
$\cdots$	$\cdots$	$\cdots$	$\cdots$	$\cdots$	$\cdots$

例 18　某种元件有 3 件是一等品、2 件是二等品、2 件是次品，在其中任取 4 件装配在一台设备上，以 X 表示取到一等品数，以 Y 表示取到二等品数．求 X 和 Y 的联合分布律．

解　X 和 Y 的联合分布律如表 7 – 4 所示．

表 7 – 4

X \\ Y	0	1	2	3
0	0	0	$\dfrac{3}{35}$	$\dfrac{2}{35}$
1	0	$\dfrac{6}{35}$	$\dfrac{12}{35}$	$\dfrac{2}{35}$
2	$\dfrac{1}{35}$	$\dfrac{6}{35}$	$\dfrac{3}{35}$	0

2. 二维连续型随机变量的联合分布密度

定义 12　设随机变量 (X,Y) 的分布函数为 $F(x,y)$，如果存在一个非负可积函数 $f(x,y)$，使得对任意实数 (x,y)，有

$$F(x,y) = P\{X \leqslant x, Y \leqslant y\} = \int_{-\infty}^{x} \int_{-\infty}^{y} f(u,v)\,\mathrm{d}u\mathrm{d}v$$

则称 (X,Y) 为二维连续型随机变量，称 $f(x,y)$ 为 (X,Y) 的**联合分布密度或概率密度**．

按定义，概率密度 $f(x,y)$ 具有如下性质：

(1) $f(x,y) \geqslant 0$　$(-\infty < x, y < +\infty)$；

(2) $\displaystyle\int_{-\infty}^{+\infty} \int_{-\infty}^{+\infty} f(u,v)\,\mathrm{d}u\mathrm{d}v = 1$；

(3) 若 $f(x,y)$ 在点 (x,y) 处连续，则有

$$\frac{\partial^2 F(x,y)}{\partial x \partial y} = f(x,y)$$

(4) 设 G 为 xOy 平面上的任一区域，随机点 (X,Y) 落在 G 内的概率为

$$P\{(X,Y) \in G\} = \iint\limits_{G} f(x,y)\,\mathrm{d}x\mathrm{d}y$$

在几何上，概率密度 $z = f(x,y)$ 表示空间一曲面，介于它和 xOy 平面的空间区域的立体体积等于 1，$P\{(X,Y) \in G\}$ 的值等于以 G 为底，以曲面 $z = f(x,y)$ 为顶的曲顶柱体体积.

与一维随机变量相似，有如下常用的二维均匀分布和二维正态分布.

设 G 是平面上的有界区域，其面积为 A，若二维随机变量 (X,Y) 具有概率密度

$$f(x,y) = \begin{cases} \dfrac{1}{A}, & (x,y) \in G, \\ 0, & \text{其他} \end{cases}$$

则称 (X,Y) 在 G 上服从均匀分布.

类似的，设 G 为空间上的有界区域，其体积为 A，若三维随机变量 (X,Y,Z) 具有概率密度

$$f(x,y,z) = \begin{cases} \dfrac{1}{A}, & (x,y,z) \in G, \\ 0, & \text{其他} \end{cases}$$

则称 (X,Y,Z) 在 G 上服从均匀分布.

设二维随机变量 (X,Y) 具有分布密度

$$f(x,y) = \frac{1}{2\pi\sigma_1\sigma_2\sqrt{1-\rho^2}} e^{-\frac{1}{2(1-\rho^2)}\left[\frac{(x-\mu_1)^2}{\sigma_1^2} - 2\rho\frac{(x-\mu_1)(y-\mu_2)}{\sigma_1\sigma_2} + \frac{(y-\mu_2)^2}{\sigma_2^2}\right]}$$

$$(-\infty < x < +\infty, -\infty < y < +\infty)$$

其中，$\mu_1, \mu_2, \sigma_1, \sigma_2, \rho$ 均为常数，且 $\sigma_1 > 0, \sigma_2 > 0, -1 < \rho < 1$，则称 (X,Y) 为具有参数 $\mu_1, \mu_2, \sigma_1, \sigma_2, \rho$ 的二维正态随机变量，记作：$(X,Y) \sim N(\mu_1, \mu_2, \sigma_1^2, \sigma_2^2, \rho)$.

例 19 设二维随机变量 (X,Y) 的概率密度为

$$f(x,y) = \begin{cases} k e^{-(2x+3y)}, & x > 0, y > 0, \\ 0, & \text{其他} \end{cases}$$

(1) 确定常数 k；(2) 求 (X,Y) 的分布函数；(3) 求 $P\{X < Y\}$.

解 (1) 由性质有

$$\int_{-\infty}^{+\infty}\int_{-\infty}^{+\infty} f(x,y)\,\mathrm{d}x\mathrm{d}y = \int_0^{+\infty}\int_0^{+\infty} k e^{-(2x+3y)}\,\mathrm{d}x\mathrm{d}y = k\int_0^{+\infty} e^{-2x}\mathrm{d}x \int_0^{+\infty} e^{-3y}\mathrm{d}y$$

$$= k\left[-\frac{1}{2}e^{-2x}\right]_0^{+\infty}\left[-\frac{1}{3}e^{-3y}\right]_0^{+\infty} = \frac{k}{6} = 1$$

于是，$k = 6$.

(2) 由定义有

$$F(x,y) = \int_{-\infty}^y \int_{-\infty}^x f(u,v)\,\mathrm{d}u\mathrm{d}v$$

$$= \begin{cases} \int_0^y \int_0^x 6 e^{-(2u+3v)}\,\mathrm{d}u\mathrm{d}v = (1 - e^{-2x})(1 - e^{-3y}), & y > 0, x > 0. \\ 0, & \text{其他} \end{cases}$$

（3）由题意

$$P\{X < Y\} = \iint\limits_{D} f(x,y)\,\mathrm{d}x\mathrm{d}y = \iint\limits_{x < y} f(x,y)\,\mathrm{d}x\mathrm{d}y$$

$$= \int_0^{+\infty}\left[\int_0^y 6\mathrm{e}^{-(2x+3y)}\,\mathrm{d}x\right]\mathrm{d}y = \int_0^{+\infty} 3\mathrm{e}^{-3y}(1 - \mathrm{e}^{-2y})\,\mathrm{d}y = \frac{2}{5}$$

3. 二维离散型随机变量的边缘概率分布

定义 13　设 (X,Y) 是二维离散型随机变量，其分布律为

$$P\{X = x_i, Y = y_j\} = p_{ij}, i,j = 1,2,\cdots$$

于是，有边缘分布函数

$$F_X(x) = F(x, +\infty) = \sum_{x_i \leq x}\sum_j p_{ij}$$

由此可知，X 的分布律为　$P\{X = x_i\} = \sum_j p_{ij}, i = 1,2,\cdots$. 称其为 (X,Y) 关于 X 的边缘分布律. 同理，(X,Y) 关于 Y 的边缘分布律为

$$P\{Y = y_i\} = \sum_i p_{ij}, j = 1,2,\cdots$$

例 20　已知某地区的居民人均家庭收入 X，人均家庭消费支出 Y 的联合分布律如表 7 – 5 所示（单位：万元）.

表 7 – 5

Y ＼ X	0.8	1	1.5	2
0.8	0.1	0.15	0.05	0.05
1	0	0.1	0.3	0.05
1.5	0	0	0.05	0.15

求：（1）二维随机变量 (X,Y) 关于 X 的边缘分布律；（2）二维随机变量 (X,Y) 关于 Y 的边缘分布律.

解　（1）由联合分布律表可知

$P\{X = 0.8\} = 0.1 + 0 + 0 = 0.1$；　　　$P\{X = 1\} = 0.15 + 0.1 + 0 = 0.25$；

$P\{X = 1.5\} = 0.05 + 0.3 + 0.05 = 0.4$；　$P\{X = 2\} = 0.05 + 0.05 + 0.15 = 0.25$.

即二维随机变量 (X,Y) 关于 X 的边缘概率分布律为

X	0.8	1	1.5	2
P	0.1	0.25	0.4	0.25

（2）同理，可求二维随机变量 (X,Y) 关于 Y 的边缘分布律

Y	0.8	1	1.5
P	0.35	0.45	0.20

例21 设盒中有10件产品，其中2件是次品，现从其中随机地抽取两次，每次取一件，定义随机变量X,Y如下：

$$X = \begin{cases} 0, & \text{第一次取到次品}, \\ 1, & \text{第一次取到正品}; \end{cases} \quad Y = \begin{cases} 0, & \text{第二次取到次品}, \\ 1, & \text{第二次取到正品} \end{cases}$$

按（1）有放回抽取；（2）无放回抽取. 写出下列两种试验的随机变量(X,Y)的联合分布与边缘分布.

解（1）采取有放回抽取时，(X,Y)的联合分布与边缘分布由下表给出.

X＼Y	0	1	$P\{X = x_i\}$
0	$0.2 \times 0.2 = 0.04$	$0.2 \times 0.8 = 0.16$	0.2
1	$0.8 \times 0.2 = 0.16$	$0.8 \times 0.8 = 0.64$	0.8
$P\{Y = y_j\}$	0.2	0.8	

（2）采取无放回抽取时，(X,Y)的联合分布与边缘分布由下表给出.

X＼Y	0	1	$P\{Y = y_i\}$
0	$\frac{2}{10} \times \frac{1}{9} = \frac{1}{45}$	$\frac{8}{10} \times \frac{2}{9} = \frac{8}{45}$	0.2
1	$\frac{2}{10} \times \frac{8}{9} = \frac{8}{45}$	$\frac{8}{10} \times \frac{7}{9} = \frac{28}{45}$	0.8
$P\{X = x_j\}$	0.2	0.8	

上例中的(X,Y)的边缘分布是相同的，但它们的联合分布却不一样. 由此可见，联合分布不能由边缘分布唯一确定，也就是说，二维随机变量的性质不能由它的两个分量的个别性质来确定，还必须考虑它们之间的联系. 这进一步说明了研究随机变量的必要性. 在满足什么条件时，二维随机变量的联合分布可由两个随机变量的边缘分布确定，后面将会讨论.

4. 二维连续型随机变量的边缘分布

定义14 设(X,Y)是二维连续型随机变量，其概率密度为$f(x,y)$，由

$$F_X(x) = F(x, +\infty) = \int_{-\infty}^{x} \left[\int_{-\infty}^{+\infty} f(x,y)\,\mathrm{d}y \right] \mathrm{d}x$$

知，X是一个连续型随机变量，且其概率密度为

$$f_X(x) = \frac{\mathrm{d}F_X(x)}{\mathrm{d}x} = \int_{-\infty}^{+\infty} f(x,y)\,\mathrm{d}y$$

同样，Y也是一个连续型随机变量，其概率密度为

$$f_Y(y) = \frac{\mathrm{d}F_Y(y)}{\mathrm{d}y} = \int_{-\infty}^{+\infty} f(x,y)\mathrm{d}x$$

分别称$f_X(x), f_Y(y)$为(X,Y)关于X和关于Y的**边缘分布密度或边缘概率密度**.

例22 设随机变量X和Y具有联合概率密度

$$f(x,y) = \begin{cases} 6, & x^2 \leqslant y \leqslant x, \\ 0, & \text{其他} \end{cases}$$

求边缘概率密度$f_X(x), f_Y(y)$.

解 由已知

$$f_X(x) = \int_{-\infty}^{+\infty} f(x,y)\mathrm{d}y = \begin{cases} \int_{x^2}^{x} 6\mathrm{d}y = 6(x - x^2), & 0 \leqslant x \leqslant 1, \\ 0, & \text{其他} \end{cases}$$

$$f_Y(y) = \int_{-\infty}^{+\infty} f(x,y)\mathrm{d}x = \begin{cases} \int_{y}^{\sqrt{y}} 6\mathrm{d}x = 6(\sqrt{y} - y), & 0 \leqslant y \leqslant 1, \\ 0, & \text{其他} \end{cases}$$

例23 求二维正态随机变量的边缘概率密度.

解 $f_X(x) = \int_{-\infty}^{+\infty} f(x,y)\mathrm{d}y$，由于

$$\frac{(y - \mu_2)^2}{\sigma_2^2} - 2\rho\frac{(x - \mu_1)(y - \mu_2)}{\sigma_1\sigma_2} = \left(\frac{y - \mu_2}{\sigma_2} - \rho\frac{x - \mu_1}{\sigma_1}\right)^2 - \rho^2\frac{(x - \mu_1)^2}{\sigma_1^2}$$

于是

$$f_X(x) = \frac{1}{2\pi\sigma_1\sigma_2\sqrt{1 - \rho^2}}\mathrm{e}^{-\frac{(x-\mu_1)^2}{2\sigma_1^2}}\int_{-\infty}^{+\infty}\mathrm{e}^{-\frac{1}{2(1-\rho^2)}\left(\frac{y-\mu_2}{\sigma_2} - \rho\frac{x-\mu_1}{\sigma_1}\right)^2}\mathrm{d}y$$

令

$$t = \frac{1}{\sqrt{1 - \rho^2}}\left(\frac{y - \mu_2}{\sigma_2} - \rho\frac{x - \mu_1}{\sigma_1}\right)$$

则有

$$f_X(x) = \frac{1}{2\pi\sigma_1}\mathrm{e}^{-\frac{(x-\mu_1)^2}{2\sigma_1^2}}\int_{-\infty}^{+\infty}\mathrm{e}^{-\frac{t^2}{2}}\mathrm{d}t = \frac{1}{\sqrt{2\pi}\,\sigma_1}\mathrm{e}^{-\frac{(x-\mu_1)^2}{2\sigma_1^2}} \quad (-\infty < x < +\infty)$$

同理

$$f_Y(y) = \frac{1}{\sqrt{2\pi}\,\sigma_2}\mathrm{e}^{-\frac{(y-\mu_2)^2}{2\sigma_2^2}} \quad (-\infty < y < +\infty)$$

我们看到二维正态分布的两个边缘分布都是一维正态分布，并且都不依赖于ρ，亦即对于给定的$\mu_1, \mu_2, \sigma_1, \sigma_2$不同的$\rho$对应不同的二维正态分布，它们的边缘分布却都是一样的. 这一事实表明，对于连续型随机变量来说，仅由关于X和关于Y的边缘分布，一般来说是不能确定X和Y的联合分布的.

5. 二维离散型随机变量的条件概率分布

定义15 对于给定的$X = x_i$，若$P\{X = x_i\} \neq 0$，则有

$$P\{Y = y_i \mid X = x_i\} = \frac{P\{X = x_i,\ Y = y_i\}}{P\{X = x_i\}} = \frac{p_{ij}}{\sum_j p_{ij}} = \frac{p_{ij}}{p_{i\cdot}} \quad (j = 1,2,\cdots,m)$$

称此式子为 Y 在 $X = x_i$ 条件下的**条件概率分布**，或 Y 关于 $X = x_i$ 的条件分布. 条件概率分布具有（无条件）概率分布的一切性质.

例 24　已知随机变量 Y 和 Y 的联合分布如表 7 - 6 所示.

表 7 - 6

Y \ X	0	1	2	3
-2	0.01	0.06	0.05	0.04
0	0.04	0.24	0.15	0.07
1	0.05	0.10	0.10	0.09

求：（1）随机变量 (X,Y) 关于 X 的边缘分布；（2）随机变量 (X,Y) 关于 Y 的边缘分布；
（3）随机变量 X 关于随机变量 $Y = -2$ 的条件概率分布.

解　（1）根据边缘分布的公式，在上表中按列求和得到 (X,Y) 关于 X 的边缘分布，即

X	0	1	2	3
P	0.1	0.4	0.3	0.2

（2）同理，按行求和得到 (X,Y) 关于 Y 的边缘分布为

X	-2	0	1
P	0.16	0.5	0.34

（3）$P\{Y = -2\} = 0.16$. 当 $Y = -2$ 时，由条件概率分布公式，有

$$P\{X = 0 \mid Y = -2\} = \frac{P\{X = 0, Y = -2\}}{P\{Y = -2\}} = 0.0625$$

$$P\{X = 1 \mid Y = -2\} = \frac{P\{X = 1, Y = -2\}}{P\{Y = -2\}} = 0.375$$

$$P\{X = 2 \mid Y = -2\} = \frac{P\{X = 2, Y = -2\}}{P\{Y = -2\}} = 0.3125$$

$$P\{X = 3 \mid Y = -2\} = \frac{P\{X = 3, Y = -2\}}{P\{Y = -2\}} = 0.25$$

故在 $Y = -2$ 的条件下随机变量 X 概率分布为

X	0	1	2	3
P	0.0625	0.375	0.3125	0.25

6. 二维连续型随机变量的条件分布

对于连续型随机变量 (X,Y)，因为 $P\{X = x, Y = y\} = 0$，所以不能直接由定义 14 来定义

条件分布，但是对于任意的 $\varepsilon > 0$，如果 $P\{y - \varepsilon < Y \leqslant y + \varepsilon\} > 0$，则可以考虑

$$P\{X \leqslant x \mid y - \varepsilon < Y \leqslant y + \varepsilon\} = \frac{P\{X \leqslant x, y - \varepsilon < y \leqslant y + \varepsilon\}}{P\{y - \varepsilon < Y \leqslant y + \varepsilon\}}$$

如果上述条件概率当 $\varepsilon \to 0^+$ 时的极限存在，自然可以将此极限值定义为在 $Y = y$ 条件下 X 的条件分布.

定义 16　设对于任何固定的正数 ε，$P\{y - \varepsilon < Y \leqslant y + \varepsilon\} > 0$，若

$$\lim_{\varepsilon \to 0^+} P\{X \leqslant x \mid y - \varepsilon < Y \leqslant y + \varepsilon\} = \lim_{\varepsilon \to 0^+} \frac{P\{X \leqslant x, y - \varepsilon < Y \leqslant y + \varepsilon\}}{P\{y - \varepsilon < Y \leqslant y + \varepsilon\}}$$

存在，则称此极限为在 $Y = y$ 条件下 X 的条件分布函数，记作 $P\{X \leqslant x \mid Y = y\}$ 或 $F_{X \mid Y}(x \mid y)$.

设二维连续型随机变量 (X, Y) 的分布函数为 $F(x, y)$，分布密度函数为 $f(x, y)$，且 $f(x, y)$ 和边缘分布密度函数 $f_Y(y)$ 连续，$f_Y(y) > 0$，则不难验证，在 $Y = y$ 的条件下 X 的条件分布函数为

$$F_{X \mid Y}(x \mid y) = \int_{-\infty}^{x} \frac{f(u, y)}{f_Y(y)} \mathrm{d}u$$

若记 $f_{X \mid Y}(x \mid y)$ 为在 $Y = y$ 的条件下 X 的条件分布密度，则

$$f_{X \mid Y}(x \mid y) = \frac{f(x, y)}{f_Y(y)}$$

类似的，若边缘分布密度函数 $f_X(x)$ 连续，$f_X(x) > 0$，则在 $X = x$ 的条件下 Y 的条件分布函数为

$$F_{Y \mid X}(y \mid x) = \int_{-\infty}^{y} \frac{f(x, v)}{f_X(x)} \mathrm{d}v$$

若记 $f_{Y \mid X}(y \mid x)$ 为在 $X = x$ 的条件下 Y 的条件分布密度，则

$$f_{Y \mid X}(y \mid x) = \frac{f(x, y)}{f_X(x)}$$

例 25　设 $(X, Y) \sim N(0, 0, 1, 1, \rho)$，求 $f_{X \mid Y}(x \mid y)$ 与 $f_{Y \mid X}(y \mid x)$.

解　易知 $f(x, y) = \dfrac{1}{2\pi \sqrt{1 - \rho^2}} \mathrm{e}^{-\frac{x^2 - 2\rho xy + y^2}{2(1 - \rho^2)}}$　$(-\infty < x, y < +\infty)$，所以

$$f_{X \mid Y}(x \mid y) = \frac{f(x, y)}{f_Y(y)} = \frac{1}{\sqrt{2\pi(1 - \rho^2)}} \mathrm{e}^{-\frac{(x - \rho y)^2}{2(1 - \rho^2)}}$$

$$f_{Y \mid X}(y \mid x) = \frac{f(x, y)}{f_X(x)} = \frac{1}{\sqrt{2\pi(1 - \rho^2)}} \mathrm{e}^{-\frac{(y - \rho x)^2}{2(1 - \rho^2)}}$$

例 26　设随机变量 $X \sim U(0, 1)$，当观察到 $X = x (0 < x < 1)$ 时，$Y \sim U(x, 1)$，求 Y 的概率密度 $f_Y(y)$.

解　按题意，X 具有概率密度

$$f_X(x) = \begin{cases} 1, & 0 < x < 1, \\ 0, & \text{其他} \end{cases}$$

类似的，对于任意给定的值 $x (0 < x < 1)$，在 $X = x$ 的条件下，Y 的条件概率密度

$$f_{Y|X}(y|x) = \begin{cases} \dfrac{1}{1-x}, & x < y < 1, \\ 0, & \text{其他} \end{cases}$$

因此，X 和 Y 的联合概率密度为

$$f(x,y) = f_{Y|X}(y|x)f_X(x) = \begin{cases} \dfrac{1}{1-x}, & 0 < x < y < 1, \\ 0, & \text{其他} \end{cases}$$

于是，得关于 Y 的边缘概率密度为

$$f_Y(y) = \int_{-\infty}^{+\infty} f(x,y)\,\mathrm{d}x = \begin{cases} \displaystyle\int_0^y \dfrac{1}{1-x}\,\mathrm{d}x = -\ln(1-y), & 0 < y < 1, \\ 0, & \text{其他} \end{cases}$$

7. 随机变量的独立性

独立性是许多概率和统计问题的前提条件. 随机变量的独立性是通过与其联系的事件的独立性引进的，而随机变量独立性的研究也是通过事件的独立性展开的. 下面将给出随机变量独立性的定义及其一些等价的独立性条件.

定义 17 设 X 和 Y 为两个随机变量，若对于任意的 x 和 y，有

$$P\{X \leqslant x, Y \leqslant y\} = P\{X \leqslant x\}P\{Y \leqslant y\}$$

则称 X 和 Y 是**相互独立的**.

若二维随机变量 (X,Y) 的分布函数为 $F(x,y)$，其边缘分布函数分别为 $F_X(x)$ 和 $F_Y(y)$，则上述独立性条件等价于对所有 x 和 y，有

$$F(x,y) = F_X(x)F_Y(y)$$

对于二维离散型随机变量，上述独立性条件等价于对于 (X,Y) 的任何可能取的值 (x_i, y_j)，有

$$P\{X = x_i, Y = y_j\} = P\{X = x_i\}P\{Y = y_j\}$$

对于二维连续型随机变量，独立性条件的等价形式是对一切 x 和 y，有

$$f(x,y) = f_X(x)f_Y(y)$$

这里，$f(x,y)$ 为 (X,Y) 的概率密度函数，而 $f_X(x)$ 和 $f_Y(y)$ 分别是边缘概率密度函数.

如在例 21 中，（1）有放回抽取时，X 与 Y 是相互独立的；而（2）无放回抽取时，X 与 Y 不是相互独立的. 显然，当随机变量 X 与 Y 相互独立时，它对应的联合分布是由边缘分布确定的，即分别用边缘分布的对应值的乘积得到.

例 27 设随机变量 X 与 Y 相互独立，其分布律分别为

X	0	3
P	$\dfrac{1}{3}$	$\dfrac{2}{3}$

Y	0	2
P	$\dfrac{1}{2}$	$\dfrac{1}{2}$

求(X,Y)的联合分布律.

解 根据二维离散型随机变量独立性定义，直接可得(X,Y)的联合分布律为

Y \ X	0	3
0	$\frac{1}{3} \times \frac{1}{2} = \frac{1}{6}$	$\frac{2}{3} \times \frac{1}{2} = \frac{1}{3}$
2	$\frac{1}{3} \times \frac{1}{2} = \frac{1}{6}$	$\frac{2}{3} \times \frac{1}{2} = \frac{1}{3}$

例 28 设二维随机变量(X,Y)只能取下列数组中的值：$(0,0)$，$(-1,1)$，$(-1,\frac{1}{3})$，$(2,0)$，且取这些值的概率依次为$\frac{1}{6}$，$\frac{1}{3}$，$\frac{1}{12}$，$\frac{5}{12}$.

（1）写出(X,Y)的联合分布律；

（2）分别求(X,Y)关于X，Y的边缘分布律并判断是否独立.

解 根据已知可以得到(X,Y)的联合分布律为

Y \ X	−1	0	2
0	0	$\frac{1}{6}$	$\frac{5}{12}$
$\frac{1}{3}$	$\frac{1}{12}$	0	0
1	$\frac{1}{3}$	0	0

在上表中按列求和得到(X,Y)关于X的边缘分布：

X	−1	0	2
P	$\frac{5}{12}$	$\frac{1}{6}$	$\frac{5}{12}$

同理可得(X,Y)关于Y的边缘分布：

Y	0	$\frac{1}{3}$	1
P	$\frac{7}{12}$	$\frac{1}{12}$	$\frac{1}{3}$

由于$P\{X=-1\}=\frac{5}{12}$，$P\{Y=0\}=\frac{7}{12}$，而$P\{X=-1,Y=0\}=0$，

$$P\{X=-1,Y=0\} \neq P\{X=-1\} \cdot P\{Y=0\}$$

因此随机变量X，Y不独立.

7.3　随机变量的数字特征

　　根据前面的知识我们知道，如果掌握了随机变量 X 的概率分布，那么关于该现象的全部概率特征也就知道了．然而，在实际问题中，概率分布是较难确定的，而在实际应用中，有时候我们并不必要掌握随机变量的全貌，只须知道其某些方面的特征就够了．例如评定某种产品的质量特性时，产品的使用寿命往往是一个重要的质量指标，在许多场合我们关心的是该种产品的平均寿命以及各产品的使用寿命的稳定性（使用寿命与平均寿命的偏离程度），平均寿命高、偏离程度较小的产品，其质量当然就好．因此，人们这时关心的只是使用寿命这个随机变量在"平均寿命"以及"偏离程度"这两个方面的数量特征．还有许多类似的问题，像这样能反映现象总体特征的数量，就称为随机变量的数字特征．随机变量的数字特征在理论和应用中都具有重要意义．其中，最常用的随机变量的数字特征就是数学期望与方差．在几何方面，它可以概括地反映随机变量整体取值的分布状况，即分布的中心位置以及与中心位置的偏离程度．

一、数学期望

　　为了比较两家工厂生产的轮胎质量，某汽车运输公司做了这样的试验，让 20 辆车况相同的汽车分别装上这两家工厂生产的牌号为 A，B 的轮胎，并且统计了每辆车在轮胎损坏前所行驶的公里数，如表 7 – 7 所示．

表 7 –7

产品	A 牌轮胎			B 牌轮胎		
行驶公里	11 000	12 000	14 000	10 000	12 000	20 000
频率	0.3	0.3	0.4	0.2	0.3	0.5

　　从每组轮胎所行驶的平均公里数来看：

　　A 牌轮胎的平均公里数为：$11\,000 \times 0.3 + 12\,000 \times 0.3 + 14\,000 \times 0.4 = 12\,500$，

　　B 牌轮胎的平均公里数为：$10\,000 \times 0.2 + 12\,000 \times 0.3 + 20\,000 \times 0.5 = 15\,600$，

所以汽车运输公司认为 B 牌轮胎质量较好．

　　上面是通过加权算术平均方法得到的平均值．从上面的案例看，平均值在一定程度上反映了现象的某一特征．把上面的频率换成相应事件发生的概率，所得到的特征数字就称为数学期望．可以这么认为，数学期望实际上是以概率为权的一种加权平均值，因此，我们有时也把它称为"均值"．

1. 离散型随机变量的数学期望

定义 1　设离散型随机变量 X 的概率分布律为

X	x_1	x_2	x_3	$\cdots$	x_n	$\cdots$
P	p_1	p_2	p_3	$\cdots$	p_n	$\cdots$

若数项级数 $x_1p_1 + x_2p_2 + \cdots + x_np_n + \cdots$ 绝对收敛，则称为离散型随机变量 X 的**数学期望**，也称为 X 的均值，记为 $E(X)$，即

$$E(X) = x_1p_1 + x_2p_2 + \cdots + x_np_n + \cdots$$

注意：随机变量 X 的数学期望主要反映随机变量取值的平均水平，故也称为均值，它是一个确定的数值.

特别的，若离散型随机变量 X 的概率分布律为

$$P\{X = x_k\} = \frac{1}{n}, k = 1, 2, \cdots, n$$

则

$$E(X) = x_1 \times \frac{1}{n} + x_2 \times \frac{1}{n} + \cdots + x_n \times \frac{1}{n} = \frac{x_1 + x_2 + \cdots + x_n}{n}$$

这时与算术平均值没什么区别. 因此，在这个意义上，数学期望 $E(X)$ 可以看作算数平均值的一种推广.

例1 某种奖券销售单位为提高大众购买奖券的兴趣，采用当众开奖的办法，每张奖券面值一元，每 500 万张设若干奖项，如表 7-8 所示. 每购一张奖券平均能获取多少奖金？

表 7-8

奖项	个数	奖品价值/元
特等将	1	15 000
一等奖	10	5 000
二等奖	100	700
三等奖	1 000	30
纪念奖	10 000	5

解 设购买者购买一张奖券得到的奖金数为 X，则 X 为一随机变量，根据题意得其分布律为

X	15 000	5 000	700	30	5	0
P	$\dfrac{1}{5 \times 10^6}$	$\dfrac{1}{5 \times 10^5}$	$\dfrac{1}{5 \times 10^4}$	$\dfrac{1}{5 \times 10^3}$	$\dfrac{1}{5 \times 10^2}$	$1 - \dfrac{22\ 222}{10^7}$

从而 X 的数学期望

$$E(X) = 15\ 000 \times \frac{1}{5 \times 10^6} + 5\ 000 \times \frac{1}{5 \times 10^5} + 700 \times \frac{1}{5 \times 10^4} +$$

$$30 \times \frac{1}{5 \times 10^3} + 5 \times \frac{1}{5 \times 10^2} + 0 \times \left(1 - \frac{22\ 222}{10^7}\right) = 0.043\,(元)$$

即平均每购一张奖券可能得到的奖金不到 5 分钱, 但在实际生活中吸引力还是相当大的.

再看一个投资决策的实例.

例 2 为了生产某种产品, 设计了两个基建方案, 一是建大厂, 二是建小厂, 大厂需要投资 350 万元, 小厂需要投资 150 万元, 两者的使用期都是 20 年. 估计在此期间, 产品销路好的可能性是 80%, 销路差的可能性是 20%. 若销路好, 建大厂每年收益 120 万元, 建小厂每年收益 60 万元; 若销路差, 建大厂每年损失 40 万元, 建小厂每年收益 20 万元, 试问: 应建大厂还是建小厂?

解 根据上述情况, 我们列出建厂的收益情况表, 如表 7 - 9 所示.

表 7 - 9

销路好坏	概率	损益值/万元	
		大厂	小厂
销路好	0.8	120	60
销路坏	0.2	-40	20

设建大厂的行动方案为 A, 建小厂的行动方案为 B, 要按期望值准则进行决策, 则需要计算各行动方案的益损期望值, 有

$E(A) = 0.8 \times 120 + 0.2 \times (-40) = 88$; $E(B) = 0.8 \times 60 + 0.2 \times 20 = 52$;

$E(A) \times 20 - 350$(大厂投资) $= 88 \times 20 - 350 = 1\ 410$(万元);

$E(B) \times 20 - 150$(小厂投资) $= 52 \times 20 - 150 = 890$(万元).

$E(A) > E(B)$, 所以, 从平均收益情况考虑应选择建大厂的方案.

例 3 假定一条生产流水线一天内发生故障的概率为 0.1, 流水线发生故障时全天停止工作. 若一周 5 个工作日中无故障这条生产线可产生利润 20 万元, 一周内如果发生一次故障仍可产生利润 6 万元, 发生两次或两次以上故障就要亏损 2 万元, 求一周内这条流水线产生利润的数学期望.

解 记一周内流水线产生的利润为 Y, 则 Y 的所有取值为: -2, 6, 20, 分布律为

Y	-2	6	20
P	$1 - 1.4 \times 0.9^4$	0.5×0.9^4	0.9^5

所以 $E(Y) = 20 \times 0.9^5 + 6 \times 0.5 \times 0.9^4 - 2 \times (1 - 1.4 \times 0.9^4) \approx 13.6$(万元).

2. 连续型随机变量的数学期望

限于我们目前所学的积分知识, 所以对连续型随机变量的数学期望我们只简单地给出其定义和简单例子, 不再深入讨论.

定义 2 设 X 是连续型随机变量, 概率密度为 $f(x)$, 如果积分 $\int_{\infty}^{\infty} |x| f(x) \mathrm{d}x$ 收敛, 则

称 $E(X) = \int_{-\infty}^{\infty} x f(x) \mathrm{d}x$ 为连续型随机变量 X 的数学期望，也称为 X 的均值，记为 $E(X)$. 否则，称 X 的数学期望不存在.

例4 设随机变量 $X \sim U[a,b]$，求 $E(X)$.

解 X 的分布密度为

$$f(x) = \begin{cases} \dfrac{1}{b-a}, & a \leqslant x \leqslant b, \\ 0, & \text{其他} \end{cases}$$

$$E(X) = \int_{-\infty}^{+\infty} xf(x)\mathrm{d}x = \int_a^b x \frac{1}{b-a}\mathrm{d}x = \frac{a+b}{2}$$

这个结果表明，当随机变量 X 在区间 $[a,b]$ 上均匀分布时，其平均取值恰为此区间的中点坐标.

例5 设随机变量 X 服从参数为 α 的指数分布，求 $E(X)$.

解 X 的分布密度为

$$f(x) = \begin{cases} \alpha \mathrm{e}^{-\alpha x}, & x \geqslant 0, \\ 0, & x < 0 \end{cases}$$

$$E(X) = \int_{-\infty}^{+\infty} xf(x)\mathrm{d}x = \int_0^{+\infty} \alpha x \mathrm{e}^{-\alpha x}\mathrm{d}x = \frac{1}{\alpha}$$

指数分布常用来刻画某些产品使用寿命的分布，上述结果表明，若一种产品的使用寿命服从参数为 α 的指数分布，则此种产品的平均寿命为 $\dfrac{1}{\alpha}$.

在部分行业中，若某种产品的平均寿命为 $10^k (k = 1,2,\cdots)$（相应地有 $\alpha = 10^{-k}$），就称该产品是 "k 级" 产品. 显然 k 越大（级别越高）产品平均寿命越长，使用也就越可靠.

例6 某种设备的使用寿命 X（以年计）服从指数分布，其平均寿命为 4 年. 制造此种设备的厂家规定，若设备在使用一年之内损坏，则可以予以调换. 如果设备制造厂每售出一台设备可赢利 100 元，而调换一台设备，制造厂需花费 300 元. 试求每台设备的平均利润.

解 因 X 服从指数分布，且 $E(X) = 4$，又由于 $E(X) = \dfrac{1}{\alpha}$，因此 $\alpha = \dfrac{1}{4}$，有 X 的密度函数为

$$p(x) = \begin{cases} \dfrac{1}{4}\mathrm{e}^{-\frac{x}{4}}, & x \geqslant 0, \\ 0, & x < 0 \end{cases}$$

设 Y 表示 "每台设备的利润"，当 $X \leqslant 1$ 时，$Y = 100 - 300 = -200$；当 $X > 1$ 时，$Y = 100$. 故每台设备的平均利润

$$\begin{aligned} E(Y) &= -200P\{X \leqslant 1\} + 100P\{X > 1\} \\ &= -200 \times \int_0^1 \frac{1}{4}\mathrm{e}^{-\frac{x}{4}}\mathrm{d}x + 100 \times \int_1^{+\infty} \frac{1}{4}\mathrm{e}^{-\frac{x}{4}}\mathrm{d}x \\ &= 200\mathrm{e}^{-\frac{1}{4}} - 200 + 100\mathrm{e}^{-\frac{1}{4}} = 300\mathrm{e}^{-\frac{1}{4}} - 200 \approx 33.64 \end{aligned}$$

所以每台设备的平均利润为 33.64 元.

同样, 可以按定义求出其他几个常用分布数学期望. 因涉及其他各方面的知识, 故这里不再证明, 直接给出结论, 便于后面应用. 若 $X \sim B(n,p)$, 则 $E(X) = np$; 若 $X \sim P(\lambda)$, 则 $E(X) = \lambda$; 若 $X \sim N(\mu, \sigma^2)$, 则 $E(X) = \mu$.

3. 随机变量函数的数学期望

在实际问题与理论研究中, 我们经常需要求随机变量函数的数学期望. 为此, 我们有下面的结论 (这里仅给出结论, 不作证明).

定理 1 设 Y 是随机变量 X 的函数 $Y = g(X)$ (g 是连续函数).

(1) X 是离散型随机变量, 它的分布律为 $P\{X = x_k\} = p_k, k = 1, 2, \cdots$, 若 $\sum\limits_{k=1}^{\infty} g(x_k)p_k$ 绝对收敛, 则有

$$E(Y) = E[g(X)] = \sum_{k=1}^{\infty} g(x_k)p_k$$

(2) X 是连续型随机变量, 它的概率密度为 $f(x)$, 若 $\int_{-\infty}^{+\infty} g(x)f(x)\mathrm{d}x$ 绝对收敛, 则

$$E(Y) = E[g(X)] = \int_{-\infty}^{+\infty} g(x)f(x)\mathrm{d}x$$

定理 1 的重要意义在于当我们求 $E(Y)$ 时, 不必知道 Y 的分布而只需知道 X 的分布就可以了. 当然, 我们也可以由已知的 X 的分布, 先求出其函数 $g(X)$ 的分布, 再根据数学期望的定义去求 $E[g(X)]$, 然而, 求 $Y = g(X)$ 的分布是不容易的, 所以一般不采用后一种方法.

上述定理还可以推广到二个或二个以上随机变量的函数情形.

例如, 设 Z 是随机变量 X, Y 的函数, $Z = g(X, Y)$ (g 是连续函数), 那么 Z 也是一个随机变量, 当 (X, Y) 是二维离散型随机变量, 其分布律为 $P\{X = x_i, Y = y_j\} = p_{ij}(i, j = 1, 2, 3, \cdots)$ 时, 若 $\sum\limits_{i} \sum\limits_{j} g(x_i, y_i)p_{ij}$ 绝对收敛, 则有

$$E(Z) = E[g(X, Y)] = \sum_{i} \sum_{j} g(x_i, y_i)p_{ij}$$

当 (X, Y) 是二维连续型随机变量, 其概率密度为 $f(x, y)$ 时, 若 $\int_{-\infty}^{+\infty} \int_{-\infty}^{+\infty} g(x, y)f(x, y)\mathrm{d}x\mathrm{d}y$ 绝对收敛, 则有

$$E(Z) = E[g(X, Y)] = \int_{-\infty}^{+\infty} \int_{-\infty}^{+\infty} g(x, y)f(x, y)\mathrm{d}x\mathrm{d}y$$

特别地, 有

$$E(X) = \int_{-\infty}^{+\infty} \int_{-\infty}^{+\infty} xf(x, y)\mathrm{d}x\mathrm{d}y = \int_{-\infty}^{+\infty} xf_X(x)\mathrm{d}x$$

$$E(Y) = \int_{-\infty}^{+\infty} \int_{-\infty}^{+\infty} yf(x, y)\mathrm{d}x\mathrm{d}y = \int_{-\infty}^{+\infty} yf_Y(y)\mathrm{d}y$$

例 7 设国际市场每年对我国某种商品的需求量是随机变量 X (单位: t), 它服从区间

[2 000,4 000]上的均匀分布，每售出一吨该种商品，可为国家赚取外汇 3 万元；若销售不出，则每吨商品需储存费 1 万元，问：应组织多少货源，才能使国家受益最大？

解 设该商品年组织货源为 K t，收益为 Y，则 Y 是随机变量 X 的函数，

$$Y = \begin{cases} 4X - K, & 2\ 000 \leq X < K, \\ 3K, & K \leq X \leq 4\ 000 \end{cases} \quad (2\ 000 \leq K \leq 4\ 000)$$

随机变量 X 的密度函数为 $f(x) = \begin{cases} \dfrac{1}{2\ 000}, & 2\ 000 \leq x \leq 4\ 000, \\ 0, & \text{其他} \end{cases}$

根据随机变量函数的数学期望公式

$$E(Y) = \int_{-\infty}^{+\infty} g(x)f(x)\,\mathrm{d}x = \int_{2\ 000}^{4\ 000} \frac{1}{2\ 000} g(x)\,\mathrm{d}x = \int_{2\ 000}^{K} \frac{4x - K}{2\ 000}\,\mathrm{d}x + \int_{K}^{4\ 000} \frac{3K}{2\ 000}\,\mathrm{d}x$$

$$= -\frac{1}{1\ 000}K^2 + 7K - 4\ 000$$

令 $\dfrac{\mathrm{d}(EY)}{\mathrm{d}K} = 0$，解得 $K = 3\ 500$(t)．又 $\dfrac{\mathrm{d}^2(EY)}{\mathrm{d}K^2} < 0$，所以当 $K = 3\ 500$ 时，$E(Y)$ 取得最大值．

即该商品年组织货源为 3 500 t 时，能使国家受益最大．

例 8 已知随机变量 X 的分布律：

X	−1	0	1	2	4
P	0.1	0.2	0.3	0.3	0.1

求：$E(2X+1)$；$E(X^2)$．

解 $E(2X+1) = [2 \times (-1) + 1] \times 0.1 + [2 \times 0 + 1] \times 0.2 + [2 \times 1 + 1] \times 0.3 +$
$$[2 \times 2 + 1] \times 0.3 + [2 \times 4 + 1] \times 0.1 = 3.4.$$

$E(X^2) = (-1)^2 \times 0.1 + 0^2 \times 0.2 + 1^2 \times 0.3 + 2^2 \times 0.3 + 4^2 \times 0.1 = 3.2.$

例 9 某公司开发一种新产品的市场，并试图确定该产品的产量，他们估计出售一件产品可获利 1 500 元，而积压一件导致 500 元的损失．他们预测销售量 X 服从参数为 100 的指数分布．问：要获得最大期望利润，应该生产多少件该产品？

解 设生产产品 t 件，利润 Y 是随机变量，根据已知，销售量 X 的分布密度为

$$f(x) = \begin{cases} \dfrac{1}{100}\mathrm{e}^{-\frac{x}{100}}, & x \geq 0, \\ 0, & x < 0 \end{cases}$$

由已知条件，可得随机变量 Y 与 X 的关系如下：

$$Y = \begin{cases} 1\ 500t, & X \geq t, \\ 2\ 000X - 500t, & X < t \end{cases} \quad (t > 0)$$

有

$$E(Y) = \int_{-\infty}^{+\infty} g(x)f(x)\mathrm{d}x = \int_0^t \frac{2\,000x - 500t}{100}\mathrm{e}^{-\frac{x}{100}}\mathrm{d}x + \int_t^{+\infty} 15t\mathrm{e}^{-\frac{x}{100}}\mathrm{d}x$$

$$= -200\,000\mathrm{e}^{-\frac{t}{100}} - 500t + 200\,000$$

而　$\dfrac{\mathrm{d}[E(Y)]}{\mathrm{d}t} = 2\,000\mathrm{e}^{-\frac{t}{100}} - 500$,

令　$\dfrac{\mathrm{d}[E(Y)]}{\mathrm{d}t} = 0$, 得 $t = 100\ln 4 \approx 139$（件）.

生产 139 件该产品时, 能获得最大期望利润.

4. 数学期望的性质

数学期望有一些特有的性质, 了解这些性质, 有助于问题的解决及简化运算. 下面列举的数学期望的性质, 对一般的随机变量（包括离散型和连续型）都成立.

设 C 为常数, 且下面涉及的期望都存在.

性质 1　$E(C) = C$.

性质 2　$E(CX) = CE(X)$.

性质 3　$E(X + Y) = E(X) + E(Y)$.

性质 4　当随机变量 X、Y 相互独立时, 有 $E(XY) = E(X)E(Y)$.

例 10　设随机变量 X 服从二项分布 $b(10, 0.3)$, 求 $E(3X - 2)$.

解　X 服从二项分布 $b(10, 0.3)$, 则

$$E(X) = 10 \times 0.3 = 3$$

根据数学期望的性质

$$E(3X - 2) = 3E(X) - 2 = 7$$

例 11　设 X, Y 是相互独立的随机变量, 其概率密度分别为

$$f_X(x) = \begin{cases} 2x, & 0 \leq x \leq 1, \\ 0, & 其他; \end{cases} \qquad f_Y(y) = \begin{cases} \mathrm{e}^{-(y-5)}, & y > 5, \\ 0, & 其他 \end{cases}$$

求 $E(XY)$.

解法一　先求 X 与 Y 的均值.

$$E(X) = \int_0^1 x \cdot 2x\mathrm{d}x = \frac{2}{3}$$

$$E(Y) = \int_5^{+\infty} y\mathrm{e}^{-(y-5)}\mathrm{d}y \xlongequal{\diamond z = y - 5} 5\int_0^{+\infty} \mathrm{e}^{-z}\mathrm{d}z + \int_0^{+\infty} z\mathrm{e}^{-z}\mathrm{d}z = 5 + 1 = 6$$

由 X 与 Y 的独立性, 得

$$E(XY) = E(X) \cdot E(Y) = \frac{2}{3} \times 6 = 4$$

解法二　利用随机变量函数的均值公式. 因 X 与 Y 独立, 故联合密度为

$$f(x, y) = f_X(x) \cdot f_Y(y) = \begin{cases} 2x\mathrm{e}^{-(y-5)}, & 0 \leq x \leq 1, y > 5, \\ 0, & 其他 \end{cases}$$

于是

$$E(XY) = \int_5^{+\infty} \int_0^1 xy \cdot 2xe^{-(y-5)} \mathrm{d}x\mathrm{d}y = \int_0^1 2x^2\mathrm{d}x \cdot \int_5^{+\infty} ye^{-(y-5)} \mathrm{d}y = \frac{2}{3} \times 6 = 4$$

二、方差

前面介绍了随机变量的数学期望. 数学期望体现了随机变量取值的平均水平，是随机变量的重要的数字特征. 但在一些场合，仅仅知道平均值是不够的，还需了解其他数字特征.

设甲、乙两工厂生产同一种设备，其使用寿命（单位：h）的分布律如下，试比较两厂生产的产品质量.

X	800	900	1 000	1 100	1 200
P	0.2	0.2	0.2	0.2	0.2

Y	800	900	1 000	1 100	1 200
P	0.1	0.2	0.4	0.2	0.1

由于 $E(X) = E(Y) = 1\,000(\mathrm{h})$，可见从均值的角度是分不出产品质量好坏的，故还需考虑其他的因素. 通常的想法是：在使用寿命的平均时数相等的条件下进一步衡量哪一个的产品更稳定些. 也就是看谁的使用寿命比较集中于平均值的附近，通常人们会考虑变量的各个值与它的平均值 $E(X)$ 之间的离差 $|X - E(X)|$，用这个离差的均值 $E|X - E(X)|$ 来度量，$E|X - E(X)|$ 越小，表明取值越集中于 $E(X)$ 的附近，即使用寿命比较稳定；$E|X - E(X)|$ 越大，表明取值很分散，使用寿命不稳定. 但由于 $E|X - E(X)|$ 带有绝对值，运算不便，故通常采用 X 与 $E(X)$ 的离差 $|X - E(X)|$ 的平方的均值 $E[X - E(X)]^2$ 来度量随机变量 X 取值的分散程度. 此例中，由于

$$E[X - E(X)]^2 = (800 - 1\,000)^2 \times 0.2 + (900 - 1\,000)^2 \times 0.2 + (1\,000 - 1\,000)^2 \times 0.2 +$$
$$(1\,100 - 1\,000)^2 \times 0.2 + (1\,200 - 1\,000)^2 \times 0.2 = 20\,000$$

$$E[Y - E(Y)]^2 = (800 - 1\,000)^2 \times 0.1 + (900 - 1\,000)^2 \times 0.2 + (1\,000 - 1\,000)^2 \times 0.4 +$$
$$(1\,100 - 1\,000)^2 \times 0.2 + (1\,200 - 1\,000)^2 \times 0.1 = 12\,000$$

由此可见，乙厂的产品更稳定些.

再如，某零件的真实长度为 a，现用甲、乙两台仪器各测量 10 次，将测量结果 X 用坐标上的点表示，如图 7 - 12 所示.

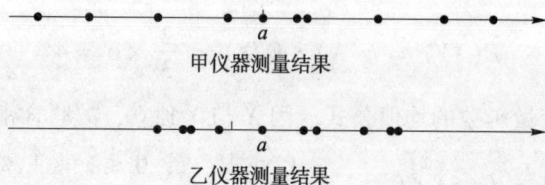

甲仪器测量结果

乙仪器测量结果

图 7 - 12

我们需要比较甲、乙两仪器的测量结果，哪个仪器的测量结果更好呢？因为乙仪器的测量结果集中在均值附近，所以乙仪器测量结果较好.

类似上面两个例子，为了度量随机变量取值偏离其中心（均值）的程度，需要引进另一个数字特征，这就是我们要介绍的方差.

定义 3 设 X 是一个随机变量，若 $E[X-E(X)]^2$ 存在，则称 $E[X-E(X)]^2$ 为 X 的**方差**，记为 $D(X)$，即

$$D(X) = E[X - E(X)]^2$$

称 $\sqrt{D(X)}$ 为随机变量 X 的**标准差**或**均方差**，记为 $\sigma(X)$.

方差的计算可以利用上面的定义，但为了简化运算，还可以运用下面介绍的一个公式：

$$D(X) = E(X^2) - [E(X)]^2$$

证 根据数学期望的性质，有

$$D(X) = E[X - E(X)]^2 = E\{X^2 - 2X \cdot E(X) + [E(X)]^2\}$$
$$= E(X^2) - 2E(X)E(X) + [E(X)]^2 = E(X^2) - [E(X)]^2$$

因为 $E(X^2)$ 通常比 $E[X-E(X)]^2$ 容易计算，所以更常用上述公式计算 $D(X)$.

1. 离散型随机变量方差的计算

定义 4 设 X 是一离散型随机变量，其概率分布律为

X	x_1	x_2	x_3	$\cdots$	x_n	$\cdots$
P	p_1	p_2	p_3	$\cdots$	p_n	$\cdots$

则 $D(X) = [x_1 - E(X)]^2 p_1 + [x_2 - E(X)]^2 p_2 + \cdots + [x_n - E(X)]^2 p_n + \cdots$ 为 X 的**方差**.

方差（或标准差）刻画了随机变量的取值对于其数学期望的偏离程度. 显然，X 的取值越集中，即越"稳定"，则方差（或标准差）越小；X 的取值越分散，即越"不稳定"，则方差（或标准差）越大.

例 11 设有甲、乙两种型号的电冰箱，其无故障使用时间（单位：kh）分别为 X 和 Y，X 和 Y 的概率分布律分别为

X	15	20	25	30	35
P	0.1	0.15	0.5	0.15	0.1
Y	15	20	25	30	35
P	0.05	0.1	0.7	0.1	0.05

求两种型号的电冰箱无故障使用时间的方差.

解 容易计算 $E(X) = E(Y) = 25$

而由方差定义得

$$D(X) = (15 - 25)^2 \times 0.1 + (20 - 25)^2 \times 0.15 + (25 - 25)^2 \times 0.5 +$$
$$(30 - 25)^2 \times 0.15 + (35 - 25)^2 \times 0.1 = 27.5$$

类似计算可得 $D(Y) = 15$.

由于两种型号的电冰箱平均无故障使用时间均为 25（kh），但因 $D(X) > D(Y)$，所以从质量稳定的角度来看，乙种型号冰箱比甲种型号冰箱更加稳定.

例 12　某投资商拥有一笔资金，可投资到三个项目中：服装业、汽车业、餐饮业. 不同产业的经济状态，各行业收益大不相同，若经济运作状态情况分为好、中、差三个级别，其发生的概率分别为 $p_1 = 0.2$，$p_2 = 0.7$，$p_3 = 0.1$. 根据数据分析，不同经济状态下各种投资的季度收益（万元），如下：

状态情况	好（0.2）	中（0.7）	差（0.1）
服装业 X	10	2	−2
汽车业 Y	11	3	−3
餐饮业 Z	6	3	−1

请问：该投资者应怎样合理投资？

解　我们先分别从数学期望方面考虑，

$$E(X) = 10 \times 0.2 + 2 \times 0.7 + (-2 \times 0.1) = 3.2$$
$$E(Y) = 11 \times 0.2 + 3 \times 0.7 + (-3 \times 0.1) = 4$$
$$E(Z) = 6 \times 0.2 + 3 \times 0.7 + (-1 \times 0.1) = 3.2$$

根据三个行业数学期望我们知道，当投资者投资汽车行业时平均收益最大，但是我们也要考虑到风险因素，下面考虑它们的方差：

$$E(X^2) = 10^2 \times 0.2 + 2^2 \times 0.7 + (-2)^2 \times 0.1 = 23.2$$
$$E(Y^2) = 11^2 \times 0.2 + 3^2 \times 0.7 + (-3)^2 \times 0.1 = 31.4$$
$$E(Z^2) = 6^2 \times 0.2 + 3^2 \times 0.7 + (-1)^2 \times 0.1 = 13.6$$

由方差的计算公式可得：

$$D(X) = E(X^2) - [E(X)]^2 = 23.2 - 3.2^2 = 12.96$$
$$D(Y) = E(Y^2) - [E(Y)]^2 = 31.4 - 4^2 = 15.4$$
$$D(Z) = E(Z^2) - [E(Z)]^2 = 13.6 - (3.2)^2 = 3.36$$

方差是用来描述随机变量取值的集中与分散程度的特征数，方差越大，其收益的波动性越大，风险也就越大，所以从方差方面考虑首选餐饮业，虽然在平均收益方面不如汽车行业，但是风险要小 70% 以上.

上例说明在进行经济管理决策之前，往往存在不确定的随机因素，从而所做的决策有一定的风险，只有正确、科学的决策才能达到以最小的成本获得最大安全的总目标，才能尽可能节约成本. 而期望和方差的数字特征可以帮助我们进行合理的选择，为我们的科学决策提供良好的依据，从而最优地实现目标.

2. 连续型随机变量方差的计算

对连续型随机变量，要通过积分计算其方差.

定义 5 若连续型随机变量 X 的概率密度为 $f(x)$，则

$$D(X) = \int_{-\infty}^{+\infty} [x - E(X)]^2 f(x) \, \mathrm{d}x$$

例 13 设随机变量 X 的密度函数为 $f(x) = \begin{cases} Ax(1-x), & 0 < x < 1, \\ 0, & \text{其他.} \end{cases}$ 求：

（1）常数 A；

（2）X 的数学期望 $E(X)$ 和方差 $D(X)$.

解 由密度函数的性质得

（1）$1 = \int_0^1 Ax(1-x) \, \mathrm{d}x = A \dfrac{1}{6}$，故 $A = 6$；

（2）$E(X) = \int_0^1 x 6x(1-x) \, \mathrm{d}x = 0.5$，

$E(X^2) = \int_0^1 x^2 6x(1-x) \, \mathrm{d}x = \dfrac{3}{2}x^4 - \dfrac{6}{5}x^5 \Big|_0^1 = 0.3$，

$D(X) = E(X^2) - [E(X)]^2 = 0.3 - 0.5^2 = 0.05.$

3. 方差的性质

设 C 为常数，且下面涉及的随机变量的方差都存在.

性质 1 $D(C) = 0.$

性质 2 $D(CX) = C^2 D(X).$

性质 3 $D(X \pm Y) = D(X) + D(Y) \pm 2E\{[X - E(X)][Y - E(Y)]\}.$

性质 4 若 X，Y 相互独立，则 $D(X \pm Y) = D(X) + D(Y).$

这里我们只证明性质 3 和性质 4.

证 由方差定义及数学期望的性质，有

$$\begin{aligned}
D(X \pm Y) &= E\{[X \pm Y] - E[X \pm Y]\}^2 \\
&= E\{[X - E(X)] \pm [Y - E(Y)]\}^2 \\
&= E[X - E(X)]^2 \pm 2E\{[X - E(X)][Y - E(Y)]\} + E[Y - E(Y)]^2 \\
&= D(X) + D(Y) \pm 2E\{[X - E(X)][Y - E(Y)]\}
\end{aligned}$$

如果 X，Y 相互独立，则

$$\begin{aligned}
E\{[X - E(X)][Y - E(Y)]\} &= E[XY - XE(Y) - YE(X) + E(X)E(Y)] \\
&= E(XY) - E(X)E(Y) = E(X)E(Y) - E(X)E(Y) = 0
\end{aligned}$$

故有 $D(X \pm Y) = D(X) + D(Y).$

例 14 设随机变量 X 的数学期望为 $E(X)$，方差 $D(X) = \sigma^2$，令 $Y = \dfrac{X - E(X)}{\sigma}$，求 $E(Y), D(Y).$

解 $E(Y) = E\left[\dfrac{X - E(X)}{\sigma}\right] = \dfrac{1}{\sigma} E[X - E(X)] = \dfrac{1}{\sigma}[E(X) - E(X)] = 0,$

$$D(Y) = D\left[\dfrac{X - E(X)}{\sigma}\right] = \dfrac{1}{\sigma^2} D[X - E(X)] = \dfrac{1}{\sigma^2} D(X) = \dfrac{\sigma^2}{\sigma^2} = 1.$$

常称 Y 为 X 的标准化随机变量.

4. 几种常见分布的数学期望和方差.

为了使用方便，我们列出常见分布的数学期望和方差，如表 $7-10$ 所示.

表 $7-10$

分布名称	分布律或概率密度	期望	方差	参数范围
两点分布 $X \sim b(1,p)$	$P\{X=1\}=p$ $P\{X=0\}=q$	p	pq	$0<p<1, q=1-p$
二项分布 $X \sim B(n,p)$	$P\{X=k\}=C_n^k p^k q^{n-k}$ $(k=0,1,2,\cdots,n)$	np	npq	$0<p<1, q=1-p$ n 为自然数
泊松分布 $X \sim P(\lambda)$	$P\{X=k\}=\dfrac{\lambda^k}{k!}e^{-\lambda}$ $(k=0,1,2,\cdots)$	λ	λ	$\lambda>0$
均匀分布 $X \sim U[a,b]$	$f(x)=\begin{cases} \dfrac{1}{b-a}, & a \leqslant x \leqslant b, \\ 0, & \text{其他} \end{cases}$	$\dfrac{a+b}{2}$	$\dfrac{(b-a)^2}{12}$	$b>a$
指数分布 $X \sim e(\lambda)$	$f(x)=\begin{cases} \lambda e^{-\lambda x}, & x \geqslant 0, \\ 0, & x<0 \end{cases}$	$\dfrac{1}{\lambda}$	$\dfrac{1}{\lambda^2}$	$\lambda>0$
正态分布 $X \sim N(\mu,\sigma^2)$	$f(x)=\dfrac{1}{\sqrt{2\pi}\sigma}e^{-\frac{(x-\mu)^2}{2\sigma^2}}$, $x \in \mathbf{R}$	μ	σ^2	μ 任意,$\sigma>0$

三、协方差和相关系数

对于一个二维随机变量 (X,Y)，数学期望 $E(X)$，$E(Y)$ 只反映了 X 和 Y 各自的平均值，而 $D(X)$，$D(Y)$ 反映的是 X 和 Y 各自偏离平均值的程度，它们都没有反映 X 与 Y 之间的关系. 考察方差的性质 3 和性质 4，不难发现，$E\{[X-E(X)][Y-E(Y)]\}$ 这个数在一定程度上反映了随机变量 X 与 Y 之间的关系.

定义 6 设 (X,Y) 为二维随机变量，称 $E\{[X-E(X)][Y-E(Y)]\}$ 为随机变量 X，Y 的**协方差**，记为 $\text{Cov}(X,Y)$，即

$$\text{Cov}(X,Y) = E\{[X-E(X)][Y-E(Y)]\}$$

而 $\dfrac{\text{Cov}(X,Y)}{\sqrt{D(X)}\sqrt{D(Y)}}$ 称为随机变量 X，Y 的相关系数或标准协方差，记为 ρ_{XY}，

即

$$\rho_{XY} = \frac{\text{Cov}(X,Y)}{\sqrt{D(X)}\sqrt{D(Y)}}$$

特别地

$$\text{Cov}(X,X) = E\{[X - E(X)][X - E(X)]\} = D(X)$$
$$\text{Cov}(Y,Y) = E\{[Y - E(Y)][Y - E(Y)]\} = D(Y)$$

故方差 $D(X), D(Y)$ 是协方差的特例.

由上述定义及方差的性质可得

$$D(X \pm Y) = D(X) + D(Y) \pm 2\text{Cov}(X,Y)$$

由协方差的定义及数学期望的性质可得下列实用计算公式

$$\text{Cov}(X,Y) = E(XY) - E(X)E(Y)$$

若 (X,Y) 为二维离散型随机变量, 其联合分布律为 $P\{X = x_i, Y = y_j\} = p_{ij}(i,j = 1,2,\cdots)$, 则有

$$\text{Cov}(X,Y) = \sum_i \sum_j [x_i - E(X)][y_i - E(Y)]p_{ij}$$

若 (X,Y) 为二维连续型随机变量, 其概率密度为 $f(x,y)$, 则有

$$\text{Cov}(X,Y) = \int_{-\infty}^{+\infty} \int_{-\infty}^{+\infty} [x - E(X)][y - E(Y)]f(x,y)\mathrm{d}x\mathrm{d}y$$

例 15 (X,Y) 的分布律如下

Y \ X	0	1
0	$1 - p$	0
1	0	p

$0 < p < 1$, 求 $\text{Cov}(X,Y)$ 和 ρ_{XY}.

解 易知 X 的分布律为

$$P\{X = 1\} = p, \quad P\{X = 0\} = 1 - p$$

故 $E(X) = p, D(X) = 1 - p$.

同理, $E(Y) = p, D(Y) = 1 - p$. 因此

$$\text{Cov}(X,Y) = E(XY) - E(X)E(Y) = p - p^2 = p(1 - p)$$

而

$$\rho_{XY} = \frac{\text{Cov}(X,Y)}{\sqrt{D(X)} \cdot \sqrt{D(Y)}} = \frac{p(1 - p)}{\sqrt{p(1 - p)} \cdot \sqrt{p(1 - p)}} = 1$$

例 16 设 (X,Y) 的概率密度为 $f(x,y) = \begin{cases} x + y, & 0 < x < 1, 0 < y < 1, \\ 0, & \text{其他}. \end{cases}$ 求 $\text{Cov}(X,Y)$.

解 由于 $f_X(x) = \begin{cases} x + \dfrac{1}{2}, & 0 < x < 1, \\ 0, & \text{其他}; \end{cases}$ $f_Y(y) = \begin{cases} y + \dfrac{1}{2}, & 0 < y < 1, \\ 0, & \text{其他}. \end{cases}$

$$E(X) = \int_0^1 x\left(x + \frac{1}{2}\right)\mathrm{d}x = \frac{7}{12}, \quad E(Y) = \int_0^1 y\left(y + \frac{1}{2}\right)\mathrm{d}y = \frac{7}{12}$$

$$E(XY) = \int_0^1 \int_0^1 xy(x + y)\mathrm{d}x\mathrm{d}y = \int_0^1 \int_0^1 x^2 y\mathrm{d}x\mathrm{d}y + \int_0^1 \int_0^1 xy^2\mathrm{d}x\mathrm{d}y = \frac{1}{3}$$

因此 $\text{Cov}(X,Y) = E(XY) - E(X)E(Y) = \dfrac{1}{3} - \dfrac{7}{12} \times \dfrac{7}{12} = -\dfrac{1}{144}$.

协方差具有下列性质：

（1）若 X 与 Y 相互独立，则 $\text{Cov}(X,Y) = 0$；

（2）$\text{Cov}(X,Y) = \text{Cov}(Y,X)$；

（3）$\text{Cov}(aX,bY) = ab\text{Cov}(X,Y)$；

（4）$\text{Cov}(X_1 + X_2, Y) = \text{Cov}(X_1, Y) + \text{Cov}(X_2, Y)$.

例17 设随机变量 $X \sim N(\mu, \sigma^2)$，$Y \sim N(\mu, \sigma^2)$，且设 X 与 Y 相互独立，试求 $Z_1 = \alpha X + \beta Y$ 与 $Z_2 = \alpha X - \beta Y$ 的相关系数（其中 α、β 是不全为零的常数）.

解 由题意可知：

$$
\begin{aligned}
\text{Cov}(Z_1, Z_2) &= \text{Cov}(\alpha X + \beta Y, \alpha X - \beta Y) \\
&= \text{Cov}(\alpha X, \alpha X - \beta Y) + \text{Cov}(\beta Y, \alpha X - \beta Y) \\
&= \text{Cov}(\alpha X, \alpha X) + \text{Cov}(\alpha X, -\beta Y) + \text{Cov}(\beta Y, \alpha X) + \text{Cov}(\beta Y, -\beta Y) \\
&= \alpha^2 \text{Cov}(X,X) - \alpha\beta\text{Cov}(X,Y) + \alpha\beta\text{Cov}(Y,X) - \beta^2\text{Cov}(Y,Y) \\
&= (\alpha^2 - \beta^2)\sigma^2
\end{aligned}
$$

且 $D(Z_1) = D(Z_2) = (\alpha^2 + \beta^2)\sigma^2$，所以有

$$
\rho_{Z_1 Z_2} = \frac{\text{Cov}(Z_1, Z_2)}{\sqrt{D(Z_1)}\sqrt{D(Z_2)}} = \frac{\alpha^2 - \beta^2}{\alpha^2 + \beta^2}
$$

下面给出相关系数 ρ_{XY} 的几条重要性质，并说明 ρ_{XY} 的含义.

定理2 设 $D(X) > 0$，$D(Y) > 0$，ρ_{XY} 为 (X,Y) 的相关系数，则

（1）如果 X，Y 相互独立，则 $\rho_{XY} = 0$；

（2）$|\rho_{XY}| \leqslant 1$；

（3）$|\rho_{XY}| = 1$ 的充要条件是存在常数 a, b 使 $P\{Y = aX + b\} = 1$（$a \neq 0$）.

当 $\rho_{XY} = 0$ 时，称 X 与 Y 不相关，由性质 1 可知，当 X 与 Y 相互独立时，$\rho_{XY} = 0$，即 X 与 Y 不相关. 反之不一定成立，即 X 与 Y 不相关，X 与 Y 却不一定相互独立.

例18 设二维随机变量 (X,Y) 的密度函数为

$$
f(x,y) = \begin{cases} \dfrac{1}{\pi}, & x^2 + y^2 \leqslant 1, \\ 0, & \text{其他} \end{cases}
$$

求：（1）随机变量 X，Y 的边缘密度及 X，Y 的相关系数 ρ_{XY}；

（2）判定 X，Y 是否相关，是否独立.

解（1）由题意可知：

$$
f_X(x) = \int_{-\infty}^{+\infty} f(x,y)\,\mathrm{d}y = \begin{cases} \displaystyle\int_{-\sqrt{1-x^2}}^{\sqrt{1-x^2}} \dfrac{1}{\pi}\,\mathrm{d}x, & |x| \leqslant 1, \\ 0, & \text{其他} \end{cases} = \begin{cases} \dfrac{2\sqrt{1-x^2}}{\pi}, & |x| \leqslant 1 \\ 0, & \text{其他} \end{cases}
$$

由对称性

$$
f_Y(y) = \int_{-\infty}^{+\infty} f(x,y)\,\mathrm{d}x = \begin{cases} \displaystyle\int_{-\sqrt{1-y^2}}^{\sqrt{1-y^2}} \dfrac{1}{\pi}\,\mathrm{d}y, & |y| \leqslant 1, \\ 0, & \text{其他} \end{cases} = \begin{cases} \dfrac{2\sqrt{1-y^2}}{\pi}, & |y| \leqslant 1, \\ 0, & \text{其他} \end{cases}
$$

$$E(X) = \iint\limits_{x^2+y^2\leqslant 1} \frac{x}{\pi}\mathrm{d}x\mathrm{d}y = 0, E(Y) = \iint\limits_{x^2+y^2\leqslant 1} \frac{y}{\pi}\mathrm{d}x\mathrm{d}y = 0, E(XY) = \iint\limits_{x^2+y^2\leqslant 1} \frac{xy}{\pi}\mathrm{d}x\mathrm{d}y = 0$$

所以 $\mathrm{Cov}(X,Y) = E(XY) - E(X)E(Y) = 0$，从而 $\rho_{XY} = 0$.

（2）由 $\rho_{XY} = 0$，知 X 与 Y 不相关；X 与 Y 也不独立，因为 $f(x,y) = \dfrac{1}{\pi} \neq f_X(x)f_Y(y)$.

这个例子说明：当两个随机变量不相关时，它们并不一定相互独立，它们之间还可能存在其他的函数关系.

定理 2 告诉我们，相关系数 ρ_{XY} 描述了随机变量 X，Y 的线性相关程度，$|\rho_{XY}|$ 越接近 1，X 与 Y 之间越接近线性关系. 当 $|\rho_{XY}| = 1$ 时，X 与 Y 之间依概率 1 线性相关. 不过，下例表明当 (X,Y) 是二维正态随机变量时，X 和 Y 不相关与 X 和 Y 相互独立是等价的.

例 19 设 (X,Y) 服从二维正态分布，它的概率密度为

$$f(x,y) = \frac{1}{2\pi\sigma_1\sigma_2\sqrt{1-\rho^2}} \times$$

$$\exp\left\{-\frac{1}{2(1-\rho^2)}\left[\frac{(x-\mu_1)^2}{\sigma_1^2} - 2\rho\frac{(x-\mu_1)(y-\mu_2)}{\sigma_1\sigma_2} + \frac{(y-\mu_2)^2}{\sigma_2^2}\right]\right\}$$

求 $\mathrm{Cov}(X,Y)$ 和 ρ_{XY}.

解 经计算得 (X,Y) 的边缘概率密度为

$$f_X(x) = \frac{1}{\sqrt{2\pi}\sigma_1}\mathrm{e}^{-\frac{(x-\mu_1)^2}{2\sigma_1^2}}, \quad -\infty < x < +\infty$$

$$f_Y(y) = \frac{1}{\sqrt{2\pi}\sigma_2}\mathrm{e}^{-\frac{(x-\mu_2)^2}{2\sigma_2^2}}, \quad -\infty < y < +\infty$$

故 $E(X) = \mu_1, E(Y) = \mu_2, D(X) = \sigma_1^2, D(Y) = \sigma_2^2$.

而 $\mathrm{Cov}(X,Y) = \displaystyle\int_{-\infty}^{+\infty}\int_{-\infty}^{+\infty}(x-\mu_1)(y-\mu_2)f(x,y)\mathrm{d}x\mathrm{d}y = \frac{1}{2\pi\sigma_1\sigma_2\sqrt{1-\rho^2}} \cdot$

$$\int_{-\infty}^{+\infty}\int_{-\infty}^{+\infty}(x-\mu_1)(y-\mu_2)\mathrm{e}^{-\frac{(x-\mu_1)^2}{2\sigma_1^2}}\mathrm{e}^{-\frac{1}{2(1-\rho^2)}\left(\frac{y-\mu_2}{\sigma_2}-\rho\frac{x-\mu_1}{\sigma_1}\right)^2}\mathrm{d}x\mathrm{d}y$$

令 $t = \dfrac{1}{\sqrt{1-\rho^2}}\left(\dfrac{y-\mu_2}{\sigma_2} - \rho\dfrac{x-\mu_1}{\sigma_1}\right), \mu = \dfrac{x-\mu_1}{\sigma_1}$，则

$$\mathrm{Cov}(X,Y) = \frac{1}{2\pi}\int_{-\infty}^{+\infty}\int_{-\infty}^{+\infty}(\sigma_1\sigma_2\sqrt{1-\rho^2}\,tu + \rho\sigma_1\sigma_2 u^2)\mathrm{e}^{-\frac{u^2}{2}-\frac{t^2}{2}}\mathrm{d}t\mathrm{d}u$$

$$= \frac{\sigma_1\sigma_2\rho}{2\pi}\left(\int_{-\infty}^{+\infty}u^2\mathrm{e}^{-\frac{u^2}{2}}\mathrm{d}u\right)\left(\int_{-\infty}^{+\infty}\mathrm{e}^{-\frac{t^2}{2}}\mathrm{d}t\right) + \frac{\sigma_1\sigma_2\sqrt{1-\rho^2}}{2\pi}\left(\int_{-\infty}^{+\infty}u\mathrm{e}^{-\frac{u^2}{2}}\mathrm{d}u\right)\left(\int_{-\infty}^{+\infty}t\mathrm{e}^{-\frac{t^2}{2}}\mathrm{d}t\right)$$

$$= \frac{\rho\sigma_1\sigma_2}{2\pi}\sqrt{2\pi} \cdot \sqrt{2\pi} = \rho\sigma_1\sigma_2$$

于是 $\rho_{XY} = \dfrac{\mathrm{Cov}(X,Y)}{\sqrt{D(X)}\sqrt{D(Y)}} = \rho$.

这说明二维正态随机变量 (X,Y) 的概率密度中的参数 ρ 就是 X 和 Y 的相关系数，从而二

维正态随机变量的分布完全可由 X，Y 的各自的数学期望、方差以及它们的相关系数所确定．由上一节讨论可知，若 (X,Y) 服从二维正态分布，那么 X 和 Y 相互独立的充要条件是 $\rho = 0$，即 X 与 Y 不相关．因此，对于二维正态随机变量 (X,Y) 来说，X 和 Y 不相关与 X 和 Y 相互独立是等价的．

四、风险决策的方法与应用案例

决策的分类有很多种，按环境不同可以分为确定型、不确定型和风险型三大类，其中风险型决策是最常见的类型．决策是面对未来的，而未来又有不确定性和随机性，因此，有些决策具有一定的成败概率，这就叫**风险型决策**．

现代社会化的大生产受客观环境的制约性大，一项重大决策对环境变化的适应性不同，其后果大不一样．如现代汽车工业，在面对"能源危机"的环境下，想要发展不用石油的汽车，就需要投入较大的研究试验费用，根据判断如能有很广的销路，就可以在投入市场几年之后收回投资并获得较大利润，这是成功的估计．如果因这种汽车造价高，使用不便，没有市场需求，那就要失败．对这两种可能性如何判断，怎样做出选择，就属于风险型的决策．也就是要冒一定风险，存在着两个前途，两种结果，决策不当就会带来巨大损失．当然这种决策也不完全是盲目的，要做各种预测，进行反复的技术经济论证，决策的科学性强，成功的概率就会高．

风险型问题具有决策者期望达到的明确标准，存在两个以上的可供选择方案和决策者无法控制的两种以上的自然状态，而且在不同自然状态下不同方案的损益值可以计算出来，对于未来发生何种自然状态，决策者虽然不能做出确定回答，但能大致估计出其发生的概率值．因此，在依据不同概率所拟定的多个决策方案中，不论选择哪一种方案，都要承担一定的风险．决策者总是期望以较小的风险获取较大的收益．这就要借助于科学的决策方法．

常用的方法有：以期望值为标准的决策方法、以最大可能性为标准的决策方法、决策树方法、贝叶斯决策方法等．决策一般包括以下基本要素：

决策者：决策主体既可以是单个决策者，也可以是一个决策团体或组织．

备选方案：决策可以采取的行动方案，决策的终端是目标的实现．

自然状态：决策对象所涉各个方面在环境中可能出现的与决策问题相关的每一种状态．

收益：衡量决策结果对决策者的价值的量化指标．

1. 以期望值为标准的决策方法

（1）最大期望收益准则：分别计算各可行方案的收益期望值，选择其中期望收益值最大的方案作为最优方案．

例20 假设一个新建的住宅小区需要建造一间医院和一所小学，一家建筑公司考虑对医院或小学的其中一个建筑合同进行投标．投标建造医院，准备标书需要花费 5 000 元，投标建造小学，准备标书需要花费 4 000 元．若能中标，则建造医院与建造小学的收益分别为 300 000 元和 240 000 元（扣除准备标书的费用后）；而若不能中标，则准备标书的费用将白白损失掉．现根据竞争情况预测，建造医院的中标机会为 0.2，而建造小学的中标机会为 0.25．该公司应该如何进行投标决策？

解 将投标医院获得的收益记为 X，投标小学获得的收益记为 Y，则 X 与 Y 的概率分布律分别为

X	300 000	− 5 000
P	0.2	0.8

Y	240 000	− 4 000
P	0.25	0.75

容易算出所获收益的期望收益分别为

$$E(X) = 300\ 000 \times 0.2 + (-5\ 000) \times 0.8 = 56\ 000 (元)$$
$$E(Y) = 240\ 000 \times 0.25 + (-4\ 000) \times 0.75 = 57\ 000 (元)$$

对比两项投标的期望收益，还是投标小学的略高，由此可见，从期望收益的角度看，应选择投标小学的建筑项目. 应当注意的是，对于这两个建筑项目，无论是否中标，无论是哪个项目中标，都不可能是 56 000 元（或 57 000 元）的收益额. 中标则是 300 000 元（或 240 000元）的收益，不中标则是 5 000 元（4 000 元）的损失. 56 000 元（或 57 000 元）作为收益的期望值只是帮助人们分析问题并制定决策的参考数值.

例 21 永生公司准备开发新产品，现有 A、B 两种新产品可供选择，其有关售价及成本资料如下：

项目	A 产品	B 产品
销售单价（p）	310 元	283 元
单位变动成本（b）	280 元	250 元
固定成本总额（a）	25 000 元	25 000 元

但 A、B 两种产品的销售量经过市场调查属于随机变量，其不同销售量及其相应的主观概率如下：

销售量/件	概率	
	A 产品	B 产品
700	0	0.1
900	0.1	0.2
1 000	0.1	0.2
1 100	0.3	0.4
1 300	0.3	0.1
1 500	0.2	0
合计	1.0	1.0

要求：为永生公司做出开发哪种新产品较为有利的决策分析.

解 这种类型的决策，一般可采用贡献毛益分析法，先计算两种新产品的单位贡献毛益：

A 产品的单位贡献毛益 $= p - b = 310 - 280 = 30$（元）；

B 产品的单位贡献毛益 $= p - b = 283 - 250 = 33$（元）；

再以 A、B 产品各自的贡献毛益总额的大小作为选优标准，即作为"条件收益"，并计算其"期望收益".

$$E(A) = (900 \times 30) \times 0.1 + (1\,000 \times 30) \times 0.1 + (1\,100 \times 30) \times 0.3 +$$
$$(1\,300 \times 30) \times 0.3 + (1\,500 \times 30) \times 0.2 = 36\,300(元)$$

$$E(B) = (700 \times 33) \times 0.1 + (900 \times 33) \times 0.2 + (1\,000 \times 33) \times 0.2 +$$
$$(1\,100 \times 33) \times 0.4 + (1\,300 \times 33) \times 0.1 = 33\,660(元)$$

因此，A 产品提供的贡献毛益总额的期望收益比 B 产品多 36 300 − 33 660 = 2 640（元），故永生公司生产新产品 A 较为有利. 但需注意，销售量的不确定性，使得期望收益的计算和分析带有很大的主观性. 所以，永生公司在决策前应慎重地确定各种可能的销售量的范围及其相应的概率. 只有这样，才能做出接近实际的决策分析的结论.

（2）最小机会损失决策准则. 最小机会损失决策准则主要是指，当决策者没有选择某一最优方案时，可能会形成一定的损失. 由于决策者还不能确定哪种自然状态将会发生，故此时决策者可以通过比较各方案的期望损失值，选择最小者得出最优方案.

最小机会损失决策准则方法：

①将收益表转化成损失表；损失值 = 自然状态下的最大收益 − 该状态下的各收益值.

②依自然状态的概率计算各方案的期望损失值.

③从各期望机会损失值选择最小者，该方案就是最优方案.

例 22 某企业需要对一种新产品批量生产进行决策，可供选择的方案的自然状态、概率及可能获得的收益（单位：万元）如下，试按最小机会损失决策准则进行决策.

状态	畅销 0.3	尚好 0.5	较差 0.2
大批量生产 A	90	30	− 40
中等批量生产 B	60	36	− 20
小批量生产 C	40	20	10

解 用各个状态下的最大值减去该状态下的各收益值，即为各个方案的机会损失值. 比如：在畅销状态下，最大收益是 90，用 90 减去各个方案的收益，分别得到 0、30、50，表示如果选择该方案将损失的机会值. 由此，可得损失值矩阵如下：

状态	畅销 0.3	尚好 0.5	较差 0.2
大批量生产 A	0	6	50
中等批量生产 B	30	0	30
小批量生产 C	50	16	0

根据不同自然状态的概率计算各方案的期望损失值：

$$E(A) = 0 \times 0.3 + 6 \times 0.5 + 50 \times 0.2 = 13$$
$$E(B) = 30 \times 0.3 + 0 \times 0.5 + 30 \times 0.2 = 15$$
$$E(C) = 50 \times 0.3 + 16 \times 0.5 + 0 \times 0.2 = 23$$

选择三个方案中损失值最小者, 即选择大批量生产为最优方案.

说明: 应用最大期望收益决策准则与运用最小机会损失决策准则所得出的结果是一致的.

(3) 应用期望的极大 (极小) 值决策.

例 23 血样的分组检验问题: 在一个很大的人群中通过血样检验普查某种疾病, 假定血液为阳性的先验概率为 p (通常 p 很小). 为减少检验次数, 将人群分组, 一组 k 人的血样混合在一起化验. 当某组混合血样呈阴性时, 即可判定该组每个人的血样都为阴性, 只需检验一次即可; 而当某组的混合血样呈阳性时, 即可判定该组至少有一人血样为阳性, 于是需要对这组的每个人再做检验, 这时需要进行 $k+1$ 次检验. 当 p 固定时 (如 0.01%, 0.1%, 1%, 2%, 5%) 如何分组, 可使平均检验次数最少?

解 设总人数为 n, 已知每人血样阳性的先验概率为 p, 则血样阴性的概率为 $q = 1 - p$. 设分 x 组, 每组 k 人 (n 很大, $k = \dfrac{n}{x}$ 为整数), 混合血样有 x 组. 每组混合血样的检验次数 Y 是一个随机变量, 它的可能取值是 1 或 $k+1$, 对应取值的概率是 q^k 和 $(1 - q^k)$, 显然 Y 服从两点分布. 其数学期望是

$$E(Y) = q^k + (k+1)(1 - q^k) = k + 1 - kq^k$$

由此, 平均总检验次数

$$N = xE(Y) = \frac{n}{k}E(Y) = n + \frac{n}{k} - nq^k$$

根据微分学理论: 当 p 很小时, 有 $q^k = (1-p)^k \approx 1 - kp$, 可得

$$N = xE(Y) = \frac{n}{k}E(Y) = n + \frac{n}{k} - nq^k \approx \frac{n}{k} + nkp$$

$$\frac{\mathrm{d}N}{\mathrm{d}k} = -\frac{n}{k^2} + np$$

令 $\dfrac{\mathrm{d}N}{\mathrm{d}k} = 0$, 得 $k = \dfrac{1}{\sqrt{p}}$.

又 $\dfrac{\mathrm{d}^2N}{\mathrm{d}k^2} = \dfrac{2n}{k^3} > 0$, 所以, 当 $k = \dfrac{1}{\sqrt{p}}$ 时, 可使总检验次数最少.

因为 k 必须为整数, 所以应取 $k = \left[p^{\frac{-1}{2}}\right]$ 和 $k = \left[p^{\frac{-1}{2}}\right] + 1$.

给定 p 的值, 得到 k 的最优值, 如下.

概率 p	0.01%	0.1%	1%	2%	5%
每组人数 k	100	32	10	8	5

说明: 这里 $\left[p^{\frac{-1}{2}}\right]$ 为取整函数. $[x]$ 表示不超过 x 的最大整数. 比如 $[3.14] = 3$, $[-1.5] = -2$ 等.

2. 以最大可能性为标准的决策方法

以一次试验中事件出现的可能性大小作为选择方案的标准, 而不是考虑其经济的结果.

其往往应用于一次性决策，并且一种状态的概率明显大于其他状态.

方法：只考虑概率最大的那个自然状态下各方案的损益值，它所对应最大收益的方案即为最优的方案.

例 24 一服装厂看到市场上流行"西装热"，拟在原有的基础上增加西装生产. 现有两种方案：一是增加设备大规模生产；二是在原有基础上小批量生产. 损益表如下（单位：万元）：

状态 \\ 方案	羊绒服装热继续 概率 $p = 0.2$	羊绒服装热下降 概率 $p = 0.8$	期望收益/万元
引进新生产线	300	−30	36
不引进生产线	100	10	28

解 按照最大可能性决策准则，概率值最大的是 0.8，对应的状态是羊绒服装热下降，在该状态下不引进生产线对应的收益要高于引进生产线这个方案. 所以选择不引进新生产线这个方案.

3. 决策树方法

决策树是对决策局面的一种图解. 它是把各种备选方案、可能出现的自然状态及各种损益值简明地绘制在一张图表上，是一种类似一棵树的图（见图 7−13）. 其结构有：决策点与方案枝；状态点与概率枝；终点与付酬值等. 用决策树可以使决策问题形象化.

决策点用方框图形"□"表示. 只有一个决策点的叫单级决策，有两个以上决策点的叫多级决策. 决策点向右侧引出的线条叫方案枝.

状态点用圆圈图形"○"表示. 由状态点向右侧引出的线条叫概率枝，每一条线都代表一种状态，它的另一端是终点，也可以是决策点. 末端的"△"图形叫结果点，注有各方案在相应状态下的损益值. 如图 7−13 所示.

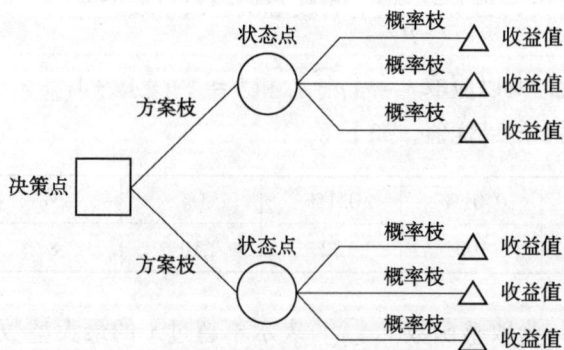

图 7−13

决策树图的制作步骤：

（1）绘出决策点和方案枝，在方案枝上标出对应的备选方案；

（2）绘出状态点和概率枝，在概率枝上标出对应的自然状态出现的概率值；

（3）在概率枝的末端标出对应的损益值，这样就得出一个完整的决策树图.

决策树图的分析：决策树图的分析程序是先从损益值开始由右向左推导，称为反推决策树法. 如果整个决策树上只有一个决策点，称为单级决策树；如果不止一个决策点，则称为多级决策树.

例 25 市场分析专家的报告指出，某公司产品需求量的市场预期：产品的需求有 60% 的可能性增长，有 40% 的可能性下降. 该公司考虑用员工加班的办法或引入新设备来满足预期的市场需求. 为此，公司的会计师对各种可能方案下的纯利润进行了计算，得到的结果如下，试给出决策.

单位：元

项目	需求下降（概率0.4）	需求增加（概率0.6）
保持当前水平（方案一）	300 000	340 000
员工加班工作（方案二）	300 000	420 000
引入新设备（方案三）	260 000	440 000

解 在较复杂的决策问题中，为了便于分析，通常利用决策树的形式，把有关的信息表示出来. 运用决策树法进行决策时，首先要画出决策树图. 即根据决策者对未来可能产生的各种情况进行周密思考，逐步深入地绘制；其次是计算各结点的期望收益. 计算方向由右到左，反方向进行，由各损益值分别乘以各概率枝上的概率，然后某一方案上的这些乘积相加，就得到了各方案的期望收益，最后根据各方案的期望收益的大小，来选择比较满意的方案.

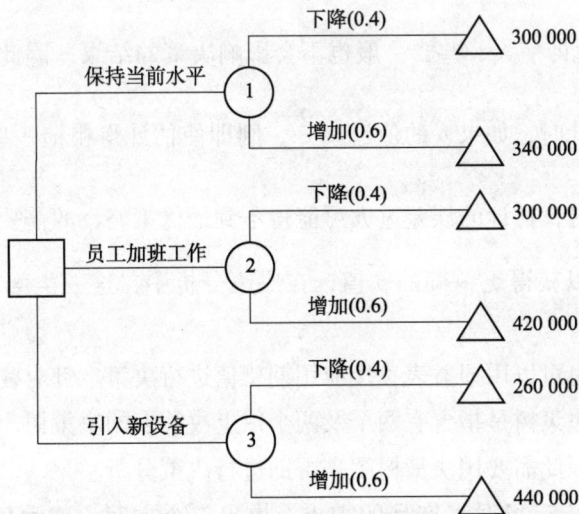

若设三个方案的期望收益分别为 $E(X_1)$，$E(X_2)$，$E(X_3)$，由决策树计算得

方案一的期望收益是 $E(X_1) = 300\,000 \times 0.4 + 340\,000 \times 0.6 = 324\,000$（元）；

方案二的期望收益是 $E(X_2) = 372\,000$（元）；

方案三的期望收益是 $E(X_3) = 368\,000$（元）.

故应采用获得最高期望收益（372 000 元）的决策方案二，即让员工加班工作.

由上例可看出，决策树法的优点是：

（1）层次清楚，阶段分明，使决策者能够有步骤地进行决策；

（2）形象简明，直观清晰，可以使决策者用科学的逻辑推理去思考各有关因素；

（3）便于集体决策，与有关专家研究讨论时充分交换意见.

局限性：当经营问题过于复杂时，决策树法难以详细进行描述；概率和损益值的估计带有一定的主观性，可能导致决策的误差.

另外，在上面的例子中，更一般的，若设需求增加的概率为 p，则三个方案的期望利润分别为

$$E(X_1) = 300\,000(1-p) + 340\,000p = 300\,000 + 40\,000p$$
$$E(X_2) = 300\,000 + 120\,000p$$
$$E(X_3) = 260\,000 + 180\,000p$$

首先，容易看出，无论概率 p 取何值，方案二的期望收益总比方案一的期望收益高，即员工超时工作总比目前状况要好，它与 p 值的取值无关. 其次，将方案二与方案三进行对比，注意到如果 $300\,000 + 120\,000p < 260\,000 + 180\,000p$，即 $p > \dfrac{2}{3}$，则方案三优于方案二，即引入新设备比员工加班工作期望收益要高.

反之，如果 $300\,000 + 120\,000p > 260\,000 + 180\,000p$，即 $p < \dfrac{2}{3}$，则员工加班工作比引入新设备要好. 由此可见，当 p 的值接近 $\dfrac{2}{3}$ 时，p 的微小变化将影响对决策的选择. 而当 p 的值远离 $\dfrac{2}{3}$ 时，p 的变化即使大一些，一般也不会影响决策的结果. 因此，在根据市场调查结果，对 p 的值进行估计时，如果 p 的值远离 $\dfrac{2}{3}$，则即使估计得粗糙一些也没有关系. 但是，当估计的 p 很接近 $\dfrac{2}{3}$ 时，估计的误差过大可能得不到最优策略，故需要谨慎对待，有时必须付出更多的调查成本以获得更精确的 p 值，在决策分析中，这一类问题的研究称为灵敏度分析.

对于单级决策，也可以用损益表直接应用期望值进行决策. 针对复杂的决策问题可能要用多级决策树，多级决策树是指含有两个及两个以上决策点的决策树. 这种情况的决策问题用损益表不能解决，因此需要用决策树图来帮助进行决策分析.

例 26 某地为适应市场对某产品的需求，提出三个方案：建大厂，需投资 800 万元，销路好时可获年利 300 万元，销路差时年亏损 100 万元；建小厂需投资 300 万元，销路好时可获年利 100 万元，销路差时仍可获年利 30 万元. 大小厂经营期均为 10 年，估计未来销路好、差的概率是 0.7、0.3. 第三方案是先建小厂，3 年后销路肯定好时再扩建，追加投资 500 万元，经营期 7 年，估计每年获利 350 万元，应如何决策？

解　（1）根据已知条件，绘制多级决策树如下：

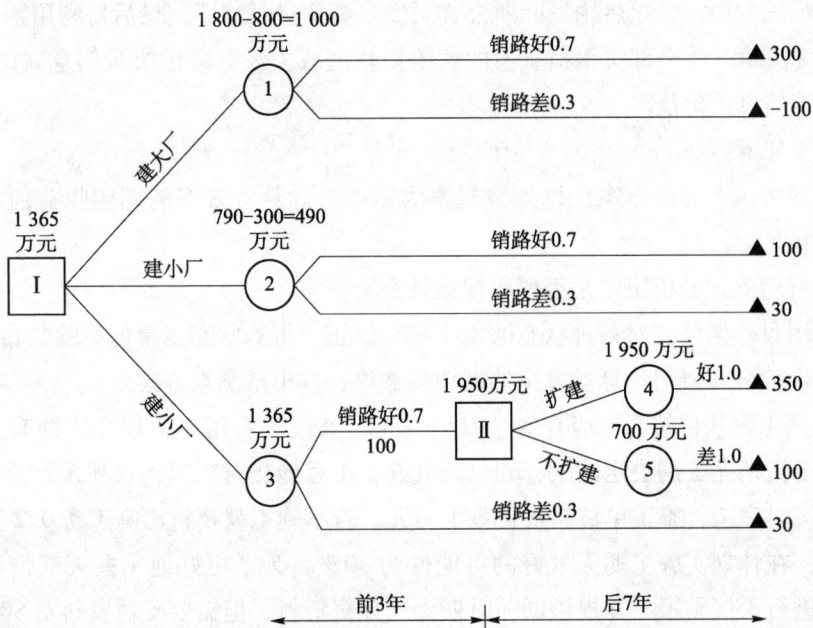

（2）由右向左计算各种状态下的损益值：

点④的期望值 $= 350 \times 1.0 \times 7 - 500 = 1\,950$（万元）.

点⑤的期望值 $= 100 \times 1.0 \times 7 = 700$（万元）.

（3）第一次决策：经比较④＞⑤，即 $E_4 > E_5$，剪去 3 年后不扩建方案，选用扩建方案. 这是第一次决策. 决策点 Ⅱ 的期望值应为 1 950 万元.

（4）计算点③的期望值，它包括两部分：

第一，前 3 年是建小厂，销路好时的期望值 $= 0.7 \times 100 \times 3 = 210$（万元），后 7 年扩建后，期望值为 1 950 万元.

第二，前 3 年销路差时，办小厂则持续 10 年，其收益期望值 $= 0.3 \times 30 \times 10 = 90$（万元），则：点③的期望值 $E_3 = (0.7 \times 100 \times 3) + (0.7 \times 1\,950) + (0.3 \times 30 \times 10) - 300 = 1\,365$（万元）.

点①的期望值 $E_1 = [0.7 \times 300 + 0.3 \times (-100)] \times 10 - 800 = 1\,000$（万元）.

点②的期望值 $E_2 = [0.7 \times 100 + 0.3 \times 30] \times 10 - 300 = 490$（万元）.

（5）第二次决策：经比较 $E_3 > E_1 > E_2$，因此选择先建小厂，3 年后销路好再扩建的方案.

4. 贝叶斯决策方法

根据历史资料或主观估计得到的状态概率为先验概率. 通过调查、试验或统计分析得新的信息，并根据新的信息计算出来的状态概率，显然能够提高所估计的概率的准确性，这种改进了的概率就是后验概率. 利用后验概率进行的决策分析称为后验概率决策. 由于后验概率的计算必须用到贝叶斯公式，因此也称为贝叶斯决策.

贝叶斯决策法是最常见的以期望为标准的分析方法. 它是在不完全情报下，对部分未知的状态用主观概率估计，然后用贝叶斯公式对发生概率进行修正，最后再利用期望值和修正概率做出最优决策. 用全部决策信息值的期望损益值减去没有考虑决策信息时的期望收益，可以得出决策信息的价值.

具体步骤如下：

（1）已知可供选择的方案，以先验概率为基础，计算各方案的期望收益值，按照期望收益值选择方案.

（2）进行后验预分析决定是否值得搜集补充新资料.

（3）利用贝叶斯公式对各种状态的概率进行修正，得到状态变量的后验分布.

（4）用后验分布概率计算各方案的期望损益值，找出最满意方案.

例 27 某工程项目按合同应在 3 个月内完工，其施工费用与工程完工期有关. 假定天气是影响能否按期完工的决定因素，如果天气好，工程能按时完工，获利 5 万元；如果天气不好，不能按时完工，施工单位将被罚款 1 万元. 若不施工就要付出窝工费 0.2 万元. 根据过去的经验，在计划实施工期天气好的可能性为 30%. 为了更好地掌握天气情况，可以申请气象中心进行天气预报，并提供同一时期天气预报资料，但需要支付资料费 800 元. 从提供的资料中可知，气象中心对好天气预报准确性为 80%，对坏天气预报准确性为 90%. 问：如何进行决策？

解 采用贝叶斯决策方法.

（1）先验分析.

根据已有资料做出决策损益表：

项目	d_1 施工	d_2 不施工
好天气 $\theta_1(0.3)$	5	-0.2
坏天气 $\theta_2(0.7)$	-1	-0.2
$E(d_j)$	0.8	-0.2

$E(d_1) = 5 \times 0.3 + (-1) \times 0.7 = 0.8$； $E(d_2) = (-0.2) \times 0.3 + (-0.2) \times 0.7 = -0.2$

根据最大期望值准则选择施工方案有利，相应最大期望收益值 $E(d_1) = 0.8$.

（2）后验预分析.

完全信息的最大期望收益值：$\text{EPI} = 0.3 \times 5 + 0.7 \times (-0.2) = 1.36$（万元）；

完全信息价值：$\text{EVI} = \text{EPI} - E(d_1) = 1.36 - 0.8 = 0.56$（万元）.

即完全信息价值大于信息成本，请气象中心进行预报是合算的.

（3）后验分析.

①补充信息：气象中心将提供预报此时期内两种天气状态 x_1（好天气）、x_2（坏天气）将会出现哪一种状态.

从气象中心提供的同期天气资料可得知条件概率：

天气好且预报天气也好的概率：$P(x_1 \mid \theta_1) = 0.8$；

天气好而预报天气不好的概率：$P(x_2 \mid \theta_1) = 0.2$；

天气不好而预报天气好的概率：$P(x_1 \mid \theta_2) = 0.1$；

天气不好且预报天气也不好的概率：$P(x_2 \mid \theta_2) = 0.9$.

②计算后验概率分布：根据全概率公式和贝叶斯公式，计算后验概率.

预报天气好的概率：$P(x_1) = P(\theta_1)P(x_1 \mid \theta_1) + P(\theta_2)P(x_1 \mid \theta_2) = 0.31$；

预报天气坏的概率：$P(x_2) = P(\theta_1)P(x_2 \mid \theta_1) + P(\theta_2)P(x_2 \mid \theta_2) = 0.69$；

预报天气好且天气实际也好的概率：$P(\theta_1 \mid x_1) = \dfrac{P(\theta_1)P(x_1 \mid \theta_1)}{P(x_1)} = \dfrac{0.3 \times 0.8}{0.31} \approx 0.77$；

预报天气好而天气不好的概率：$P(\theta_2 \mid x_1) = \dfrac{P(\theta_2)P(x_1 \mid \theta_2)}{P(x_1)} = \dfrac{0.7 \times 0.1}{0.31} \approx 0.23$；

预报天气不好而实际天气好的概率：$P(\theta_1 \mid x_2) = \dfrac{P(\theta_1)P(x_2 \mid \theta_1)}{P(x_2)} = \dfrac{0.3 \times 0.2}{0.69} \approx 0.09$；

预报天气不好且实际天气也不好的概率：$P(\theta_2 \mid x_2) = \dfrac{P(\theta_2)P(x_2 \mid \theta_2)}{P(x_2)} = \dfrac{0.7 \times 0.9}{0.69} \approx 0.91$.

上述计算可以用表格表示：

先验概率		条件概率		$P(x_i \cap \theta_j)$		后验概率	
$P(\theta_j)$		x_1	x_2	x_1	x_2	x_1	x_2
θ_1	0.3	0.8	0.2	0.24	0.06	0.77	0.09
θ_2	0.7	0.1	0.9	0.07	0.63	0.23	0.91
				$P(x_1) = 0.31$	$P(x_2) = 0.69$		

③后验决策：

若气象中心预报天气好（x_1），则每个方案的最大期望收益值：

$$E(d_1 \mid x_1) = 0.77 \times 5 + 0.23 \times (-1) = 3.62$$

$$E(d_2 \mid x_1) = 0.77 \times (-0.2) + 0.23 \times (-0.2) = -0.2$$

选择 d_1 即施工的方案，相应在预报 x_1 时的最大期望收益值 $E(x_1) = 3.62$.

若气象中心预报天气不好（x_2），则各方案的最大期望收益值：

$$E(d_1 \mid x_2) = 0.09 \times 5 + 0.91 \times (-1) = -0.46$$

$$E(d_2 \mid x_2) = 0.09 \times (-0.2) + 0.91 \times (-0.2) = -0.2$$

选择 d_2 即不施工的方案，相应在预报 x_2 时的最大期望收益值 $E(x_2) = -0.2$.

例 28 某企业要研制一种新产品，首要的问题是要研究这种新产品的销路. 经过预测与分析，企业估计出：当新产品销路好时，采用新产品可盈利 8 万元，不采用新产品而生产老产品时，则因其他竞争者会开发新产品，而使老产品滞销，企业可能亏损 4 万元；当新产品销路不好时，采用新产品就要亏损 3 万元，而不采用新产品，就有可能用更多的资金来发展老产品，可获利 10 万元. 现确定销路好的概率为 0.6，销路差的概率为 0.4. 又根据市场的经验，企业的市场研究人员知道市场调查不可能完全准确，估计出调查的准确程度如下.

若现在根据市场调查，得出的结果是销路好，则应如何选择最优方案？

自然状态＼调查情况	销路好 Q_1	销路差 Q_2	不确定 Q_3
销路好 X_1	$P(X_1 \mid Q_1) = 0.8$	$P(X_1 \mid Q_2) = 0.1$	$P(X_1 \mid Q_3) = 0.1$
销路差 X_2	$P(X_2 \mid Q_1) = 0.1$	$P(X_2 \mid Q_2) = 0.75$	$P(X_2 \mid Q_3) = 0.15$

解 （1）验前概率分析：

生产新产品的期望值是 $8 \times 0.6 + (-3) \times 0.4 = 3.6$（万元）；

生产老产品的期望值是 $(-4) \times 0.6 + 10 \times 4 = 1.6$（万元）；

如果不进行调查应该选择生产新产品.

（2）预验分析：

根据已知资料，可以计算出有可能出现的三种调查结果的概率如下：

调查结果是销路好的概率为

$$P(X_1) = P(Q_1)P(X_1 \mid Q_1) + P(Q_2)P(X_1 \mid Q_2) = 0.6 \times 0.8 + 0.4 \times 0.1 = 0.52$$

调查结果是销路差的概率为

$$P(X_2) = P(Q_1)P(X_2 \mid Q_1) + P(Q_2)P(X_2 \mid Q_2) = 0.6 \times 0.1 + 0.4 \times 0.75 = 0.36$$

调查结果是不确定的概率为 $1 - 0.52 - 0.36 = 0.12$.

若调查结果是好的，则今后市场销路好的概率为

$$P(Q_1 \mid z_1) = \frac{0.6 \times 0.8}{0.6 \times 0.8 + 0.4 \times 0.1} \approx 0.923$$

若调查信息是销路好，则今后市场实际销路差的概率为

$$P(Q_2 \mid z_1) = 1 - P(Q_1 \mid z_1) = 0.077$$

用同样的方法可以计算出，调查信息是差的或是不确定的情况，今后市场实际销路好和销路差的概率，并标于图中相应的概率枝上.

若目前首先决定是否需要进行市场调查获取补充资料，就需要考虑补充信息的价值问题. 对于本例，第一步要做的决策是直接用先验信息做决策还是经过调查之后再做决策；第二步是调查结果有多种可能（可能是好、差、不确定），然后根据调查结果确定选择采用新产品还是老产品. 这是一个典型的二级决策问题，首先将决策问题用决策树表示，如图 7 – 14 所示.

利用期望值计算公式，计算出各状态点上的期望值：状态点①的期望值为

$$8 \times 0.923 + (-3) \times 0.077 = 7.153（万元）$$

状态点②的期望值为

$$(-4) \times 0.923 + 10 \times 0.077 = -2.922（万元）$$

由 $7.153 > -2.922$ 做剪枝决策，去掉生产老产品的方案，选取生产新产品的方案. 调查结果为好时的期望收益值为 7.153，即决策点 9 上的期望收益值为 7.153. 同理可以计算出

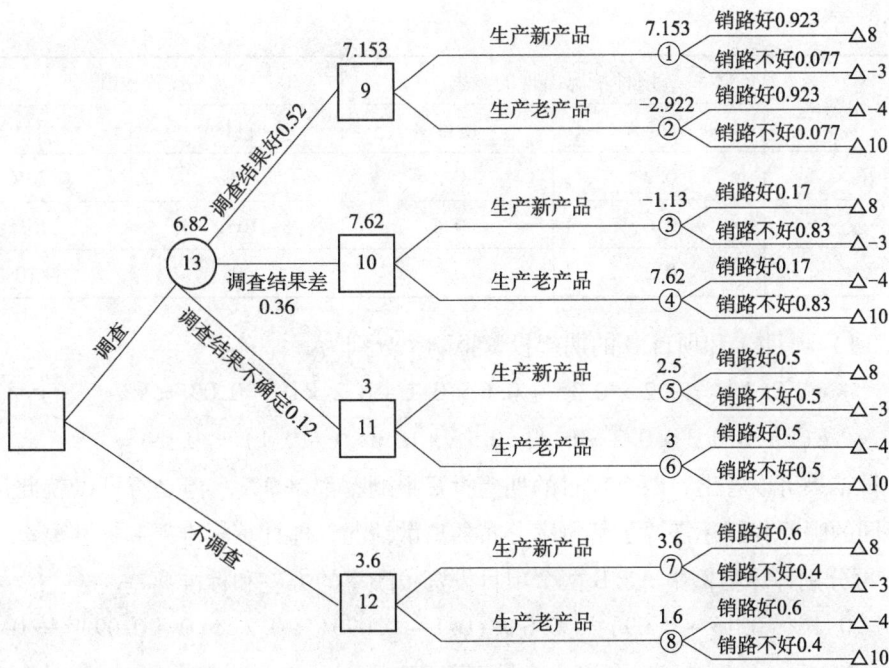

图 7 - 14

图中其他所有点上的收益值：决策点 10 上的期望收益值为 7.62；决策点 11 上的期望收益值为 3.

（3）验后分析：计算结果表明：

①调查结果为好、差、不确定的概率分别是 0.52，0.36，0.12. 当调查结果为好时，应选择新产品；当调查结果为差或不确定时，应选择老产品.

②只利用先验概率进行分析，得到的决策是新产品，其期望收益值为 3.6 万元. 若先进行调查再做决策得到的期望收益值为

$$0.52 \times 7.153 + 0.36 \times 7.62 + 0.12 \times 3 = 6.82(万元)$$

而两者之差 6.82 - 3.6 = 3.22 （万元），即补充信息的价值为 3.22 万元.

说明： 由于后验分析层次、头绪较多，因此决策树方法有助于厘清思路，辨明层次的效果，所以贝叶斯决策方法常常与决策树方法结合使用.

5. 其他应用案例

（1）风险的衡量.

我们在做决策时不仅考虑期望收益，还要考虑不可控因素带来风险的大小. 标准差是反映各随机变量偏离期望收益值程度的指标之一，在一定程度上反映了事件的稳定性，因此可以用它来衡量风险的大小. 但我们应当注意到标准差是一个绝对指标，当两个事件的期望水平不同时，标准差就无法准确地反映两个不同随机变量的离散程度，这时要用到相对指标变异系数.

例29 有 A、B 两个项目，两个项目的报酬率及其概率分布情况如下，试计算两个项目

的期望报酬率.

项目实施情况	该种情况出现的概率		投资报酬率	
	项目 A	项目 B	项目 A	项目 B
好	0.2	0.3	15%	20%
一般	0.6	0.4	10%	15%
差	0.2	0.3	0	− 10%

解 （1）项目 A 和项目 B 的期望投资报酬率分别为

$$E(A) = 0.2 \times 0.15 + 0.6 \times 0.1 + 0.2 \times 0 = 0.09 = 9\%$$
$$E(B) = 0.3 \times 0.2 + 0.4 \times 0.15 + 0.3 \times (-0.1) = 0.09 = 9\%$$

从计算结果可以看出，两个项目的期望投资报酬率都是 9%. 但是否可以就此认为两个项目是等同的呢？我们还需要了解概率分布的离散情况，即计算标准差和标准离率.

（2）再分别计算上例中 A、B 两个项目投资报酬率的方差和标准离差.

$$D(A) = 0.2 \times (0.15 - 0.09)^2 + 0.6 \times (0.1 - 0.09)^2 + 0.2 \times (0 - 0.09)^2 = 0.0024$$

$$\sigma_A = \sqrt{0.0024} \approx 0.049$$

说明 A 项目投资报酬率是 0.09 ± 0.049.

$$D(B) = 0.3 \times (0.2 - 0.09)^2 + 0.4 \times (0.15 - 0.09)^2 + 0.3 \times (-0.1 - 0.09)^2 = 0.0159$$

$$\sigma_B = \sqrt{0.0159} \approx 0.126$$

说明 B 项目投资报酬率是 0.09 ± 0.126.

因为 $\sigma_B > \sigma_A$，所以表明项目 B 投资报酬率的波动幅度大，风险要高于项目 A.

例 30 某人考虑到房产价格有上升的趋势，打算购买几套公寓以获得更多的回报. 他初步考察后认为某镇的 A 小区和某城区的 B 小区值得考虑，由于这两个小区的地理位置不同，故房屋随市场行情变化增值的潜力也不同. 他请专家帮忙分析预测，在未来的 5 年中，房地产市场的行情有可能上涨、平稳或下跌，根据市场的行情不同，得出他如果投资购买某镇的 A 小区，获利 2 000 万元的概率是 0.2，获利 200 万元的概率是 0.5，损失 500 万元的概率是 0.3；如果购买某城区的 B 小区，获利 800 万元的概率是 0.3，获利 500 万元的概率是 0.4，损失 300 万元的概率是 0.3. 试帮助该人做出决策.

解 设投资购买某镇的 A 小区和某城区的 B 小区的利润分别为 X，Y，其概率分布律分别为

X	2 000	200	− 500
P	0.2	0.5	0.3

Y	800	500	− 300
P	0.3	0.4	0.3

投资两个小区的期望收益分别为

$$E(X) = 2\,000 \times 0.2 + 200 \times 0.5 - 500 \times 0.3 = 350(万元)$$
$$E(Y) = 800 \times 0.3 + 500 \times 0.4 - 300 \times 0.3 = 350(万元)$$

投资两个小区的期望收益是一样的. 在期望收益一样情况下, 收益的稳定程度也可以帮助人们选择投资方案. 这时候, 利润的方差或者标准差都刻画了利润的稳定程度. 通常, 我们使用标准差. 分别计算 X, Y 的标准差, 有

$$\sigma_X = \sqrt{D(X)} = \sqrt{3\,172\,500} \approx 1\,781.2$$

$$\sigma_Y = \sqrt{D(Y)} = \sqrt{196\,500} \approx 443.3$$

因此, 以收益稳定的观点来看, 投资购买某城区的 B 小区可以使决策所承担的风险要小, 故应投资购买某城区的 B 小区.

小结: 实际生活中存在很多投资机会, 虽然它们的期望收益相同, 但是它们能达到期望收益的可能性 (概率分布) 相差很大, 这就是我们所说的投资风险. 为了定量地衡量风险大小, 我们在这里使用了标准差 σ.

风险的衡量也可用于赊销方案、计提坏账准备、坏账损失率等方面. 首先, 确定收不回来和能收回来两种情况下的主观概率. 然后, 计算收益期望值和收益标准差. 当两个随机变量的期望水平不相同时, 还要计算变异系数, 并由此做出判断.

例 31 某公司财务部依据前 5 年的应收账款坏账发生情况和历年经验, 估计出相应概率分布, 如下:

应收账款状态	概率	逾期能收回的账款金额/万元	
		逾期 8 个月	逾期 2 年
收不回来	0.3	7	34
能收回来	0.7	12	15

根据以上资料分析, 公司应该给客户多久的付款期更合适?

解 逾期 8 个月的方案收回金额的期望值: $7 \times 0.3 + 12 \times 0.7 = 10.5$,

逾期 2 年的方案收回金额的期望值: $34 \times 0.3 + 15 \times 0.7 = 20.7$,

逾期 8 个月的方案的方差: $\sigma^2 = (7 - 10.5)^2 \times 0.3 + (12 - 10.5)^2 \times 0.7 = 5.25$,

逾期 8 个月的方案的标准差: $\sigma = \sqrt{5.25} \approx 2.29$,

逾期 2 年的方案的方差: $\sigma^2 = (34 - 20.7)^2 \times 0.3 + (15 - 20.7)^2 \times 0.7 = 75.81$,

逾期 2 年的方案的标准差: $\sigma = \sqrt{75.81} \approx 8.71$,

由于两者的期望值不相同, 故还要计算它们的变异系数,

逾期 8 个月的方案的变异系数: $\dfrac{\sigma}{E(X)} \times 100\% = \dfrac{2.29}{10.5} \times 100\% = 21.81\%$,

逾期 2 年的方案的变异系数: $\dfrac{\sigma}{E(X)} \times 100\% = \dfrac{8.71}{20.7} \times 100\% = 42.08\%$.

变异系数越大说明风险越高, 显然, 逾期 2 年回收账款方案的风险近是逾期 8 个月的方案的两倍. 因此, 该公司在确定应收账款的信用政策时, 决定给予客户的最长付款期不超过 8 个月. 这一措施在稳定了客户的同时, 也有效控制了可能的坏账损失带来的风险.

（2）财务管理的存货管理中的缺货期望.

①订货提前期和缺货期望.

一般情况下，企业的存货不能做到随用随补充，为了保证无缺货，需要在存货为 0 之前订货，即提前订货. 发出订货指令时尚有存货的库存量，就称为再订货点，用 R 表示. 在再订货点发出订单到货物送达所用的时间称为订货提前期.

再订货点等于交货时间（L）和日平均需用量（d）的乘积：

$$R = L \times d$$

例如：企业订货日至到货日的时间为 10 天，每日存货需要量为 20 kg. 这时，再订货点为 $R = L \times d = 10 \times 20 = 200 (\text{kg})$. 这意味着企业还有 200 kg 存货时，就应当再次订货，等到下批订货到达时（发出再次订货单 10 天后）原有库存刚好用完.

②保险储备.

上面的讨论假定存货的供需稳定且确知，也就是说每日的需求量不变，交货时间也固定不变. 实际上，每日需求量可能变化，交货时间也可能变化. 按照经济订货量和再订货点发出订单之后，如果需求发生增加或者送货延迟，就会发生缺货或者供应中断. 为了防止出现这种情况，就需要多储备一些存货. 这种为了防止意外而储备的存货，就是通常所说的保险储备. 保险储备在通常情况下是不使用的，只有当存货使用过量或者送货延迟才动用. 建立保险储备量（B）之后，订货点也相应提高了，即

$$R = L \times d$$

建立保险储备固然可以避免缺货的现象，但是它却由此增加了存货的储备量和相应的存货成本. 研究保险储备量的目的在于找出合理的保险储备量，使缺货损失和储备成本之和最小. 从方法上而言，可以先计算出各种不同保险储备量情况下的总成本，然后进行比较，选择其中较低的方案.

假设与此有关的总成本为 $\text{TC}(S, B)$，缺货成本为 C_S，保险储备成本为 C_B，则

$$\text{TC}(S, B) = C_S + C_B$$

进一步假设单位缺货成本为 K_u，一次订货缺货量为 S，年订货次数为 N，保险储备量为 B，单位储备成本为 K_e，则

$$\text{TC}(S, B) = C_S + C_B = K_u \times S \times N + B \times K_e$$

在企业的实践中，缺货量 S 具有概率性，其概率可以根据历史经验估计出来，而保险储备量 B 可以选择而定.

例 32　某企业某种零件的年需要量为 3 600 件，单位储备变动成本为 2 元，单位缺货成本为 4 元，交货时间为 10 天，已经计算出经济进货批量为 300 件，每年订货次数为 12 次. 交货期的存货需要量及其概率分布如下：

需要量（10 天）	70	80	90	100	110	120	130
概率	0.01	0.04	0.20	0.50	0.20	0.04	0.01

解 计算不同保险储备量的总成本：

①不设置保险储备量（$B=0,R=100$）时：

当需求量为 100 件或其以下时，不会发生缺货，其概率为 0.75（0.01 + 0.04 + 0.20 + 0.50）；当需求量为 110 件时，缺货 10 件，其概率为 0.20；当需求量为 120 件时，缺货 20 件，其概率为 0.04；当需求量为 130 件时，缺货 30 件，其概率为 0.01. 因此，当 $B=0$ 时，缺货的期望值 S_0 和总成本 $TC(S,B)$ 可计算如下：

$$S_0 = 10 \times 0.20 + 20 \times 0.04 + 30 \times 0.01 = 3.1(件)$$
$$TC(S,B) = 4 \times 3.1 \times 12 + 0 \times 2 = 148.80(元)$$

②设置保险储备量 10 件（$B=0,R=110$）时：

当需求量为 110 件或其以下时，不会发生缺货，其概率为 0.95（0.01 + 0.04 + 0.20 + 0.50 + 0.20）；当需求量为 120 件时，缺货 10 件，其概率为 0.04；当需求量为 130 件时，缺货 20 件，其概率为 0.01；因此，当 $B=10$ 时，缺货的期望值 S_{10} 和总成本 $TC(S,B)$ 可计算如下：

$$S_{10} = 10 \times 0.04 + 20 \times 0.01 = 0.6(件)$$
$$TC(S,B) = 4 \times 0.6 \times 12 + 10 \times 2 = 48.80(元)$$

③设置保险储备量 20 件（$B=20,R=120$）时：

当需求量为 120 件或其以下时，不会发生缺货，其概率为 0.99（0.01 + 0.04 + 0.20 + 0.50 + 0.20 + 0.04）；当需求量为 130 件时，缺货 10 件，其概率为 0.01. 因此，当 $B=20$ 时，缺货的期望值 S_{20} 和总成本 $TC(S,B)$ 可计算如下：

$$S_{20} = 10 \times 0.01 = 0.1(件)$$
$$TC(S,B) = 4 \times 0.1 \times 12 + 20 \times 2 = 44.80(元)$$

④设置保险储备量 30 件（$B=30,R=130$）时：

可以满足最大需求，不会发生缺货，因此，当 $B=30$ 时，缺货的期望值 S_{30} 和总成本 $TC(S,B)$ 可计算如下：

$$S_{30} = 0(件)$$
$$TC(S,B) = 30 \times 2 = 60(元)$$

根据上述计算，保险储备量为 20 件时成本最低. 因此，保险储备量应为 20 件（或再订货点为 120 件）.

（3）管理会计中的全面预算的编制方法之一——概率预算.

预算，概括而言，就是以金额和其他数量指标表示的计划，即计划的数量化. 而所谓全面预算则是包括各项经营、投资、财务等企业全部活动的预算.

全面预算在企业管理过程中居于承前启后的地位. 一方面，企业规划和决策所确定的经营目标和实现经营目标的行动方案，通过全面预算以正式的书面文件形式予以完整的体现和具体落实；另一方面，全面预算则为将来对各部门活动的控制和考核确定了基本的尺度和标准.

当前，全球经济一体化，企业竞争日趋激烈. 企业要想在激烈的竞争中求得生存和发展，其经营管理不仅需要做好预测、规划和决策工作，而且要做好全面预算工作，通过全面预算的作用，保证企业经营目标的最终实现.

预算编制中的几种先进方法，有弹性预算、零基预算、滚动预算和概率预算．

弹性预算、零基预算、滚动预算这几种编制预算的方法，有一个共同的特点，就是都采用确定性数值的方式来编制预算期内的各种预算数值．这些方法的背后实际上隐含着这样一个假定：假定预算期内影响预算内容的各种因素确定已知或基本确知．然而，这是不符合常识的，因为未来有很多我们事先无法预知的情况，它们导致影响预算内容的各种因素的不确定性．因此，如果我们按照影响预算内容的各种因素的一个确定值来编制预算数值，其准确性会受到一定的影响，或多或少会削弱预算管理的有效性．

为了克服上述预算方法中以确定的方式编制预算对预算准确性带来的不利影响，我们可以运用概率论的方法来编制预算，即概率预算．所谓概率预算，就是为了反映企业在实际经营过程中各预定指标可能发生的变化而编制的预算．它不仅考虑了各因素可能发生变化的水平范围，而且还考虑到在此范围内有关数据可能出现的概率情况．因此，在预算的编制过程中，不仅要对有关变量可能发生的数值进行加工，而且还需对有关变量每种可能发生数值的概率进行分析．用该方法编制出来的预算由于在其编制过程中，考虑到了各种可能性，因而更接近于实际情况，同时还能帮助企业管理当局事先对各种经营情况及其结果出现的可能性做到心中有数，有备无患．

运用概率预算法编制预算的基本步骤如下：

①预测估计各种预算因素或变量可能发生的各种水平数值；

②确定可能发生的各种数值的概率；

③将各种预算因素或变量可能发生的数值按照预算因素或变量之间的关系进行组合，计算各种组合条件下的预算指标数值并求出不同组合条件下的联合概率；

④以各种组合条件下的预算指标数值乘以联合概率，计算每种组合预算指标值的期望值，然后将各种组合预算标志值的期望值汇总合计作为预算指标的最终预算结果．

下面举例说明概率预算的编制方法．

例33 假设某公司产销一种产品，预算年度预计的影响企业利润的有关因素的数据资料如下：

销售量		销售单价/元	单位变动成本		固定成本/元
数量/件	概率		金额/元	概率	
9 000	0.3	10	5.10	0.3	20 000
			5.00	0.5	
			4.90	0.2	
10 000	0.5	10	5.10	0.2	22 000
			5.00	0.5	
			4.90	0.3	
11 000	0.2	10	5.10	0.3	24 000
			5.00	0.4	
			4.90	0.3	

根据上面资料编制利润的概率预算如下：

| 销售量 | | 销售单价 /元 | 单位变动成本 | | 固定成本 /元 | 利润 /元 | 联合 概率 | 利润期望 值/元 | 组合 |
数量/件	概率		金额/元	概率					
（1）	（2）	（3）	（4）	（5）	（6）	（7）	（8）	（9）	（10）
			5.1	0.3	20 000	24 100	0.09	2 169	1
9 000	0.3	10	5.0	0.5	20 000	25 000	0.15	3 750	2
			4.9	0.2	20 000	25 900	0.06	1 554	3
			5.1	0.2	22 000	27 000	0.10	2 700	4
10 000	0.5	10	5.0	0.5	22 000	28 000	0.25	7 000	5
			4.9	0.3	22 000	29 000	0.15	4 350	6
			5.1	0.3	24 000	29 900	0.06	1 794	7
11 000	0.2	10	5.0	0.4	24 000	31 000	0.08	2 480	8
			4.9	0.3	24 000	32 100	0.06	1 926	9
总利润期望值（利润预算数）								27 723	

上表计算说明：当销售量为 9 000 件、销售单价为 10 元、单位变动成本为 5.10 元、固定成本为 20 000 元（即组合 1）时，利润为 24 100 元($9\,000 \times (10 - 5.1) - 20\,000$)，而这种情况的可能性（联合概率）为 0.09($0.3 \times 0.3$)，所以利润的期望值为 2 169 元($24\,100 \times 0.09$)，以此类推，汇总计算，得到总利润的期望值为 27 723 元. 期望值是考虑利润的各种可能结果并按照它们发生的概率进行加权平均计算的，因而以总利润的期望值作为利润的预算数值更能反映实际情况.

利润概率预算也可以通过如下方法计算：

销售收入 = $(9\,000 \times 0.3 + 10\,000 \times 0.5 + 11\,000 \times 0.2) \times 10 = 99\,000$（元）.

变动成本 = $9\,000 \times (5.1 \times 0.3 + 5 \times 0.5 + 4.9 \times 0.2) \times 0.3 + 10\,000 \times (5.1 \times 0.2 + 5 \times 0.5 +$
$4.9 \times 0.3) \times 0.5 + 11\,000 \times (5.1 \times 0.3 + 5 \times 0.4 + 4.9 \times 0.3) \times 0.2 = 49\,477$（元）.

固定成本 = $20\,000 \times 0.3 + 22\,000 \times 0.5 + 24\,000 \times 0.2 = 21\,800$（元）.

利润预算数 = 销售收入 - 变动成本 - 固定成本 = $99\,000 - 49\,477 - 21\,800 = 27\,723$（元）.

根据上述利润概率预算的计算可见，概率预算（期望值）实际上是考虑各种可能结果及其概率的加权平均数，实际数将在概率预算（期望值）的一定范围内发生. 这个范围可通过方差的计算确定.

依上例，反映利润变化范围大小的方差可计算如下.

组合	概率 P (1)	利润 (2)	利润期望值 (3) = (1) × (2)	差异(4) = (2) − $\sum$ (3)	方差 (5) = (4) × (4)	$P \times$ 方差 (6) = (1) × (5)
1	0.09	24 100	2 169	−3 623	13 126 129	1 181 351.61
2	0.15	25 000	3 750	−2 723	7 414 729	1 112 209.35
3	0.06	25 900	1 554	−1 823	3 323 329	199 399.74
4	0.10	27 000	2 700	−723	522 729	52 272.90
5	0.25	28 000	7 000	277	76 729	19 182.25
6	0.15	29 000	4 350	1 277	1 630 729	244 609.35
7	0.06	29 900	1 794	2 177	4 739 329	284 359.74
8	0.08	31 000	2 480	3 277	10 738 729	859 098.32
9	0.06	32 100	1 926	4 377	19 158 129	1 149 487.74
合计	1		27 723			5 101 971

$$D(A) = 5\ 101\ 971$$

$$\sigma_A = \sqrt{D(A)} \approx 2\ 258.75$$

根据正态分布理论，可知实际利润发生数在 25 464.25 ~ 29 981.75 元的可能性为 68.26%；在 23 205.50 ~ 32 240.50 元的可能性为 95.45%；在 20 946.75 ~ 34 499.25 元的可能性为 99.73%.

7.4　大数定律与中心极限定理

概率论的基本任务是研究随机现象的统计规律性. 引进随机变量之后，我们集中研究了随机变量取值的统计规律性. 人们经过长期实践认识到，虽然个别随机事件在某次试验中可能发生也可能不发生，但是在大量重复试验中却呈现明显的规律性，即随着试验次数的增大，一个随机事件发生的频率在某一固定值附近摆动. 这就是所谓的频率具有稳定性. 同时，人们通过实践发现大量测量值的算术平均值也具有稳定性. 而这些稳定性如何从理论上给以证明就是本节所要回答的问题.

1. 契比雪夫（Chebyshev）不等式

在引入大数定律之前，我们先证一个重要的不等式——契比雪夫不等式.

定理 1　设随机变量 X 存在有限方差 $D(X)$，则对任意 $\varepsilon > 0$，有

$$P\{|X - E(X)| \geq \varepsilon\} \leq \frac{D(X)}{\varepsilon^2}$$

证　如果 X 是连续型随机变量，设 X 的概率密度为 $f(x)$，则有

$$P\{|X - E(X)| \geq \varepsilon\} = \int_{|x-E(X)| \geq \varepsilon} f(x)\,\mathrm{d}x \leq \int_{|x-E(X)| \geq \varepsilon} \frac{|x - E(X)|^2}{\varepsilon^2} f(x)\,\mathrm{d}x \leq$$

$$\frac{1}{\varepsilon^2}\int_{-\infty}^{+\infty}[x-E(X)]^2 f(x)\,\mathrm{d}x = \frac{D(X)}{\varepsilon^2}$$

请读者自己证明 X 是离散型随机变量的情况.

契比雪夫不等式也可表示成

$$P\{|X-E(X)|<\varepsilon\} \geqslant 1-\frac{D(X)}{\varepsilon^2}$$

这个不等式给出了在随机变量 X 的分布未知的情况下事件 $\{|X-E(X)|<\varepsilon\}$ 的概率的下限估计，例如，在契比雪夫不等式中，令 $\varepsilon=3\sqrt{D(X)},4\sqrt{D(X)}$ 分别可得到

$$P\{|X-E(X)|<3\sqrt{D(X)}\} \geqslant 0.888\,9$$

$$P\{|X-E(X)|<4\sqrt{D(X)}\} \geqslant 0.937\,5$$

例1　一枚骰子连续掷4次，点数总和记为 X. 试用契比雪夫不等式估计 $P\{10<X<18\}$.

解　设 X_i 表每次掷的点数，则

$$X = \sum_{i=1}^{4}X_i$$

$$E(X_i) = 1\times\frac{1}{6}+2\times\frac{1}{6}+3\times\frac{1}{6}+4\times\frac{1}{6}+5\times\frac{1}{6}+6\times\frac{1}{6} = \frac{7}{2}$$

$$E(X_i^2) = 1^2\times\frac{1}{6}+2^2\times\frac{1}{6}+3^2\times\frac{1}{6}+4^2\times\frac{1}{6}+5^2\times\frac{1}{6}+6^2\times\frac{1}{6} = \frac{91}{6}$$

从而　　　　　　$D(X_i)=E(X_i^2)-[E(X_i)]^2=\frac{91}{6}-\left(\frac{7}{2}\right)^2=\frac{35}{12}$

又 X_1,X_2,X_3,X_4 独立同分布，从而

$$E(X) = E\left(\sum_{i=1}^{4}X_i\right) = \sum_{i=1}^{4}E(X_i) = 4\times\frac{7}{2} = 14$$

$$D(X) = D\left(\sum_{i=1}^{4}X_i\right) = \sum_{i=1}^{4}D(X_i) = 4\times\frac{35}{12} = \frac{35}{3}$$

所以　　　　$P\{10<X<18\} = P\{|X-14|<4\} \geqslant 1-\frac{35/3}{4^2} \approx 0.271$

例2　设电站供电网有 10 000 盏电灯，夜晚每一盏灯开灯的概率都是 0.7，而假定开、关时间彼此独立，估计夜晚时开着的灯数在 6 800 与 7 200 之间的概率.

解　设 X 表示在夜晚同时开着的灯的数目，它服从参数为 $n=10\,000,p=0.7$ 的二项分布. 若要准确计算，应该用伯努利公式：

$$P\{6\,800 < X < 7\,200\} = \sum_{k=6\,801}^{7\,199}C_{10\,000}^{k}\times 0.7^k \times 0.3^{10\,000-k}$$

如果用契比雪夫不等式估计：

$$E(X) = np = 10\,000\times 0.7 = 7\,000$$

$$D(X) = npq = 10\,000\times 0.7\times 0.3 = 2\,100$$

$$P\{6\,800 < X < 7\,200\} = P\{|X-7\,000|<200\} \geqslant 1-\frac{2\,100}{200^2} \approx 0.95$$

可见，虽然有 10 000 盏灯，但是只要有供应 7 200 盏灯的电力就能够以相当大的概率保证够用．事实上，契比雪夫不等式的估计只说明概率大于 0.95，后面将具体求出这个概率约为 0.999 99．契比雪夫不等式在理论上具有重大意义，但估计的精确度不高．

契比雪夫不等式作为一个理论工具，在大数定律的证明中，可使证明非常简捷．

2. 大数定律

定义 1 设 $Y_1, Y_2, \cdots, Y_n, \cdots$ 是一个随机变量序列，a 是一个常数，若对于任意正数 ε，有

$$\lim_{n \to \infty} P\{|Y_n - a| < \varepsilon\} = 1$$

则称序列 $Y_1, Y_2, \cdots, Y_n, \cdots$ 依概率收敛于 a，记为 $Y_n \xrightarrow{P} a$．

定理 2（契比雪夫大数定律） 设 $X_1, X_2, \cdots, X_n, \cdots$ 是相互独立的随机变量序列，各有数学期望 $E(X_1), E(X_2), \cdots, E(X_n), \cdots$ 及方差 $D(X_1), D(X_2), \cdots, D(X_n), \cdots$，并且对于所有 $i = 1, 2, \cdots, n, \cdots$ 都有 $D(X_i) < l$，其中，l 是与 i 无关的常数，则对任给 $\varepsilon > 0$，有

$$\lim_{n \to \infty} P\left\{ \left| \frac{1}{n}\sum_{i=1}^{n} X_i - \frac{1}{n}\sum_{i=1}^{n} E(X_i) \right| < \varepsilon \right\} = 1$$

证 因 $X_1, X_2, \cdots, X_n, \cdots$ 相互独立，所以

$$D\left(\frac{1}{n}\sum_{i=1}^{n} X_i \right) = \frac{1}{n^2}\sum_{i=1}^{n} D(X_i) < \frac{1}{n^2} \cdot nl = \frac{l}{n}$$

又因

$$E\left(\frac{1}{n}\sum_{i=1}^{n} X_i \right) = \frac{1}{n}\sum_{i=1}^{n} E(X_i)$$

由契比雪夫不等式，对于任意 $\varepsilon > 0$，有

$$P\left\{ \left| \frac{1}{n}\sum_{i=1}^{n} X_i - \frac{1}{n}\sum_{i=1}^{n} E(X_i) \right| < \varepsilon \right\} \geq 1 - \frac{l}{n\varepsilon^2}$$

但是任何事件的概率都不超过 1，即

$$1 - \frac{l}{n\varepsilon^2} \leq P\left\{ \left| \frac{1}{n}\sum_{i=1}^{n} X_i - \frac{1}{n}\sum_{i=1}^{n} E(X_i) \right| < \varepsilon \right\} \leq 1$$

因此

$$\lim_{n \to \infty} P\left\{ \left| \frac{1}{n}\sum_{i=1}^{n} X_i - \frac{1}{n}\sum_{i=1}^{n} E(X_i) \right| < \varepsilon \right\} = 1$$

契比雪夫大数定律说明：在定理的条件下，当 n 充分大时，n 个独立随机变量的平均数这个随机变量的离散程度是很小的．这意味着，经过算术平均以后得到的随机变量 $\dfrac{\sum\limits_{i=1}^{n} X_i}{n}$ 将比较密地聚集在它的数学期望 $\dfrac{\sum\limits_{i=1}^{n} E(X_i)}{n}$ 的附近，它与数学期望之差依概率收敛到 0．

定理 3（契比雪夫大数定律的特殊情况） 设随机变量 $X_1, X_2, \cdots, X_n, \cdots$ 相互独立，且具有相同的数学期望和方差：$E(X_k) = \mu, D(X_k) = \sigma^2 (k = 1, 2, \cdots)$．前 n 个随机变量的算术平

均 $Y_n = \dfrac{1}{n}\sum_{k=1}^{n} X_k$ ，则对于任意正数 ε 有

$$\lim_{n\to\infty} P\{\,|\,Y_n - \mu\,| < \varepsilon\,\} = 1$$

定理 4（伯努利（Bernoulli）大数定律） 设 n_A 是 n 次独立重复试验中事件 A 发生的次数. p 是事件 A 在每次试验中发生的概率，则对于任意正数 $\varepsilon > 0$，有

$$\lim_{n\to\infty} P\left\{\left|\dfrac{n_A}{n} - p\right| < \varepsilon\right\} = 1$$

或

$$\lim_{n\to\infty} P\left\{\left|\dfrac{n_A}{n} - p\right| \geqslant \varepsilon\right\} = 0$$

伯努利大数定律告诉我们，事件 A 发生的频率 $\dfrac{n_A}{n}$ 依概率收敛于事件 A 发生的概率 p，因此，本定律从理论上证明了大量重复独立试验中，事件 A 发生的频率具有稳定性，正因为这种稳定性，概率的概念才有实际意义. 伯努利大数定律还提供了通过试验来确定事件的概率的方法，即既然频率 $\dfrac{n_A}{n}$ 与概率 p 有较大偏差的可能性很小，于是我们就可以通过做试验确定某事件发生的频率，并把它作为相应概率的估计. 因此，在实际应用中，如果试验的次数很大，就可以用事件发生的频率代替事件发生的概率.

定理 3 中要求随机变量 $X_k(k = 1, 2, \cdots)$ 的方差存在. 但在随机变量服从同一分布的场合，并不需要这一要求，我们有以下定理.

定理 5（辛钦（Khinchin）大数定律） 设随机变量 $X_1, X_2, \cdots, X_n, \cdots$ 相互独立，服从同一分布，且具有数学期望 $E(X_k) = \mu(k = 1, 2, \cdots)$，则对于任意正数 ε，有

$$\lim_{n\to\infty} P\left\{\left|\dfrac{1}{n}\sum_{k=1}^{n} X_k - \mu\right| < \varepsilon\right\} = 1$$

显然，伯努利大数定律是辛钦大数定律的特殊情况，辛钦大数定律在实际中应用很广泛.

这一定律使算术平均值的法则有了理论根据. 如要测定某一物理量 a，在不变的条件下重复测量 n 次，得观测值 $X_1, X_2, \cdots, X_n$，求得实测值的算术平均值 $\dfrac{1}{n}\sum_{i=1}^{n} X_i$，根据此定理，当 n 足够大时，取 $\dfrac{1}{n}\sum_{i=1}^{n} X_i$ 作为 a 的近似值，可以认为所发生的误差是很小的，所以实际上往往用某物体的某一指标值的一系列实测值的算术平均值来作为该指标值的近似值.

3. 中心极限定理

在客观实际中，许多随机变量是由大量相互独立的偶然因素的综合影响所形成的，而每一个因素在总的影响中所起的作用是很小的，但合起来，却对总和有显著影响，这种随机变量往往近似地服从正态分布，这种现象就是中心极限定理的客观背景. 我们把概率论中有关论证独立随机变量的和的极限分布是正态分布的一系列定理称为中心极限定理，下面介绍几个常用的中心极限定理.

定理6（独立同分布的中心极限定理） 设随机变量 $X_1, X_2, \cdots, X_n, \cdots$ 相互独立，服从同一分布，且具有数学期望和方差 $E(X_k) = \mu, D(X_k) = \sigma^2 \neq 0 (k = 1, 2, \cdots)$. 则随机变量

$$Y_n = \frac{\sum\limits_{k=1}^{n} X_k - E\left(\sum\limits_{k=1}^{n} X_k\right)}{\sqrt{D\left(\sum\limits_{k=1}^{n} X_k\right)}} = \frac{\sum\limits_{k=1}^{n} X_k - n\mu}{\sqrt{n}\,\sigma}$$

的分布函数 $F_n(x)$ 对于任意 x 满足

$$\lim_{n\to\infty} F_n(x) = \lim_{n\to\infty} P\left\{\frac{\sum\limits_{k=1}^{n} X_k - n\mu}{\sqrt{n}\,\sigma} \leq x\right\} = \int_{-\infty}^{x} \frac{1}{\sqrt{2\pi}} e^{-\frac{t^2}{2}} dt$$

从定理6的结论可知，当 n 充分大时，近似地有

$$Y_n = \frac{\sum\limits_{k=1}^{n} X_k - n\mu}{\sqrt{n\sigma^2}} \sim N(0,1)$$

或者说，当 n 充分大时，近似地有

$$\sum_{k=1}^{n} X_k \sim N(n\mu, n\sigma^2)$$

如果用 $X_1, X_2, \cdots, X_n$ 表示相互独立的各随机因素. 假定它们都服从相同的分布（不论服从什么分布），且都有有限的期望与方差（每个因素的影响有一定限度）. 则上式说明，作为总和 $\sum\limits_{k=1}^{n} X_k$ 这个随机变量，当 n 充分大时，便近似地服从正态分布.

例3 一加法器同时收到 20 个噪声电压 $V_k(k = 1, 2, \cdots, 20)$，设它们是相互独立的随机变量，且都在区间 $(0,10)$ 内服从均匀分布. 记 $V = \sum\limits_{k=1}^{20} V_k$，求 $P\{V > 105\}$ 的近似值.

解 易知：$E(V_k) = 5, D(V_k) = \dfrac{100}{12}, k = 1, 2, \cdots, 20$. 由中心极限定理知，随机变量

$$Z = \frac{\sum\limits_{k=1}^{20} V_k - 20 \times 5}{\sqrt{\dfrac{100}{12} \times 20}} = \frac{V - 20 \times 5}{\sqrt{\dfrac{100}{12} \times 20}} \overset{\text{近似}}{\sim} N(0,1)$$

于是

$$P\{V > 105\} = P\left\{\frac{V - 20 \times 5}{\sqrt{\dfrac{100}{12} \times 20}} > \frac{105 - 20 \times 5}{\dfrac{10}{\sqrt{12}} \times \sqrt{20}}\right\}$$

$$= P\left\{\frac{V - 100}{\dfrac{10}{\sqrt{12}} \times \sqrt{20}} > 0.387\right\} \approx 1 - \Phi(0.387) = 0.348$$

即有 $P\{V > 105\} \approx 0.348$.

例4 对敌人的防御地进行 100 次轰炸，每次轰炸命中目标的炸弹数目是一个随机变

量，其期望值是 2，方差是 1.69. 求在 100 次轰炸中有 180 颗到 220 颗炸弹命中目标的概率.

解 令第 i 次轰炸命中目标的炸弹数为 X_i，100 次轰炸中命中目标炸弹数 $X = \sum\limits_{i=1}^{100} X_i$，应用定理 6，$X$ 渐近服从正态分布，期望值为 200，方差为 169，标准差为 13. 所以 $P\{180 \leqslant X \leqslant 220\} = P\{|X - 200| \leqslant 20\} = P\left\{\left|\dfrac{X-200}{13}\right| \leqslant \dfrac{20}{13}\right\} \approx 2\Phi(1.54) - 1 = 0.876\,44.$

定理 7（李雅普诺夫（Liapunov）定理） 设随机变量 $X_1, X_2, \cdots, X_n, \cdots$ 相互独立，它们具有数学期望和方差：$E(X_k) = \mu_k, D(X_k) = \sigma_k^2 \neq 0 (k = 1, 2, \cdots)$.

记 $B_n^2 = \sum\limits_{k=1}^{n} \sigma_k^2$，若存在正数 δ，使得当 $n \to \infty$ 时

$$\frac{1}{B_n^{2+\delta}} \sum_{k=1}^{n} E\{|X_k - \mu_k|^{2+\delta}\} \to 0$$

则随机变量

$$Z_n = \frac{\sum\limits_{k=1}^{n} X_k - E\left(\sum\limits_{k=1}^{n} X_k\right)}{\sqrt{D\left(\sum\limits_{k=1}^{n} X_k\right)}} = \frac{\sum\limits_{k=1}^{n} X_k - \sum\limits_{k=1}^{n} \mu_k}{B_n}$$

的分布函数 $F_n(x)$ 对于任意 x，满足

$$\lim_{n \to \infty} F_n(x) = \lim_{n \leftarrow \infty} P\left\{\frac{\sum\limits_{k=1}^{n} X_k - \sum\limits_{k=1}^{n} \mu_k}{B_n} \leqslant x\right\} = \int_{-\infty}^{x} \frac{1}{\sqrt{2\pi}} e^{-\frac{t^2}{2}} dt$$

这个定理说明，随机变量

$$Z_n = \frac{\sum\limits_{k=1}^{n} X_k - \sum\limits_{k=1}^{n} \mu_k}{B_n}$$

当 n 很大时，近似地服从正态分布 $N(0,1)$. 因此，当 n 很大时，

$$\sum_{k=1}^{n} X_k = B_n Z_n + \sum_{k=1}^{n} \mu_k$$

近似地服从正态分布 $N\left(\sum\limits_{k=1}^{n} \mu_k, B_n^2\right)$. 这表明无论随机变量 $X_k(k = 1, 2, \cdots)$ 具有怎样的分布，只要满足定理条件，当 n 很大时，它们的和 $\sum\limits_{k=1}^{n} X_k$ 就近似地服从正态分布. 而在许多实际问题中，所考虑的随机变量往往可以表示为多个独立的随机变量之和，因而它们常常近似服从正态分布. 这就是正态随机变量在概率论与数理统计中占有重要地位的主要原因. 在数理统计中我们将看到，中心极限定理是大样本统计推断的理论基础.

下面介绍另一个中心极限定理.

定理 8 设随机变量 X 服从参数为 n，$p(0 < p < 1)$ 的二项分布，则

（1）（拉普拉斯（Laplace）定理）局部极限定理：当 $n \to \infty$ 时

$$P\{X = k\} \approx \frac{1}{\sqrt{2\pi npq}}\mathrm{e}^{-\frac{(k-np)^2}{2npq}} = \frac{1}{\sqrt{npq}}\varphi\left(\frac{k - np}{\sqrt{npq}}\right)$$

其中，$p + q = 1; k = 0,1,2,\cdots,n; \varphi(x) = \frac{1}{\sqrt{2\pi}}\mathrm{e}^{-\frac{x^2}{2}}.$

（2）（**德莫佛 – 拉普拉斯（De Moivre – Laplace）定理**）积分极限定理：对于任意的 x，恒有

$$\lim_{n\to\infty}P\left\{\frac{X - np}{\sqrt{np(1 - p)}} \leqslant x\right\} = \int_{-\infty}^{x}\frac{1}{\sqrt{2\pi}}\mathrm{e}^{-\frac{t^2}{2}}\mathrm{d}t$$

这个定理表明，二项分布以正态分布为极限. 当 n 充分大时，我们可以利用上两式来计算二项分布的概率.

例 5　有一批建筑房屋用的木柱，其中 80% 的长度不小于 3 m. 现从这批木柱中随机地取出 100 根，问：其中至少有 30 根短于 3 m 的概率是多少？

解　设 100 根中有 X 根短于 3 m，则 $X \sim B(100,0.2)$.

从而
$$P\{X \geqslant 30\} = 1 - P\{X < 30\} \approx 1 - \Phi\left(\frac{30 - 100 \times 0.2}{\sqrt{100 \times 0.2 \times 0.8}}\right)$$
$$= 1 - \Phi(2.5) = 1 - 0.993\ 8 = 0.006\ 2$$

例 6　产品为废品的概率为 $p = 0.005$，求 10 000 件产品中废品数不大于 70 的概率.

解　10 000 件产品中的废品数 X 服从二项分布，

$$n = 10\ 000, p = 0.005, np = 50, \sqrt{npq} \approx 7.053$$
$$P\{X \leqslant 70\} = \Phi\left(\frac{70 - 50}{7.053}\right) = \Phi(2.84) = 0.997\ 7$$

正态分布和泊松分布虽然都是二项分布的极限分布，但后者以 $n\to\infty$，同时 $p\to 0$，$np\to \lambda$ 为条件，而前者则只要求 $n\to\infty$ 这一条件. 一般来说，对于 n 很大，p（或 q）很小的二项分布（$np \leqslant 5$）用正态分布来近似计算不如用泊松分布计算精确.

例 7　每颗炮弹命中飞机的概率为 0.01，求 500 发炮弹中命中 5 发的概率.

解　500 发炮弹中命中飞机的炮弹数目 X 服从二项分布，

$$n = 500, p = 0.01, np = 5, \sqrt{npq} \approx 2.2$$

下面用三种方法计算并加以比较：

（1）用二项分布公式计算：
$$P\{X = 5\} = \mathrm{C}_{500}^{5} \times (0.01)^5(0.99)^{495} = 0.176\ 35$$

（2）用泊松公式计算，直接查表可得：
$$np = \lambda = 5, k = 5, P_5(5) \approx 0.175\ 467$$

（3）用拉普拉斯局部极限定理计算：
$$P\{X = 5\} = \frac{1}{\sqrt{npq}}\varphi\left(\frac{5 - np}{\sqrt{npq}}\right) \approx 0.179\ 3$$

可见后者不如前者精确.

习题七

1. 由数字 $0,1,2,3,4,5$ 能组成多少个没有重复数字的五位数?

2. 从 100 件产品中抽出 4 件进行抽查, 有多少种不同的抽取方法? 其中某一件恰好被抽到的抽取法有多少种?

3. 在 $0,1,2,3,4,5,6,7,8,9$ 中任取四个, 能排成多少个是偶数的四位数?

4. 指出下列各等式或命题是否成立, 并说明理由.

(1) $A \cup B = (A\bar{B}) \cup B$;

(2) $\overline{AB} = A \cup B$;

(3) $\overline{A \cup B} \cap C = \bar{A}\,\bar{B}\,\bar{C}$;

(4) $(AB)(A\bar{B}) = \varnothing$;

(5) 如果 $A \subset B$, 那么 $A = AB$;

(6) 如果 $AB = \varnothing$, 且 $C \subset A$, 那么 $BC = \varnothing$;

(7) 如果 $A \subset B$, 那么 $\bar{B} \subset \bar{A}$;

(8) 如果 $B \subset A$, 那么 $A \cup B = A$.

5. 设 A、B、C 表示三个事件. 利用 A、B、C 表达下列事件:

(1) A 出现, B、C 都不出现;

(2) A、B 都出现, C 不出现;

(3) 三个事件都出现;

(4) 三个事件中至少有一个出现;

(5) 三个事件都不出现;

(6) 不多于一个事件出现;

(7) 不多于两个事件出现;

(8) 三个事件中至少有两个出现.

6. 下面两式分别表示 A、B 之间有什么包含关系?

(1) $A \cap B = A$;

(2) $A \cup B = A$.

7. 设一个工人生产了 4 个零件, 又 A_i 表示事件 "他生产的第 i 个零件是正品" ($i = 1, 2, 3, 4$). 试用诸 A_i 表示下列各事件:

(1) 没有一个产品是次品;

(2) 至少有一个产品是次品;

(3) 只有一个产品是次品;

(4) 至少有 3 个产品不是次品.

8. 在某系的学生中任选一名学生. 令事件 A 表示 "被选出者是男生"; 事件 B 表示

"被选出者是三年级学生"；事件 C 表示"被选出者是运动员".

（1）说出事件 $AB\overline{C}$ 的含义；

（2）什么时候有恒等式 $A\cap B\cap C=C$？

（3）什么时候关系式 $C\subseteq B$ 正确？

（4）什么时候等式 $\overline{A}=B$ 成立？

9. 从一批由 45 件正品、5 件次品组成的产品中任取 3 件产品. 求其中恰有 1 件次品的概率.

10. 一口袋中有 5 个红球及 2 个白球. 从这袋中任取一球，看过它的颜色后就放回袋中，然后，再从这袋中任取一球. 设每次取球时口袋中各个球被取到的可能性相同. 求：

（1）第一次、第二次都取得红球的概率；

（2）第一次取得红球、第二次取得白球的概率；

（3）两次取得的球为红、白各一次的概率；

（4）第二次取得红球的概率.

11. 甲、乙两人约定在 13：00—14：00 到某站乘坐公共汽车，这段时间内有 4 班公共汽车，它们的开车时刻分别为 13：15、13：30、13：45、14：00. 如果他们约定：

（1）见车就乘；（2）最多等一辆车.

求甲、乙同乘一车的概率. 假定甲、乙两人到达车站的时刻是相互不牵连的，且每人在 13：00—14：00 的任何时刻到达车站是等可能的.

12. 某城市有 50% 住户订日报，有 65% 住户订晚报，有 85% 住户至少订这两种报纸中的一种，求同时订这两种报纸的住户的百分比.

13. 设一个口袋中有 4 个红球及 3 个白球. 从这口袋中任取一个球后，不放回去，再从这口袋中任取一个球. 令 A 表示事件"第一次取得白球"，B 表示事件"第二次取得红球". 求 $P(B)$ 及 $P(B|A)$.

14. 一批零件共 100 个，次品率为 10%. 每次从其中任取一个零件，取出的零件不再放回去，求第三次才取得正品的概率.

15. 某工厂有甲、乙、丙 3 个车间，生产同一种产品，每个车间的产量分别占全厂的 25%、35%、40%，各车间产品的次品率分别为 5%、4%、2%. 求全厂产品的次品率.

16. 设甲袋中有 3 个红球及 1 个白球. 乙袋中有 4 个红球及 2 个白球. 从甲袋中任取一个球（不看颜色）放到乙袋中后，再从乙袋中任取一个球. 用全概率公式求最后取得红球的概率.

17. 两台车床加工同样的零件. 第一台加工后的废品率为 0.03、第二台加工后的废品率为 0.02. 加工出来的零件放在一起，已知这批加工后的零件中由第一台车床加工的占 2/3、由第二台车床加工的占 1/3. 求从这批零件中任取一件得到合格品的概率.

18. 设某一工厂有 A、B、C 三个车间，它们生产同一种螺钉. 每个车间的产量分别占该厂生产螺钉总产量的 25%、35%、40%. 每个车间成品中次货的螺钉占该车间出量的百分比为 5% 、4% 、2% . 如果从全厂总产品中抽取一件产品, 得到了次品. 求它依次是车间 A、B、C 生产的概率.

19. 设 3 台机器相互独立地运转着. 又第一台、第二台、第三台机器不发生故障的概率依次为 0.9、0.8、0.7. 求这三台机器全不发生故障及它们中至少有一台发生故障的概率.

20. 设每次射击时命中率为 0.2. 问: 至少进行多少次独立射击才能使击中一次的概率不小于 0.9?

21. 设电灯泡的耐用时数在 1 000 h 以上的概率为 0.2. 求 3 个电灯泡在使用 1 000 h 以后最多只有一个损坏的概率. 设这 3 个电灯泡是相互独立使用的.

22. 一个口袋中有 6 个球, 在这 6 个球上分别标有 −3、−3、1、1、1、2 这样的数字. 从这口袋中任取一个球, 求取得的球上标明的数字 X 的概率分布及分布函数.

23. 在相同条件下相互独立地进行 5 次射击, 每次射击时击中目标的概率为 0.6. 求击中目标的次数 X 的概率分布.

24. 从一个含有 4 个红球、2 个白球的口袋中一个一个地取球, 共取了 5 次, 每次取出的球 (1) 立即放回袋中, 再取下一个球; (2) 不放回袋中, 求取得红球的个数 X 的分布律.

25. 从一批含有 10 件正品及 3 件次品的产品中一件一件地抽取产品. 设每次抽取时, 所面对的各件产品被抽到的可能性相等. 在下列三种情形下, 分别求出直到取得正品为止所需次数 X 的分布:

(1) 每次取出的产品经检定后又放回这批产品中去再取下一件产品;

(2) 每次取出的产品都不放回这批产品中;

(3) 每次取出一件产品后总以一件正品放回这批产品中.

26. 某射手有 5 发子弹, 射一次, 命中的概率为 0.9. 如果命中就停止射击, 不命中就一直射到子弹用尽. 求耗用子弹数 X 的分布律.

27. 设连续型随机变量 X 的分布函数为

$$F(x) = \begin{cases} 0, & x \leqslant 0, \\ Ax^2, & 0 < x \leqslant 1, \\ 1, & 1 < x \end{cases}$$

(1) 求系数 A;

(2) 求 X 的分布密度函数;

(3) 求 X 取区间 $(0.3, 0.7)$ 内的值的概率.

28. 设电池的寿命 (单位: h) 是一个随机变量, 它服从 $N(300, 35^2)$.

(1) 求这样的电池的寿命在 250 h 以上的概率;

(2) 求一个数目 X, 使得电池寿命取区间 $(300 - x, 300 + x)$ 内的值的概率不小于 0.9.

29. 设 X 服从 $N(0, 1)$. 借助于标准正态分布的分布函数值表计算:

（1）$P\{X<2.2\}$；　　　（2）$P\{X>1.76\}$；　　　（3）$P\{X<-0.78\}$；

（4）$P\{|X|<1.55\}$；　　（5）$P\{|X|>2.5\}$．

30. 设 X 服从 $N(-1,16)$．借助于标准正态分布的分布函数值表计算：

（1）$P\{X<2.44\}$；　　　（2）$P\{X>-1.5\}$；　　　（3）$P\{X<-2.8\}$；

（4）$P\{|X|<4\}$；　　　（5）$P\{-5<X<2\}$；　　　（6）$P\{|X|>1\}$．

31. 已知从某批材料中任取一件时，取得的这件材料的强度 X 服从 $N(200,18^2)$，

（1）计算取得的这件材料的强度不低于 180 的概率；

（2）如果所用的材料要求以 99% 的概率保证强度不低于 150，问：这批材料是否符合这个要求？

32. 设 X、Y 相互独立，其分布分别如下：

X	-2	-1	0	0.5
P	$\frac{1}{4}$	$\frac{1}{3}$	$\frac{1}{12}$	$\frac{1}{3}$

Y	-0.5	1	3
P	$\frac{1}{2}$	$\frac{1}{4}$	$\frac{1}{4}$

求 (X,Y) 的联合概率密度．

33. 设二维离散型随机变量 (X,Y) 的联合概率分布为

X ＼ Y	-1	1	2
0	$\frac{1}{12}$	0	$\frac{3}{12}$
$\frac{3}{2}$	$\frac{2}{12}$	$\frac{1}{12}$	$\frac{1}{12}$
2	$\frac{3}{12}$	$\frac{1}{12}$	0

求关于 X 及关于 Y 的边缘分布．

34. 某出版社的历史数据表明，它所出版的图书任何一页所包含的印刷错误数服从下列分布：

X	0	1	2	3
P	0.81	0.13	0.05	0.01

则该出版社所出版的图书每一页印刷错误数的数学期望为多少？

35. 设盒中有 5 个球，其中 2 个白球，3 个黑球，从中随意抽取 3 个球．记 X 为抽取到的白球数，求 $E(X)$．

36. 某医院当新生儿诞生时，医生要根据婴儿的皮肤颜色、肌肉弹性、反应的敏感性、心脏的搏动等方面的情况进行评分，新生儿的得分 X 是一个随机变量．以往的资料表明 X 的分布律为

X	0	1	2	3	4	5	6	7	8	9	10
P	0.002	0.001	0.002	0.005	0.02	0.04	0.18	0.37	0.25	0.12	0.01

试求 X 的数学期望 $E(X)$.

37. 按规定，某车站每天 8：00—9：00，9：00—10：00 都恰有一辆客车到站，但到站的时刻是随机的，且两者到站的时间相互独立. 以往的资料表明规律为

到站时刻	8：10	8：30	8：50
	9：10	9：30	9：50
P	1/6	3/6	2/6

一旅客 8：20 到车站，求他候车时间的数学期望 $E(X)$.

38. 设随机变量 X 的分布律为

X	-2	0	2
P	0.4	0.3	0.3

求 $E(X),E(X^2),E(3X^2+5)$；

39. 某车间生产的圆盘直径在区间 (a,b) 内服从均匀分布，试求圆盘面积的数学期望.

40. 设连续型随机变量 X 的概率密度为

$$f(x) = \begin{cases} \dfrac{8}{x^3}, & x \geqslant 2, \\ 0, & x < 2 \end{cases}$$

求 X 的数学期望.

41. 设随机变量 X 的概率密度为

$$f(x) = \begin{cases} e^{-x}, & x > 0, \\ 0, & x \leqslant 0. \end{cases}$$

求 （1） $Y=2X$；（2） $Y=e^{-2X}$ 的数学期望.

42. 设随机变量 X 服从参数为 1 的指数分布，则其数学期望 $E(X+e^{-2X})$ 为多少？

43. 设随机变量 X 服从标准正态分布 $X \sim N(0,1)$，则其数学期望 $E(Xe^{2X})$ 为多少？

44. 假设一部机器在一天内发生故障的概率为 0.2，机器发生故障时全天停止工作，若一周 5 个工作日里无故障，可获利润 10 万元；发生 1 次故障仍可获利润 5 万元；发生 2 次故障所获利润 0 元；发生 3 次或 3 次以上故障要亏损 2 万元，一周内期望利润是多少？

45. 设某企业生产线上产品合格率为 0.96，不合格产品中只有 3/4 的产品可进行再加工且再加工的合格率为 0.8，其余均为废品，每件合格品获利 80 元，每件废品亏损 20 元，为保证该企业每天平均利润不低于 2 万元，问：企业每天至少生产多少产品？

46. 设某种商品每周的需求量 X 是服从区间 $[10,30]$ 上均匀分布的随机变量，而经销商店进货数量为区间 $[10,30]$ 上的某一整数，商店每销售一单位商品可获利 500 元；若供大于求则削价处理，每处理一单位商品亏损 100 元；若供不应求，则可从外部调剂供应，此时每

一单位商品仅获利 300 元，为使商店所获利润期望值不少于 9 280 元，试确定最少进货量.

47. 设随机变量 (X,Y) 的分布律为

Y \ X	1	2	3
–1	0.2	0.1	0.0
0	0.1	0.0	0.3
1	0.1	0.1	0.1

(1) 求 $E(X),E(Y)$；

(2) 设 $Z = \dfrac{Y}{X}$，求 $E(Z)$；

(3) 设 $Z = (X-Y)^2$，求 $E(Z)$.

48. 设随机变量 X 服从参数为 1 的泊松分布，求 $E(X^2)$.

49. 设 X 服从参数为 $\lambda\,(\lambda>0)$ 的泊松分布，且已知 $E[(X-1)(X-2)]=1$，则 λ 是多少？

50. 设 X 是一个随机变量，其概率密度为

$$f(x) = \begin{cases} 1+x, & -1 \leqslant x < 0, \\ 1-x, & 0 \leqslant x < 1, \\ 0, & \text{其他} \end{cases}$$

求 $D(X)$.

51. 设两个相互独立的随机变量 X 和 Y 的方差分别为 4 和 2，则随机变量 $3X-2Y$ 的方差为多少？

52. 设随机变量 X 在区间 $[-1,2]$ 上服从均匀分布，随机变量

$$Y = \begin{cases} 1, & X > 0, \\ 0, & X = 0, \\ -1, & X < 0 \end{cases}$$

求 $D(Y)$.

53. 设有甲、乙两种型号的电冰箱，其无故障使用时间（单位：kh）分别为 X 和 Y，X 和 Y 的概率分布律分别为

X	15	20	25	30	35
P	0.1	0.15	0.5	0.15	0.1

Y	15	20	25	30	35
P	0.05	0.10	0.7	0.1	0.05

求两种型号的电冰箱无故障使用时间的方差.

54. 假设随机变量 X 和 Y 的概率分布为

X	-2	-1	1	2
P	0.25	0.25	0.25	0.25

Y	-0.02	-0.01	0.01	0.02
P	0.25	0.25	0.25	0.25

求随机变量 X 和 Y 的方差.

55. 假设随机变量 U 在区间 $[-2,2]$ 上服从均匀分布. 随机变量

$$X = \begin{cases} -1, & U \leqslant -1, \\ 1, & U > -1; \end{cases} \qquad Y = \begin{cases} -1, & U \leqslant 1, \\ 1, & U > 1 \end{cases}$$

试求：（1） X 和 Y 的联合概率分布；（2） $D(X+Y)$.

56. 设 (X,Y) 的分布律如下表，$0 < p < 1$，求 $\text{Cov}(X,Y)$ 和 r_{XY}.

Y \ X	0	1
0	$1-p$	0
1	0	p

57. 某人考虑到房产价格有上升的趋势，打算购买几套公寓以获得更多的回报. 他初步考察后认为某镇的 A 小区和某城区的 B 小区值得考虑，由于这两个小区的地理位置不同，房屋随市场行情变化增值的潜力也不同. 他请专家帮忙分析预测，在未来的 5 年中，房地产市场的行情有可能上涨、平稳或下跌，根据市场的行情不同，得出他如果投资购买某镇的 A 小区，获利 2 000 万元的概率是 0.2，获利 200 万元的概率是 0.5，损失 500 万元的概率是 0.3；

如果购买某城区的 B 小区，获得利润 800 万元的概率是 0.3，获利 500 万元的概率是 0.4，损失 300 万元的概率是 0.3. 试帮助该人做出决策.

58. 某公司准备投资生产新产品，有两种投资方案供选择，方案一是生产普通凉鞋，方案二是生产防雨制品，经测算，若气候多雨，生产普通凉鞋的年利润为 42 万元，而生产防雨制品的年利润可达 100 万元；若气候少雨，生产普通凉鞋的年利润为 37 万元，而生产防雨制品将亏损 50 万元. 根据气象部门预报，当年气候多雨和少雨的概率分别为 60% 和 40%，试问：该公司应当如何选择投资方案？

59. 某仓库存放着一批易潮货物品，随着夏季的到来，该仓库有可能受洪水侵袭，为保护货物有 3 种方案：方案一，运走货物，需支付 1 400 元；方案二，建一个保护围墙，为此需支付 1 000 元，遇小洪水可免遭损失，但遇大洪水仍将损失 30 000 元；方案三，不采取措施，遇小洪水损失 10 000 元，遇大洪水损失 30 000 元. 据气象预报，有小洪水的概率为 0.25，有大洪水的概率为 0.01. 试做出决策.

60. 某商店根据市场调研，一商品的需求量可能是 50，100，150 或 200（单位）. 每单位购入成本为 4 元，销售单价为 6 元，销售不出的处理单价为 2 元. 该商品未来的销售分布如下：

销量	50	100	150	200
P	0.2	0.4	0.3	0.1

试用期望收益最大原则确定订购量.

61. 某物流公司为了扩大业务，拟建仓库. 有建大、中、小三种方案可供选择，另据市场预测，仓储业出现景气、一般、不景气三种状态的概率分别是 0.35、0.45 和 0.2，其利润如下：

状态　方案	景气	一般	不景气
方案一	40	23	2
方案二	35	21	10
方案三	30	20	18

试用最小机会损失期望准则确定最优方案.

62. 某投资者计划投资 A、B、C 三种证券，投资额为 10 万元，下表内容为他所获得的相关信息，试用最大期望收益决策方法进行决策.

单位：元

自然状态　方案	α_1（市场好）$P(\alpha_1)=0.3$	α_2（市场一般）$P(\alpha_2)=0.5$	α_3（市场差）$P(\alpha_3)=0.2$
T_1：投资证券 A	5 000	4 200	−3 000
T_2：投资证券 B	4 500	4 000	−1 000
T_3：投资证券 C	4 000	3 500	−500

63. 某公路工程队签署一项开赴远地的合同，由于出发之前有一段必要的准备时间，故眼下就要面临着决定是否在下月开工的问题. 如开工后天气好，当月可顺利完工，获利润12.5 万元；如开工后天气坏，将造成各种损失，共计 4.8 万元. 若决定下月不开工，即就地待命，那么天气好可临时承包一些零星工程，利润值估计可达 6.5 万元；天气坏则付出损失费（主要是窝工费）1.2 万元. 根据气象预测，下月天气好的概率为 0.65，天气坏的概率为 0.35. 试用决策树法进行决策.

64. 某证券商考虑卖出一批某大银行的股票. 如果现在立即卖出，他将获得 5 000 美元的利润. 如果 6 个月以后卖出，利润将取决于那时股票收益的变化情况，其中如果股票收益提高，则获得 26 000 美元利润；如果股票收益不变，则获得 3 000 美元利润；如果股票收益降低，则损失 15 000 美元. 设未来股票收益提高、不变、降低的概率分别为 0.4、0.2、0.4. 请问：他应该如何决策？

65. 某企业为开发某种新产品需要更新设备，有三种方案可供选择：引进大型设备（A_1）、引进中型设备（A_2）、引进小型设备（A_3）. 市场对该新产品的需求状态也有三种：需求量大（θ_1）、需求量一般（θ_2）、需求量小（θ_3）. 根据市场预测，企业的收益矩阵如下（单位：万元）.

市场状态	需求量大（θ_1）	需求量一般（θ_2）	需求量小（θ_3）
引进大型设备（A_1）	50	20	-20
引进中型设备（A_2）	30	25	-10
引进小型设备（A_3）	10	10	10
需求状态概率（P）	0.3	0.4	0.3

根据历年资料，该产品各需求状态的概率分别为 $p(\theta_1)=0.3, p(\theta_2)=0.4, p(\theta_3)=0.3$. 为使新产品开发产销对路，该拟试销做市场调查，试销结果可能有三种：需求量大（H_1）、需求量一般（H_2）、需求量小（H_3）. 调查结果值的可靠性如下：

在市场对产品需求量大条件下调查结果为需求量大、一般、小的概率分别为

$$P(H_1|\theta_1)=0.6, \quad P(H_2|\theta_1)=0.3, \quad P(H_3|\theta_1)=0.1$$

在市场对产品需求量一般条件下调查结果为需求量大、一般、小的概率分别为

$$P(H_1|\theta_2)=0.2, \quad P(H_2|\theta_2)=0.5, \quad P(H_3|\theta_2)=0.3$$

在市场对产品需求量小条件下调查结果为需求量大、一般、小的概率分别为

$$P(H_1|\theta_3)=0.2, \quad P(H_2|\theta_3)=0.2, \quad P(H_3|\theta_3)=0.6$$

试对该企业新产品开发方案进行决策.

第8章 线性代数

线性代数简介

变量的关系中，最为简便的关系是线性关系．为此，在实际问题中，经常将变量之间的关系进行线性化处理．线性代数是代数学的一个分支，它主要处理线性关系问题，是高等代数的重要组成部分．在其历史上，线性代数的第一个问题是解线性方程组．线性方程组问题大都是来源于生产、生活实践的实际问题，促成了线性方程组理论的诞生与发展，而线性方程组理论的发展又促成了作为工具的矩阵论和行列式理论的创立与发展：线性方程组理论、矩阵理论和行列式理论并列成为线性代数的主要部分．线性代数有三个基本计算单元：向量（组），矩阵，行列式．线性代数的两个基本方法是构造（分解）法和代数法，基本思想是化简（降阶）和同构变换．

行列式出现于线性方程组的求解，是数学中一个非常有用的工具．在相当长的一段时间内，行列式只是作为解线性方程组的一个工具使用，并没有单独形成一门理论．法国数学家范德蒙是对行列式理论做出独立、连贯、系统阐述的第一人．其后，另一位对此做出突出贡献的是法国数学家柯西．

矩阵是数学中一个重要的基本概念，是代数学的一个主要研究对象，也是数学研究和应用的一个重要工具．一般公认英国数学家凯莱是矩阵论的创立者．因为他首先把矩阵作为一个独立的数学概念提出来，并首先发表了关于矩阵的一系列文章．1855 年，埃米特证明了别的数学家发现的一些特殊矩阵的特征根的特殊性质．另一位数学家泰伯引入了矩阵的迹的概念并给出了一些有关的结论．在矩阵论的发展史上，弗罗贝纽斯的贡献是不可磨灭的：他讨论了最小多项式问题，引进了矩阵的秩、不变因子和初等因子、正交矩阵、矩阵的相似变换、合同矩阵等概念．经过两个多世纪的发展至今，矩阵已由最初的工具演变为独立的一门数学分支——矩阵论．矩阵论可分为矩阵方程论、矩阵分解论和广义逆矩阵论等矩阵的现代理论．矩阵及其理论现已广泛地应用于现代科技的各个领域．

线性方程组的解法，早在中国古代的数学著作《九章算术》中已做了比较完整的论述．其中所述方法实质上相当于现代的对方程组的增广矩阵施行初等行变换从而消去未知量的方法，即高斯消元法．在西方，线性方程组的研究是在 17 世纪后期由莱布尼兹开创的．他曾研究含两个未知量的、由三个线性方程组成的方程组．麦克劳林在 18 世纪上半叶研究了具有二、三、四个未知量的线性方程组，得到了现在称为克莱姆法则的结果．克莱姆不久也发表了这个法则．18 世纪下半叶，法国数学家贝祖对线性方程组理论进行了一系列研究，证明

了 n 元齐次线性方程组有非零解的条件是系数行列式等于零. 19 世纪，英国数学家史密斯和道奇森继续研究线性方程组理论，前者引进了方程组的增广矩阵和非增广矩阵的概念，后者证明了线性方程组相容的充要条件是系数矩阵和增广矩阵的秩相同. 这正是现代方程组理论中的重要结果之一.

在求解线性方程组的理论性工作取得了令人满意的进展的同时，线性方程组的数值解法也得到不断的发展，因为大量的科学技术问题，最终往往归结为线性方程组的数值求解. 线性方程组的数值解法在计算数学中占有重要地位.

数学家及其对线性代数的贡献

莱布尼兹（1646—1716 年），德国数学家. 他在写给法国数学家洛必达的信中使用了行列式，并给出方程组的系数行列式为零的条件.

克莱姆（1704—1752 年），瑞士数学家. 在其著作《线性代数分析导引》中，对行列式的定义和展开法则给出了比较完整、明确的阐述，并给出了解线性方程组的法则（现称之为克莱姆法则）.

范德蒙（1735—1796 年），法国数学家. 他把行列式理论与线性方程组求解相分离. 特别地，他给出了用二阶子式和它们的余子式来展开行列式的法则. 就对行列式理论的贡献而言，他是该理论的奠基人. 范德蒙后来成为法兰西科学院院士.

柯西（1789—1857 年），法国数学家. 1815 年，柯西在一篇论文中首次对行列式给出系统的、几乎是近代的处理. 其中主要结果之一是行列式的乘法定理. 另外，他首次把行列式的元素排成方阵，采用双足标记法；引进了行列式特征方程的概念；给出了相似行列式概念；改进了拉普拉斯的行列式展开定理并给出了一个证明，等等.

雅可比（1804—1851 年），德国数学家. 引进了函数行列式，即"雅可比行列式". 他是在行列式理论方面最多产的数学家，他指出了函数行列式在多重积分的变量换元中的作用，给出了函数行列式的导数公式. 雅可比的著名论文《论行列式的形成和性质》标志着行列式系统理论的建成.

凯莱（1821—1895 年），英国数学家. 矩阵论的创立者，首先引进矩阵以简化记号. 1858 年，他发表了关于这一课题的第一篇论文《矩阵论的研究报告》，系统地阐述了当代矩阵的理论.

弗罗贝纽斯（1849—1917 年），德国数学家. 他讨论了最小多项式问题，引进了矩阵的秩、不变因子和初等因子、正交矩阵、矩阵的相似变换、合同矩阵等概念，以合乎逻辑的形式整理了不变因子和初等因子的理论，并讨论了正交矩阵与合同矩阵的一些重要性质.

线性代数课程是高等学校工科、经济和管理类各专业的必修课程. 在各专业后续课程的学习中会经常用到线性代数的知识与方法. 如：计量经济学中常以线性代数为工具，将大量的线性经济模型用线性代数中的概念、符号和方法加以表示、研究和分析.

本章主要介绍有关线性代数的基础知识、方法与理论.

8.1 行列式

一、行列式的概念

引例 1 用消元法解二元线性方程组：

$$\begin{cases} a_{11}x_1 + a_{12}x_2 = b_1, \\ a_{21}x_1 + a_{22}x_2 = b_2 \end{cases}$$

当 $a_{11}a_{22} - a_{12}a_{21} \neq 0$ 时，此方程组有唯一解，即

$$x_1 = \frac{b_1 a_{22} - a_{12} b_2}{a_{11} a_{22} - a_{12} a_{21}}, x_2 = \frac{a_{11} b_2 - a_{12} b_1}{a_{11} a_{22} - a_{12} a_{21}}$$

我们称 $\begin{vmatrix} a_{11} & a_{12} \\ a_{21} & a_{22} \end{vmatrix}$ 为二阶行列式，它表示：$a_{11}a_{22} - a_{12}a_{21}$.

于是上述解可以用二阶行列式叙述为：

当二阶行列式 $\begin{vmatrix} a_{11} & a_{12} \\ a_{21} & a_{22} \end{vmatrix} \neq 0$ 时，该方程组有唯一解，即

$$x_1 = \frac{\begin{vmatrix} b_1 & a_{12} \\ b_2 & a_{22} \end{vmatrix}}{\begin{vmatrix} a_{11} & a_{12} \\ a_{21} & a_{22} \end{vmatrix}}, x_2 = \frac{\begin{vmatrix} a_{11} & b_1 \\ a_{21} & b_2 \end{vmatrix}}{\begin{vmatrix} a_{11} & a_{12} \\ a_{21} & a_{22} \end{vmatrix}}$$

引例 2 用消元法解三元线性方程组：

$$\begin{cases} a_{11}x_1 + a_{12}x_2 + a_{13}x_3 = b_1, \\ a_{21}x_1 + a_{22}x_2 + a_{23}x_3 = b_2, \\ a_{31}x_1 + a_{32}x_2 + a_{33}x_3 = b_3 \end{cases}$$

称 $\begin{vmatrix} a_{11} & a_{12} & a_{13} \\ a_{21} & a_{22} & a_{23} \\ a_{31} & a_{32} & a_{33} \end{vmatrix}$ 为三阶行列式，它表示：

$$a_{11}a_{22}a_{33} + a_{12}a_{23}a_{31} + a_{13}a_{21}a_{32} - a_{11}a_{23}a_{32} - a_{12}a_{21}a_{33} - a_{13}a_{22}a_{31}$$

当三阶行列式 $D = \begin{vmatrix} a_{11} & a_{12} & a_{13} \\ a_{21} & a_{22} & a_{23} \\ a_{31} & a_{32} & a_{33} \end{vmatrix} \neq 0$ 时，上述三元线性方程组有唯一解，解为

$$X_1 = \frac{D_1}{D}, x_2 = \frac{D_2}{D}, x_3 = \frac{D_3}{D}$$

其中

$$D_1 = \begin{vmatrix} b_1 & a_{12} & a_{13} \\ b_2 & a_{22} & a_{23} \\ b_3 & a_{32} & a_{33} \end{vmatrix}, D_2 = \begin{vmatrix} a_{11} & b_1 & a_{13} \\ a_{21} & b_2 & a_{23} \\ a_{31} & b_3 & a_{33} \end{vmatrix}, D_3 = \begin{vmatrix} a_{11} & a_{12} & b_1 \\ a_{21} & a_{22} & b_2 \\ a_{31} & a_{32} & b_3 \end{vmatrix}$$

加减号的规律:

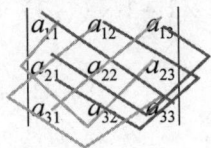 即平行主对角线的积 – 平行次对角线的积.

例 1 计算 $\begin{vmatrix} 4 & -3 \\ 5 & 2 \end{vmatrix}$.

解 $\begin{vmatrix} 4 & -3 \\ 5 & 2 \end{vmatrix} = 4 \times 2 - 5 \times (-3) = 23.$

例 2 设 $D = \begin{vmatrix} \lambda^2 & \lambda \\ 3 & 1 \end{vmatrix}$, 试问: (1) 当 λ 为何值时 $D = 0$? (2) 当 λ 为何值时 $D \neq 0$?

解 $D = \begin{vmatrix} \lambda^2 & \lambda \\ 3 & 1 \end{vmatrix} = \lambda^2 - 3\lambda,$

$D = 0 \Longrightarrow \lambda^2 - 3\lambda = 0 \Longrightarrow \lambda = 0, \lambda = 3.$

因此可得 (1) 当 $\lambda = 0$ 或 $\lambda = 3$ 时, $D = 0$;

　　　　　(2) 当 $\lambda \neq 0$ 且 $\lambda \neq 3$ 时, $D \neq 0$.

例 3 解方程组 $\begin{cases} 2x_1 + 3x_2 = 8, \\ x_1 - 2x_2 = -3. \end{cases}$

解 $D = \begin{vmatrix} 2 & 3 \\ 1 & -2 \end{vmatrix} = 2 \times (-2) - 3 \times 1 = -7, D_1 = \begin{vmatrix} 8 & 3 \\ -3 & -2 \end{vmatrix} = 8 \times (-2) - 3 \times (-3) = -7,$

$D_2 = \begin{vmatrix} 2 & 8 \\ 1 & -3 \end{vmatrix} = 2 \times (-3) - 8 \times 1 = -14.$

因 $D = -7 \neq 0$, 故所给方程组有唯一解: $x_1 = \dfrac{D_1}{D} = \dfrac{-7}{-7} = 1, x_2 = \dfrac{D_2}{D} = \dfrac{-14}{-7} = 2.$

例 4 计算三阶行列式 $\begin{vmatrix} 1 & 2 & 3 \\ 4 & 0 & 5 \\ -1 & 0 & 6 \end{vmatrix}$.

解 $\begin{vmatrix} 1 & 2 & 3 \\ 4 & 0 & 5 \\ -1 & 0 & 6 \end{vmatrix} = 1 \times 0 \times 6 + 2 \times 5 \times (-1) + 3 \times 4 \times 0 - 3 \times 0 \times (-1) - 1 \times 5 \times 0 - 4 \times 2 \times 6$

$= -10 - 48 = -58.$

例 5 解三元线性方程组 $\begin{cases} x_1 - 2x_2 + x_3 = -2, \\ 2x_1 + x_2 - 3x_3 = 1, \\ -x_1 + x_2 - x_3 = 0. \end{cases}$

解 由于方程组的系数行列式

$$D = \begin{vmatrix} 1 & -2 & 1 \\ 2 & 1 & -3 \\ -1 & 1 & -1 \end{vmatrix}$$

$$= 1 \times 1 \times (-1) + (-2) \times (-3) \times (-1) + 1 \times 2 \times 1 - (-1) \times 1 \times 1 - 1 \times (-3) \times 1 - (-2) \times 2 \times (-1)$$

$$= -5 \neq 0,$$

$$D_1 = \begin{vmatrix} -2 & -2 & 1 \\ 1 & 1 & -3 \\ 0 & 1 & -1 \end{vmatrix} = -5, \quad D_2 = \begin{vmatrix} 1 & -2 & 1 \\ 2 & 1 & -3 \\ -1 & 0 & -1 \end{vmatrix} = -10, \quad D_3 = \begin{vmatrix} 1 & -2 & -2 \\ 2 & 1 & 1 \\ -1 & 1 & 0 \end{vmatrix} = -5$$

故所求方程组的解为

$$x_1 = \frac{D_1}{D} = 1, \quad x_2 = \frac{D_2}{D} = 2, \quad x_3 = \frac{D_3}{D} = 1$$

思考：

四元或更多元的线性方程组如何用消元法求解？如何定义四阶行列式以及更高阶的行列式？

为此，先剖析三阶行列式，然后引出行列式的余子式、代数余子式的概念.

三阶行列式可以表示为

$$D = \begin{vmatrix} a_{11} & a_{12} & a_{13} \\ a_{21} & a_{22} & a_{23} \\ a_{31} & a_{32} & a_{33} \end{vmatrix}$$

$$= a_{11}a_{22}a_{33} + a_{12}a_{23}a_{31} + a_{13}a_{21}a_{32} - a_{11}a_{23}a_{32} - a_{12}a_{21}a_{33} - a_{13}a_{22}a_{31}$$

$$= a_{11}(a_{22}a_{33} - a_{23}a_{32}) - a_{12}(a_{21}a_{33} - a_{23}a_{31}) + a_{13}(a_{21}a_{32} - a_{22}a_{31})$$

$$= a_{11} \begin{vmatrix} a_{22} & a_{23} \\ a_{32} & a_{33} \end{vmatrix} - a_{12} \begin{vmatrix} a_{21} & a_{23} \\ a_{31} & a_{33} \end{vmatrix} + a_{13} \begin{vmatrix} a_{21} & a_{22} \\ a_{31} & a_{32} \end{vmatrix}$$

这里的 $\begin{vmatrix} a_{22} & a_{23} \\ a_{32} & a_{33} \end{vmatrix}, \begin{vmatrix} a_{21} & a_{23} \\ a_{31} & a_{33} \end{vmatrix}, \begin{vmatrix} a_{21} & a_{22} \\ a_{31} & a_{32} \end{vmatrix}$ 依次被称为三阶行列式 $\begin{vmatrix} a_{11} & a_{12} & a_{13} \\ a_{21} & a_{22} & a_{23} \\ a_{31} & a_{32} & a_{33} \end{vmatrix}$ 中元素

a_{11}, a_{12}, a_{13} 的余子式，依次被记作 M_{11}, M_{12}, M_{13}.

$(-1)^{1+1}M_{11}, (-1)^{1+2}M_{12}, (-1)^{1+3}M_{13}$ 分别被称为三阶行列式 $\begin{vmatrix} a_{11} & a_{12} & a_{13} \\ a_{21} & a_{22} & a_{23} \\ a_{31} & a_{32} & a_{33} \end{vmatrix}$ 中元素

a_{11}, a_{12}, a_{13} 的代数余子式，依次被记为 A_{11}, A_{12}, A_{13}.

由以上分析可知，$D = \begin{vmatrix} a_{11} & a_{12} & a_{13} \\ a_{21} & a_{22} & a_{23} \\ a_{31} & a_{32} & a_{33} \end{vmatrix} = a_{11}A_{11} + a_{12}A_{12} + a_{13}A_{13}$，即三阶行列式等于该行

列式的第一行各元素与其相应的代数余子式的乘积之和，也即三阶行列式可以用二阶行列式定义，下面就尝试利用这个结论并推广、递推出 n 阶行列式的定义.

例 6 求解方程 $D = \begin{vmatrix} 1 & 1 & 1 \\ 2 & 3 & x \\ 4 & 9 & x^2 \end{vmatrix} = 0$.

解 方程左端 $D = 1 \times (-1)^{1+1} \begin{vmatrix} 3 & x \\ 9 & x^2 \end{vmatrix} + 1 \times (-1)^{1+2} \begin{vmatrix} 2 & x \\ 4 & x^2 \end{vmatrix} + 1 \times (-1)^{1+3} \begin{vmatrix} 2 & 3 \\ 4 & 9 \end{vmatrix}$

$$= 3x^2 + 4x + 18 - 12 - 9x - 2x^2 = x^2 - 5x + 6,$$

由 $x^2 - 5x + 6 = 0$ 解得 $x = 2$ 或 $x = 3$.

定义 1 在行列式 $\begin{vmatrix} a_{11} & \cdots & a_{1j} & \cdots & a_{1n} \\ \vdots & & \vdots & & \vdots \\ a_{i1} & \cdots & a_{ij} & \cdots & a_{in} \\ \vdots & & \vdots & & \vdots \\ a_{n1} & \cdots & a_{nj} & \cdots & a_{nn} \end{vmatrix}$ 中划去元素 a_{ij} 所在的第 i 行与第 j 列，剩下的

$(n-1)^2$ 个元素按原来的排法构成一个 $(n-1)$ 阶行列式

$\begin{vmatrix} a_{11} & \cdots & a_{1,j-1} & a_{1,j+1} & \cdots & a_{1n} \\ \vdots & & \vdots & \vdots & & \vdots \\ a_{i-1,1} & \cdots & a_{i-1,j-1} & a_{i-1,j+1} & \cdots & a_{i-1,n} \\ a_{i+1,1} & \cdots & a_{i+1,j-1} & a_{i+1,j+1} & \cdots & a_{i+1,n} \\ \vdots & & \vdots & \vdots & & \vdots \\ a_{n1} & \cdots & a_{n,j-1} & a_{n,j+1} & \cdots & a_{nn} \end{vmatrix}$，称之为元素 a_{ij} 的余子式，记作 M_{ij}. 元素 a_{ij} 的代

数余子式定义为 $(-1)^{i+j} M_{ij}$，记作 A_{ij}.

定义 2 一般地，n 阶行列式的定义

$$D_n = \begin{vmatrix} a_{11} & \cdots & a_{1j} & \cdots & a_{1n} \\ \vdots & & \vdots & & \vdots \\ a_{i1} & \cdots & a_{ij} & \cdots & a_{in} \\ \vdots & & \vdots & & \vdots \\ a_{n1} & \cdots & a_{nj} & \cdots & a_{nn} \end{vmatrix}$$

按下述规律递推得到的一个算式称为 n 阶行列式：

（1）当 $n = 1$ 时，$D_n = a_{11}$；

（2）当 $n \geqslant 2$ 时

$$D_n = a_{i1} A_{i1} + a_{i2} A_{i2} + \cdots + a_{in} A_{in} = \sum_{k=1}^{n} a_{ik} A_{ik} = \sum_{k=1}^{n} (-1)^{i+k} a_{ik} M_{ik} (i = 1, 2, \cdots, n)$$

在行列式中，从 a_{11} 到 a_{nn} 的对角线称为主对角线，从 a_{n1} 到 a_{1n} 的对角线称为次对角线.

特别地，主对角线上（下）方的元素全为 0 的行列式称为下（上）三角行列式. 即

$$
\begin{vmatrix} a_{11} & 0 & \cdots & 0 \\ a_{21} & a_{22} & \cdots & 0 \\ \vdots & \vdots & & \vdots \\ a_{n1} & a_{n2} & \cdots & a_{nn} \end{vmatrix} \text{为下三角行列式，} \quad \begin{vmatrix} a_{11} & a_{12} & \cdots & a_{1n} \\ 0 & a_{22} & \cdots & a_{2n} \\ \vdots & \vdots & & \vdots \\ 0 & 0 & \cdots & a_{nn} \end{vmatrix} \text{为上三角行列式，它们的值都等}
$$

于 $a_{11}a_{22}\cdots a_{nn}$.

注意：行列式的实质是由方形数表确定的一个表达式（数），后文将介绍的矩阵则是一个矩形数表.

例 7 计算行列式 $D_4 = \begin{vmatrix} 3 & 0 & 0 & -5 \\ -4 & 1 & 0 & 2 \\ 6 & 5 & 7 & 0 \\ -3 & 4 & -2 & -1 \end{vmatrix}$.

解 由行列式的定义，有

$$
D_4 = 3 \times (-1)^{1+1} \begin{vmatrix} 1 & 0 & 2 \\ 5 & 7 & 0 \\ 4 & -2 & -1 \end{vmatrix} + (-5) \times (-1)^{1+4} \begin{vmatrix} -4 & 1 & 0 \\ 6 & 5 & 7 \\ -3 & 4 & -2 \end{vmatrix}
$$

$$
= 3 \times \left[1 \times (-1)^{1+1} \begin{vmatrix} 7 & 0 \\ -2 & -1 \end{vmatrix} + 2 \times (-1)^{1+3} \begin{vmatrix} 5 & 7 \\ 4 & -2 \end{vmatrix} \right] +
$$

$$
5 \times \left[(-4) \times (-1)^{1+1} \begin{vmatrix} 5 & 7 \\ 4 & -2 \end{vmatrix} + 1 \times (-1)^{1+2} \begin{vmatrix} 6 & 7 \\ -3 & -2 \end{vmatrix} \right]
$$

$$
= 3 \times \left[-7 + 2(-10 - 28) \right] + 5 \times \left[(-4) \times (-10 - 28) - (-12 + 21) \right] = 466
$$

例 8 计算行列式 $D_1 = \begin{vmatrix} 0 & a_{12} & 0 & 0 \\ 0 & 0 & 0 & a_{24} \\ a_{31} & 0 & 0 & 0 \\ 0 & 0 & a_{43} & 0 \end{vmatrix}$.

解 由行列式的定义，有

$$
D_1 = a_{12} \cdot (-1)^{1+2} \cdot \begin{vmatrix} 0 & 0 & a_{24} \\ a_{31} & 0 & 0 \\ 0 & a_{43} & 0 \end{vmatrix} = -a_{12} \cdot a_{24}(-1)^{1+3} \cdot \begin{vmatrix} a_{31} & 0 \\ 0 & a_{43} \end{vmatrix} = -a_{12}a_{24}a_{31}a_{43}
$$

例 9 计算行列式 $D = \begin{vmatrix} 3 & 2 & 0 & 8 \\ 4 & -9 & 2 & 10 \\ -1 & 6 & 0 & -7 \\ 0 & 0 & 0 & 5 \end{vmatrix}$.

解 第 3 列中有 3 个零元素，可按第 3 列展开，得

$$
D = 2 \times (-1)^{2+3} \begin{vmatrix} 3 & 2 & 8 \\ -1 & 6 & -7 \\ 0 & 0 & 5 \end{vmatrix}
$$

对于上面的三阶行列式，按第 3 行展开，得

$$D = -2 \times 5 \times (-1)^{3+3} \begin{vmatrix} 3 & 2 \\ -1 & 6 \end{vmatrix} = -200$$

注意：由此可见，计算行列式时，选择按零元素多的行或列展开可简化行列式的计算. 这是计算行列式的常用技巧之一.

定理 1 （拉普拉斯展开定理）

设 $D = \begin{vmatrix} a_{11} & a_{12} & \cdots & a_{1n} \\ a_{21} & a_{22} & \cdots & a_{2n} \\ \vdots & \vdots & & \vdots \\ a_{n1} & a_{n2} & \cdots & a_{nn} \end{vmatrix}$，$A_{ij}$ 表示元素 a_{ij} 的代数余子式，则下列公式成立：

$$a_{k1}A_{i1} + a_{k2}A_{i2} + \cdots + a_{kn}A_{in} = \begin{cases} D, & k = i, \\ 0, & k \neq i \end{cases}$$

$$a_{1l}A_{1j} + a_{2l}A_{2j} + \cdots + a_{nl}A_{nj} = \begin{cases} D, & l = j, \\ 0, & l \neq j \end{cases}$$

用连加号简写为

$$\sum_{s=1}^{n} a_{ks}A_{is} = \begin{cases} D, & k = i, \\ 0, & k \neq i; \end{cases} \qquad \sum_{s=1}^{n} a_{sl}A_{sj} = \begin{cases} D, & l = j, \\ 0, & l \neq j \end{cases}$$

二、行列式的性质

性质 1 行列互换，行列式不变. 即

$$\begin{vmatrix} a_{11} & a_{12} & \cdots & a_{1n} \\ a_{21} & a_{22} & \cdots & a_{2n} \\ \vdots & \vdots & & \vdots \\ a_{n1} & a_{n2} & \cdots & a_{nn} \end{vmatrix} = \begin{vmatrix} a_{11} & a_{21} & \cdots & a_{n1} \\ a_{12} & a_{22} & \cdots & a_{n2} \\ \vdots & \vdots & & \vdots \\ a_{1n} & a_{2n} & \cdots & a_{nn} \end{vmatrix}$$

性质 1 表明，在行列式中行与列的地位是对称的，因此，凡是有关行的性质，对列也同样成立.

例 10 若 $D = \begin{vmatrix} 1 & 2 & 3 \\ -1 & 0 & 1 \\ 0 & 1 & \sqrt{2} \end{vmatrix}$，则 $D^{\mathrm{T}} = \begin{vmatrix} 1 & -1 & 0 \\ 2 & 0 & 1 \\ 3 & 1 & \sqrt{2} \end{vmatrix} = D$. 此处：$D^{\mathrm{T}}$ 表示将 D 的行列互换而得到的行列式.

性质 2

$$\begin{vmatrix} a_{11} & a_{12} & \cdots & a_{1n} \\ \vdots & \vdots & & \vdots \\ ka_{i1} & ka_{i2} & \cdots & ka_{in} \\ \vdots & \vdots & & \vdots \\ a_{n1} & a_{n2} & \cdots & a_{nn} \end{vmatrix} = k \begin{vmatrix} a_{11} & a_{12} & \cdots & a_{1n} \\ \vdots & \vdots & & \vdots \\ a_{i1} & a_{i2} & \cdots & a_{in} \\ \vdots & \vdots & & \vdots \\ a_{n1} & a_{n2} & \cdots & a_{nn} \end{vmatrix}$$

这就是说，一行的公因子可以提出去，或者说以一数乘行列式的一行相当于用这个数乘此行列式.

令 $k = 0$，则有结论：如果行列式中一行为零，那么行列式为零.

例 11

若 $D = \begin{vmatrix} 1 & 0 & 2 \\ 3 & -1 & 0 \\ 1 & 2 & -1 \end{vmatrix}$，则 $\begin{vmatrix} -2 & 0 & -4 \\ 3 & -1 & 0 \\ 1 & 2 & -1 \end{vmatrix} = (-2) \begin{vmatrix} 1 & 0 & 2 \\ 3 & -1 & 0 \\ 1 & 2 & -1 \end{vmatrix} = -2D.$

又如 $\begin{vmatrix} 4 & 0 & 2 \\ 12 & -1 & 0 \\ 4 & 2 & -1 \end{vmatrix} = 4 \begin{vmatrix} 1 & 0 & 2 \\ 3 & -1 & 0 \\ 1 & 2 & -1 \end{vmatrix} = 4D.$

例 12 设 $\begin{vmatrix} a_{11} & a_{12} & a_{13} \\ a_{21} & a_{22} & a_{23} \\ a_{31} & a_{32} & a_{33} \end{vmatrix} = 1$，求 $\begin{vmatrix} 6a_{11} & -2a_{12} & -10a_{13} \\ -3a_{21} & a_{22} & 5a_{23} \\ -3a_{31} & a_{32} & 5a_{33} \end{vmatrix}.$

解 利用行列式性质，有

$$\begin{vmatrix} 6a_{11} & -2a_{12} & -10a_{13} \\ -3a_{21} & a_{22} & 5a_{23} \\ -3a_{31} & a_{32} & 5a_{33} \end{vmatrix} = -2 \begin{vmatrix} -3a_{11} & a_{12} & 5a_{13} \\ -3a_{21} & a_{22} & 5a_{23} \\ -3a_{31} & a_{32} & 5a_{33} \end{vmatrix} = -2 \times (-3) \times 5 \begin{vmatrix} a_{11} & a_{12} & a_{13} \\ a_{21} & a_{22} & a_{23} \\ a_{31} & a_{32} & a_{33} \end{vmatrix}$$

$$= -2 \times (-3) \times 5 \times 1 = 30.$$

性质 3

$$\begin{vmatrix} a_{11} & a_{12} & \cdots & a_{1n} \\ \vdots & \vdots & & \vdots \\ b_1+c_1 & b_2+c_2 & \cdots & b_n+c_n \\ \vdots & \vdots & & \vdots \\ a_{n1} & a_{n2} & \cdots & a_{nn} \end{vmatrix} = \begin{vmatrix} a_{11} & a_{12} & \cdots & a_{1n} \\ \vdots & \vdots & & \vdots \\ b_1 & b_2 & \cdots & b_n \\ \vdots & \vdots & & \vdots \\ a_{n1} & a_{n2} & \cdots & a_{nn} \end{vmatrix} + \begin{vmatrix} a_{11} & a_{12} & \cdots & a_{1n} \\ \vdots & \vdots & & \vdots \\ c_1 & c_2 & \cdots & c_n \\ \vdots & \vdots & & \vdots \\ a_{n1} & a_{n2} & \cdots & a_{nn} \end{vmatrix}$$

这就是说，如果某一行是两组数的和，那么这个行列式就等于两个行列式的和，而这两个行列式除这一行以外全与原来行列式的对应的行一样.

性质 3 显然可以推广到某一行为多组数的和的情形.

例 13

(1) $\begin{vmatrix} 2 & 3 \\ 1 & 1 \end{vmatrix} = \begin{vmatrix} 1+1 & 3+0 \\ 1 & 1 \end{vmatrix} = \begin{vmatrix} 1 & 3 \\ 1 & 1 \end{vmatrix} + \begin{vmatrix} 1 & 0 \\ 1 & 1 \end{vmatrix}.$

(2) $\begin{vmatrix} 1 & 1+\sqrt{2} & 5 \\ 0 & 3-2 & 7 \\ 2 & -1-\sqrt{2} & -1 \end{vmatrix} = \begin{vmatrix} 1 & 1+(\sqrt{2}) & 5 \\ 0 & 3+(-2) & 7 \\ 2 & -1+(-\sqrt{2}) & -1 \end{vmatrix} = \begin{vmatrix} 1 & 1 & 5 \\ 0 & 3 & 7 \\ 2 & -1 & -1 \end{vmatrix} + \begin{vmatrix} 1 & \sqrt{2} & 5 \\ 0 & -2 & 7 \\ 2 & -\sqrt{2} & -1 \end{vmatrix}.$

例 14 因为 $\begin{vmatrix} 3+1 & 2-2 \\ -1+2 & 3+0 \end{vmatrix} = \begin{vmatrix} 4 & 0 \\ 1 & 3 \end{vmatrix} = 12$，而

$$\begin{vmatrix} 3 & 2 \\ -1 & 3 \end{vmatrix} + \begin{vmatrix} 1 & -2 \\ 2 & 0 \end{vmatrix} = (9+2) + (0+4) = 15$$

所以 $\begin{vmatrix} 3+1 & 2-2 \\ -1+2 & 3+0 \end{vmatrix} \neq \begin{vmatrix} 3 & 2 \\ -1 & 3 \end{vmatrix} + \begin{vmatrix} 1 & -2 \\ 2 & 0 \end{vmatrix}$.

注意：一般来说下式是不成立的

$$\begin{vmatrix} a_{11}+b_{11} & a_{12}+b_{12} \\ a_{21}+b_{21} & a_{22}+b_{22} \end{vmatrix} \neq \begin{vmatrix} a_{11} & a_{12} \\ a_{21} & a_{22} \end{vmatrix} + \begin{vmatrix} b_{11} & b_{12} \\ b_{21} & b_{22} \end{vmatrix}$$

性质 4　如果行列式中有两行相同，那么行列式为零. 所谓两行相同就是说两行的对应元素都相等.

例 15

(1) $\begin{vmatrix} 1 & 1 & 0 \\ 1 & 1 & 0 \\ 5 & \sqrt{2} & 7 \end{vmatrix} = 0$（第 1、2 两行相等）；

(2) $\begin{vmatrix} -2 & 1 & 1 \\ 4 & 2 & 2 \\ 7 & -3 & -3 \end{vmatrix} = 0$（第 2、3 列相等）.

性质 5　如果行列式中两行成比例，那么行列式为零.

例 16

(1) $\begin{vmatrix} 1 & -1 & 2 \\ 0 & 1 & 5 \\ \sqrt{2} & -\sqrt{2} & 2\sqrt{2} \end{vmatrix} = 0$. 因为第 3 行是第一行的 $\sqrt{2}$ 倍.

(2) $\begin{vmatrix} 1 & 4 & 1 & 0 \\ 2 & 8 & 3 & 5 \\ 0 & 0 & 1 & 4 \\ -1 & -4 & -5 & 7 \end{vmatrix} = 0$. 因为第 1 列与第 2 列成比例，即第 2 列是第 1 列的 4 倍.

性质 6　把一行的倍数加到另一行，行列式不变.

例 17

(1) $\begin{vmatrix} 1 & 3 & -1 \\ 1 & 4 & -1 \\ 2 & 3 & 1 \end{vmatrix} \xrightarrow{r_2 - r_1} \begin{vmatrix} 1 & 3 & -1 \\ 0 & 1 & 0 \\ 2 & 3 & 1 \end{vmatrix}$，表示第 1 行乘以 -1 后加第 2 行上去，其值不变.

(2) $\begin{vmatrix} 1 & 3 & -1 \\ 1 & 4 & -1 \\ 2 & 3 & 1 \end{vmatrix} \xrightarrow{c_3 + c_1} \begin{vmatrix} 1 & 3 & 0 \\ 1 & 4 & 0 \\ 2 & 3 & 3 \end{vmatrix}$，表示第 1 列乘以 1 后加到第 3 列上去，其值不变.

性质 7　对换行列式中两行的位置，行列式反号.

注意：交换行列式的两行（或列），记为：$r_i \leftrightarrow r_j (c_i \leftrightarrow c_j)$.

例 18

(1) $\begin{vmatrix} 1 & 2 & 1 \\ 0 & 1 & -1 \\ 2 & -1 & 0 \end{vmatrix} = -\begin{vmatrix} 0 & 1 & -1 \\ 1 & 2 & 1 \\ 2 & -1 & 0 \end{vmatrix}$（第 1、2 行互换）.

（2）$\begin{vmatrix} 1 & 2 & 1 \\ 0 & 1 & -1 \\ 2 & -1 & 0 \end{vmatrix} = - \begin{vmatrix} 1 & 1 & 2 \\ 0 & -1 & 1 \\ 2 & 0 & -1 \end{vmatrix}$（第二、三列互换）.

例 19 计算行列式 $D = \begin{vmatrix} 3 & 6 & 12 \\ 2 & -3 & 0 \\ 5 & 1 & 2 \end{vmatrix}$.

解 先将第 1 行的公因子 3 提出来：

$$\begin{vmatrix} 3 & 6 & 12 \\ 2 & -3 & 0 \\ 5 & 1 & 2 \end{vmatrix} = 3 \begin{vmatrix} 1 & 2 & 4 \\ 2 & -3 & 0 \\ 5 & 1 & 2 \end{vmatrix}$$

再计算

$$D = 3 \begin{vmatrix} 1 & 2 & 4 \\ 2 & -3 & 0 \\ 5 & 1 & 2 \end{vmatrix} = 3 \begin{vmatrix} 1 & 2 & 4 \\ 0 & -7 & -8 \\ 0 & -9 & -18 \end{vmatrix} = 27 \begin{vmatrix} 1 & 2 & 4 \\ 0 & 7 & 8 \\ 0 & 1 & 2 \end{vmatrix} = 54 \begin{vmatrix} 1 & 2 & 2 \\ 0 & 7 & 4 \\ 0 & 1 & 1 \end{vmatrix}$$

$$= 54 \begin{vmatrix} 1 & 0 & 2 \\ 0 & 3 & 4 \\ 0 & 0 & 1 \end{vmatrix} = 54 \times 3 = 162$$

例 20 计算 $D = \begin{vmatrix} 3 & 1 & 1 & 1 \\ 1 & 3 & 1 & 1 \\ 1 & 1 & 3 & 1 \\ 1 & 1 & 1 & 3 \end{vmatrix}$.

解 注意到行列式的各列 4 个数之和都是 6. 故把第 2，3，4 行同时加到第 1 行，可提出公因子 6，再由各行减去第 1 行化为上三角形行列式.

$$D \xlongequal{r_1 + r_2 + r_3 + r_4} \begin{vmatrix} 6 & 6 & 6 & 6 \\ 1 & 3 & 1 & 1 \\ 1 & 1 & 3 & 1 \\ 1 & 1 & 1 & 3 \end{vmatrix} = 6 \begin{vmatrix} 1 & 1 & 1 & 1 \\ 1 & 3 & 1 & 1 \\ 1 & 1 & 3 & 1 \\ 1 & 1 & 1 & 3 \end{vmatrix} \xlongequal[\substack{r_3 - r_1 \\ r_4 - r_1}]{r_2 - r_1} 6 \begin{vmatrix} 1 & 1 & 1 & 1 \\ 0 & 2 & 0 & 0 \\ 0 & 0 & 2 & 0 \\ 0 & 0 & 0 & 2 \end{vmatrix} = 48$$

例 21 计算 $D_4 = \begin{vmatrix} a_1 & -a_1 & 0 & 0 \\ 0 & a_2 & -a_2 & 0 \\ 0 & 0 & a_3 & -a_3 \\ 1 & 1 & 1 & 1 \end{vmatrix}$.

解 根据行列式的特点，可将第 1 列加至第 2 列，然后将第 2 列加至第 3 列，再将第 3 列加至第 4 列，目的是使 D_4 中的零元素增多.

$$D_4 \xlongequal{c_2 + c_1} \begin{vmatrix} a_1 & 0 & 0 & 0 \\ 0 & a_2 & -a_2 & 0 \\ 0 & 0 & a_3 & -a_3 \\ 1 & 2 & 1 & 1 \end{vmatrix} \xlongequal{c_3 + c_2} \begin{vmatrix} a_1 & 0 & 0 & 0 \\ 0 & a_2 & 0 & 0 \\ 0 & 0 & a_3 & -a_3 \\ 1 & 2 & 3 & 1 \end{vmatrix}$$

$$\xlongequal{c_4 + c_3} \begin{vmatrix} a_1 & 0 & 0 & 0 \\ 0 & a_2 & 0 & 0 \\ 0 & 0 & a_3 & 0 \\ 1 & 2 & 3 & 4 \end{vmatrix} = 4a_1 a_2 a_3$$

例 22　计算 $D = \begin{vmatrix} a & b & c & d \\ a & a+b & a+b+c & a+b+c+d \\ a & 2a+b & 3a+2b+c & 4a+3b+2c+d \\ a & 3a+b & 6a+3b+c & 10a+6b+3c+d \end{vmatrix}$.

解　从第 4 行开始，后一行减前一行：

$$D \xlongequal[\substack{r_3 - r_2 \\ r_2 - r_1}]{r_4 - r_3} \begin{vmatrix} a & b & c & d \\ 0 & a & a+b & a+b+c \\ 0 & a & 2a+b & 3a+2b+c \\ 0 & a & 3a+b & 6a+3b+c \end{vmatrix} \xlongequal[r_3 - r_2]{r_4 - r_3} \begin{vmatrix} a & b & c & d \\ 0 & a & a+b & a+b+c \\ 0 & 0 & a & 2a+b \\ 0 & 0 & a & 3a+b \end{vmatrix}$$

$$\xlongequal{r_4 - r_3} \begin{vmatrix} a & b & c & d \\ 0 & a & a+b & a+b+c \\ 0 & 0 & a & 2a+b \\ 0 & 0 & 0 & a \end{vmatrix} = a^4.$$

例 23　计算行列式 $D = \begin{vmatrix} 1 & 2 & 3 & 4 \\ 1 & 0 & 1 & 2 \\ 3 & -1 & -1 & 0 \\ 1 & 2 & 0 & -5 \end{vmatrix}$.

解　$D = \begin{vmatrix} 1 & 2 & 3 & 4 \\ 1 & 0 & 1 & 2 \\ 3 & -1 & -1 & 0 \\ 1 & 2 & 0 & -5 \end{vmatrix} \xlongequal[r_4 + 2r_3]{r_1 + 2r_3} \begin{vmatrix} 7 & 0 & 1 & 4 \\ 1 & 0 & 1 & 2 \\ 3 & -1 & -1 & 0 \\ 7 & 0 & -2 & -5 \end{vmatrix}$

$$= (-1) \times (-1)^{3+2} \begin{vmatrix} 7 & 1 & 4 \\ 1 & 1 & 2 \\ 7 & -2 & -5 \end{vmatrix} \xlongequal[r_3 + 2r_2]{r_1 - r_2} \begin{vmatrix} 6 & 0 & 2 \\ 1 & 1 & 2 \\ 9 & 0 & -1 \end{vmatrix}$$

$$= 1 \times (-1)^{2+2} \begin{vmatrix} 6 & 2 \\ 9 & -1 \end{vmatrix} = -6 - 18 = -24.$$

三、行列式的计算

下面给出一个利用行列式的性质计算行列式的方法.

不难看出：一个上三角形行列式

$$\begin{vmatrix} a_{11} & a_{12} & \cdots & a_{1n} \\ 0 & a_{22} & \cdots & a_{2n} \\ \vdots & \vdots & & \vdots \\ 0 & 0 & \cdots & a_{nn} \end{vmatrix}$$

就等于它主对角线上元素的乘积：$a_{11}a_{22}\cdots a_{nn}$.

下面我们想办法把任意的 n 级行列式化为上三角形行列式来计算.

可以证明，任意一个行列式都可以利用行列式的性质化为上三角形行列式. 变化前后的行列式或者不变，或者差一非零的倍数.

例 24 化为上三角行列式计算 $\begin{vmatrix} -2 & 5 & -1 & 3 \\ 1 & -9 & 13 & 7 \\ 3 & -1 & 5 & -5 \\ 2 & 8 & -7 & -10 \end{vmatrix}$.

解

$$\begin{vmatrix} -2 & 5 & -1 & 3 \\ 1 & -9 & 13 & 7 \\ 3 & -1 & 5 & -5 \\ 2 & 8 & -7 & -10 \end{vmatrix} = -\begin{vmatrix} 1 & -9 & 13 & 7 \\ -2 & 5 & -1 & 3 \\ 3 & -1 & 5 & -5 \\ 2 & 8 & -7 & -10 \end{vmatrix}$$

$$= -\begin{vmatrix} 1 & -9 & 13 & 7 \\ 0 & -13 & 25 & 17 \\ 0 & 26 & -34 & -26 \\ 0 & 26 & -33 & -24 \end{vmatrix} = -\begin{vmatrix} 1 & -9 & 13 & 7 \\ 0 & -13 & 25 & 17 \\ 0 & 0 & 16 & 8 \\ 0 & 0 & 17 & 10 \end{vmatrix}$$

$$= -\begin{vmatrix} 1 & -9 & 13 & 7 \\ 0 & -13 & 25 & 17 \\ 0 & 0 & 16 & 8 \\ 0 & 0 & 0 & \frac{3}{2} \end{vmatrix} = -(-13) \times 16 \times \frac{3}{2} = 312$$

不难算出，用这个方法计算一个 n 阶数字行列式只需要做 $\dfrac{n^3+2n-3}{3}$ 次乘法和除法. 特别当 n 比较大的时候，这个方法的优越性就更加明显了. 同时还应该看到，这个方法完全是机械的，因而可以用计算机按这个方法来进行行列式的计算.

8.2 矩阵

一、矩阵的概念

为了便于学习，我们可以通过以下案例来理解矩阵的概念.

案例（工资问题） 现有一个木工、一个电工、一个油漆工和一个粉饰工，四人相互同意彼此装修他们自己的房子. 在装修之前，他们约定每人工作 13 天（包括给自己家干活在内），每人的日工资根据一般的市价在 50 到 70 之间，每人的日工资数应使得每人的总收入与总支出相等. 表 8－1 所示是他们协商后制定的工作天数的分配方案，如何计算出他们每人应得的日工资以及每人房子的装修费（只计算工钱，不包括材料费）是多少？

表 8－1

工种 天数	木工	电工	油漆工	粉饰工
在木工家工作天数	4	3	2	3
在电工家工作天数	5	4	2	3
在油漆工家工作天数	2	5	3	3
在粉饰工家工作天数	2	1	6	4

这是一个"收入—支出"问题. 根据数学建模的思路，设木工、电工、油漆工和粉饰工的日工资分别为 x_1，x_2，x_3，x_4. 根据经济上的"收支平衡"——每人的收支相等，也就是每人在这 13 天内"总收入＝总支出"，可得方程组：

$$\begin{cases} 4x_1 + 3x_2 + 2x_3 + 3x_4 = 13x_1, \\ 5x_1 + 4x_2 + 2x_3 + 3x_4 = 13x_2, \\ 2x_1 + 5x_2 + 3x_3 + 3x_4 = 13x_3, \\ 2x_1 + x_2 + 6x_3 + 4x_4 = 13x_4 \end{cases} \quad （Ⅰ）$$

化简，得

$$\begin{cases} -9x_1 + 3x_2 + 2x_3 + 3x_4 = 0, \\ 5x_1 - 9x_2 + 2x_3 + 3x_4 = 0, \\ 2x_1 + 5x_2 - 10x_3 + 3x_4 = 0, \\ 2x_1 + x_2 + 6x_3 - 9x_4 = 0 \end{cases} \quad （Ⅱ）$$

这是四元齐次线性方程组：有 4 个变量，每个变量的最高次数为 1. 由此引出以下概念.

（一）线性方程组

定义 1 所谓一般线性方程组，是指形为如下的方程组：

$$\begin{cases} a_{11}x_1 + a_{12}x_2 + \cdots + a_{1n}x_n = b_1, \\ a_{21}x_1 + a_{22}x_2 + \cdots + a_{2n}x_n = b_2, \\ \cdots \\ a_{m1}x_1 + a_{m2}x_2 + \cdots + a_{mn}x_n = b_m \end{cases} \quad （Ⅲ）$$

其中，$x_1, x_2, \cdots, x_n$ 代表 n 个未知量；m 为方程的个数；$a_{ij}(i=1,2,\cdots,m; j=1,2,\cdots,n)$ 为线性方程组的系数；$b_j(j=1,2,\cdots,m)$ 为常数项. 方程组中未知量的个数 n 与方程的个数 m 不一定相等. 系数 a_{ij} 的第一个指标 i 表示它在第 i 个方程，第二个指标 j 表示它是 x_j 的系数.

显然，如果知道了一个线性方程组的全部系数和常数项，那么这个线性方程组就基本上确定了，这就意味着用什么字母表示变量是不影响方程组的.

使方程组各方程都变成恒等式的有序数组 $(k_1, k_2, \cdots, k_n)$ 称为线性方程组（Ⅲ）的解. 若 $k_1 = k_2 = \cdots = k_n = 0$，则称该解为零解，否则称为非零解. 方程组（Ⅲ）解的全体称为它的解集.

解方程组实际上就是找出它全部的解，或者说，求出它的解集. 如果两个方程组有相同的解集，那么它们就称为同解的.

特别地，当 $b_1 = b_2 = \cdots = b_m = 0$ 时，方程组（Ⅲ）称为齐次线性方程组，否则，称方程组（Ⅲ）为非齐次线性方程组. 例如方程组（Ⅱ）为齐次线性方程组，而 $\begin{cases} 3x_1 - x_2 = 1, \\ 2x_1 + 5x_2 = 0 \end{cases}$ 为非齐次线性方程组.

（二）矩阵

为了更方便地表示方程组、解方程组和后面的学习，我们引入矩阵的概念.

定义 2 由 $m \times n$ 个数排成 m 行 n 列，并以小括号或中括号括起来的数表

$$\begin{pmatrix} a_{11} & a_{12} & \cdots & a_{1n} \\ a_{21} & a_{22} & \cdots & a_{2n} \\ \vdots & \vdots & & \vdots \\ a_{m1} & a_{m2} & \cdots & a_{mn} \end{pmatrix} \text{ 或 } \begin{bmatrix} a_{11} & a_{12} & \cdots & a_{1n} \\ a_{21} & a_{22} & \cdots & a_{2n} \\ \vdots & \vdots & & \vdots \\ a_{m1} & a_{m2} & \cdots & a_{mn} \end{bmatrix} \overset{记}{=} A_{m \times n} \text{ 或 } (a_{ij})_{m \times n}$$

称该数表为 m 行 n 列矩阵，简称 $m \times n$ 矩阵，常用大写字 $A, B, C, \cdots$ 表示. a_{ij} 表示第 i 行第 j 列的元素，称为矩阵的元素. 如方程组（Ⅲ）和方程组（Ⅱ）的系数可以写成矩阵

$$A = \begin{pmatrix} a_{11} & a_{12} & \cdots & a_{1n} \\ a_{21} & a_{22} & \cdots & a_{2n} \\ \vdots & \vdots & & \vdots \\ a_{m1} & a_{m2} & \cdots & a_{mn} \end{pmatrix}, B = \begin{pmatrix} -9 & 3 & 2 & 3 \\ 5 & -9 & 2 & 3 \\ 2 & 5 & -10 & 3 \\ 2 & 1 & 6 & -9 \end{pmatrix}$$

特别地：

（1）当 $m = 1$ 时，矩阵只有一行，即 $(a_{11} \quad a_{12} \quad \cdots \quad a_{1n})$，称之为行矩阵.

（2）当 $n = 1$ 时，矩阵只有一列，即 $\begin{pmatrix} a_{11} \\ a_{21} \\ \vdots \\ a_{m1} \end{pmatrix}$，称之为列矩阵.

（3）当矩阵的行数与列数相等时，即 $\begin{pmatrix} a_{11} & a_{12} & \cdots & a_{1n} \\ a_{21} & a_{22} & \cdots & a_{2n} \\ \vdots & \vdots & & \vdots \\ a_{n1} & a_{n2} & \cdots & a_{nn} \end{pmatrix}$，称之为 n 阶方阵，记为 A_n.

（4）在方阵中，从 a_{11} 到 a_{nn} 的对角线称为主对角线，从 a_{n1} 到 a_{1n} 的对角线称为次对

角线.

（5）在方阵中，当 $a_{11}=a_{22}=\cdots=a_{nn}=1$，其余元素均为零时，称之为单位矩阵，记为

E 或 I_n. 如 $I_2=\begin{pmatrix} 1 & 0 \\ 0 & 1 \end{pmatrix}$，$I_3=\begin{pmatrix} 1 & 0 & 0 \\ 0 & 1 & 0 \\ 0 & 0 & 1 \end{pmatrix}$.

（6）所有元素都为 0 的矩阵称为零矩阵，记 $O_{m\times n}$ 或 O，如：$O_{3\times 2}=\begin{pmatrix} 0 & 0 \\ 0 & 0 \\ 0 & 0 \end{pmatrix}$，$O_{2\times 2}=\begin{pmatrix} 0 & 0 \\ 0 & 0 \end{pmatrix}$.

注意： 零矩阵与单位矩阵分别类似于实数中的 0 和 1.

（7）称 $(-a_{ij})_{m\times n}$ 为 A 的负矩阵，记 $-A$，如 $A=\begin{pmatrix} 1 & 2 \\ -3 & 4 \end{pmatrix}$，则 $-A=\begin{pmatrix} -1 & -2 \\ 3 & -4 \end{pmatrix}$.

（8）当两个矩阵的行数、列数对应相等时，称其为同型矩阵. 易知：$O_{2\times 2}$ 与 $O_{3\times 3}$ 不是同型矩阵.

（9）当两个矩阵 A 和 B 是同型矩阵且对应元素相等时，称 A 与 B 相等，记为 $A=B$，

如 $\begin{pmatrix} 1 & 2 \\ -1 & 3 \end{pmatrix}$ 与 $\begin{pmatrix} 1 & 2 \\ 1 & 3 \end{pmatrix}$ 不等，$\begin{pmatrix} 1 & 2 \\ 3 & 4 \end{pmatrix}$ 与 $\begin{pmatrix} a & b & c \\ d & e & f \end{pmatrix}$ 不管 a,b,c,d,e,f 取什么值都不等.

（10）主对角线下方的元素全为零的方阵称为上三角阵，主对角线上方的元素全为零的方阵称为下三角阵.

（11）称满足 $a_{ij}=a_{ji}(\forall i,j=1,2,\cdots,n)$ 的方阵为对称矩阵.

在线性方程组的讨论中，我们将会看到，线性方程组的一些重要性质反映在它的系数矩阵和增广矩阵的性质上，并且解线性方程组的过程也表现为变换这些矩阵的过程. 除了线性方程组之外，还有大量的各种各样的问题也都提出矩阵的概念，并且这些问题的研究常常反映为有关矩阵的某些方面的研究，甚至于有些性质完全不同的、表面上完全没有联系的问题，归结成矩阵问题以后却是相同的. 这使矩阵成为数学中一个极其重要的应用广泛的概念，因而也就使矩阵成为代数特别是线性代数的一个主要研究对象.

（1）在解析几何中考虑坐标变换时，如果只考虑坐标系的转轴（逆时针方向转轴），那么平面直角坐标变换的公式为

$$\begin{cases} x=x'\cos\theta-y'\sin\theta, \\ y=x'\sin\theta+y'\cos\theta \end{cases} \tag{1}$$

其中，θ 为 x 轴与 x' 轴的夹角. 显然新旧坐标之间的关系，完全通过系数所排成的矩阵

$$\begin{pmatrix} \cos\theta & -\sin\theta \\ \sin\theta & \cos\theta \end{pmatrix} \tag{2}$$

表示出来. 通常，矩阵（2）称为坐标变换（1）的矩阵.

在空间的情形，保持原点不动的仿射坐标系的变换有公式

$$\begin{cases} x = a_{11}x' + a_{12}y' + a_{13}z', \\ y = a_{21}x' + a_{22}y' + a_{23}z', \\ z = a_{31}x' + a_{32}y' + a_{33}z' \end{cases} \tag{3}$$

同样，矩阵

$$\begin{pmatrix} a_{11} & a_{12} & a_{13} \\ a_{21} & a_{22} & a_{23} \\ a_{31} & a_{32} & a_{33} \end{pmatrix} \tag{4}$$

就称为坐标变换（3）的矩阵.

（2）平面上二次曲线的一般方程为

$$ax^2 + 2bxy + cy^2 + 2dx + 2ey + f = 0 \tag{5}$$

方程（5）的左端可以简单地用矩阵

$$\begin{pmatrix} a & b & d \\ b & c & e \\ d & e & f \end{pmatrix} \tag{6}$$

来表示. 通常，矩阵（6）称为二次曲线（5）的矩阵. 以后我们会看到，这种表示法不只是形式的.

（3）在讨论国民经济的数学问题中也常常用到矩阵. 例如，假设在某一地区，某一种物资，比如说煤，有 s 个产地 $A_1, A_2, \cdots, A_s$，n 个销地 $B_1, B_2, \cdots, B_n$，那么一个调配方案就可以用一个矩阵 $\begin{pmatrix} a_{11} & a_{12} & \cdots & a_{1n} \\ a_{21} & a_{22} & \cdots & a_{2n} \\ \vdots & \vdots & & \vdots \\ a_{s1} & a_{s2} & \cdots & a_{sn} \end{pmatrix}$ 来表示，其中 a_{ij} 表示由产地 A_i 运到销地 B_j 的数量.

例 1 若矩阵 $A = B$，其中 $A = \begin{pmatrix} 1 & 2 & -1 \\ 4 & x & 6 \end{pmatrix}$，$B = \begin{pmatrix} 1 & 2 & y \\ 4 & 3 & 6 \end{pmatrix}$，求 x, y.

解 由矩阵相等的定义得 $x = 3, y = -1$.

例 2 - 2 ［药品库存问题］ 某仓库中维生素 C 和维生素 E 的库存量如表 8 - 2 所示.

表 8 - 2

品种 \ 数量 \ 型号	100/(片·瓶$^{-1}$)	200/(片·瓶$^{-1}$)	300/(片·瓶$^{-1}$)
维生素 C	22	19	16
维生素 E	18	15	13

它可用矩阵表示为：$A = \begin{pmatrix} 22 & 19 & 16 \\ 18 & 15 & 13 \end{pmatrix}$.

例 3 [**产值表**] 某企业生产 5 种产品，各种产品的季度产值（单位：万元）如表 8 - 3 所示.

表 8 - 3

季度 \ 产品	A	B	C	D	E
一	78	58	75	78	64
二	90	70	85	84	76
三	95	75	90	90	80
四	89	70	82	80	76

此季度产值表可排成一个 4 行 5 列的产值矩阵

$$\begin{pmatrix} 78 & 58 & 75 & 78 & 64 \\ 90 & 70 & 85 & 84 & 76 \\ 95 & 75 & 90 & 90 & 80 \\ 89 & 70 & 82 & 80 & 76 \end{pmatrix}$$

它具体描述了这家企业各种产品在各季度的产值，也可以反映出产值随季节变化的季增长及年产量等情况.

二、矩阵的运算

矩阵虽然只是一个数表，但通过定义矩阵的运算，可以反映客观世界中的一些数量关系，从而为解决实际问题提供便利的数学工具.

（一）矩阵的加法

定义 3 设有两个 $m \times n$ 矩阵 $\boldsymbol{A} = (a_{ij})_{m \times n}$，$\boldsymbol{B} = (b_{ij})_{m \times n}$，定义矩阵 $\boldsymbol{A}$ 与 $\boldsymbol{B}$ 的和为

$$\boldsymbol{A} + \boldsymbol{B} = \begin{pmatrix} a_{11} + b_{11} & a_{12} + b_{12} & \cdots & a_{1n} + b_{1n} \\ a_{21} + b_{21} & a_{22} + b_{22} & \cdots & a_{2n} + b_{2n} \\ \vdots & \vdots & & \vdots \\ a_{m1} + b_{m1} & a_{m2} + b_{m2} & \cdots & a_{mn} + b_{mn} \end{pmatrix}$$

注意：矩阵的加法仅用于同型矩阵，运算法则为对应元素相加.

例 4 设矩阵 $\boldsymbol{A} = \begin{pmatrix} 1 & -2 & 4 \\ 0 & 2 & 1 \end{pmatrix}$，$\boldsymbol{B} = \begin{pmatrix} -1 & 0 & 6 \\ 0 & -1 & 4 \end{pmatrix}$，求 $\boldsymbol{A} + \boldsymbol{B}$.

解 根据矩阵加法的定义得

$$\boldsymbol{A} + \boldsymbol{B} = \begin{pmatrix} 1 + (-1) & -2 + 0 & 4 + 6 \\ 0 + 0 & 2 + (-1) & 1 + 4 \end{pmatrix} = \begin{pmatrix} 0 & -2 & 10 \\ 0 & 1 & 5 \end{pmatrix}$$

注意：矩阵加法的运算满足以下规律：

（1）交换律：$\boldsymbol{A} + \boldsymbol{B} = \boldsymbol{B} + \boldsymbol{A}$.

（2）结合律：$(A + B) + C = A + (B + C)$.

（二）数乘矩阵

定义 4　数 k 和 $m \times n$ 矩阵 $A = (a_{ij})_{m \times n}$ 的乘积定义为

$$kA = Ak = \begin{pmatrix} ka_{11} & ka_{12} & \cdots & ka_{1n} \\ ka_{21} & ka_{22} & \cdots & ka_{2n} \\ \vdots & \vdots & & \vdots \\ ka_{m1} & ka_{m2} & \cdots & ka_{mn} \end{pmatrix}$$

即用这个数乘遍矩阵 A 的每一个元素.

矩阵的加法和矩阵的数乘法统称为矩阵的线性运算.

例 5　设矩阵 $A = \begin{pmatrix} 5 & 2 & -1 \\ 3 & 0 & 2 \end{pmatrix}$，计算 $3A$.

解　$3A = \begin{pmatrix} 3 \times 5 & 3 \times 2 & 3 \times (-1) \\ 3 \times 3 & 3 \times 0 & 3 \times 2 \end{pmatrix} = \begin{pmatrix} 15 & 6 & -3 \\ 9 & 0 & 6 \end{pmatrix}$.

注意：矩阵的减法：$A - B = A + (-B)$. 其运算也可以理解为：对应元素相减.

例 6　设矩阵 $A = \begin{pmatrix} 1 & 4 & -5 \\ 2 & 0 & 1 \end{pmatrix}$，$B = \begin{pmatrix} 3 & 0 & -7 \\ -1 & 1 & 2 \end{pmatrix}$，求 $2A - 3B$.

解　$2A - 3B = \begin{pmatrix} 2 & 8 & -10 \\ 4 & 0 & 2 \end{pmatrix} - \begin{pmatrix} 9 & 0 & -21 \\ -3 & 3 & 6 \end{pmatrix} = \begin{pmatrix} -7 & 8 & 11 \\ 7 & -3 & -4 \end{pmatrix}$.

注意：由矩阵的数乘法定义，可证明数乘矩阵满足以下规律：

（1）$(kt)A = k(tA)$；（2）$(k + t)A = kA + tA$；（3）$k(A + B) = kA + kB$.

例 7　设矩阵 $A = \begin{pmatrix} 1 & 5 & 7 & 9 \\ 2 & 4 & 6 & 8 \end{pmatrix}$，$B = \begin{pmatrix} 5 & 1 & 9 & 7 \\ 3 & 2 & -1 & 6 \end{pmatrix}$，且 $A - 2X = B$，求 X.

解　由 $A - 2X = B$，得 $X = \dfrac{1}{2}(A - B) = \dfrac{1}{2}\begin{pmatrix} -4 & 4 & -2 & 2 \\ -1 & 2 & 7 & 2 \end{pmatrix} = \begin{pmatrix} -2 & 2 & -1 & 1 \\ -\dfrac{1}{2} & 1 & \dfrac{7}{2} & 1 \end{pmatrix}$.

（三）矩阵的乘法

案例：一个商店出售三种商品，有两种定价方案，第一种定价方案单价分别为 5 元，6 元，4 元；第二种定价单价分别为 2 元，8 元，5 元. 此外，还统计出上述三种商品在 4 天内，每天的售货量（件）分别为 12，3，6，2；9，0，1，3；4，10，5，1. 求各种定价方案下，每天的总销售额.

解　第一种定价方案下，各天的总销售额分别为

$$5 \times 12 + 6 \times 9 + 4 \times 4 = 130$$
$$5 \times 3 + 6 \times 0 + 4 \times 10 = 55$$
$$5 \times 6 + 6 \times 1 + 4 \times 5 = 56$$
$$5 \times 2 + 6 \times 3 + 4 \times 1 = 32$$

第二种定价方案下，各天的总销售额分别为

$$2 \times 12 + 8 \times 9 + 5 \times 4 = 116$$
$$2 \times 3 + 8 \times 0 + 5 \times 10 = 56$$
$$2 \times 6 + 8 \times 1 + 5 \times 5 = 45$$
$$2 \times 2 + 8 \times 3 + 5 \times 1 = 33$$

我们利用矩阵来表示以上数据，记

$$A = \begin{pmatrix} 5 & 6 & 4 \\ 2 & 8 & 5 \end{pmatrix}, B = \begin{pmatrix} 12 & 3 & 6 & 2 \\ 9 & 0 & 1 & 3 \\ 4 & 10 & 5 & 1 \end{pmatrix}$$

则两种定价方案下，三种商品各天的销售额可用矩阵 C 表示，且

$$C = \begin{pmatrix} 5 \times 12 + 6 \times 9 + 4 \times 4 & 5 \times 3 + 6 \times 0 + 4 \times 10 & 5 \times 6 + 6 \times 1 + 4 \times 5 & 5 \times 2 + 6 \times 3 + 4 \times 1 \\ 2 \times 12 + 8 \times 9 + 5 \times 4 & 2 \times 3 + 8 \times 0 + 5 \times 10 & 2 \times 6 + 8 \times 1 + 5 \times 5 & 2 \times 2 + 8 \times 3 + 5 \times 1 \end{pmatrix}$$

$$= \begin{pmatrix} 130 & 55 & 56 & 32 \\ 116 & 56 & 45 & 33 \end{pmatrix}$$

记 $C = AB = \begin{pmatrix} 5 & 6 & 4 \\ 2 & 8 & 5 \end{pmatrix} \begin{pmatrix} 12 & 3 & 6 & 2 \\ 9 & 0 & 1 & 3 \\ 4 & 10 & 5 & 1 \end{pmatrix}$. 可见：矩阵 C 的第 i 行第 j 列元素 c_{ij} 是矩阵 A 的第 i

行元素与矩阵 B 的第 j 列对应元素乘积之和，由此，我们可以定义矩阵的乘法运算.

定义 5　设矩阵 $A = (a_{ij})_{m \times s}, B = (b_{ij})_{s \times n}$，则矩阵 A, B 的乘积 AB 定义为一个 $m \times n$ 矩阵 $C = (c_{ij})_{m \times n}$，即 $AB = C$，其中 $c_{ij} = a_{i1}b_{1j} + a_{i2}b_{2j} + \cdots + a_{is}b_{sj}$.

注意：矩阵的乘法应满足：左矩阵的列数等于右矩阵的行数，矩阵的乘法要区分左乘与右乘.

例 8　设矩阵 $A \begin{pmatrix} 1 & -1 & 0 \\ 0 & 1 & -2 \\ -1 & 0 & 1 \end{pmatrix}$, $B = \begin{pmatrix} 0 & 2 \\ -1 & 1 \\ 3 & 0 \end{pmatrix}$，求 AB.

解

$$AB = \begin{pmatrix} 1 & -1 & 0 \\ 0 & 1 & -2 \\ -1 & 0 & 1 \end{pmatrix} \begin{pmatrix} 0 & 2 \\ -1 & 1 \\ 3 & 0 \end{pmatrix}$$

$$= \begin{pmatrix} 1 \times 0 + (-1) \times (-1) + 0 \times 3 & 1 \times 2 + (-1) \times 1 + 0 \times 0 \\ 0 \times 0 + 1 \times (-1) + (-2) \times 3 & 0 \times 2 + 1 \times 1 + (-2) \times 0 \\ (-1) \times 0 + 0 \times (-1) + 1 \times 3 & (-1) \times 2 + 0 \times 1 + 1 \times 0 \end{pmatrix}$$

$$= \begin{pmatrix} 1 & 1 \\ -7 & 1 \\ 3 & -2 \end{pmatrix}$$

例 9　设矩阵 $A = \begin{pmatrix} 1 & -1 \\ -1 & 1 \end{pmatrix}$, $B = \begin{pmatrix} 1 & 1 \\ -1 & -1 \end{pmatrix}$, $C = \begin{pmatrix} 2 & 0 \\ 0 & -2 \end{pmatrix}$，求 AB, BA, AC.

解

$$AB = \begin{pmatrix} 1 & -1 \\ -1 & 1 \end{pmatrix} \begin{pmatrix} 1 & 1 \\ -1 & -1 \end{pmatrix} = \begin{pmatrix} 2 & 2 \\ -2 & -2 \end{pmatrix}$$

$$BA = \begin{pmatrix} 1 & 1 \\ -1 & -1 \end{pmatrix} \begin{pmatrix} 1 & -1 \\ -1 & 1 \end{pmatrix} = \begin{pmatrix} 0 & 0 \\ 0 & 0 \end{pmatrix}$$

$$AC = \begin{pmatrix} 1 & -1 \\ -1 & 1 \end{pmatrix} \begin{pmatrix} 2 & 0 \\ 0 & -2 \end{pmatrix} = \begin{pmatrix} 2 & 2 \\ -2 & -2 \end{pmatrix}$$

由上例可见，矩阵的乘法运算规律和数的乘法不同之处：

（1）AB 有意义，BA 不一定有意义；即使均有意义也不一定相等.

（2）$AB = O$ 不一定有 $A = O$ 或 $B = O$.

（3）$AB = AC$ 不一定有 $B = C$（即不满足消去律，不能像数的运算一样约分）.

注意：矩阵的乘法运算规律，设 $A = (a_{ij})$，$B = (b_{ij})$，$C = (c_{ij})$，则满足

（1）结合律：$(AB)C = A(BC)$.

（2）$k(AB) = (kA)B = A(kB)$，其中 k 为实数.

（3）分配律：$A(B+C) = AB + AC$，$(B+C)A = BA + CA$.

（四）矩阵的幂运算

定义 6 设 A 为 n 阶方阵，则定义 $A^1 = A, A^2 = AA, \cdots, A^{k+1} = A^k A^1$，其中 k 为正整数，即 A^k 表示 k 个 A 相乘，而 A^k 称为矩阵 A 的 k 次幂.

矩阵的幂运算规律如下：$A^k A^t = A^{k+t}$，$(A^k)^t = A^{kt}$，其中 k，t 为正整数.

（五）矩阵的转置

定义 7 将矩阵的行与列的元素互换位置得到的矩阵称为原矩阵 A 的转置矩阵，记作 A^T 或 A'. 如 $A = \begin{pmatrix} 1 & 2 \\ 3 & 4 \end{pmatrix}$ 的转置为 $A' = \begin{pmatrix} 1 & 3 \\ 2 & 4 \end{pmatrix}$.

特别地，设矩阵 A 为方阵，若 $A^T = A$，则矩阵 A 称为对称矩阵.

如：$A = \begin{pmatrix} 1 & 2 \\ 2 & 4 \end{pmatrix}$，$B = \begin{pmatrix} 1 & -2 & 0 \\ -2 & 3 & 4 \\ 0 & 4 & 6 \end{pmatrix}$ 都是对称矩阵.

由矩阵转置的定义，可证明出以下矩阵的转置的运算规律：

（1）$(A^T)^T = A$.

（2）$(A+B)^T = A^T + B^T$.

（3）$(\lambda A)^T = \lambda A^T$.

（4）$(AB)^T = B^T A^T$.

定义 8 设 A 是方阵，由它的元素按原来的位置形成的行列式，称为方阵 A 的行列式，记为 $|A|$ 或 $\det A$.

根据行列式的定义和矩阵的运算，可得方阵行列式的性质 $|AB| = |A| \cdot |B|$.

例 10　设 $A = (1,2,3)$, $B = \begin{pmatrix} 1 & 2 \\ 0 & -1 \\ 1 & 0 \end{pmatrix}$, 求 $(AB)^{\mathrm{T}}$.

解法一　$AB = (1,2,3)\begin{pmatrix} 1 & 2 \\ 0 & -1 \\ 1 & 0 \end{pmatrix} = (4,0)$, 所以 $(AB)^{\mathrm{T}} = \begin{pmatrix} 4 \\ 0 \end{pmatrix}$.

解法二　$A^{\mathrm{T}} = \begin{pmatrix} 1 \\ 2 \\ 3 \end{pmatrix}$, $B^{\mathrm{T}} = \begin{pmatrix} 1 & 0 & 1 \\ 2 & -1 & 0 \end{pmatrix}$, $(AB)^{\mathrm{T}} = B^{\mathrm{T}}A^{\mathrm{T}} = \begin{pmatrix} 1 & 0 & 1 \\ 2 & -1 & 0 \end{pmatrix}\begin{pmatrix} 1 \\ 2 \\ 3 \end{pmatrix} = \begin{pmatrix} 4 \\ 0 \end{pmatrix}$.

例 11　设 $A = \begin{pmatrix} 1 & 2 & 5 \\ -3 & 3 & 4 \\ 7 & 23 & 5 \end{pmatrix}$, $B = \begin{pmatrix} 3 & 1 & 5 \\ 0 & 6 & 3 \\ -11 & 2 & 8 \end{pmatrix}$, 求 $|AB|$.

解法一　$|A| = -441$, $|B| = 423$, 故 $|AB| = |A| \cdot |B| = -186\,543$;

解法二　$AB = \begin{pmatrix} -52 & 23 & 51 \\ -53 & 23 & 26 \\ -34 & 155 & 144 \end{pmatrix}$, 求得其行列式 $|AB| = -186\,543$.

三、矩阵的初等变换

（一）矩阵的初等行变换

矩阵的初等行变换是解线性方程组的常用工具.

定义 9　矩阵的初等行变换包括以下三种变换:

1. 对换变换：把矩阵的某两行对换位置

如第 i 行与第 j 行对换位置, 记为 $r_i \leftrightarrow r_j$.

如：把 $A = \begin{pmatrix} 1 & 2 & 3 & -1 \\ 4 & 5 & 6 & -2 \\ 7 & 9 & 8 & -3 \end{pmatrix}$ 的第 1 行与第 2 行互换变成 $\begin{pmatrix} 4 & 5 & 6 & -2 \\ 1 & 2 & 3 & -1 \\ 7 & 9 & 8 & -3 \end{pmatrix}$, 可记为

$$A = \begin{pmatrix} 1 & 2 & 3 & -1 \\ 4 & 5 & 6 & -2 \\ 7 & 9 & 8 & -3 \end{pmatrix} \xrightarrow{r_1 \leftrightarrow r_2} \begin{pmatrix} 4 & 5 & 6 & -2 \\ 1 & 2 & 3 & -1 \\ 7 & 9 & 8 & -3 \end{pmatrix}$$

注意：两个矩阵中间不是等号.

2. 倍乘变换

某行各元素都乘以一个非零常数 k, 如第 i 行乘以非零常数 k, 记为 $k \times r_i$.

如：第二行乘以 2, 可记为

$$A = \begin{pmatrix} 1 & 2 & 3 & -1 \\ 4 & 5 & 6 & -2 \\ 7 & 9 & 8 & -3 \end{pmatrix} \xrightarrow{2r_2} \begin{pmatrix} 1 & 2 & 3 & -1 \\ 8 & 10 & 12 & -4 \\ 7 & 9 & 8 & -3 \end{pmatrix}$$

3. 倍加变换

某行乘以一个常数后加到另一行，如：第 j 行乘以常数 k 加到第 i 行，记为 $r_i + kr_j$.

如第 1 行乘以 -2 后加到第 2 行，可记为

$$A = \begin{pmatrix} 1 & 2 & 3 & -1 \\ 4 & 5 & 6 & -2 \\ 7 & 9 & 8 & -3 \end{pmatrix} \xrightarrow{r_2 - 2r_1} \begin{pmatrix} 1 & 2 & 3 & -1 \\ 2 & 1 & 0 & 0 \\ 7 & 9 & 8 & -3 \end{pmatrix}$$

定义 10　若一个矩阵中每个非零行的第一个非零元素位于上一行第一个非零元素的右边，且没有一个非零行位于零行之下，则称这个矩阵为行阶梯形矩阵.

即满足以下两个条件的矩阵：

（1）矩阵的零行都在矩阵的最下方；

（2）各行首个非 0 元素前的零元素随着行数越来越多.

例如：$\begin{pmatrix} 1 & 2 & 3 \\ 0 & -1 & -2 \\ 0 & 0 & 3 \end{pmatrix}$，$\begin{pmatrix} 1 & 1 & -2 & 1 & 1 & 4 \\ 0 & 1 & -1 & 1 & -1 & -1 \\ 0 & 0 & 0 & 2 & -4 & -10 \\ 0 & 0 & 0 & 0 & 0 & 0 \end{pmatrix}$ 都是行阶梯形矩阵.

定义 11　满足以下条件的行阶梯形矩阵称为行最简形矩阵，也称为行标准形矩阵：

（1）各个非零行的首个非 0 元素都是 1；

（2）所有首个非 0 元所在列的其余元素为 0.

如 $\begin{pmatrix} 1 & 0 & 4 \\ 0 & 1 & 2 \\ 0 & 0 & 0 \end{pmatrix}$，$\begin{pmatrix} 1 & 0 & -1 & 0 & 2 & 6 \\ 0 & 1 & -1 & 0 & 1 & 4 \\ 0 & 0 & 0 & 1 & -2 & -5 \\ 0 & 0 & 0 & 0 & 0 & 0 \end{pmatrix}$ 是行标准形矩阵.

定理 1　任何一个矩阵经过有限次初等行变换都可以化成行阶梯形矩阵和行标准形矩阵.

如：$A = \begin{pmatrix} 1 & 2 & 3 \\ 2 & 3 & 4 \\ 2 & 0 & 1 \end{pmatrix} \xrightarrow{r_2 - 2r_1, r_3 - 2r_1} \begin{pmatrix} 1 & 2 & 3 \\ 0 & -1 & -2 \\ 0 & -4 & -5 \end{pmatrix} \xrightarrow{r_3 - 4r_2} \begin{pmatrix} 1 & 2 & 3 \\ 0 & -1 & -2 \\ 0 & 0 & 3 \end{pmatrix}$,

$$A = \begin{pmatrix} 1 & 2 & 3 \\ 2 & 3 & 4 \\ 2 & 0 & 1 \end{pmatrix} \xrightarrow{r_1 \leftrightarrow r_2} \begin{pmatrix} 2 & 3 & 4 \\ 1 & 2 & 3 \\ 2 & 0 & 1 \end{pmatrix} \xrightarrow{r_2 - \frac{1}{2}r_1, r_3 - r_1} \begin{pmatrix} 2 & 3 & 4 \\ 0 & \frac{1}{2} & 1 \\ 0 & -3 & -3 \end{pmatrix} \xrightarrow{r_3 + 6r_2} \begin{pmatrix} 2 & 3 & 4 \\ 0 & \frac{1}{2} & 1 \\ 0 & 0 & 3 \end{pmatrix}.$$

由上述可知，对同一个矩阵实行不同的初等行变换，不一定得相同的行阶梯形矩阵，但可得相同数目的非零行，也就是如下的定理：

定理 2　对矩阵实施行变换后得到的任何两个行阶梯形矩阵的非零行数必相等.

注意：任何一个方阵均可化为行阶梯形矩阵，而阶梯形矩阵必为上三角阵；因此，任何一个行列式都可以化为对角上三角行列式. 正如前文行列式的计算中所述.

（二）矩阵的秩

定义 12　称矩阵经有限次初等行变换后的行阶梯形矩阵的非零行的个数为矩阵 A 的秩，记为 $R(A)$ 或 $r(A)$.

显然：$0 \leqslant R(A_{m \times n}) \leqslant \min(m, n)$；$R(0) = 0$.

求秩的方法：对矩阵初等行变换化为行阶梯形矩阵后，非零行的个数即为秩.

例 12　设 $A = \begin{pmatrix} 2 & 1 & 0 \\ 0 & -1 & 4 \\ 1 & 3 & 5 \end{pmatrix}$，求 A 的行阶梯形、行最简形和 $R(A)$.

解

$$A = \begin{pmatrix} 2 & 1 & 0 \\ 0 & -1 & 4 \\ 1 & 3 & 5 \end{pmatrix} \xrightarrow{r_1 \leftrightarrow r_3} \begin{pmatrix} 1 & 3 & 5 \\ 0 & -1 & 4 \\ 2 & 1 & 0 \end{pmatrix} \xrightarrow{r_3 - 2r_1} \begin{pmatrix} 1 & 3 & 5 \\ 0 & -1 & 4 \\ 0 & -5 & -10 \end{pmatrix} \xrightarrow{r_3 - 5r_2} \begin{pmatrix} 1 & 3 & 5 \\ 0 & -1 & 4 \\ 0 & 0 & -30 \end{pmatrix}$$

所以 A 的行阶梯形矩阵为 $\begin{pmatrix} 1 & 3 & 5 \\ 0 & -1 & 4 \\ 0 & 0 & -30 \end{pmatrix}$，$R(A) = 3$，

而

$$\begin{pmatrix} 1 & 3 & 5 \\ 0 & -1 & 4 \\ 0 & 0 & -30 \end{pmatrix} \xrightarrow{(-1)r_2, (-1/30)r_3} \begin{pmatrix} 1 & 3 & 5 \\ 0 & 1 & -4 \\ 0 & 0 & 1 \end{pmatrix} \xrightarrow{r_2 + 4r_3, r_1 - 5r_3} \begin{pmatrix} 1 & 3 & 0 \\ 0 & 1 & 0 \\ 0 & 0 & 1 \end{pmatrix} \xrightarrow{r_1 - 3r_2} \begin{pmatrix} 1 & 0 & 0 \\ 0 & 1 & 0 \\ 0 & 0 & 1 \end{pmatrix}$$

所以 A 的行最简形矩阵为 $\begin{pmatrix} 1 & 0 & 0 \\ 0 & 1 & 0 \\ 0 & 0 & 1 \end{pmatrix}$.

例 13　设 $A = \begin{pmatrix} 1 & -1 & 2 & 1 & 0 \\ 2 & -2 & 4 & -2 & 0 \\ 3 & 0 & 6 & -1 & 1 \\ 2 & 1 & 4 & 2 & 1 \end{pmatrix}$，求 A 的行阶梯形、行最简形和 $R(A)$.

解

$$\begin{pmatrix} 1 & -1 & 2 & 1 & 0 \\ 2 & -2 & 4 & -2 & 0 \\ 3 & 0 & 6 & -1 & 1 \\ 2 & 1 & 4 & 2 & 1 \end{pmatrix} \xrightarrow{r_2 - 2r_1, r_3 - 3r_1, r_4 - 2r_1} \begin{pmatrix} 1 & -1 & 2 & 1 & 0 \\ 0 & 0 & 0 & -4 & 0 \\ 0 & 3 & 0 & -4 & 1 \\ 0 & 3 & 0 & 0 & 1 \end{pmatrix} \xrightarrow{r_3 - r_2}$$

$$\begin{pmatrix} 1 & -1 & 2 & 1 & 0 \\ 0 & 0 & 0 & -4 & 0 \\ 0 & 3 & 0 & 0 & 1 \\ 0 & 3 & 0 & 0 & 1 \end{pmatrix} \xrightarrow{r_4 - r_3} \begin{pmatrix} 1 & -1 & 2 & 1 & 0 \\ 0 & 0 & 0 & -4 & 0 \\ 0 & 3 & 0 & 0 & 1 \\ 0 & 0 & 0 & 0 & 0 \end{pmatrix} \xrightarrow{r_2 \leftrightarrow r_3} \begin{pmatrix} 1 & -1 & 2 & 1 & 0 \\ 0 & 3 & 0 & 0 & 1 \\ 0 & 0 & 0 & -4 & 0 \\ 0 & 0 & 0 & 0 & 0 \end{pmatrix}$$

所以 A 的行阶梯形矩阵为 $\begin{pmatrix} 1 & -1 & 2 & 1 & 0 \\ 0 & 3 & 0 & 0 & 1 \\ 0 & 0 & 0 & -4 & 0 \\ 0 & 0 & 0 & 0 & 0 \end{pmatrix}$，$R(A)=3$，

而 $\begin{pmatrix} 1 & -1 & 2 & 1 & 0 \\ 0 & 3 & 0 & 0 & 1 \\ 0 & 0 & 0 & -4 & 0 \\ 0 & 0 & 0 & 0 & 0 \end{pmatrix} \xrightarrow{\frac{1}{3}r_2, \left(-\frac{1}{4}\right)r_3} \begin{pmatrix} 1 & -1 & 2 & 1 & 0 \\ 0 & 1 & 0 & 0 & \frac{1}{3} \\ 0 & 0 & 0 & 1 & 0 \\ 0 & 0 & 0 & 0 & 0 \end{pmatrix} \xrightarrow{r_1+r_2} \begin{pmatrix} 1 & 0 & 2 & 1 & \frac{1}{3} \\ 0 & 1 & 0 & 0 & \frac{1}{3} \\ 0 & 0 & 0 & 1 & 0 \\ 0 & 0 & 0 & 0 & 0 \end{pmatrix} \xrightarrow{r_1-r_3}$

$\begin{pmatrix} 1 & 0 & 2 & 0 & \frac{1}{3} \\ 0 & 1 & 0 & 0 & \frac{1}{3} \\ 0 & 0 & 0 & 1 & 0 \\ 0 & 0 & 0 & 0 & 0 \end{pmatrix}$，所以 A 的行最简形矩阵为 $\begin{pmatrix} 1 & 0 & 2 & 0 & \frac{1}{3} \\ 0 & 1 & 0 & 0 & \frac{1}{3} \\ 0 & 0 & 0 & 1 & 0 \\ 0 & 0 & 0 & 0 & 0 \end{pmatrix}$.

（三）初等矩阵

定义 13 由单位矩阵经过一次初等变换得到的矩阵称为初等矩阵.

三种初等矩阵：

（1）对换阵.

对调单位矩阵的第 i 与第 j 两行（或两列）的元素而形成的矩阵. 记为 $I(i,j)$.

$$I(i,j) = \begin{pmatrix} 1 & & & & & & & & & \\ & \ddots & & & & & & & & \\ & & 1 & & & & & & & \\ & & & 0 & \cdots & \cdots & \cdots & 1 & & \\ & & & \vdots & 1 & & & \vdots & & \\ & & & \vdots & & \ddots & & \vdots & & \\ & & & \vdots & & & 1 & \vdots & & \\ & & & 1 & \cdots & \cdots & \cdots & 0 & & \\ & & & & & & & & 1 & \\ & & & & & & & & & \ddots \\ & & & & & & & & & & 1 \end{pmatrix}，如 I(2,3) = \begin{pmatrix} 1 & 0 & 0 \\ 0 & 0 & 1 \\ 0 & 1 & 0 \end{pmatrix}.$$

（2）倍乘阵.

用非零常数 k 乘以单位矩阵的第 i 行（或第 j 列）的各元素后得到的矩阵. 记为 $I(i(k))$.

$$I(i(k)) = \begin{pmatrix} 1 & & & & & & \\ & \ddots & & & & & \\ & & 1 & & & & \\ & & & k & & & \\ & & & & 1 & & \\ & & & & & \ddots & \\ & & & & & & 1 \end{pmatrix} \quad \text{第} i \text{行}$$

（3）倍加阵.

用常数 k 乘以第 j 行（i 列）加到第 i 行（j 列）对应的元素上得到的矩阵. 记为 $I(j(k), i)$.

$$I(j(k), i) = \begin{pmatrix} 1 & & & & & & \\ & \ddots & & & & & \\ & & 1 & & k & & \\ & & & \ddots & & & \\ & & & & 1 & & \\ & & & & & \ddots & \\ & & & & & & 1 \end{pmatrix} \quad \begin{matrix} \text{第} i \text{行} \\ \\ \text{第} j \text{行} \end{matrix}$$

如 $I(3(4), 2) = \begin{pmatrix} 1 & 0 & 0 \\ 0 & 1 & 4 \\ 0 & 0 & 1 \end{pmatrix}$.

例 14　设 $A = \begin{pmatrix} 2 & 1 & 0 \\ 0 & -1 & 4 \\ 1 & 3 & 5 \end{pmatrix}$，求 $I(2,3)A$ 和 $I(3(4), 2)A$.

解　$I(2,3)A = \begin{pmatrix} 1 & 0 & 0 \\ 0 & 0 & 1 \\ 0 & 1 & 0 \end{pmatrix}\begin{pmatrix} 2 & 1 & 0 \\ 0 & -1 & 4 \\ 1 & 3 & 5 \end{pmatrix} = \begin{pmatrix} 2 & 1 & 0 \\ 1 & 3 & 5 \\ 0 & -1 & 4 \end{pmatrix}$

$I(3(4), 2)A = \begin{pmatrix} 1 & 0 & 0 \\ 0 & 1 & 4 \\ 0 & 0 & 1 \end{pmatrix}\begin{pmatrix} 2 & 1 & 0 \\ 0 & -1 & 4 \\ 1 & 3 & 5 \end{pmatrix} = \begin{pmatrix} 2 & 1 & 0 \\ 4 & 11 & 24 \\ 1 & 3 & 5 \end{pmatrix}$

由上例可见，在矩阵 A 的左边乘以初等矩阵 $I(2,3)$，相当于对矩阵 A 进行了交换第 2 行和第 3 行的初等行变换；在矩阵 A 的左边乘以初等矩阵 $I(3(4),2)$，相当于对矩阵 A 进行了第 3 行乘以 4 加到第 2 行的初等行变换.

定理 3　对 $A_{m \times n}$ 施行一次初等行变换相当于用一个相应的 m 阶初等矩阵左乘 A（即 A 的左边乘以一个相应的 m 阶初等矩阵）；对 $A_{m \times n}$ 施行一次初等列变换相当于用一个相应的 m 阶初等矩阵右乘 A（即 A 的右边乘以一个相应的 m 阶初等矩阵）.

该定理是后面求逆矩阵方法的理论依据．证明略．

四、逆矩阵

矩阵与数相仿，有加、减、乘三种运算．矩阵的乘法是否也和数一样有逆运算呢？这就是本节所要讨论的问题．

逆矩阵是一类特殊而又非常重要的方阵，它在理论和实际计算中都有广泛的应用．比如在保密通信中用于"密码的破译"，在 3D 程序中常常应用于求 Billboard 矩阵，可以极大提高程序性能．逆矩阵也是解决经济管理上投入产出模型的基本工具之一（如：消耗系数矩阵、需求系数矩阵，用以编制经济计划、经济结构分析、价格分析等）．

这一节的矩阵，如不特别声明，都是 $n \times n$ 矩阵．

（一）逆矩阵的概念

定义 14　设矩阵 A, B 均为 n 阶方阵，若 $AB = I$，则称 A 与 B 互为逆矩阵，A 的逆矩阵记为 A^{-1}，所以 $A^{-1} = B, B^{-1} = A$．

显然有结论：若可逆矩阵 $B = kA$，则 $B^{-1} = \dfrac{1}{k} A^{-1}$．

（二）初等行变换求逆法

方法：因为 $A^{-1}(A \vdots I) = (I \vdots A^{-1})$，所以有方法如下：（1）作 $(A \vdots I)$；（2）对矩阵 $(A \vdots I)$ 作初等行变换，当左边化为单位矩阵 I 时，右边即为 A^{-1}．

例 15　$A = \begin{pmatrix} 1 & 0 & 1 \\ 2 & 2 & 1 \\ 0 & 4 & 2 \end{pmatrix}$，求 A^{-1}．

解　$(A \vdots I) = \begin{pmatrix} 1 & 0 & 1 & 1 & 0 & 0 \\ 2 & 2 & 1 & 0 & 1 & 0 \\ 0 & 4 & 2 & 0 & 0 & 1 \end{pmatrix} \longrightarrow \begin{pmatrix} 1 & 0 & 1 & 1 & 0 & 0 \\ 0 & 2 & -1 & -2 & 1 & 0 \\ 0 & 4 & 2 & 0 & 0 & 1 \end{pmatrix} \longrightarrow$

$\begin{pmatrix} 1 & 0 & 1 & 1 & 0 & 0 \\ 0 & 2 & -1 & -2 & 1 & 0 \\ 0 & 0 & 4 & 4 & -2 & 1 \end{pmatrix} \longrightarrow \begin{pmatrix} 1 & 0 & 1 & 1 & 0 & 0 \\ 0 & 2 & -1 & -2 & 1 & 0 \\ 0 & 0 & 1 & 1 & -1/2 & 1/4 \end{pmatrix} \longrightarrow$

$\begin{pmatrix} 1 & 0 & 0 & 0 & 1/2 & -1/4 \\ 0 & 2 & 0 & -1 & 1/2 & 1/4 \\ 0 & 0 & 1 & 1 & -1/2 & 1/4 \end{pmatrix} \longrightarrow \begin{pmatrix} 1 & 0 & 0 & 0 & 1/2 & -1/4 \\ 0 & 1 & 0 & -1/2 & 1/4 & 1/8 \\ 0 & 0 & 1 & 1 & -1/2 & 1/4 \end{pmatrix}$

所以 $A^{-1} = \begin{pmatrix} 0 & 1/2 & -1/4 \\ -1/2 & 1/4 & 1/8 \\ 1 & -1/2 & 1/4 \end{pmatrix}$．

例16 $A = \begin{pmatrix} 0 & -1 & -2 \\ -1 & -1 & -2 \\ -1 & -2 & -2 \end{pmatrix}, Y = \begin{pmatrix} 1 \\ 2 \\ 2 \end{pmatrix}$，求 $(I-A)^{-1}, (I-A)^{-1}-I, (I-A)^{-1}Y.$

解 $I-A = \begin{pmatrix} 1 & 0 & 0 \\ 0 & 1 & 0 \\ 0 & 0 & 1 \end{pmatrix} - \begin{pmatrix} 0 & -1 & -2 \\ -1 & -1 & -2 \\ -1 & -2 & -2 \end{pmatrix} = \begin{pmatrix} 1 & 1 & 2 \\ 1 & 2 & 2 \\ 1 & 2 & 3 \end{pmatrix}$

$(I-A \vdots I) = \begin{pmatrix} 1 & 1 & 2 & 1 & 0 & 0 \\ 1 & 2 & 2 & 0 & 1 & 0 \\ 1 & 2 & 3 & 0 & 0 & 1 \end{pmatrix} \longrightarrow \begin{pmatrix} 1 & 1 & 2 & 1 & 0 & 0 \\ 0 & 1 & 0 & -1 & 1 & 0 \\ 0 & 1 & 1 & -1 & 0 & 1 \end{pmatrix} \longrightarrow$

$\begin{pmatrix} 1 & 0 & 2 & 2 & -1 & 0 \\ 0 & 1 & 0 & -1 & 1 & 0 \\ 0 & 0 & 1 & 0 & -1 & 1 \end{pmatrix} \longrightarrow \begin{pmatrix} 1 & 0 & 0 & 2 & 1 & -2 \\ 0 & 1 & 0 & -1 & 1 & 0 \\ 0 & 0 & 1 & 0 & -1 & 1 \end{pmatrix}$

所以 $(I-A)^{-1} = \begin{pmatrix} 2 & 1 & -2 \\ -1 & 1 & 0 \\ 0 & -1 & 1 \end{pmatrix}$,

$(I-A)^{-1}-I = \begin{pmatrix} 2 & 1 & -2 \\ -1 & 1 & 0 \\ 0 & -1 & 1 \end{pmatrix} - \begin{pmatrix} 1 & 0 & 0 \\ 0 & 1 & 0 \\ 0 & 0 & 1 \end{pmatrix} = \begin{pmatrix} 1 & 1 & -2 \\ -1 & 0 & 0 \\ 0 & -1 & 0 \end{pmatrix}$

$(I-A)^{-1}Y = \begin{pmatrix} 2 & 1 & -2 \\ -1 & 1 & 0 \\ 0 & -1 & 1 \end{pmatrix} \begin{pmatrix} 1 \\ 2 \\ 2 \end{pmatrix} = \begin{pmatrix} 0 \\ 1 \\ 0 \end{pmatrix}$

例17 设 $A = \begin{pmatrix} 1 & 1 & 2 \\ 1 & 2 & 2 \\ 1 & 2 & 3 \end{pmatrix}, B = \begin{pmatrix} 1 & 0 \\ 2 & 1 \end{pmatrix}, C = \begin{pmatrix} 1 & 1 \\ 0 & 1 \\ 2 & 0 \end{pmatrix}$，求矩阵 X 使满足 $AXB = C.$

解 由例16知，$A^{-1} = \begin{pmatrix} 2 & 1 & -2 \\ -1 & 1 & 0 \\ 0 & -1 & 1 \end{pmatrix}$，而由初等行变换求逆法，得 $B^{-1} = \begin{pmatrix} 1 & 0 \\ -2 & 1 \end{pmatrix}$,

又因为 $AXB = C$，得 $A^{-1}AXBB^{-1} = A^{-1}CB^{-1}$，所以

$X = A^{-1}CB^{-1} = \begin{pmatrix} 2 & 1 & -2 \\ -1 & 1 & 0 \\ 0 & -1 & 1 \end{pmatrix} \begin{pmatrix} 1 & 1 \\ 0 & 1 \\ 2 & 0 \end{pmatrix} \begin{pmatrix} 1 & 0 \\ -2 & 1 \end{pmatrix} = \begin{pmatrix} -2 & 3 \\ -1 & 0 \\ 2 & -1 \end{pmatrix} \begin{pmatrix} 1 & 0 \\ -2 & 1 \end{pmatrix} = \begin{pmatrix} -8 & 3 \\ -1 & 0 \\ 4 & -1 \end{pmatrix}$

8.3 线性方程组

由前面的案例可知，线性方程组是现实工作中常见的数学模型，因此解线性方程组很有

必要. 解线性方程组的方法不但可以解方程组，还为解决线性规划问题做理论方法的准备.

一、线性方程组的矩阵形式

综合前面的知识，可知：线性方程组

$$\begin{cases} a_{11}x_1 + a_{12}x_2 + \cdots + a_{1n}x_n = b_1, \\ a_{21}x_1 + a_{22}x_2 + \cdots + a_{2n}x_n = b_2, \\ \cdots \\ a_{m1}x_1 + a_{m2}x_2 + \cdots + a_{mn}x_n = b_m \end{cases} \tag{III}$$

的矩阵形式为 $AX = b$，其中

$$A = \begin{pmatrix} a_{11} & a_{12} & \cdots & a_{1n} \\ a_{21} & a_{22} & \cdots & a_{2n} \\ \vdots & \vdots & & \vdots \\ a_{m1} & a_{m2} & \cdots & a_{mn} \end{pmatrix}$$ 称为方程组（III）的系数矩阵；$X = \begin{pmatrix} x_1 \\ x_2 \\ \vdots \\ x_n \end{pmatrix}$ 称为未知量矩阵；

$$b = \begin{pmatrix} b_1 \\ b_2 \\ \vdots \\ b_m \end{pmatrix}$$ 称为常数矩阵；$(A \vdots b) = \begin{pmatrix} a_{11} & a_{12} & \cdots & a_{1n} & b_1 \\ a_{21} & a_{22} & \cdots & a_{2n} & b_2 \\ \vdots & \vdots & & \vdots & \vdots \\ a_{m1} & a_{m2} & \cdots & a_{mn} & b_m \end{pmatrix}$$ 称为增广矩阵，记为 $\overline{A}$.

例如方程组（II）的系数矩阵为 $A = \begin{pmatrix} -9 & 3 & 2 & 3 \\ 5 & -9 & 2 & 3 \\ 2 & 5 & -10 & 3 \\ 2 & 1 & 6 & -9 \end{pmatrix}$，增广矩阵为

$$\overline{A} = \begin{pmatrix} -9 & 3 & 2 & 3 & 0 \\ 5 & -9 & 2 & 3 & 0 \\ 2 & 5 & -10 & 3 & 0 \\ 2 & 1 & 6 & -9 & 0 \end{pmatrix}$$

二、线性方程组的解法（消元法）

步骤：（1）写出增广矩阵 $\overline{A}$，并将 $\overline{A}$ 初等行变换化为行最简阶梯形矩阵；

（2）由行最简阶梯形矩阵求出线性方程组的解.

其中：（1）阶梯形矩阵是满足以下两个条件的矩阵：①矩阵的零行都在矩阵的最下方；②各行首个非 0 元素前的零元素随着行数越来越多，即各行首个非 0 元素、首行和末列连接成为一个梯形或三角形；

（2）行最简阶梯形矩阵，也称为行标准形矩阵，是满足以下两个条件的阶梯形矩阵：①各个非 0 行的首个非 0 元素都是 1；②所有首个非 0 元所在列的其余元素为 0.

例 1　解线性方程组

$$\begin{cases} x_1 + 4x_2 + 5x_3 - 3x_4 = 8, \\ 3x_1 - x_2 - x_3 + 4x_4 = 2, \\ 2x_1 + x_2 + x_3 + x_4 = 3, \\ -x_1 + 3x_2 - 2x_3 - 4x_4 = -13 \end{cases}$$

解 增广矩阵 $\bar{A} = \begin{pmatrix} 1 & 4 & 5 & -3 & 8 \\ 3 & -1 & -1 & 4 & 2 \\ 2 & 1 & 1 & 1 & 3 \\ -1 & 3 & -2 & -4 & -13 \end{pmatrix} \xrightarrow[\substack{r_3 - 2r_1 \\ r_4 + r_1}]{r_2 - 3r_1}$

$\begin{pmatrix} 1 & 4 & 5 & -3 & 8 \\ 0 & -13 & -16 & 13 & -22 \\ 0 & -7 & -9 & 7 & -13 \\ 0 & 7 & 3 & -7 & -5 \end{pmatrix} \xrightarrow[r_2 + 2r_4]{r_3 + r_4} \begin{pmatrix} 1 & 4 & 5 & -3 & 8 \\ 0 & 1 & -10 & -1 & -32 \\ 0 & 0 & -6 & 0 & -18 \\ 0 & 7 & 3 & -7 & -5 \end{pmatrix} \xrightarrow[r_4 - 7r_2]{-\frac{1}{6}r_3}$

$\begin{pmatrix} 1 & 4 & 5 & -3 & 8 \\ 0 & 1 & -10 & -1 & -32 \\ 0 & 0 & 1 & 0 & 3 \\ 0 & 0 & 73 & 0 & 219 \end{pmatrix} \xrightarrow{r_4 - 73r_3} \begin{pmatrix} 1 & 4 & 5 & -3 & 8 \\ 0 & 1 & -10 & -1 & -32 \\ 0 & 0 & 1 & 0 & 3 \\ 0 & 0 & 0 & 0 & 0 \end{pmatrix} \xrightarrow[r_1 - 5r_3]{r_2 + 10r_3}$

$\begin{pmatrix} 1 & 4 & 0 & -3 & -7 \\ 0 & 1 & 0 & -1 & -2 \\ 0 & 0 & 1 & 0 & 3 \\ 0 & 0 & 0 & 0 & 0 \end{pmatrix} \xrightarrow{r_1 - 4r_2} \begin{pmatrix} 1 & 0 & 0 & 1 & 1 \\ 0 & 1 & 0 & -1 & -2 \\ 0 & 0 & 1 & 0 & 3 \\ 0 & 0 & 0 & 0 & 0 \end{pmatrix}$

所以有方程组 $\begin{cases} x_1 + x_4 = 1, \\ x_2 - x_4 = -2, \\ x_3 = 3. \end{cases}$ 从而得 $\begin{cases} x_1 = 1 - x_4, \\ x_2 = x_4 - 2, \\ x_3 = 3. \end{cases}$ (x_4 是自由未知量)

定义1 像上例中用自由未知量表示其他未知量的解称为线性方程组的一般解或通解；在通解中，称自由未知量都取确定值（一般为了方便，都取这些确定值为 0）的解为方程组

的特解，如 $\begin{cases} x_1 = 1, \\ x_2 = -2, \\ x_3 = 3, \\ x_4 = 0; \end{cases}$ 自由未知量用任意实数 c 表示的解称为方程组的通解，如 $\begin{cases} x_1 = 1 - c, \\ x_2 = c - 2, \\ x_3 = 3, \\ x_4 = c. \end{cases}$

例2 解第三节案例中的线性方程组（Ⅰ），即

$$\begin{cases} 4x_1 + 3x_2 + 2x_3 + 3x_4 = 13x_1, \\ 5x_1 + 4x_2 + 2x_3 + 3x_4 = 13x_2, \\ 2x_1 + 5x_2 + 3x_3 + 3x_4 = 13x_3, \\ 2x_1 + x_2 + 6x_3 + 4x_4 = 13x_4 \end{cases}$$

解 方程组（Ⅰ）的齐次线性方程组为

$$\begin{cases} -9x_1 + 3x_2 + 2x_3 + 3x_4 = 0, \\ 5x_1 - 9x_2 + 2x_3 + 3x_4 = 0, \\ 2x_1 + 5x_2 - 10x_3 + 3x_4 = 0, \\ 2x_1 + x_2 + 6x_3 - 9x_4 = 0 \end{cases}$$

增广矩阵为 $\bar{A} = \begin{pmatrix} -9 & 3 & 2 & 3 & 0 \\ 5 & -9 & 2 & 3 & 0 \\ 2 & 5 & -10 & 3 & 0 \\ 2 & 1 & 6 & -9 & 0 \end{pmatrix} \xrightarrow{-\frac{1}{9}r_1} \begin{pmatrix} 1 & -1/3 & -2/9 & -1/3 & 0 \\ 5 & -9 & 2 & 3 & 0 \\ 2 & 5 & -10 & 3 & 0 \\ 2 & 1 & 6 & -9 & 0 \end{pmatrix} \begin{matrix} r_2-5r_1 \\ \xrightarrow{\quad} \\ r_3-2r_1 \\ r_4-2r_1 \end{matrix}$

$\begin{pmatrix} 1 & -1/3 & -2/9 & -1/3 & 0 \\ 0 & -22/3 & 28/9 & 14/3 & 0 \\ 0 & 17/3 & -86/9 & 11/3 & 0 \\ 0 & 5/3 & 58/9 & -25/3 & 0 \end{pmatrix} \begin{matrix} r_1-\frac{1}{22}r_2 \\ \xrightarrow{\quad} \\ r_3+\frac{17}{22}r_2 \\ r_4+\frac{5}{22}r_2 \end{matrix} \begin{pmatrix} 1 & 0 & -4/11 & -6/11 & 0 \\ 0 & -22/3 & 28/9 & 14/3 & 0 \\ 0 & 0 & -236/33 & 80/11 & 0 \\ 0 & 0 & -236/33 & 80/11 & 0 \end{pmatrix} \xrightarrow{-\frac{3}{22}r_2}$

$\begin{pmatrix} 1 & 0 & -4/11 & -6/11 & 0 \\ 0 & 1 & -14/33 & -7/11 & 0 \\ 0 & 0 & -236/33 & 80/11 & 0 \\ 0 & 0 & -236/33 & 80/11 & 0 \end{pmatrix} \begin{matrix} r_1-\frac{12}{236}r_3 \\ r_2-\frac{14}{236}r_3 \\ \xrightarrow{\quad} \\ r_4-r_3 \\ -\frac{33}{236}r_3 \end{matrix} \begin{pmatrix} 1 & 0 & 0 & -54/59 & 0 \\ 0 & 1 & 0 & -63/59 & 0 \\ 0 & 0 & 1 & -60/59 & 0 \\ 0 & 0 & 0 & 0 & 0 \end{pmatrix}$

由最后的矩阵可得 $\begin{cases} x_1 - \dfrac{54}{59}x_4 = 0, \\ x_2 - \dfrac{63}{59}x_4 = 0, \\ x_3 - \dfrac{60}{59}x_4 = 0, \end{cases}$ 从而得 $\begin{cases} x_1 = \dfrac{54}{59}x_4, \\ x_2 = \dfrac{63}{59}x_4 \\ x_3 = \dfrac{60}{59}x_4, \end{cases}$（$x_4$ 是自由未知量），又由题意得

$50 \leqslant x_4 \leqslant 70$，所以现实中为了计算方便，取 $x_4 = 59$，$x_1 = 54$，$x_2 = 63$，$x_3 = 60$. 所以木工、电工、油漆工和粉饰工的日工资分别为 54 元、63 元、60 元和 59 元. 每人房子的装修费用相当于本人 13 天的工资，因此各自 13 天的总工资分别为 702 元、819 元、780 元和 767 元.

例 3 投入产出模型：一个城镇由三个主要生产企业——煤矿、电厂和地方铁路作为它的经济系统. 已知生产价值 1 元的煤需要消耗 0.25 元的电和 0.35 元的运输费；生产 1 元的电需要消耗 0.40 元的煤、0.05 元的电和 0.10 元的运输费；而提供价值 1 元的铁路运输服务，则需要消耗 0.45 元的煤、0.10 元的电和 0.10 元的铁路运输服务费. 假设在某个星期内，除了这三个企业间的彼此需求，煤矿得到 50 000 元的订单，电厂得到 25 000 元的电量供应需求，而地方铁路得到价值 30 000 元的运输需求. 试问：这三个企业在这个星期各生产多少产值才能满足内外需求？

解 这是一个小型的经济投入产出模型. 根据"投入"和"产出"之间的平衡关系，即对于一个生产部门，物质消耗和新创造价值之和等于它的生产总值，所以根据题意，设煤矿、电厂和地方铁路在这星期的总产值分别为 x_1，x_2，x_3（元），则可得表 8-4 和方程组：

表 8 - 4

投入＼产出	消耗系数（单位产品的消耗）			最终产品	总产值
	煤矿	电厂	地方铁路		
煤矿	0	0.40	0.45	50 000	x_1
电厂	0.25	0.05	0.10	25 000	x_2
地方铁路	0.35	0.10	0.10	30 000	x_3
新创造价值	z_1	z_2	z_3		
总产值	x_1	x_2	x_3		

$$\begin{cases} 0x_1 + 0.40x_2 + 0.45x_3 + 50\ 000 = x_1, \\ 0.25x_1 + 0.05x_2 + 0.10x_3 + 25\ 000 = x_2, \\ 0.35x_1 + 0.10x_2 + 0.10x_3 + 30\ 000 = x_3 \end{cases}$$

化简得

$$\begin{cases} x_1 - 0.40x_2 - 0.45x_3 = 50\ 000, \\ -0.25\ x_1 + 0.95x_2 - 0.10x_3 = 25\ 000, \\ -0.35x_1 - 0.10x_2 + 0.90x_3 = 30\ 000 \end{cases}$$

它的增广矩阵为

$$\overline{\boldsymbol{A}} = \begin{pmatrix} 1 & -0.40 & -0.45 & 50\ 000 \\ -0.25 & 0.95 & -0.10 & 25\ 000 \\ -0.35 & -0.10 & 0.90 & 30\ 000 \end{pmatrix}$$

初等行变换为

$$\begin{pmatrix} 1 & 0 & 0 & 114\ 458 \\ 0 & 1 & 0 & 65\ 395 \\ 0 & 0 & 1 & 85\ 111 \end{pmatrix}$$

所以线性方程组的解为

$$\begin{cases} x_1 = 114\ 458, \\ x_2 = 65\ 395, \\ x_3 = 85\ 111 \end{cases}$$

故煤矿、电厂和地方铁路这三个企业在这个星期分别生产 114 458 元、65 395 元和 85 111元才能满足内外需求.

三、向量组的相关性

定义 2 称由 n 个实数组成的有序数组 $(a_1, a_2, \cdots, a_n)$ 为实数域上一个 n 维向量，称 a_i 为向量的分量. 用小写希腊字母 $\boldsymbol{\alpha}, \boldsymbol{\beta}, \boldsymbol{\gamma}, \cdots$ 来代表向量.

定义 3 如果 n 维向量 $\boldsymbol{\alpha} = (a_1, a_2, \cdots, a_n)$，$\boldsymbol{\beta} = (b_1, b_2, \cdots, b_n)$ 的对应分量都相等，即 $a_i = b_i (i = 1, 2, \cdots, n)$，就称这两个向量是相等的，记作 $\boldsymbol{\alpha} = \boldsymbol{\beta}$.

n 维向量之间的基本关系是用向量的加法和数量乘法表达的.

定义 4 向量 $\boldsymbol{\gamma} = (a_1 + b_1, a_2 + b_2, \cdots, a_n + b_n)$，称为向量 $\boldsymbol{\alpha} = (a_1, a_2, \cdots, a_n)$，$\boldsymbol{\beta} = (b_1, b_2, \cdots, b_n)$ 的和，记为 $\boldsymbol{\gamma} = \boldsymbol{\alpha} + \boldsymbol{\beta}$.

由定义立即推出：

交换律：$\boldsymbol{\alpha} + \boldsymbol{\beta} = \boldsymbol{\beta} + \boldsymbol{\alpha}$.

结合律：$\boldsymbol{\alpha} + (\boldsymbol{\beta} + \boldsymbol{\gamma}) = (\boldsymbol{\alpha} + \boldsymbol{\beta}) + \boldsymbol{\gamma}$.

定义 5 分量全为零的向量 $(0, 0, \cdots, 0)$ 称为零向量，记为 $\boldsymbol{0}$；

向量 $(-a_1, -a_2, \cdots, -a_n)$ 称为向量 $\boldsymbol{\alpha} = (a_1, a_2, \cdots, a_n)$ 的负向量，记为 $-\boldsymbol{\alpha}$.

显然对于所有的 $\boldsymbol{\alpha}$，都有

$$\boldsymbol{\alpha} + \boldsymbol{0} = \boldsymbol{\alpha}$$

$$\boldsymbol{\alpha} + (-\boldsymbol{\alpha}) = \boldsymbol{0}$$

定义 6 $\boldsymbol{\alpha} - \boldsymbol{\beta} = \boldsymbol{\alpha} + (-\boldsymbol{\beta})$.

定义 7 设 k 为数域 P 中的数，向量 $(ka_1, ka_2, \cdots, ka_n)$ 称为向量 $\boldsymbol{\alpha} = (a_1, a_2, \cdots, a_n)$ 与数 k 的数量乘积，记为 $k\boldsymbol{\alpha}$.

由定义立即推出：

$$k(\boldsymbol{\alpha} + \boldsymbol{\beta}) = k\boldsymbol{\alpha} + k\boldsymbol{\beta}$$

$$(k + l)\boldsymbol{\alpha} = k\boldsymbol{\alpha} + l\boldsymbol{\alpha}$$

$$k(l\boldsymbol{\alpha}) = (kl)\boldsymbol{\alpha}$$

$$1\boldsymbol{\alpha} = \boldsymbol{\alpha}$$

由定义不难推出：

$$0\boldsymbol{\alpha} = \boldsymbol{0}$$

$$(-1)\boldsymbol{\alpha} = -\boldsymbol{\alpha}$$

$$k\boldsymbol{0} = \boldsymbol{0}$$

如果 $k \neq 0, \boldsymbol{\alpha} \neq \boldsymbol{0}$，那么 $k\boldsymbol{\alpha} \neq \boldsymbol{0}$.

定义 8 以数域 P 中的数作为分量的 n 维向量的全体，同时考虑到定义在它们上面的加法和数量乘法，称为数域 P 上的 n 维向量空间. 即是：把数域 P 上全体 n 维向量的集合组成一个有加法和数量乘法的代数结构，这个代数结构就叫作数域 P 上的 n 维向量空间.

在 $n = 3$ 时，3 维实向量空间可以认为就是几何空间中全体向量以及在其中定义的向量加法和数量乘法所构成的空间.

向量通常是写成一行：

$$\boldsymbol{\alpha} = (a_1, a_2, \cdots, a_n)$$

有时也可以写成一列：

$$\boldsymbol{\alpha} = \begin{pmatrix} a_1 \\ a_2 \\ \vdots \\ a_n \end{pmatrix}$$

为了区别，前者称为行向量，后者称为列向量. 它们的区别只是写法上的不同.

一般向量空间除只有一个零向量构成的零空间外，都含有无穷多个向量，这些向量之间

有怎样的关系，对于弄清向量空间的结构至关重要.

两个向量之间最简单的关系是成比例. 所谓向量 $\boldsymbol{\alpha}$ 与 $\boldsymbol{\beta}$ 成比例就是说有一数 k，使

$$\boldsymbol{\alpha} = k\boldsymbol{\beta}$$

定义 9　向量 $\boldsymbol{\alpha}$ 称为向量组 $\boldsymbol{\beta}_1, \boldsymbol{\beta}_2, \cdots, \boldsymbol{\beta}_s$ 的一个线性组合，如果有数域 P 中的数 k_1, $k_2, \cdots, k_s$，使 $\boldsymbol{\alpha} = k_1\boldsymbol{\beta}_1 + k_2\boldsymbol{\beta}_2 + \cdots + k_s\boldsymbol{\beta}_s$，其中，$k_1, k_2, \cdots, k_s$ 叫作这个线性组合的系数.

例如，任一个 n 维向量 $\boldsymbol{\alpha} = (a_1, a_2, \cdots, a_n)$ 都是向量组

$$\begin{cases} \boldsymbol{\varepsilon}_1 = (1, 0, \cdots, 0), \\ \boldsymbol{\varepsilon}_2 = (0, 1, \cdots, 0), \\ \cdots \\ \boldsymbol{\varepsilon}_n = (0, 0, \cdots, 1) \end{cases} \tag{1}$$

的一个线性组合.

向量 $\boldsymbol{\varepsilon}_1, \boldsymbol{\varepsilon}_2, \cdots, \boldsymbol{\varepsilon}_n$ 称为 n 维单位向量.

零向量是任意向量组的线性组合.

当向量 $\boldsymbol{\alpha}$ 是向量组 $\boldsymbol{\beta}_1, \boldsymbol{\beta}_2, \cdots, \boldsymbol{\beta}_s$ 的一个线性组合时，也说 $\boldsymbol{\alpha}$ 可以经向量组 $\boldsymbol{\beta}_1, \boldsymbol{\beta}_2, \cdots, \boldsymbol{\beta}_s$ 线性表出.

定义 10　如果向量组 $\boldsymbol{\alpha}_1, \boldsymbol{\alpha}_2, \cdots, \boldsymbol{\alpha}_t$ 中每一个向量 $\boldsymbol{\alpha}_i (i = 1, 2, \cdots, t)$ 都可以经向量组 $\boldsymbol{\beta}_1$, $\boldsymbol{\beta}_2, \cdots, \boldsymbol{\beta}_s$ 线性表出，那么向量组 $\boldsymbol{\alpha}_1, \boldsymbol{\alpha}_2, \cdots, \boldsymbol{\alpha}_t$ 就称为可以经向量组 $\boldsymbol{\beta}_1, \boldsymbol{\beta}_2, \cdots, \boldsymbol{\beta}_s$ 线性表出. 如果两个向量组互相可以线性表出，它们就称为等价.

由定义有，每一个向量组都可以经它自身线性表出. 同时，如果向量组 $\boldsymbol{\alpha}_1, \boldsymbol{\alpha}_2, \cdots, \boldsymbol{\alpha}_t$ 可以经向量组 $\boldsymbol{\beta}_1, \boldsymbol{\beta}_2, \cdots, \boldsymbol{\beta}_s$ 线性表出，向量组 $\boldsymbol{\beta}_1, \boldsymbol{\beta}_2, \cdots, \boldsymbol{\beta}_s$ 可以经向量组 $\boldsymbol{\gamma}_1, \boldsymbol{\gamma}_2, \cdots, \boldsymbol{\gamma}_p$ 线性表出，那么向量组 $\boldsymbol{\alpha}_1, \boldsymbol{\alpha}_2, \cdots, \boldsymbol{\alpha}_t$ 可以经向量组 $\boldsymbol{\gamma}_1, \boldsymbol{\gamma}_2, \cdots, \boldsymbol{\gamma}_p$ 线性表出.

向量组之间等价具有以下性质：

（1）反身性：每一个向量组都与它自身等价.

（2）对称性：如果向量组 $\boldsymbol{\alpha}_1, \boldsymbol{\alpha}_2, \cdots, \boldsymbol{\alpha}_s$ 与 $\boldsymbol{\beta}_1, \boldsymbol{\beta}_2, \cdots, \boldsymbol{\beta}_t$ 等价，那么向量组 $\boldsymbol{\beta}_1, \boldsymbol{\beta}_2, \cdots, \boldsymbol{\beta}_t$ 与 $\boldsymbol{\alpha}_1, \boldsymbol{\alpha}_2, \cdots, \boldsymbol{\alpha}_s$ 等价.

（3）传递性：如果向量组 $\boldsymbol{\alpha}_1, \boldsymbol{\alpha}_2, \cdots, \boldsymbol{\alpha}_s$ 与 $\boldsymbol{\beta}_1, \boldsymbol{\beta}_2, \cdots, \boldsymbol{\beta}_t$ 等价，$\boldsymbol{\beta}_1, \boldsymbol{\beta}_2, \cdots, \boldsymbol{\beta}_t$ 与 $\boldsymbol{\gamma}_1, \boldsymbol{\gamma}_2, \cdots, \boldsymbol{\gamma}_p$ 等价，那么向量组 $\boldsymbol{\alpha}_1, \boldsymbol{\alpha}_2, \cdots, \boldsymbol{\alpha}_s$ 与 $\boldsymbol{\gamma}_1, \boldsymbol{\gamma}_2, \cdots, \boldsymbol{\gamma}_p$ 等价.

定义 11　如果向量组 $\boldsymbol{\alpha}_1, \boldsymbol{\alpha}_2, \cdots, \boldsymbol{\alpha}_s (s \geqslant 2)$ 中有一个向量可以由其余的向量线性表出，那么向量组 $\boldsymbol{\alpha}_1, \boldsymbol{\alpha}_2, \cdots, \boldsymbol{\alpha}_s$ 线性相关.

从定义可以看出，任意一个包含零向量的向量组一定是线性相关的. 向量组 $\boldsymbol{\alpha}_1, \boldsymbol{\alpha}_2$ 线性相关就表示 $\boldsymbol{\alpha}_1 = k\boldsymbol{\alpha}_2$ 或者 $\boldsymbol{\alpha}_2 = k\boldsymbol{\alpha}_1$（这两个式子不一定能同时成立）. 在 P 为实数域并且是三维时，就表示向量 $\boldsymbol{\alpha}_1$ 与 $\boldsymbol{\alpha}_2$ 共线. 三个向量 $\boldsymbol{\alpha}_1, \boldsymbol{\alpha}_2, \boldsymbol{\alpha}_3$ 线性相关的几何意义是它们共面.

定义 11′　向量组 $\boldsymbol{\alpha}_1, \boldsymbol{\alpha}_2, \cdots, \boldsymbol{\alpha}_s (s \geqslant 1)$ 称为线性相关的，如果有数域 P 中不全为零的数 $k_1, k_2, \cdots, k_s$，使 $k_1\boldsymbol{\alpha}_1 + k_2\boldsymbol{\alpha}_2 + \cdots + k_s\boldsymbol{\alpha}_s = \boldsymbol{0}$.

这两个定义在 $s \geqslant 2$ 的时候是一致的.

定义 12　向量组 $\boldsymbol{\alpha}_1, \boldsymbol{\alpha}_2, \cdots, \boldsymbol{\alpha}_s (s \geqslant 1)$ 不线性相关，即没有不全为零的数 $k_1, k_2, \cdots, k_s$，使 $k_1\boldsymbol{\alpha}_1 + k_2\boldsymbol{\alpha}_2 + \cdots + k_s\boldsymbol{\alpha}_s = \boldsymbol{0}$，就称为线性无关；或者说，向量组 $\boldsymbol{\alpha}_1, \boldsymbol{\alpha}_2, \cdots, \boldsymbol{\alpha}_s$ 称为线性无关，

由 $k_1\boldsymbol{\alpha}_1 + k_2\boldsymbol{\alpha}_2 + \cdots + k_s\boldsymbol{\alpha}_s = \mathbf{0}$ 可以推出：

$$k_1 = k_2 = \cdots = k_s = 0$$

由定义有，如果一向量组的一部分线性相关，那么这个向量组就线性相关．换句话说，如果一向量组线性无关，那么它的任何一个非空的部分组也线性无关．特别地，由于两个成比例的向量是线性相关的，因此线性无关的向量组中一定不能包含两个成比例的向量．

定义 3–11′ 包含了由一个向量组构成的向量组的情形．单独一个零向量线性相关，单独一个非零向量线性无关．

不难看出，由 n 维单位向量 $\boldsymbol{\varepsilon}_1, \boldsymbol{\varepsilon}_2, \cdots, \boldsymbol{\varepsilon}_n$ 组成的向量组是线性无关的．

具体判断一个向量组是线性相关还是线性无关的问题可以归结为解方程组的问题．要判断一个向量组

$$\boldsymbol{\alpha}_i = (a_{i1}, a_{i2}, \cdots, a_{in}), i = 1, 2, \cdots, s \tag{2}$$

是否线性相关，根据定义 11，就是看方程

$$x_1\boldsymbol{\alpha}_1 + x_2\boldsymbol{\alpha}_2 + \cdots + x_s\boldsymbol{\alpha}_s = \mathbf{0} \tag{3}$$

有无非零解．式（3）按分量写出来就是

$$\begin{cases} a_{11}x_1 + a_{21}x_2 + \cdots + a_{s1}x_s = 0, \\ a_{12}x_1 + a_{22}x_2 + \cdots + a_{s2}x_s = 0, \\ \cdots \\ a_{1n}x_1 + a_{2n}x_2 + \cdots + a_{sn}x_s = 0 \end{cases} \tag{4}$$

因此，向量组 $\boldsymbol{\alpha}_1, \boldsymbol{\alpha}_2, \cdots, \boldsymbol{\alpha}_s$ 线性无关的充要条件是齐次线性方程组（4）只有零解．

例 4 判断 P^3 的向量

$$\boldsymbol{\alpha}_1 = (1, -2, 3), \boldsymbol{\alpha}_2 = (2, 1, 0), \boldsymbol{\alpha}_3 = (1, -7, 9)$$

是否线性相关．

解 $|(\boldsymbol{\alpha}_1', \boldsymbol{\alpha}_2', \boldsymbol{\alpha}_3')| = \begin{vmatrix} 1 & 2 & 1 \\ -2 & 1 & -7 \\ 3 & 0 & 9 \end{vmatrix} = 0$，所以，对应的齐次方程组（4）有非零解，

也就是此处的向量组线性相关．

实际上，此处易见：$\boldsymbol{\alpha}_3 = 3\boldsymbol{\alpha}_1 - \boldsymbol{\alpha}_2$．

例 5 若向量组 $\boldsymbol{\alpha}_1, \boldsymbol{\alpha}_2, \boldsymbol{\alpha}_3$ 线性无关，则向量组 $2\boldsymbol{\alpha}_1 + \boldsymbol{\alpha}_2, \boldsymbol{\alpha}_2 + 5\boldsymbol{\alpha}_3, 4\boldsymbol{\alpha}_3 + 3\boldsymbol{\alpha}_1$ 也线性无关．

解 因为 $(2\boldsymbol{\alpha}_1 + \boldsymbol{\alpha}_2, \boldsymbol{\alpha}_2 + 5\boldsymbol{\alpha}_3, 4\boldsymbol{\alpha}_3 + 3\boldsymbol{\alpha}_1) = \begin{pmatrix} 2 & 1 & 0 \\ 0 & 1 & 5 \\ 3 & 0 & 4 \end{pmatrix} \begin{pmatrix} \boldsymbol{\alpha}_1 \\ \boldsymbol{\alpha}_2 \\ \boldsymbol{\alpha}_3 \end{pmatrix}$，由于 $\boldsymbol{\alpha}_1, \boldsymbol{\alpha}_2, \boldsymbol{\alpha}_3$ 线性无关，

故只要分析 $\begin{vmatrix} 2 & 1 & 0 \\ 0 & 1 & 5 \\ 3 & 0 & 4 \end{vmatrix}$ 是否为零．这里不难计算出：$\begin{vmatrix} 2 & 1 & 0 \\ 0 & 1 & 5 \\ 3 & 0 & 4 \end{vmatrix} \neq 0$，因此：$2\boldsymbol{\alpha}_1 + \boldsymbol{\alpha}_2, \boldsymbol{\alpha}_2 +$

$5\boldsymbol{\alpha}_3, 4\boldsymbol{\alpha}_3 + 3\boldsymbol{\alpha}_1$ 的线性相关性与 $\boldsymbol{\alpha}_1, \boldsymbol{\alpha}_2, \boldsymbol{\alpha}_3$ 相同，也是线性无关的．

如果向量组（2）线性无关，那么在每一个向量上添一个分量所得到的 $n+1$ 维的向量组

$$\boldsymbol{\beta}_i = (a_{i1}, a_{i2}, \cdots, a_{in}, a_{i,n+1}), i = 1, 2, \cdots, s \qquad (5)$$

也线性无关.

定理 1 设 $\boldsymbol{\alpha}_1, \boldsymbol{\alpha}_2, \cdots, \boldsymbol{\alpha}_r$ 与 $\boldsymbol{\beta}_1, \boldsymbol{\beta}_2, \cdots, \boldsymbol{\beta}_s$ 是两个向量组. 如果

(1) 向量组 $\boldsymbol{\alpha}_1, \boldsymbol{\alpha}_2, \cdots, \boldsymbol{\alpha}_r$ 可以经 $\boldsymbol{\beta}_1, \boldsymbol{\beta}_2, \cdots, \boldsymbol{\beta}_s$ 线性表出;

(2) $r > s$.

那么向量组 $\boldsymbol{\alpha}_1, \boldsymbol{\alpha}_2, \cdots, \boldsymbol{\alpha}_r$ 必线性相关.

推论 1 如果向量组 $\boldsymbol{\alpha}_1, \boldsymbol{\alpha}_2, \cdots, \boldsymbol{\alpha}_r$ 可以经向量组 $\boldsymbol{\beta}_1, \boldsymbol{\beta}_2, \cdots, \boldsymbol{\beta}_s$ 线性表出, 且 $\boldsymbol{\alpha}_1, \boldsymbol{\alpha}_2, \cdots, \boldsymbol{\alpha}_r$ 线性无关, 那么 $r \leqslant s$.

推论 2 任意 $n+1$ 个 n 维向量必线性相关.

推论 3 两个线性无关的等价的向量组, 必含有相同个数的向量.

定理 1 的几何意义是清楚的: 在三维向量的情形, 如果 $s=2$, 那么可以由向量 $\boldsymbol{\beta}_1, \boldsymbol{\beta}_2$ 线性表出的向量当然都在 $\boldsymbol{\beta}_1, \boldsymbol{\beta}_2$ 所在的平面上, 因而这些向量是共面的, 也就是说, 当 $r > 2$ 时, 这些向量线性相关. 两个向量组 $\boldsymbol{\alpha}_1, \boldsymbol{\alpha}_2$ 与 $\boldsymbol{\beta}_1, \boldsymbol{\beta}_2$ 等价, 就意味着它们在同一平面上.

四、向量组的秩

定义 13 一向量组的一个部分组称为一个极大线性无关组, 如果这个部分组本身是线性无关的, 并且从这个向量组中任意添一个向量 (如果还有的话), 那么所得的部分向量组都线性相关.

一个线性无关向量组的极大线性无关组就是这个向量组本身.

极大线性无关组的一个基本性质是, 任意一个极大线性无关组都与向量组本身等价.

例 6 向量组 $\boldsymbol{\alpha}_1 = (1, 0, 0), \boldsymbol{\alpha}_2 = (0, 1, 0), \boldsymbol{\alpha}_3 = (1, 1, 0)$. 在这里 $\{\boldsymbol{\alpha}_1, \boldsymbol{\alpha}_2\}$ 线性无关, 而 $\boldsymbol{\alpha}_3 = \boldsymbol{\alpha}_1 + \boldsymbol{\alpha}_2$, 所以 $\{\boldsymbol{\alpha}_1, \boldsymbol{\alpha}_2\}$ 是一个极大线性无关组. 另外, $\{\boldsymbol{\alpha}_1, \boldsymbol{\alpha}_3\}, \{\boldsymbol{\alpha}_2, \boldsymbol{\alpha}_3\}$ 也都是向量组 $\{\boldsymbol{\alpha}_1, \boldsymbol{\alpha}_2, \boldsymbol{\alpha}_3\}$ 的极大线性无关组.

由上面的例子可以看出, 向量组的极大线性无关组不是唯一的. 但是每一个极大线性无关组都与向量组本身等价, 因而, 一向量组的任意两个极大线性无关组都是等价的.

定理 2 一向量组的极大线性无关组都含有相同个数的向量.

定理 2 表明, 极大线性无关组所含向量的个数与极大线性无关组的选择无关, 它直接反映了向量组本身的性质. 因此有:

定义 14 向量组的极大线性无关组所含向量的个数称为这个向量组的秩.

一向量组线性无关的充要条件是它的秩与它所含向量的个数相同.

每一向量组都与它的极大线性无关组等价. 由等价的传递性可知, 任意两个等价向量组的极大线性无关组也等价. 所以, 等价的向量组必有相同的秩.

含有非零向量的向量组一定有极大线性无关组, 且任一个线性无关的部分向量都能扩充成一极大线性无关组. 全部由零向量组成的向量组没有极大线性无关组. 规定这样的向量组的秩为零.

现在把上面的概念与方程组的解的关系进行联系, 给定一个方程组

$$\begin{cases} a_{11}x_1 + a_{12}x_2 + \cdots + a_{1n}x_n = d_1, & (A_1) \\ a_{21}x_1 + a_{22}x_2 + \cdots + a_{2n}x_n = d_2, & (A_2) \\ \cdots & \\ a_{s1}x_1 + a_{s2}x_2 + \cdots + a_{sn}x_n = d_s & (A_s) \end{cases}$$

各个方程所对应的向量分别是 $\boldsymbol{\alpha}_1 = (a_{11}, a_{12}, \cdots, a_{1n}, d_1)$，$\boldsymbol{\alpha}_2 = (a_{21}, a_{22}, \cdots, a_{2n}, d_2)$，$\cdots$，$\boldsymbol{\alpha}_s = (a_{s1}, a_{s2}, \cdots, a_{sn}, d_s)$。设有另一个方程

$$b_1x_1 + b_2x_2 + \cdots + b_nx_n = d \qquad\qquad (B)$$

它对应的向量为 $\boldsymbol{\beta} = (b_1, \ b_2, \ \cdots, \ b_n, \ d)$。

则 $\boldsymbol{\beta}$ 是 $\boldsymbol{\alpha}_1, \boldsymbol{\alpha}_2, \cdots, \boldsymbol{\alpha}_s$ 的线性组合，$\boldsymbol{\beta} = l_1\boldsymbol{\alpha}_1 + l_2\boldsymbol{\alpha}_2 + \cdots + l_s\boldsymbol{\alpha}_s$ 当且仅当 $(B) = l_1(A_1) + l_2(A_2) + \cdots + l_s(A_s)$，即方程 (B) 是方程 $(A_1), (A_2), \cdots, (A_s)$ 的线性组合。容易验证，方程组 $(A_1), (A_2), \cdots, (A_s)$ 的解一定满足 (B)。进一步设方程组

$$\begin{cases} b_{11}x_1 + b_{12}x_2 + \cdots + b_{1n}x_n = c_1, & (B_1) \\ b_{21}x_1 + b_{22}x_2 + \cdots + b_{2n}x_n = c_2, & (B_2) \\ \cdots & \\ b_{r1}x_1 + b_{r2}x_2 + \cdots + b_{rn}x_n = c_r & (B_r) \end{cases}$$

它的方程所对应的向量为 $\boldsymbol{\beta}_1, \boldsymbol{\beta}_2, \cdots, \boldsymbol{\beta}_r$。若 $\boldsymbol{\beta}_1, \boldsymbol{\beta}_2, \cdots, \boldsymbol{\beta}_r$ 可经 $\boldsymbol{\alpha}_1, \boldsymbol{\alpha}_2, \cdots, \boldsymbol{\alpha}_s$ 线性表出，则方程组 $(A_1), (A_2), \cdots, (A_s)$ 的解是方程组 $(B_1), (B_2), \cdots, (B_r)$ 的解。再进一步，当 $\boldsymbol{\alpha}_1, \boldsymbol{\alpha}_2, \cdots, \boldsymbol{\alpha}_s$ 与 $\boldsymbol{\beta}_1, \boldsymbol{\beta}_2, \cdots, \boldsymbol{\beta}_r$ 等价时，两个方程组同解。

五、线性方程组有解的判定

设线性方程组为

$$\begin{cases} a_{11}x_1 + a_{12}x_2 + \cdots + a_{1n}x_n = b_1, \\ a_{21}x_1 + a_{22}x_2 + \cdots + a_{2n}x_n = b_2, \\ \cdots \\ a_{s1}x_1 + a_{s2}x_2 + \cdots + a_{sn}x_n = b_s \end{cases} \qquad\qquad (1)$$

引入向量：

$$\boldsymbol{\alpha}_1 = \begin{pmatrix} a_{11} \\ a_{21} \\ \vdots \\ a_{s1} \end{pmatrix}, \boldsymbol{\alpha}_2 = \begin{pmatrix} a_{12} \\ a_{22} \\ \vdots \\ a_{s2} \end{pmatrix}, \cdots, \boldsymbol{\alpha}_n = \begin{pmatrix} a_{1n} \\ a_{2n} \\ \vdots \\ a_{sn} \end{pmatrix}, \boldsymbol{\beta} = \begin{pmatrix} b_1 \\ b_2 \\ \vdots \\ b_s \end{pmatrix} \qquad (2)$$

于是线性方程组 (1) 可以改写成向量方程：

$$x_1\boldsymbol{\alpha}_1 + x_2\boldsymbol{\alpha}_2 + \cdots + x_n\boldsymbol{\alpha}_n = \boldsymbol{\beta} \qquad\qquad (3)$$

显然，线性方程组 (1) 有解的充要条件为：向量 $\boldsymbol{\beta}$ 可以表成向量组 $\boldsymbol{\alpha}_1, \boldsymbol{\alpha}_2, \cdots, \boldsymbol{\alpha}_n$ 的线性组合。用秩的概念，线性方程组 (1) 有解的条件可以叙述如下：

定理 3（线性方程组有解判别定理） 线性方程组 (1) 有解的充要条件为它的系数矩阵

$$A = \begin{pmatrix} a_{11} & a_{12} & \cdots & a_{1n} \\ a_{21} & a_{22} & \cdots & a_{2n} \\ \vdots & \vdots & & \vdots \\ a_{s1} & a_{s2} & \cdots & a_{sn} \end{pmatrix}$$

与增广矩阵

$$\overline{A} = \begin{pmatrix} a_{11} & a_{12} & \cdots & a_{1n} & b_1 \\ a_{21} & a_{22} & \cdots & a_{2n} & b_2 \\ \vdots & \vdots & \vdots & \vdots & \vdots \\ a_{s1} & a_{s2} & \cdots & a_{sn} & b_s \end{pmatrix}$$

有相同的秩.

应该指出，这个判别条件与以前的消元法是一致的. 用消元法解线性方程组（1）的第一步就是用初等行变换把增广矩阵 $\overline{A}$ 化成阶梯形. 这个阶梯形矩阵在适当调动前列的顺序之后可能有两种情形：

$$\begin{pmatrix} c_{11} & c_{12} & \cdots & c_{1r} & \cdots & c_{1n} & d_1 \\ 0 & c_{22} & \cdots & c_{2r} & & c_{2n} & d_2 \\ \vdots & \vdots & & \vdots & & \vdots & \vdots \\ 0 & 0 & \cdots & c_{rr} & \cdots & c_{rn} & d_r \\ 0 & 0 & \cdots & 0 & \cdots & 0 & d_{r+1} \\ 0 & 0 & \cdots & 0 & \cdots & 0 & 0 \\ \vdots & \vdots & & \vdots & & \vdots & \vdots \\ 0 & 0 & \cdots & 0 & \cdots & 0 & 0 \end{pmatrix}$$

或者

$$\begin{pmatrix} c_{11} & c_{12} & \cdots & c_{1r} & \cdots & c_{1n} & d_1 \\ 0 & c_{22} & \cdots & c_{2r} & \cdots & c_{2n} & d_2 \\ \vdots & \vdots & & \vdots & & \vdots & \vdots \\ 0 & 0 & \cdots & c_{rr} & \cdots & c_{rn} & d_r \\ 0 & 0 & \cdots & 0 & \cdots & 0 & 0 \\ 0 & 0 & \cdots & 0 & \cdots & 0 & 0 \\ \vdots & \vdots & & \vdots & & \vdots & \vdots \\ 0 & 0 & \cdots & 0 & \cdots & 0 & 0 \end{pmatrix}$$

其中，$c_{ii} \neq 0, i = 1, 2, \cdots, r, d_{r+1} \neq 0$. 在前一种情形，原方程组无解，而在后一种情形方程组有解. 实际上，把这个阶梯形矩阵最后一列去掉，那就是线性方程组（1）的系数矩阵 A 经过初等行变换所化成的阶梯形. 这就是说，当系数矩阵与增广矩阵的秩相等时，方程组有解；当增广矩阵的秩等于系数矩阵的秩加 1 时，方程组无解.

以上的说明可以认为是判别定理的另一个证明.

根据克莱姆法则，也可以给出一般线性方程组的一个解法.

设线性方程组（1）有解，矩阵 A 与 $\overline{A}$ 的秩都等于 r，而 D 是矩阵 A 的一个不为零的 r 级子式（当然它也是 $\overline{A}$ 的一个不为零的子式），为了方便起见，不妨设 D 位于 A 的左上角.

显然，在这种情况下，$\overline{A}$ 的前 r 行就是一个极大线性无关组，第 $r+1,\cdots,s$ 行都可以经它们线性表出. 因此，线性方程组（1）与

$$\begin{cases} a_{11}x_1 + \cdots + a_{1r}x_r + \cdots + a_{1n}x_n = b_1, \\ a_{21}x_1 + \cdots + a_{2r}x_r + \cdots + a_{2n}x_n = b_2, \\ \cdots \\ a_{r1}x_1 + \cdots + a_{rr}x_r + \cdots + a_{rn}x_n = b_r \end{cases} \tag{4}$$

同解.

当 $r=n$ 时，由克莱姆法则，线性方程组（4）有唯一解，也就是线性方程组（1）有唯一解.

当 $r<n$ 时，将线性方程组（4）改写为

$$\begin{cases} a_{11}x_1 + \cdots + a_{1r}x_r = b_1 - a_{1,r+1}x_{r+1} - \cdots - a_{1n}x_n, \\ a_{21}x_1 + \cdots + a_{2r}x_r = b_2 - a_{2,r+1}x_{r+1} - \cdots - a_{2n}x_n, \\ \cdots \\ a_{r1}x_1 + \cdots + a_{rr}x_r = b_r - a_{r,r+1}x_{r+1} - \cdots - a_{rn}x_n \end{cases} \tag{5}$$

方程组（5）作为 $x_1,\cdots,x_r$ 的一个方程组. 由克莱姆法则，对于 $x_{r+1},\cdots,x_n$ 的任意一组值，线性方程组（5），也就是线性方程组（1），都有唯一的解. $x_{r+1},\cdots,x_n$ 就是线性方程组（1）的一组自由未知量. 对方程组（5）用克莱姆法则，可以解出 $x_1,\cdots,x_r$：

$$\begin{cases} x_1 = d_1' - c_{1,r+1}'x_{r+1} - \cdots - c_{1n}'x_n, \\ x_2 = d_2' - c_{2,r+1}'x_{r+1} - \cdots - c_{2n}'x_n, \\ \cdots \\ x_r = d_r' - c_{r,r+1}'x_{r+1} - \cdots - c_{rn}'x_n \end{cases} \tag{6}$$

方程组（6）就是线性方程组（1）的一般解.

注意：记 $(A \quad b) = \overline{A}$，则上述定理的结果，可简要总结如下：

（1）$r(A) = r(\overline{A}) = n \Leftrightarrow Ax = b$ 有唯一解；

（2）$r(A) = r(\overline{A}) < n \Leftrightarrow Ax = b$ 有无穷多解；

（3）$r(A) \neq r(\overline{A}) \Leftrightarrow Ax = b$ 无解；

（4）$r(A) = n \Leftrightarrow Ax = 0$ 只有零解；

（5）$r(A) < n \Leftrightarrow Ax = 0$ 有非零解.

而定理的证明实际上给出了求解线性方程组（1）的方法：

对非齐次线性方程组，将增广矩阵 $\overline{A}$ 化为行阶梯形矩阵，便可直接判断其是否有解，若有解，化为行最简形矩阵，便可直接写出其全部解. 其中要注意，当 $r(A) = r(\overline{A}) = r < n$ 时，$\overline{A}$ 的行阶梯形矩阵中含有 r 个非零行，把这 r 行的第一个非零元所对应的未知量作为非自由量，其余 $n-r$ 个作为自由未知量.

对齐次线性方程组，将其系数矩阵化为行最简形矩阵，便可直接写出其全部解.

例 7 下列方程组是否有解？如有解，是否有唯一的一组解？

$$\begin{cases} x_1 + 2x_2 - 3x_3 + x_4 = 1, \\ x_1 + x_2 + x_3 + x_4 = 0 \end{cases}$$

解 方程组的系数矩阵 $A = \begin{pmatrix} 1 & 2 & -3 & 1 \\ 1 & 1 & 1 & 1 \end{pmatrix}$,

显然 A 有一个 2 阶子式 $\begin{vmatrix} 1 & 2 \\ 1 & 1 \end{vmatrix} = -1 \neq 0$, 因此 $r(A) = 2$. 增广矩阵 $\overline{A} = \begin{pmatrix} 1 & 2 & -3 & 1 & 1 \\ 1 & 1 & 1 & 1 & 0 \end{pmatrix}$,

显然 $r(\overline{A}) = 2$, 因此该方程组有解. 但方程组的未知数个数为 4, 因此应有无穷多组解.

例 8 判断方程组是否有解?

$$\begin{cases} -3x_1 + x_2 + 4x_3 = -1, \\ x_1 + x_2 + x_3 = 0, \\ -2x_1 + x_3 = -1, \\ x_1 + x_2 - 2x_3 = 0 \end{cases}$$

解 利用初等变换法求增广矩阵 $\overline{A}$ 的秩.

$$\begin{pmatrix} -3 & 1 & 4 & -1 \\ 1 & 1 & 1 & 0 \\ -2 & 0 & 1 & -1 \\ 1 & 1 & -2 & 0 \end{pmatrix} \xrightarrow{r_1 \leftrightarrow r_2} \begin{pmatrix} 1 & 1 & 1 & 0 \\ -3 & 1 & 4 & -1 \\ -2 & 0 & 1 & -1 \\ 1 & 1 & -2 & 0 \end{pmatrix} \xrightarrow[\substack{r_3+2r_1 \\ r_4-r_1}]{r_2+3r_1} \begin{pmatrix} 1 & 1 & 1 & 0 \\ 0 & 4 & 7 & -1 \\ 0 & 2 & 3 & -1 \\ 0 & 0 & -3 & 0 \end{pmatrix} \xrightarrow{r_2 \leftrightarrow r_3}$$

$$\begin{pmatrix} 1 & 1 & 1 & 0 \\ 0 & 2 & 3 & -1 \\ 0 & 4 & 7 & -1 \\ 0 & 0 & -3 & 0 \end{pmatrix} \xrightarrow{r_3-2r_2} \begin{pmatrix} 1 & 1 & 1 & 0 \\ 0 & 2 & 3 & -1 \\ 0 & 0 & 1 & 1 \\ 0 & 0 & -3 & 0 \end{pmatrix} \xrightarrow{r_4+3r_3} \begin{pmatrix} 1 & 1 & 1 & 0 \\ 0 & 2 & 3 & -1 \\ 0 & 0 & 1 & 1 \\ 0 & 0 & 0 & 3 \end{pmatrix}$$

因此 $r(A) = 3, r(\overline{A}) = 4$. 由于 $r(A) \neq r(\overline{A})$, 故原方程组无解.

例 9 求解齐次线性方程组

$$\begin{cases} x_1 + 2x_2 + 2x_3 + x_4 = 0, \\ 2x_1 + x_2 - 2x_3 - 2x_4 = 0, \\ x_1 - x_2 - 4x_3 - 3x_4 = 0 \end{cases}$$

解 对系数矩阵 A 施行初等行变换.

$$A = \begin{pmatrix} 1 & 2 & 2 & 1 \\ 2 & 1 & -2 & -2 \\ 1 & -1 & -4 & -3 \end{pmatrix} \xrightarrow[\substack{r_3-r_1}]{r_2-2r_1} \begin{pmatrix} 1 & 2 & 2 & 1 \\ 0 & -3 & -6 & -4 \\ 0 & -3 & -6 & -4 \end{pmatrix} \xrightarrow[\substack{r_2 \div (-3)}]{r_3-r_2}$$

$$\begin{pmatrix} 1 & 2 & 2 & 1 \\ 0 & 1 & 2 & 4/3 \\ 0 & 0 & 0 & 0 \end{pmatrix} \xrightarrow{r_1-2r_2} \begin{pmatrix} 1 & 0 & -2 & -5/3 \\ 0 & 1 & 2 & 4/3 \\ 0 & 0 & 0 & 0 \end{pmatrix}$$

即得与原方程同解的方程组

$$\begin{cases} x_1 = 2x_3 + 5/3x_4, \\ x_2 = -2x_3 - 4/3x_4 \end{cases} \quad (x_3, x_4 \text{ 可任意取值})$$

令 $x_3 = c_1, x_4 = c_2$，把它写成向量形式为

$$\begin{pmatrix} x_1 \\ x_2 \\ x_3 \\ x_4 \end{pmatrix} = c_1 \begin{pmatrix} 2 \\ -2 \\ 1 \\ 0 \end{pmatrix} + c_2 \begin{pmatrix} 5/3 \\ -4/3 \\ 0 \\ 1 \end{pmatrix}$$

它表达了方程组的**全部解**.

例 10 解线性方程组

$$\begin{cases} x_1 + 5x_2 - x_3 - x_4 = -1, \\ x_1 - 2x_2 + x_3 + 3x_4 = 3, \\ 3x_1 + 8x_2 - x_3 + x_4 = 1, \\ x_1 - 9x_2 + 3x_3 + 7x_4 = 7 \end{cases}$$

解 对增广矩阵 $(A \quad b)$ 施以初等变换，化为阶梯形矩阵：

$$(A \quad b) = \begin{pmatrix} 1 & 5 & -1 & -1 & -1 \\ 1 & -2 & 1 & 3 & 3 \\ 3 & 8 & -1 & 1 & 1 \\ 1 & -9 & 3 & 7 & 7 \end{pmatrix} \rightarrow \begin{pmatrix} 1 & 5 & -1 & -1 & -1 \\ 0 & -7 & 2 & 4 & 4 \\ 0 & -7 & 2 & 4 & 4 \\ 0 & -14 & 4 & 8 & 8 \end{pmatrix} \rightarrow$$

$$\begin{pmatrix} 1 & 5 & -1 & -1 & -1 \\ 0 & -7 & 2 & 4 & 4 \\ 0 & 0 & 0 & 0 & 0 \\ 0 & 0 & 0 & 0 & 0 \end{pmatrix} \rightarrow \begin{pmatrix} 1 & 5 & -1 & -1 & -1 \\ 0 & 1 & -2/7 & -4/7 & -4/7 \\ 0 & 0 & 0 & 0 & 0 \\ 0 & 0 & 0 & 0 & 0 \end{pmatrix}$$

因为 $r(A \quad b) = r(A) = 2 < 4$，故方程组有无穷多解.

利用上式回代，由

$$\begin{pmatrix} 1 & 0 & 3/7 & 13/7 & 13/7 \\ 0 & 1 & -2/7 & -4/7 & -4/7 \\ 0 & 0 & 0 & 0 & 0 \\ 0 & 0 & 0 & 0 & 0 \end{pmatrix}$$

即有对应的方程组：

$$\begin{cases} x_1 = \dfrac{13}{7} - \dfrac{3}{7}x_3 - \dfrac{13}{7}x_4, \\[2mm] x_2 = -\dfrac{4}{7} + \dfrac{2}{7}x_3 + \dfrac{4}{7}x_4 \end{cases}$$

取 $x_3 = c_1, x_4 = c_2 (c_1, c_2$ 为任意常数)，由方程组的全部解为

$$\begin{cases} x_1 = \dfrac{13}{7} - \dfrac{3}{7}c_1 - \dfrac{13}{7}c_2, \\[2mm] x_2 = -\dfrac{4}{7} + \dfrac{2}{7}c_1 + \dfrac{4}{7}c_2, \\[2mm] x_3 = c_1, \\[1mm] x_4 = c_2 \end{cases}$$

例 11　解线性方程组

$$\begin{cases} x_1 + x_2 + 2x_3 + 3x_4 = 1, \\ x_2 + x_3 - 4x_4 = 1, \\ x_1 + 2x_2 + 3x_3 - x_4 = 4, \\ 2x_1 + 3x_2 - x_3 - x_4 = -6 \end{cases}$$

解

$$(A \quad b) = \begin{pmatrix} 1 & 1 & 2 & 3 & 1 \\ 0 & 1 & 1 & -4 & 1 \\ 1 & 2 & 3 & -1 & 4 \\ 2 & 3 & -1 & -1 & -6 \end{pmatrix} \rightarrow \begin{pmatrix} 1 & 1 & 2 & 3 & 1 \\ 0 & 1 & 1 & -4 & 1 \\ 0 & 1 & 1 & -4 & 3 \\ 0 & 1 & -5 & -7 & -8 \end{pmatrix} \rightarrow$$

$$\begin{pmatrix} 1 & 1 & 2 & 3 & 1 \\ 0 & 1 & 1 & -4 & 1 \\ 0 & 0 & 0 & 0 & 2 \\ 0 & 0 & -6 & -3 & -9 \end{pmatrix} \rightarrow \begin{pmatrix} 1 & 1 & 2 & 3 & 1 \\ 0 & 1 & 1 & -4 & 1 \\ 0 & 0 & 6 & 3 & 9 \\ 0 & 0 & 0 & 0 & 2 \end{pmatrix}$$

因为 $r(A) = 3$，$r(A \quad b) = 4$，$r(A \quad b) \neq r(A)$，所以原方程组无解.

六、线性方程组解的结构

在解决线性方程组有解的判别条件之后，进一步来讨论线性方程组解的结构. 所谓解的结构问题，就是解与解之间的关系问题.

（一）齐次线性方程组解的结构

设有线性方程组：

$$\begin{cases} a_{11}x_1 + a_{12}x_2 + \cdots + a_{1n}x_n = 0, \\ a_{21}x_1 + a_{22}x_2 + \cdots + a_{2n}x_n = 0, \\ \cdots \\ a_{s1}x_1 + a_{s2}x_2 + \cdots + a_{sn}x_n = 0 \end{cases} \tag{1}$$

则该齐次线性方程组的解所成的集合具有下面两个重要性质：

（1）两个解的和还是方程组的解.

（2）一个解的倍数还是方程组的解.

从几何上看，这两个性质是清楚的. 在 $n = 3$ 时，每个齐次方程表示一个过原点的平面. 于是方程组的解，也就是这些平面的交点，如果不只是原点的话，就是一条过原点的直线或一个过原点的平面. 以原点为起点，而端点在这样的直线或平面上的向量显然具有上述的性质.

对于齐次线性方程组，综合以上两点即得，解的线性组合还是方程组的解. 这个性质说明了，如果方程组有几个解，那么这些解的所有可能的线性组合就给出了很多的解. 基于这个事实，我们要问：齐次线性方程组的全部解是否能够通过它的有限的几个解的线性组合给出？

定义 17　齐次线性方程组（1）的一组解 $\eta_1, \eta_2, \cdots, \eta_t$ 称为方程组（1）的一个基础解

系，如果

（1）方程组（1）的任一个解都能表成 $\boldsymbol{\eta}_1,\boldsymbol{\eta}_2,\cdots,\boldsymbol{\eta}_t$ 的线性组合；

（2）$\boldsymbol{\eta}_1,\boldsymbol{\eta}_2,\cdots,\boldsymbol{\eta}_t$ 线性无关.

应该注意，定义中的条件（2）是为了保证基础解系中没有多余的解.

定理 4 在齐次线性方程组有非零解的情况下，它有基础解系，并且基础解系所含解的个数等于 $n-r$，这里 r 表示系数矩阵的秩（以下将看到，$n-r$ 也就是自由未知量的个数）.

定理的证明事实上就是一个具体找基础解系的方法. 此处略去该证明.

由定义容易看出，任何一个线性无关的与某一个基础解系等价的向量组都是基础解系.

（二）一般线性方程组解的结构

如果把一般线性方程组：

$$\begin{cases}a_{11}x_1+a_{12}x_2+\cdots+a_{1n}x_n=b_1,\\ a_{21}x_1+a_{22}x_2+\cdots+a_{2n}x_n=b_2,\\ \cdots\\ a_{s1}x_1+a_{s2}x_2+\cdots+a_{sn}x_n=b_s\end{cases}\tag{2}$$

的常数项换成 0，就得到齐次线性方程组（1）. 齐次线性方程组（1）称为方程组（2）的导出组. 方程组（2）的解与它的导出组（1）之间有密切的关系：

（1）线性方程组（2）的两个解的差是它的导出组（1）的解.

（2）线性方程组（2）的一个解与它的导出组（1）的一个解之和还是这个线性方程组的解.

定理 5 如果 $\boldsymbol{\gamma}_0$ 是线性方程组（2）的一个特解，那么线性方程组（2）的任一个解 $\boldsymbol{\gamma}$ 都可以表成 $\boldsymbol{\gamma}=\boldsymbol{\gamma}_0+\boldsymbol{\eta}$. 其中，$\boldsymbol{\eta}$ 是导出组（1）的一个解. 因此，对于线性方程组（2）的任一个特解 $\boldsymbol{\gamma}_0$，当 $\boldsymbol{\eta}$ 取遍它的导出组的全部解时，上式就给出了方程组（2）的全部解.

定理 5 说明，为了找出一线性方程组的全部解，只要找出它的一个特殊的解以及它的导出组的全部解就行了. 导出组是一个齐次线性方程组，在上面已经看到，一个齐次线性方程组的解的全体可以用基础解系来表示. 因此，根据定理我们可以用导出组的基础解系来表出一般线性方程组的一般解；如果 $\boldsymbol{\gamma}_0$ 是线性方程组（2）的一个特解，$\boldsymbol{\eta}_1,\boldsymbol{\eta}_2,\cdots,\boldsymbol{\eta}_{n-r}$ 是其导出组的一个基础解系，那么方程组（2）的任一个解 $\boldsymbol{\gamma}$ 都可以表成

$$\boldsymbol{\gamma}=\boldsymbol{\gamma}_0+k_1\boldsymbol{\eta}_1+k_2\boldsymbol{\eta}_2+\cdots+k_{n-r}\boldsymbol{\eta}_{n-r}$$

推论 在线性方程组（2）有解的条件下，解是唯一的充要条件是它的导出组（1）只有零解.

线性方程组的理论与解析几何中关于平面与直线的讨论有密切的关系. 来看线性方程组

$$\begin{cases}a_{11}x_1+a_{12}x_2+a_{13}x_3=b_1,\\ a_{21}x_1+a_{22}x_2+a_{23}x_3=b_2\end{cases}\tag{3}$$

方程组（3）中每一个方程表示一个平面，方程组（3）有没有解的问题就相当于这两个平面有没有交点的问题．我们知道，两个平面只有在平行而不重合的情形没有交点．方程组（3）的系数矩阵与增广矩阵分别是

$$A = \begin{pmatrix} a_{11} & a_{12} & a_{13} \\ a_{21} & a_{22} & a_{23} \end{pmatrix} \text{与} \overline{A} = \begin{pmatrix} a_{11} & a_{12} & a_{13} & b_1 \\ a_{21} & a_{22} & a_{23} & b_2 \end{pmatrix}$$

它们的秩可能是 1 或者 2. 有 3 种可能的情形：

（1）$r(A) = r(\overline{A}) = 1$. 这就是两行成比例，因而这两个平面平行．又因为 $\overline{A}$ 的两行也成比例，所以这两个平面重合．方程组有解．

（2）$r(A) = 1, r(\overline{A}) = 2$. 这就是说，这两个平面平行而不重合．方程组无解．

（3）$r(A) = 2$. 这时 $\overline{A}$ 的秩一定也是 2. 在几何上就是这两个平面不平行，因而一定相交．方程组有解．

下面再来看看线性方程组的解的几何意义．设矩阵 A 的秩为 2，这时一般解中有一个自由未知量，譬如说是 x_3，一般解的形式为

$$\begin{cases} x_1 = d_1 + c_1 x_3, \\ x_2 = d_2 + c_2 x_3 \end{cases} \tag{4}$$

从几何上看，两个不平行的平面相交在一条直线．把直线（4）改写一下就是直线的点向式方程

$$\frac{x_1 - d_1}{c_1} = \frac{x_2 - d_2}{c_2} = x_3$$

如果引入参数 t，令 $x_3 = t$，直线（4）就成为

$$\begin{cases} x_1 = d_1 + c_1 t, \\ x_2 = d_2 + c_2 t, \\ x_3 = t \end{cases} \tag{5}$$

这就是直线的参数方程．

方程组（3）的导出方程组是

$$\begin{cases} a_{11} x_1 + a_{12} x_2 + a_{13} x_3 = 0, \\ a_{21} x_1 + a_{22} x_2 + a_{23} x_3 = 0 \end{cases} \tag{6}$$

从几何上看，这是两个分别与方程组（3）中平面平行的且过原点的平面，因而它们的交线过原点且与直线（4）平行．既然与直线（4）平行，也就是有相同的方向，所以这条直线的参数方程就是

$$\begin{cases} x_1 = c_1 t, \\ x_2 = c_2 t, \\ x_3 = t \end{cases} \tag{7}$$

直线（5）与直线（7）正说明了线性方程组（3）与它的导出组（6）的解之间的

关系.

例 12 求线性方程组 $\begin{cases} 3x_1 + x_2 - x_3 - 2x_4 = 0, \\ x_1 - 5x_2 + 2x_3 + x_4 = 0, \\ 2x_1 + 6x_2 - 3x_3 - 3x_4 = 0 \end{cases}$ 的一个基础解系.

解

$$A = \begin{pmatrix} 3 & 1 & -1 & -2 \\ 1 & -5 & 2 & 1 \\ 2 & 6 & -3 & -3 \end{pmatrix} \longrightarrow \begin{pmatrix} 1 & -5 & 2 & 1 \\ 0 & 16 & -7 & -5 \\ 0 & 16 & -7 & -5 \end{pmatrix} \longrightarrow$$

$$\begin{pmatrix} 1 & -5 & 2 & 1 \\ 0 & 16 & -7 & -5 \\ 0 & 0 & 0 & 0 \end{pmatrix} \longrightarrow \begin{pmatrix} 1 & 0 & -\dfrac{3}{16} & -\dfrac{9}{16} \\ 0 & 1 & -\dfrac{7}{16} & -\dfrac{5}{16} \\ 0 & 0 & 0 & 0 \end{pmatrix}, \ 得到同解的方程组为$$

$$\begin{cases} x_1 = \dfrac{3}{16}x_3 + \dfrac{9}{16}x_4, \\ x_2 = \dfrac{7}{16}x_3 + \dfrac{5}{16}x_4 \end{cases}$$

则方程组的一个基础解系为

$$\boldsymbol{\xi}_1 = \begin{pmatrix} \dfrac{3}{16} & \dfrac{7}{16} & 1 & 0 \end{pmatrix}^{\mathrm{T}}, \boldsymbol{\xi}_2 = \begin{pmatrix} \dfrac{9}{16} & \dfrac{5}{16} & 0 & 1 \end{pmatrix}^{\mathrm{T}}$$

齐次线性方程组的通解为

$$X = C_1\boldsymbol{\xi}_1 + C_2\boldsymbol{\xi}_2 (C_1, C_2 \ 为任意常数)$$

例 13 设线性方程组 $\begin{cases} x_1 - 2x_2 + 3x_3 - 4x_4 = 4, \\ x_2 - x_3 + x_4 = -3, \\ x_1 + 3x_2 - 3x_4 = 1. \end{cases}$ 用它的导出齐次方程组的基础解系表示

它的全部解.

解

$$\bar{A} = \begin{pmatrix} 1 & -2 & 3 & -4 & 4 \\ 0 & 1 & -1 & 1 & -3 \\ 1 & 3 & 0 & -3 & 1 \end{pmatrix} \longrightarrow \begin{pmatrix} 1 & -2 & 3 & -4 & 4 \\ 0 & 1 & -1 & 1 & -3 \\ 0 & 5 & -3 & 1 & -3 \end{pmatrix} \longrightarrow$$

$$\begin{pmatrix} 1 & -2 & 3 & -4 & 4 \\ 0 & 1 & -1 & 1 & -3 \\ 0 & 0 & 2 & -4 & 12 \end{pmatrix} \longrightarrow \begin{pmatrix} 1 & -2 & 3 & -4 & 4 \\ 0 & 1 & -1 & 1 & -3 \\ 0 & 0 & 1 & -2 & 6 \end{pmatrix} \longrightarrow$$

$$\begin{pmatrix} 1 & -2 & 0 & 2 & -14 \\ 0 & 1 & 0 & -1 & 3 \\ 0 & 0 & 1 & -2 & 6 \end{pmatrix} \longrightarrow \begin{pmatrix} 1 & 0 & 0 & 0 & -8 \\ 0 & 1 & 0 & -1 & 3 \\ 0 & 0 & 1 & -2 & 6 \end{pmatrix}$$

得到同解的方程组为 $\begin{cases} x_1 = -8, \\ x_2 = 3 + x_4, \\ x_3 = 6 + 2x_4. \end{cases}$

令自由未知量 $x_4 = 1$，则其导出组的一个基础解系为 $\boldsymbol{\eta} = (0 \quad 1 \quad 2 \quad 1)^{\mathrm{T}}$；

令自由未知量 $x_4 = 0$，则非齐次线性方程组的一个特解为 $\boldsymbol{\xi}_0 = (-8 \quad 3 \quad 6 \quad 0)^{\mathrm{T}}$；非齐次线性方程组的通解为

$$X = \boldsymbol{\xi}_0 + C\boldsymbol{\eta} = \begin{pmatrix} -8 \\ 3 \\ 6 \\ 0 \end{pmatrix} + C \begin{pmatrix} 0 \\ 1 \\ 2 \\ 1 \end{pmatrix} (C \text{ 为任意常数})$$

8.4 投入产出模型——线性代数在经济学中的应用

投入产出分析又叫投入产出法、部门联系平衡法、产业关联法，它是反映经济系统各部分（如各部门、行业、产品）之间的投入与产出之间的数量依存关系，并用于国民经济综合平衡分析、政策模拟、经济预测、编制经济规划和经济控制的一种重要的经济数量分析方法，隶属于经济学与数学相结合的交叉学科. 本节主要是从数学应用的角度初步介绍一些投入产出分析的简单应用.

投入产出分析中的投入，是指经济活动过程中的各种投入及其来源. 例如：各部门在产品生产和服务过程中的原材料、燃料、动力、各种服务、固定资产折旧、劳动者报酬、税金及营业盈余等. 投入产出分析中的产出，是指经济活动的成果（如得到一定数量的某种产品和劳务）及其使用去向（例如各部门所生产的产品被用于中间消耗的部分产品和被用于最终消费、资本形成和净出口的产品）.

投入产出法主要由投入产出表和投入产出数学模型这两部分构成. 按照计量单位不同，投入产出表可分为价值型投入产出表和实物型投入产出表；投入产出模型分为价值型投入产出模型和实物型投入产出模型. 价值型投入产出模型的投入产出表中，所有指标都以货币为计量单位；在实物型投入产出模型的投入产出表中，大部分指标是以实物单位计量的，其中一部分指标可用价值单位或劳动单位计量. 本节主要简单介绍价值型投入产出模型（以下简称投入产出模型）及其应用.

一、投入产出表

（一）投入产出表的一般形式和结构

投入产出表也叫部门联系平衡表或产业关联表. 它是反映经济系统各部门（或各产业）之间的投入与产出间数量依存关系的统计表格，是建立投入产出模型的基础. 结构形式为一

种纵横正交的棋盘式表格. 例述如下:

例1 钢铁工业、纺织工业和电力工业这三个部门作为一个经济系统，得到以下的投入产出表，如表 8 – 5 所示.

表 8 – 5 单位：亿元

投入 \ 产出		各产业（部门）的中间需求（即中间使用）			最终需求（即最终使用）Y_i	总产出X_i
		钢铁工业	纺织工业	电力工业		
中间投入	钢铁工业	30	20	10	40	100
	纺织工业	20	5	6	29	60
	电力工业	15	10	4	6	35
新创造价值（即增加值）Z_j		35	25	15		
总投入 X_j		100	60	35		

表 8 – 5 中的名词解释：中间投入是生产过程中消耗的货物和服务，也称中间消耗；新创造价值也称最初投入，是各种增加值的要素投入，包括固定资本消耗（即折旧）、劳动报酬（即雇员报酬）和社会纯收入（如税金、营业盈余）；中间使用就是中间产出（即中间产品），它与中间投入相对应，当某种产品被用作中间投入时，它也就是中间产品；最终使用就是最终产出（即最终产品），是用作最终使用的产品，包括消费品、投资品和出口；总产出是中间产出和最终产出之和.

表 8 – 5 中，第一象限（左上方）是中间产品象限，即物资投入与消耗部分，从行（产出）的方向看是投入表，表明每个部门的产品提供给其他部门作为生产消耗使用的数量（如例 1 中从中间投入第 1 行的数字得知，钢铁工业部门的产品和服务投入到钢铁工业部门、纺织工业部门和电力工业部门的价值数量分别是 30 亿元、20 亿元和 10 亿元，即中间使用的全部钢铁工业产品价值为 30 + 20 + 10 = 60（亿元），也即进一步用于再生产的钢铁工业产品价值为 60 亿元，而用于最终使用的有 40 亿元，这就是钢铁部门总产出的去向）；同理，从中间投入第 2 行的数字得知，纺织工业部门的产品和服务投入到钢铁工业部门、纺织工业部门和电力工业部门的价值数量分别是 20 亿元、5 亿元和 6 亿元；从列（投入）的方向看是生产消耗表，它表明每个部门在生产活动中消耗本企业（部门）及其他部门产品和服务的数量（如例 1 中从第 1 列的数字得知，生产钢铁工业部门的产品时，消耗钢铁工业部门、纺织工业部门和电力工业部门的产品和服务价值数量分别是 30 亿元、20 亿元和 15 亿元）. 这一象限的数据，反映经济系统各部门之间的生产技术联系，特别是反映了各部门之间互相提供劳动产品供生产过程消耗的情况. 它是投入产出表的核心，在编制投入产出表时，正确获得这部分的数据资料，是利用投入产出表计算各种系数、建立数学模型、进行经济分析的基础. 从线性代数的角度上看，这一象限的数据实际上是一个经济矩阵，如例 1 中的第一象限的数据可以表示为矩阵是一个经济矩阵：$\begin{pmatrix} 30 & 20 & 10 \\ 20 & 5 & 6 \\ 15 & 10 & 4 \end{pmatrix}$.

表 8-5 中，第二象限（右上方）是最终需求象限，即最终使用部分，通常由总消费、资本形成总额、净出口和其他最终产品等因素构成，它反映经济系统中各个部门的总产品中用于最终产品的情况.（如例 1 中，钢铁工业部门、纺织工业部门和电力工业部门所提供的最终产品的价值即最终需求分别是 40 亿元、29 亿元和 6 亿元）.

表 8-5 中，第三象限（左下方）是增加值象限，即增加值部分，包括各部门固定资产折旧和新创造价值. 新创造价值包括折旧、劳动报酬（工资、津贴、奖金、补助等）和社会纯收入（利润、税金、公积金、公益金）等.（如例 1 中，钢铁工业部门、纺织工业部门和电力工业部门所创造的产品增加值分别是 35 亿元、25 亿元和 15 亿元）

第一、二象限连接在一起，通过各行反映各产业部门的产品分配和使用去向；第一、三象限连接在一起，通过各列反映各产业部门在生产中的投入和来源，也反映生产过程的价值形成.

（二）投入产出表中的平衡关系

由经济学和数学的知识，显然有以下平衡关系：

（1）行平衡：在经济系统中，各产业（部门）的总产出 = 该产业（部门）的中间需求 + 该产业（部门）的最终需求，即

第 1 行（即产业 1）：$x_{11} + x_{12} + \cdots + x_{1n} + Y_1 = X_1$；

第 2 行（即产业 2）：$x_{21} + x_{22} + \cdots + x_{2n} + Y_2 = X_2$；

…

第 n 行（即产业 n）：$x_{n1} + x_{n2} + \cdots + x_{nn} + Y_n = X_n$.

化简为：$\displaystyle\sum_{j=1}^{n} x_{ij} + Y_i = X_i \quad (i = 1, 2, \cdots, n)$.

（2）列平衡：在经济系统中，各产业（部门）的总投入 = 该产业（部门）的中间投入 + 该产业（部门）的增加值，即

第 1 列（即产业 1）：$x_{11} + x_{21} + \cdots + x_{n1} + Z_1 = X_1$；

第 2 列（即产业 2）：$x_{12} + x_{22} + \cdots + x_{n2} + Z_2 = X_2$；

…

第 n 列（即产业 n）：$x_{1n} + x_{2n} + \cdots + x_{nn} + Z_n = X_n$.

化简为：$\displaystyle\sum_{i=1}^{n} x_{ij} + Z_j = X_j \quad (j = 1, 2, \cdots, n)$.

总量平衡：通常包括以下 3 种平衡关系：在一个经济系统里.

①各产业的总产出（合计）= 各产业的总投入（合计），即

$$\sum_{j=1}^{n} X_j = \sum_{i=1}^{n} X_i$$

其中，$\displaystyle\sum_{j=1}^{n} X_j$ 是总投入；$\displaystyle\sum_{i=1}^{n} X_i$ 是总产出.

②各产业的中间投入的合计 = 各产业的中间使用的合计，即

$$\sum_{i=1}^{n} \sum_{j=1}^{n} x_{ij} = \sum_{j=1}^{n} \sum_{i=1}^{n} x_{ij}$$

其中，$\sum\limits_{i=1}^{n}\sum\limits_{j=1}^{n}x_{ij}$ 表示中间投入的合计；$\sum\limits_{j=1}^{n}\sum\limits_{i=1}^{n}x_{ij}$ 表示中间使用的合计.

③各产业的增加值合计 = 各产业的最终使用合计，即

$$\sum_{j=1}^{n}Z_j = \sum_{i=1}^{n}Y_i$$

其中，$\sum\limits_{j=1}^{n}Z_j$ 表示各产业增加值合计；$\sum\limits_{i=1}^{n}Y_i$ 表示各产业最终使用合计.

二、投入产出模型

价值型投入产出模型是根据价值投入产出表建立的. 以货币为计量单位，可以按行或列来建立数学模型. 它不仅反映各部门产品的实物运行过程，而且能够精确地描述各部门产品的价值运动过程.

根据上面的行平衡或列平衡关系，可以得到以下线性方程组：

$$\begin{cases} x_{11} + x_{12} + \cdots + x_{1n} + Y_1 = X_1, \\ x_{21} + x_{22} + \cdots + x_{2n} + Y_2 = X_2, \\ \cdots \\ x_{n1} + x_{n2} + \cdots + x_{nn} + Y_n = X_n \end{cases} \text{（Ⅰ）或} \begin{cases} x_{11} + x_{21} + \cdots + x_{n1} + Z_1 = X_1, \\ x_{12} + x_{22} + \cdots + x_{n2} + Z_2 = X_2, \\ \cdots \\ x_{1n} + x_{2n} + \cdots + x_{nn} + Z_n = X_n \end{cases} \text{（Ⅱ）}$$

编制投入产出表的目的之一是：研究产业（或部门）之间的相互依存关系. 线性方程组（Ⅰ）反映出各产业产品的中间使用、最终使用和总产出之间的平衡关系；线性方程组（Ⅱ）反映出各产业的中间投入、新创造价值和总投入之间的平衡关系.

随着生产年份的不同，产品的中间使用、最终使用、总产出以及中间投入、新创造价值和总投入的值是不同的. 为了进行经济分析与预测，就需要引入相对稳定又能反映产业间相互联系程度的量：消耗系数.

常用的消耗系数分别有直接消耗系数、完全消耗系数、完全需求系数和分配系数. 下面直接给出这些系数的定义，至于为何如此定义这些系数，有兴趣的读者可以阅读专门的书籍.

1. 直接消耗系数

直接消耗系数（也叫投入系数）a_{ij} 表示在经济生产活动中，第 j 部门每单位总产出直接消耗第 i 部门产品或服务的产值，可以定义为

$$a_{ij} = \frac{x_{ij}}{X_j} \quad (i,j = 1,2,\cdots,n)$$

直接消耗系数 a_{ij} 反映了任意两部门之间的直接依存关系，是反映两部门之间依存关系的最基础的参数. a_{ij} 的值越大，说明两部门之间的联系越密切，即第 j 部门的物资消耗程度和资金密集度越高.

由此，$x_{ij} = a_{ij}X_j (i,j = 1,2,\cdots,n)$. 从而，线性方程组（Ⅰ）可以表示为

$$AX + Y = X$$

其中，$A = (a_{ij})_{n \times n}$ 称为直接消耗系数矩阵；$X = \begin{pmatrix} X_1 \\ X_2 \\ \vdots \\ X_n \end{pmatrix}$ 称为总产出向量；$Y = \begin{pmatrix} Y_1 \\ Y_2 \\ \vdots \\ Y_n \end{pmatrix}$ 称为最终使

用向量.

$$AX + Y = X \Rightarrow X - AX = Y \Rightarrow (I - A)X = Y \Rightarrow X = (I - A)^{-1}Y$$

同理，线性方程组（Ⅱ）可以表示为 $CX + Z = X$，且可推得

$$X = (I - C)^{-1}Z$$

其中

$$C = \begin{pmatrix} \sum_{i=1}^{n} a_{i1} & 0 & \cdots & 0 \\ 0 & \sum_{i=1}^{n} a_{i2} & \cdots & 0 \\ \vdots & \vdots & & \vdots \\ 0 & 0 & \cdots & \sum_{i=1}^{n} a_{in} \end{pmatrix}$$

定义 1 把 $X = (I - A)^{-1}Y$（或 $Y = (I - A)X$）或 $X = (I - C)^{-1}Z$ 称为引入直接消耗系数矩阵的价值型投入产出数学模型.

例 2 已知某经济系统在一个生产周期内投入产出情况如表 8 – 6 所示，求直接消耗系数矩阵.

表 8 – 6 　　　　　　　　　　　　　　　　　　　　　单位：万元

投入 ＼ 产出		中间消耗			最终需求	总产出
		部门 1	部门 2	部门 3		
中间投入	部门 1	100	25	30		400
	部门 2	80	50	30		250
	部门 3	40	25	60		300
新创造价值（即增加值）						
总投入		400	250	300		

解 根据直接消耗系数的定义 $a_{ij} = \dfrac{x_{ij}}{X_j}$ 得 $a_{11} = \dfrac{x_{11}}{X_1} = \dfrac{100}{400} = 0.25$，$a_{21} = \dfrac{x_{21}}{X_1} = \dfrac{80}{400} = 0.20$，$a_{31} = \dfrac{x_{31}}{X_1} = \dfrac{40}{400} = 0.10$，同理算得其他直接消耗系数，从而得直接消耗系数矩阵为

$$A = (a_{ij})_{n \times n} = \begin{pmatrix} 0.25 & 0.10 & 0.10 \\ 0.20 & 0.20 & 0.10 \\ 0.10 & 0.10 & 0.20 \end{pmatrix}.$$

2. 完全消耗系数 b_{ij}

我们知道各产业之间除了有直接联系之外，还有间接联系，直接联系引起产品或服务的直接消耗，间接联系引起间接消耗，而直接消耗与全部间接消耗的总和称为完全消耗，从而引入完全消耗系数 b_{ij}，即完全消耗系数表示直接消耗系数与无穷多次间接消耗系数之和，即完全消耗系数可以定义为

$$b_{ij} = a_{ij} + \sum_{k=1}^{n} b_{ik} a_{kj} + \sum_{s=1}^{n} \sum_{k=1}^{n} a_{is} b_{sk} a_{kj} + \sum_{t=1}^{n} \sum_{s=1}^{n} \sum_{k=1}^{n} a_{it} b_{ts} a_{sk} a_{kj} + \cdots (i,j = 1,2,\cdots,n)$$

以上公式过于繁杂，经过对间接消耗予以归类（以产业部门分类，即归为 n 类），有以下公式 $b_{ij} = a_{ij} + \sum_{k=1}^{n} b_{ik} a_{kj} (i,j = 1,2,\cdots,n)$，其中 $\sum_{k=1}^{n} b_{ik} a_{kj}$ 表示单位第 j 种产品对第 i 种产品的全部间接消耗之和. 完全消耗系数 b_{ij} 反映了第 j 部门对第 i 部门的完全依存关系. 写成矩阵形式为 $B = A + BA$，从而有 $B = A(I-A)^{-1}$，而 $A = I - (I-A)$，由矩阵乘法运算规律得，$B = (I-A)^{-1} - I$，其中 $B = (b_{ij})_{n \times n}$ 称为完全消耗系数矩阵，它的行方向的数据表示第 i 种产业为列各种产业生产一单位最终产品的完全投入量；它的列方向的数据表示生产一单位第 j 种产业最终产品对行各种产业产品的完全消耗量.

由 $B = (I-A)^{-1} - I$ 可推 $B + I = (I-A)^{-1}$.

所以线性方程组（Ⅰ）可以表示为 $X = (B+I)Y$.

定义 2 把 $X = (B+I)Y$ 称为引入完全消耗系数矩阵的价值型投入产出数学模型.

例 3 假设某公司 3 个生产部门间的报告价值型投入产出表如表 8-7 所示，求各部门间的完全消耗系数矩阵.

表 8-7

投入 \ 产出		中间消耗			最终需求	总产出
		部门 1	部门 2	部门 3		
中间投入	部门 1	1 500	0	600	400	2 500
	部门 2	0	610	600	1 840	3 050
	部门 3	250	1 525	3 600	625	6 000

解 根据直接消耗系数的定义 $a_{ij} = \dfrac{x_{ij}}{X_j}$ 得 $a_{11} = \dfrac{x_{11}}{X_1} = \dfrac{1\,500}{2\,500} = 0.6$，$a_{21} = \dfrac{x_{21}}{X_1} = \dfrac{0}{2\,500} = 0$，$a_{31} = \dfrac{x_{31}}{X_1} = \dfrac{250}{2\,500} = 0.1$，同理算得其他直接消耗系数，从而得直接消耗系数矩阵为

$$A = (a_{ij})_{n \times n} = \begin{pmatrix} 0.6 & 0 & 0.1 \\ 0 & 0.2 & 0.1 \\ 0.1 & 0.5 & 0.6 \end{pmatrix} = \frac{1}{10} \begin{pmatrix} 6 & 0 & 1 \\ 0 & 2 & 1 \\ 1 & 5 & 6 \end{pmatrix}$$

所以，

$$I - A = \begin{pmatrix} 1 & 0 & 0 \\ 0 & 1 & 0 \\ 0 & 0 & 1 \end{pmatrix} - \frac{1}{10}\begin{pmatrix} 6 & 0 & 1 \\ 0 & 2 & 1 \\ 1 & 5 & 6 \end{pmatrix} = \frac{1}{10}\begin{pmatrix} 4 & 0 & -1 \\ 0 & 8 & -1 \\ -1 & -5 & 4 \end{pmatrix}$$

根据求逆矩阵的方法得

$$(I - A)^{-1} = \frac{1}{10}\begin{pmatrix} 27 & 5 & 8 \\ 1 & 15 & 4 \\ 8 & 20 & 32 \end{pmatrix}$$

所以完全消耗系数矩阵为

$$B = (I - A)^{-1} - I = \frac{1}{10}\begin{pmatrix} 27 & 5 & 8 \\ 1 & 15 & 4 \\ 8 & 20 & 32 \end{pmatrix} - \begin{pmatrix} 1 & 0 & 0 \\ 0 & 1 & 0 \\ 0 & 0 & 1 \end{pmatrix} = \begin{pmatrix} 1.7 & 0.5 & 0.8 \\ 0.1 & 0.5 & 0.4 \\ 0.8 & 2 & 2.2 \end{pmatrix}$$

注意：从例 3 和例 2 可以看出，由于生产活动中的间接消耗的缘故，完全消耗系数的值比直接消耗系数的值大多了.

3. 完全需求系数 $\overline{b_{ij}}$

完全消耗矩阵 $B = (I - A)^{-1} - I$ 的 $(I - A)^{-1}$ 称为完全需求系数矩阵，记为 $\overline{B} = (\overline{b_{ij}})_{n \times n}$，其中，$\overline{b_{ij}}$ 称为完全需求系数，它表示第 j 中产品增加一个单位的最终使用时，对第 i 种产品的完全需求量.

定义 3 把 $X = \overline{B}Y$ 称为引入完全需求系数矩阵的价值型投入产出数学模型.

4. 分配系数 d_{ij}

分配系数 d_{ij} 是指第 i 部门提供的产品和服务（包括进口）在各种使用（包括中间使用和各种最终使用）之间的分配使用比例，反映各产业部门产品和服务的分配去向. 可定义为

$$d_{ij} = \frac{x_{ij}}{X_i}(i,j = 1,2,\cdots,n)$$

其中，x_{ij} 表示第 i 产业部门分配给第 j 部门的产品量；X_i 表示第 i 产业部门的总产出. 例如由例 1 的投入产出表中的数据算得

$$d_{11} = \frac{x_{11}}{X_1} = \frac{30}{100} = 0.3, d_{12} = \frac{x_{12}}{X_1} = \frac{20}{100} = 0.2, d_{13} = \frac{x_{13}}{X_1} = \frac{10}{100} = 0.1$$

这表示钢铁工业部门生产的产品和服务分配给本部门、纺织工业部门和电力工业部门的比重分别是 30%，20% 和 10%.

三、投入产出问题的建模

由以上系数的经济含义知道：要研究经济系统中各产业（或部门）之间的相互联系，进而展开经济分析、预测和调控，就必须要计算出各种系数的值和建立出对应的数学模型，从而利用数学知识解决实际问题.

投入产出模型的解决方法主要是数学方法与计算机技术的应用，集中体现在投入产出模

型数学模型的建立及运用计算机进行矩阵运算的求解应用. 综合前面各种系数的定义可得到以下的计算公式：

直接消耗系数：$a_{ij} = \dfrac{x_{ij}}{X_j}(i,j=1,2,\cdots,n)$.

直接消耗系数矩阵：$A = (a_{ij})_{n \times n} = \begin{pmatrix} a_{11} & a_{12} & \cdots & a_{1n} \\ a_{21} & a_{22} & \cdots & a_{2n} \\ \vdots & \vdots & & \vdots \\ a_{n1} & a_{n2} & \cdots & a_{nn} \end{pmatrix}$.

对应的投入产出数学模型为 $X = (I-A)^{-1}Y$ 或 $Y = (I-A)X$.

完全消耗系数矩阵 $B = (I-A)^{-1} - I$，对应投入产出数学模型为 $X = (B+I)Y$.

完全需求系数矩阵 $\overline{B} = (\overline{b}_{ij})_{n \times n} = (I-A)^{-1}$，对应投入产出数学模型为 $X = \overline{B}Y$.

例4 假设某公司三个生产部门间的投入产出如表 8 - 8 所示，求直接消耗系数矩阵、完全消耗系数矩阵和完全需求系数矩阵.

表 8 - 8

投入 \ 产出		中间消耗			最终产品	总产出
		部门 1	部门 2	部门 3		
中间投入	部门 1	100	50	50	300	500
	部门 2	120	120	60	300	600
	部门 3	75	75	225	375	750

解 依次用各部门的总产值去除中间使用栏中各列，得到直接消耗系数矩阵为

$$A = \begin{pmatrix} 0.2 & 0.1 & 0.1 \\ 0.2 & 0.2 & 0.1 \\ 0.1 & 0.1 & 0.3 \end{pmatrix}, \text{所以 } I - A = \begin{pmatrix} 0.8 & -0.1 & -0.1 \\ -0.2 & 0.8 & -0.1 \\ -0.1 & -0.1 & 0.7 \end{pmatrix}$$

得完全需求系数矩阵

$$\overline{B} = (I-A)^{-1} = \begin{pmatrix} 1.325\,3 & 0.192\,8 & 0.216\,9 \\ 0.361\,4 & 1.325\,3 & 0.241\,0 \\ 0.241\,0 & 0.216\,9 & 1.409\,4 \end{pmatrix}$$

完全消耗系数矩阵为

$$B = (I-A)^{-1} - I = \begin{pmatrix} 0.325\,3 & 0.192\,8 & 0.216\,9 \\ 0.361\,4 & 0.325\,3 & 0.241\,0 \\ 0.241\,0 & 0.216\,9 & 0.409\,4 \end{pmatrix}$$

四、投入产出模型的应用

投入产出模型应用领域非常广泛，可以用于经济依存关系分析、经济结构分析、宏观经

济效益分析、编制经济计划、政策模拟等. 其既是经济增长研究中结构分析方法的重要数量基础，也可以对物价、就业、外贸、投资和消费等宏观经济指标从产业层次进行研究，同时在能源、环境和水资源等方面也发挥着重要的作用. 这里主要简单介绍以下几个方面的应用.

(一) 编制经济计划

投入产出模型的数据来源于一个经济系统各部门生产和消耗的实际统计资料. 它除了描述当时各部门直接的投入与产出的情况，反映产品供应与需求之间的平衡关系之外，还可以用于编制计划和进行经济调控等.

编制计划的思路是先规定各部门计划期的总产量，然后计算出各部门的最终需求；或者是先确定计划期各部门的最终需求，然后再计算出各部门的总产出.

(1) 根据总产值计算最终需求量，同时可以预测最终产品增长情况.

由引入直接消耗系数矩阵 A 后的投入产出模型为 $Y = (I - A)X$ 可知，如果知道总产值（即总产出）X，就可以计算最终需求 Y 了.

在编制经济计划的时候，根据最终需求量确定总产值的具体做法是：(1) 根据报告期的投入产出表和预先确定计划期各部门的总产出，算出报告期的直接消耗系数矩阵 A；(2) 假定计划期的直接消耗系数矩阵和报告期的相同，按模型 $Y = (I - A)X$ 可算出最终需求 Y.

例5 设某企业在所考察的期间内，生产甲、乙两种产品过程中投入产出表如表 8 – 9 所示，假设下一个生产周期计划总产量甲为 260，乙为 110，则可提供给市场的商品量（即最终使用）各是多少？

表 8 – 9

投入 \ 产出		中间使用		最终使用	总产出
		甲	乙		
中间投入	甲	50	125	75	250
	乙	35	25	40	100

解 由题意得，计划期的总产值矩阵为 $X = \begin{pmatrix} 260 \\ 110 \end{pmatrix}$，根据定义算得直接消耗系数矩阵为

$$A = \begin{pmatrix} 0.2 & 1.25 \\ 0.14 & 0.25 \end{pmatrix}$$

从而

$$I - A = \begin{pmatrix} 0.8 & -1.25 \\ -0.14 & 0.75 \end{pmatrix}$$

根据投入产出模型得

$$Y = (I - A)X = \begin{pmatrix} 0.8 & -1.25 \\ -0.14 & 0.75 \end{pmatrix} \begin{pmatrix} 260 \\ 110 \end{pmatrix} = \begin{pmatrix} 70.5 \\ 46.1 \end{pmatrix}$$

例6 设某地区的支柱产业经济体系划为石油、煤炭与其他产业，上一年度它们的生产与消耗情况如表8-10所示.

表8-10   单位：亿元

投入 \ 产出		中间使用			最终产品 Y_i	总产出 X_i
		石油	煤炭	其他		
中间投入	石油	180	240	200	380	1 000
	煤炭	100	120	80	300	600
	其他	120	90	160	430	800
新创造价值		600	150	360		
总投入		1 000	600	800		

根据表8-10所示经济系统的生产发展情况，预测计划期总产出可在报告期的基础上分别增长5%、8%、10%，预测最终产品增长情况.

解 设该经济系统计划期总产出和最终产品分别为

$$X = \begin{pmatrix} X_1 \\ X_2 \\ X_3 \end{pmatrix}, Y = \begin{pmatrix} Y_1 \\ Y_2 \\ Y_3 \end{pmatrix}$$

根据表8-10中的报告期总产品数据以及预计的计划期总产品增长的幅度，该系统三个部门的计划期总产品分别为

石油产业： $X_1 = 1\ 000 \times (1 + 5\%) = 1\ 050$（亿元）

煤炭产业： $X_1 = 600 \times (1 + 8\%) = 648$（亿元）

其他产业： $X_1 = 800 \times (1 + 10\%) = 880$（亿元）

即计划期的总产出矩阵为 $X = \begin{pmatrix} 1\ 050 \\ 648 \\ 880 \end{pmatrix}$，根据题目中的投入产出表的数据算得报告期的

直接消耗系数矩阵为 $A = \begin{pmatrix} 0.18 & 0.4 & 0.25 \\ 0.1 & 0.2 & 0.1 \\ 0.12 & 0.15 & 0.2 \end{pmatrix}$，并以此矩阵作为计划期的直接消耗系数矩

阵，所以算得计划期的：

$$I - A = \begin{pmatrix} 0.82 & -0.4 & -0.25 \\ -0.1 & 0.8 & -0.1 \\ -0.12 & -0.15 & 0.8 \end{pmatrix}$$

由投入产出模型 $Y = (I - A)X$，得计划期的最终产品列向量为

$$Y = \begin{pmatrix} Y_1 \\ Y_2 \\ Y_3 \end{pmatrix} = \begin{pmatrix} 0.82 & -0.4 & -0.25 \\ -0.1 & 0.8 & -0.1 \\ -0.12 & -0.15 & 0.8 \end{pmatrix} \begin{pmatrix} 1\,050 \\ 648 \\ 880 \end{pmatrix} = \begin{pmatrix} 381.8 \\ 325.4 \\ 480.8 \end{pmatrix}$$

于是可对三个产业的计划期最终产品相对于报告期最终产品做出预测：

石油产业增长幅度：$\dfrac{y_1 - 380}{380} = 0.47\%$；

煤炭产业增长幅度：$\dfrac{y_2 - 300}{300} = 8.47\%$；

其他产业增长幅度：$\dfrac{y_3 - 430}{430} = 11.81\%$.

注意：从例 6 可以知道，虽然计划总产量（$260 + 110 = 370$）增加了，但由于甲、乙计划生产比例不当，导致在下一个生产周期内甲产品的商品量反而减少了. 因此在编制经济计划的时候，往往更多的是根据计划期的最终需求来确定总产值.

（2）根据最终需求量确定总产值，同时还可以编制经济系统的计划期投入产出表.

由引入完全消耗系数矩阵 B 后的投入产出模型为 $X = (I - A)^{-1}Y$ 或 $X = (B + I)Y$ 可知，如果知道最终需求 Y，就可以计算总产值（即总产出）向量 X.

例 7 设某工厂有三个车间，在某一个生产周期内各车间之间的直接消耗系数及最终需求如表 8 – 11 所示，求各车间的总产值.

表 8 – 11

直接消耗系数 车间 \ 车间	一	二	三	最终需求
一	0.25	0.1	0.1	235
二	0.2	0.2	0.1	125
三	0.1	0.1	0.2	210

解 由表 8 – 11 得

$$A = \begin{pmatrix} 0.25 & 0.1 & 0.1 \\ 0.2 & 0.2 & 0.1 \\ 0.1 & 0.1 & 0.2 \end{pmatrix}, \ Y = \begin{pmatrix} 235 \\ 125 \\ 210 \end{pmatrix}, \ \text{所以} \ I - A = \begin{pmatrix} 0.75 & -0.1 & -0.1 \\ -0.2 & 0.8 & -0.1 \\ -0.1 & -0.1 & 0.8 \end{pmatrix}, \ \text{根据求逆矩}$$

阵的方法得，$(I - A)^{-1} = \dfrac{1}{0.445\,5} \begin{pmatrix} 0.63 & 0.09 & 0.09 \\ 0.17 & 0.59 & 0.095 \\ 0.1 & 0.085 & 0.58 \end{pmatrix}$，所以总产值为

$$X = (I - A)^{-1}Y = \dfrac{1}{0.445\,5} \begin{pmatrix} 0.63 & 0.09 & 0.09 \\ 0.17 & 0.59 & 0.095 \\ 0.1 & 0.085 & 0.58 \end{pmatrix} \begin{pmatrix} 235 \\ 125 \\ 210 \end{pmatrix} = \begin{pmatrix} 400 \\ 300 \\ 350 \end{pmatrix}$$

三个车间的总产值分别为400，300，350.

编制经济计划的时候，根据最终需求量确定总产值的具体做法：（1）根据报告期的投入产出表和预先确定计划期各部门的最终需求，算出报告期的直接消耗系数矩阵 A（或完全消耗系数矩阵 B）；（2）假定计划期的直接消耗系数矩阵和报告期的相同，然后按模型 $X = (I-A)^{-1}Y$（或 $X = (B+I)Y$）算出总产出向量 X.

例8 某地有3个产业，一个煤矿厂，一个发电厂和一条铁路，开采一元钱的煤，煤矿要支付0.25元的电费及0.25元的运输费；生产一元钱的电力，发电厂要支付0.65元的煤费，0.05元的电费及0.05元的运输费；挣得一元钱的运输费，铁路要支付0.55元的煤费和0.10元的电费，在某一周内（即计划期）煤矿接到外地金额50 000元订货，发电厂接到外地金额25 000元订货，外界地方铁路没有需求. 问：（1）3个企业间一周内总产值多少才能满足自身和外界需求？（2）3个企业间相互支付多少金额？（3）3个企业各创造多少新价值？（4）编制经济系统的计划期投入产出表.

解 （1）分别设煤矿厂，一个发电厂和一条铁路的总产出为 X_1, X_2, X_3，则总产出向

量为 $X = \begin{pmatrix} X_1 \\ X_2 \\ X_3 \end{pmatrix}$，而由题意得，这三个企业的外界需求即最终需求向量为 $Y = \begin{pmatrix} 50\,000 \\ 25\,000 \\ 0 \end{pmatrix}$，企业

间的直接消耗系数为

$$a_{11}=0, a_{21}=0.25, a_{31}=0.25, a_{12}=0.65, a_{22}=0.05, a_{32}=0.05, a_{13}=0.55, a_{23}=0.1, a_{33}=0$$

即

$$A = \begin{pmatrix} 0 & 0.65 & 0.55 \\ 0.25 & 0.05 & 0.1 \\ 0.25 & 0.05 & 0 \end{pmatrix}, I-A = \begin{pmatrix} 1 & -0.65 & -0.55 \\ -0.25 & 0.95 & -0.1 \\ -0.25 & -0.05 & 1 \end{pmatrix}$$

由投入产出模型得

$$X = (I-A)^{-1}Y = \begin{pmatrix} 102\,088 \\ 56\,163 \\ 28\,330 \end{pmatrix}$$

三个企业间一周内总产值分别为102 088元，56 163元，28 330元才能满足自身和外界需求.

（2）由直接消耗系数的定义 $a_{ij} = \dfrac{x_{ij}}{X_j}$ 可得 $x_{ij} = a_{ij}X_j$，则算得投入与消耗矩阵（即投入产出表中的第一象限的数据形成的矩阵）为

$$(x_{ij})_{3\times3} = (a_{ij}X_j) = \begin{pmatrix} 0 \times 102\,088 & 0.65 \times 56\,163 & 0.55 \times 28\,330 \\ 0.25 \times 102\,088 & 0.05 \times 56\,163 & 0.1 \times 28\,330 \\ 0.25 \times 102\,088 & 0.05 \times 56\,163 & 0 \times 28\,330 \end{pmatrix}$$

$$= \begin{pmatrix} 0 & 36\,506 & 15\,582 \\ 25\,522 & 2\,808 & 2\,833 \\ 25\,522 & 2\,808 & 0 \end{pmatrix}$$

即煤矿厂要支付发电厂 36 506 元,支付铁路部门 15 582 元;发电厂支付煤矿厂 25 522 元,支付发电厂 2 808 元,支付铁路部门 2 833 元;铁路部门支付煤矿厂 25 522 元,支付发电厂 2 808 元.

(3) 总投入向量为 $X_j = \begin{pmatrix} 102\ 088 \\ 56\ 163 \\ 28\ 330 \end{pmatrix}$,

中间投入合计矩阵为

$$\begin{pmatrix} 0 + 25\ 522 + 25\ 522 \\ 36\ 506 + 2\ 808 + 2\ 808 \\ 15\ 582 + 2\ 833 + 0 \end{pmatrix} = \begin{pmatrix} 51\ 044 \\ 42\ 122 \\ 18\ 415 \end{pmatrix}$$

新创造价值向量

$$Z = (Z_j) = X_j - \begin{pmatrix} 51\ 044 \\ 42\ 122 \\ 18\ 415 \end{pmatrix} = \begin{pmatrix} 102\ 088 \\ 56\ 163 \\ 28\ 330 \end{pmatrix} - \begin{pmatrix} 51\ 044 \\ 42\ 122 \\ 18\ 415 \end{pmatrix} = \begin{pmatrix} 51\ 044 \\ 14\ 041 \\ 9\ 915 \end{pmatrix}$$

三个企业各创造的新价值分别为 51 044 元,14 041 元和 9 915 元.

(4) 综合上例的解题过程,可以得到该例的计划期的投入产出,如表 8 - 12 所示.

表 8 - 12   单位:元

投入＼产出		中间消耗			最终需求 Y_i	总产出 X_i
		煤矿厂	发电厂	铁路		
中间投入	煤矿厂	0	36 506	15 582	50 000	102 088
	发电厂	25 522	2 808	2 833	25 000	56 163
	铁路	25 522	2 808	0	0	28 330
新创造价值		51 044	51 044	14 041	9 915	
总投入		102 088	102 088	56 163	28 330	

(3) 当最终产品改变时,计划应如何调整总产值,从而满足计划期的要求. 如最终产品产值的变动对劳动力需求量的影响.

如果某个部门的最终产品需求量发生变化,对所有部门总产出情况都会带来影响. 假设最终产品改变量为 $\Delta Y = \begin{pmatrix} \Delta Y_1 \\ \Delta Y_2 \\ \vdots \\ \Delta Y_n \end{pmatrix}$,相应的总产出也有改变量为 $\Delta X = \begin{pmatrix} \Delta X_1 \\ \Delta X_2 \\ \vdots \\ \Delta X_n \end{pmatrix}$,则有

$$X + \Delta X = (I - A)^{-1}(Y + \Delta Y) = (I - A)^{-1}Y + (I - A)^{-1}\Delta Y = X + (I - A)^{-1}\Delta Y$$

即

$$\Delta X = (I - A)^{-1}\Delta Y$$

例 9 设某企业的生产体系划为三个部门，2011 年度三个部门的生产与消耗情况如表 8 – 13 所示.

表 8 – 13　　　　　　　　　　　　单位：亿元

投入 ＼ 产出		中间消耗			最终产品 Y_i	总产出 X_i
		部门一	部门二	部门三		
中间投入	部门一	18	24	20	38	100
	部门二	10	12	8	30	60
	部门三	12	9	16	43	80
新创造价值		60	15	36		
总投入		100	60	80		

以此表为报告期投入产出表. 三个产业的计划期最终产品矩阵为

$$\begin{pmatrix} Y_1 \\ Y_2 \\ Y_3 \end{pmatrix} = \begin{pmatrix} 500 \\ 450 \\ 600 \end{pmatrix}$$

（1）编制该经济系统计划期投入产出表.（2）假设下一计划期内，三个部门的最终产品比较当前最终产品的改变量为 $\Delta Y = \begin{pmatrix} 0 \\ -10 \\ 10 \end{pmatrix}$，试制订三个部门下一计划期内的总产品生产计划.

在劳动生产率不变的情况下，劳动报酬跟产量成正比，即可以用劳动报酬的变解. 由定义算得直接消耗

$$A = \begin{pmatrix} 0.18 & 0.4 & 0.25 \\ 0.1 & 0.2 & 0.1 \\ 0.12 & 0.15 & 0.2 \end{pmatrix}$$

所以

$$I - A = \begin{pmatrix} 0.82 & -0.4 & -0.25 \\ -0.1 & 0.8 & -0.1 \\ -0.12 & -0.15 & 0.8 \end{pmatrix}$$

从而由逆矩阵的求法得

$$(I - A)^{-1} = \begin{pmatrix} 1.395\,2 & 0.798\,1 & 0.535\,8 \\ 0.205\,4 & 1.397\,5 & 0.238\,9 \\ 0.247\,8 & 0.381\,7 & 1.375\,2 \end{pmatrix}$$

由题意可知 $Y = \begin{pmatrix} Y_1 \\ Y_2 \\ Y_3 \end{pmatrix} = \begin{pmatrix} 500 \\ 450 \\ 600 \end{pmatrix}$，于是由公式 $X = (I - A)^{-1}Y$ 得

$$X = \begin{pmatrix} X_1 \\ X_2 \\ X_3 \end{pmatrix} = \begin{pmatrix} 1.395\ 2 & 0.798\ 1 & 0.535\ 8 \\ 0.205\ 4 & 1.397\ 5 & 0.238\ 9 \\ 0.247\ 8 & 0.381\ 7 & 1.375\ 2 \end{pmatrix} \begin{pmatrix} 500 \\ 450 \\ 600 \end{pmatrix} = \begin{pmatrix} 1\ 378.23 \\ 874.92 \\ 1\ 120.79 \end{pmatrix}$$

即 $x_1 = 1\ 378.23$ 亿元, $x_2 = 874.92$ 亿元, $x_3 = 1\ 120.79$ 亿元.

根据直接消耗系数的定义 $a_{ij} = \dfrac{x_{ij}}{X_j}$ 可得 $x_{ij} = a_{ij}X_j$, 从而计算计划期各部门间产品中间投入消耗矩阵为

$$\begin{pmatrix} x_{11} & x_{12} & x_{13} \\ x_{21} & x_{22} & x_{23} \\ x_{31} & x_{32} & x_{33} \end{pmatrix} = \begin{pmatrix} a_{11} \cdot X_1 & a_{12} \cdot X_2 & a_{13} \cdot X_3 \\ a_{21} \cdot X_1 & a_{22} \cdot X_2 & a_{23} \cdot X_3 \\ a_{31} \cdot X_1 & a_{32} \cdot X_2 & a_{33} \cdot X_3 \end{pmatrix}$$

$$= \begin{pmatrix} 0.18 \times 1\ 378.23 & 0.4 \times 874.92 & 0.25 \times 1\ 120.79 \\ 0.1 \times 1\ 378.23 & 0.2 \times 874.92 & 0.1 \times 1\ 120.79 \\ 0.12 \times 1\ 378.23 & 0.15 \times 874.92 & 0.2 \times 1\ 120.79 \end{pmatrix}$$

$$= \begin{pmatrix} 248.08 & 349.97 & 280.20 \\ 137.82 & 174.98 & 112.08 \\ 165.39 & 131.24 & 224.16 \end{pmatrix}$$

由列平衡关系 $\displaystyle\sum_{i=1}^{n} x_{ij} + Z_j = X_j$, 即 $Z_j = X_j - \displaystyle\sum_{i=1}^{n} x_{ij}$ ($j = 1, 2, 3$), 可算得三个部门的新创造价值为

$$Z = \begin{pmatrix} Z_1 \\ Z_2 \\ Z_3 \end{pmatrix} = \begin{pmatrix} 826.94 \\ 218.73 \\ 504.35 \end{pmatrix}$$

从而得计划期投入产出, 如表 8-14 所示.

表 8-14

投入 ＼ 产出		中间消耗			最终产品 Y_i	总产出 X_i
		部门一	部门二	部门三		
中间投入	部门一	248.08	349.97	280.20	500	1 378.23
	部门二	137.82	174.98	112.08	450	874.92
	部门三	165.39	131.24	224.16	600	1 120.79
新创造价值		826.94	218.73	504.35		
总投入		1 378.23	874.92	1 120.79		

(2) 由报告期的投入产出表 (即题目给出的表) 的数据算得

$$(I - A)^{-1} = \begin{pmatrix} 1.395\ 2 & 0.798\ 1 & 0.535\ 8 \\ 0.205\ 4 & 1.397\ 5 & 0.238\ 9 \\ 0.247\ 8 & 0.381\ 7 & 1.375\ 2 \end{pmatrix}$$

所以计划期的总产值增量为

$$\Delta X = (I - A)^{-1} \Delta Y = \begin{pmatrix} 1.395\ 2 & 0.798\ 1 & 0.535\ 8 \\ 0.205\ 4 & 1.397\ 5 & 0.238\ 9 \\ 0.247\ 8 & 0.381\ 7 & 1.375\ 2 \end{pmatrix} \begin{pmatrix} 0 \\ -10 \\ 10 \end{pmatrix} = \begin{pmatrix} -2.623 \\ -11.586 \\ 9.935 \end{pmatrix}$$

所以原计划做如下调整：

第一部门的计划总产值由 $x_1 = 1\ 378.23$（亿元），调整为 $x_1 = 1\ 378.23 - 2.623 \approx 1\ 375.61$（亿元）；第二部门的计划总产值由 $x_2 = 874.92$（亿元），调整为 $x_2 = 874.92 - 11.586 \approx 863.33$（亿元）；第三部门的计划总产值由 $x_3 = 1\ 120.79$（亿元），调整为 $x_3 = 1\ 120.79 + 9.935 \approx 1\ 130.73$（亿元）．

（二）投入产出价格分析

投入产出模型可以用于进行社会中的价格分析．这里主要简单介绍一下当某一部门的产品价格发生变动时，对其他部门产品价格的影响，主要给出计算方法，中间推导过程略．

设各部门间产品的投入与消耗不变（即直接消耗系数矩阵 A 不变），设第 k 部门产品的价格改变了 Δp_k，则引起其他部门产品价格变化量列矩阵为

$$\begin{pmatrix} \Delta p_1 \\ \Delta p_2 \\ \vdots \\ \Delta p_{k-1} \\ \Delta p_{k+1} \\ \vdots \\ \Delta p_n \end{pmatrix} = \begin{pmatrix} \overline{b}_{k1}/\overline{b}_{kk} \\ \overline{b}_{k2}/\overline{b}_{kk} \\ \vdots \\ \overline{b}_{k,k-1}/\overline{b}_{kk} \\ \overline{b}_{k,k+1}/\overline{b}_{kk} \\ \vdots \\ \overline{b}_{kn}/\overline{b}_{kk} \end{pmatrix} \cdot \Delta p_k, 1 \leq k \leq n$$

其中，$\overline{b}_{n1}, \overline{b}_{n2}, \cdots, \overline{b}_{nn}$ 表示完全需求系数矩阵 $\overline{B} = (I - A)^{-1}$ 中第 k 行的元素．

例 10　若直接消耗系数矩阵 $A = \begin{pmatrix} 0.147 & 0.071 \\ 0.168 & 0.537 \end{pmatrix}$，而完全需求系数矩阵为 $\overline{B} = (I - A)^{-1} = \begin{pmatrix} 1.209 & 0.185 \\ 0.439 & 2.227 \end{pmatrix}$，假设第一部门产品提价 10%，即 $\Delta P_1 = 10\%$，则第二部门产品价格有什么影响？

解　因为 $\Delta P_1 = 10\%$，所以 $\Delta P_2 = \Delta P_1 \cdot \dfrac{\overline{b}_{12}}{\overline{b}_{11}} = 0.1 \times \dfrac{0.185}{1.209} = 0.015\ 3 = 1.53\%$，即第二部门的产品涨价 1.53%．

8.5　线性代数在其他方面的应用

一、最小二乘法

在解析几何中，两个点 $\boldsymbol{\alpha}$ 和 $\boldsymbol{\beta}$ 间的距离等于向量 $\boldsymbol{\alpha} - \boldsymbol{\beta}$ 的长度．

定义 1   长度 $|\boldsymbol{\alpha}-\boldsymbol{\beta}|$ 称为向量 $\boldsymbol{\alpha}$ 和 $\boldsymbol{\beta}$ 的距离，记为 $d(\boldsymbol{\alpha},\boldsymbol{\beta})$.

不难证明距离的三条性质：

（1）$d(\boldsymbol{\alpha},\boldsymbol{\beta})=d(\boldsymbol{\beta},\boldsymbol{\alpha})$；

（2）$d(\boldsymbol{\alpha},\boldsymbol{\beta})\geqslant 0$，并且仅当 $\boldsymbol{\alpha}=\boldsymbol{\beta}$ 时等号才成立；

（3）$d(\boldsymbol{\alpha},\boldsymbol{\beta})\leqslant d(\boldsymbol{\alpha},\boldsymbol{\gamma})+d(\boldsymbol{\gamma},\boldsymbol{\beta})$（三角不等式）.

在中学所学几何中知道：一个点到一个平面（一条直线）上所有点的距离以垂线最短. 下面可以证明一个固定向量和一个子空间中各向量间的距离也是以"垂线最短".

先设一个子空间 W，它由向量 $\boldsymbol{\alpha}_1,\boldsymbol{\alpha}_2,\cdots,\boldsymbol{\alpha}_k$ 所生成，即 $W=L(\boldsymbol{\alpha}_1,\boldsymbol{\alpha}_2,\cdots,\boldsymbol{\alpha}_k)$. 说一个向量 $\boldsymbol{\alpha}$ 垂直于子空间 W，就是指向量 $\boldsymbol{\alpha}$ 垂直 W 于中任何一个向量. 易证 $\boldsymbol{\alpha}$ 垂直于 W 的充要条件是 $\boldsymbol{\alpha}$ 垂直于每个 $\boldsymbol{\alpha}_i(i=1,2,\cdots,k)$.

现给定 $\boldsymbol{\beta}$，设 $\boldsymbol{\gamma}$ 是 W 中的向量，满足 $\boldsymbol{\beta}-\boldsymbol{\gamma}$ 垂直于 W. 要证明 $\boldsymbol{\beta}$ 到 W 中各向量的距离以垂线最短，就是要证明，对于 W 中任一向量 $\boldsymbol{\delta}$，有

$$|\boldsymbol{\beta}-\boldsymbol{\gamma}|\leqslant|\boldsymbol{\beta}-\boldsymbol{\delta}|$$

证 $\boldsymbol{\beta}-\boldsymbol{\delta}=(\boldsymbol{\beta}-\boldsymbol{\gamma})+(\boldsymbol{\gamma}-\boldsymbol{\delta})$，因 W 是子空间，$\boldsymbol{\gamma}\in W,\boldsymbol{\delta}\in W$，则 $\boldsymbol{\gamma}-\boldsymbol{\delta}\in W$. 故 $\boldsymbol{\beta}-\boldsymbol{\gamma}$ 垂直于 $\boldsymbol{\gamma}-\boldsymbol{\delta}$. 由勾股定理

$$|\boldsymbol{\beta}-\boldsymbol{\gamma}|^2+|\boldsymbol{\gamma}-\boldsymbol{\delta}|^2=|\boldsymbol{\beta}-\boldsymbol{\delta}|^2$$

故

$$|\boldsymbol{\beta}-\boldsymbol{\gamma}|\leqslant|\boldsymbol{\beta}-\boldsymbol{\delta}|$$

这就证明了，向量到子空间各向量间的距离以垂线最短.

这个几何事实可以用来解决一些实际问题. 其中的一个应用就是解决最小二乘法问题.

引例 1   已知某种材料在生产过程中的废品率 y 与某种化学成分 x 有关. 表 8-15 中记载了某工厂生产中 y 与相应的 x 的几次数值：

表 8-15

$y/\%$	1.00	0.90	0.90	0.81	0.60	0.56	0.35
$x/\%$	3.6	3.7	3.8	3.9	4.0	4.1	4.2

我们想找出 y 对 x 的一个近似公式，使得 $y=ax+b$ 的误差最小.

记

$$A=\begin{pmatrix}3.6 & 1\\3.7 & 1\\3.8 & 1\\3.9 & 1\\4.0 & 1\\4.1 & 1\\4.2 & 1\end{pmatrix},B=\begin{pmatrix}1.00\\0.90\\0.90\\0.81\\0.60\\0.56\\0.35\end{pmatrix}$$，问题就转化为：求解方程组：$A\boldsymbol{x}=B$，这里：$\boldsymbol{x}=(a,b)^{\mathrm{T}}$.

显然，这个方程组是超定的. 这类方程组一般并没有唯一解（在此，对应的几何解释是：平面上不可能有一条直线同时经过以上述 (x,y) 为坐标的点）. 能做到的就是找一条最合适的直线. 何谓最合适？一般以误差最小为最合适，也就是：解出的 $\boldsymbol{x}$ 能使 $A\boldsymbol{x}-B$ 的

长度最小.

引例 2

求 $y = ax^2 + bx + c$，使之经过（拟合）点：$(1,1),(2,5),(-1,3),(-2,1),(3,4)$.

解 这即是解超定方程组：$\begin{cases} a + b + c = 1, \\ 4a + 2b + c = 5, \\ a - b + c = 3, \\ 4a - 2b + c = 1, \\ 9a + 3b + c = 4. \end{cases}$ 记：$A = \begin{pmatrix} 1 & 1 & 1 \\ 4 & 2 & 1 \\ 1 & -1 & 1 \\ 4 & -2 & 1 \\ 9 & 3 & 1 \end{pmatrix}$，$X = \begin{pmatrix} a \\ b \\ c \end{pmatrix}$，$B = \begin{pmatrix} 1 \\ 5 \\ 3 \\ 1 \\ 4 \end{pmatrix}$，

方程组写为 $AX = B$.

最小二乘法问题：线性方程组

$$\begin{cases} a_{11}x_1 + a_{12}x_2 + \cdots + a_{1s}x_s - b_1 = 0, \\ a_{21}x_1 + a_{22}x_2 + \cdots + a_{2s}x_s - b_2 = 0, \\ \cdots \\ a_{n1}x_1 + a_{n2}x_2 + \cdots + a_{ns}x_s - b_n = 0 \end{cases}$$

可能无解. 即任何一组数 x_1，x_2，$\cdots$，x_s 都可能使

$$\sum_{i=1}^{n} (a_{i1}x_1 + a_{i2}x_2 + \cdots + a_{is}x_s - b_i)^2 \tag{1}$$

不等于零. 我们设法找 $x_1^0, x_2^0, \cdots, x_s^0$ 使（1）最小，这样的 $x_1^0, x_2^0, \cdots, x_s^0$ 称为方程组的最小二乘解. 这种问题就叫最小二乘法问题.

下面利用欧氏空间的概念来表达最小二乘法，并给出最小二乘解所满足的代数条件. 令

$$A = \begin{pmatrix} a_{11} & a_{12} & \cdots & a_{1s} \\ a_{21} & a_{22} & \cdots & a_{2s} \\ \vdots & \vdots & & \vdots \\ a_{n1} & a_{n2} & \cdots & a_{ns} \end{pmatrix}, \quad B = \begin{pmatrix} b_1 \\ b_2 \\ \vdots \\ b_n \end{pmatrix}$$

$$X = \begin{pmatrix} x_1 \\ x_2 \\ \vdots \\ x_s \end{pmatrix}, \quad Y = \begin{pmatrix} \sum_{j=1}^{s} a_{1j}x_j \\ \sum_{j=1}^{s} a_{2j}x_j \\ \vdots \\ \sum_{j=1}^{s} a_{nj}x_j \end{pmatrix} = AX \tag{2}$$

用距离的概念，（1）就是 $|Y - B|^2$.

最小二乘法就是找 $x_1^0, x_2^0, \cdots, x_s^0$ 使 Y 与 B 的距离最短. 但从式（2），知道向量 Y 就是

$$Y = x_1 \begin{pmatrix} a_{11} \\ a_{21} \\ \vdots \\ a_{n1} \end{pmatrix} + x_2 \begin{pmatrix} a_{12} \\ a_{22} \\ \vdots \\ a_{n2} \end{pmatrix} + \cdots + x_s \begin{pmatrix} a_{1s} \\ a_{2s} \\ \vdots \\ a_{ns} \end{pmatrix}$$

把 A 的各列向量分别记成 $\boldsymbol{\alpha}_1, \boldsymbol{\alpha}_2, \cdots, \boldsymbol{\alpha}_s$. 由它们生成的子空间记为 $L = (\boldsymbol{\alpha}_1, \boldsymbol{\alpha}_2, \cdots, \boldsymbol{\alpha}_s)$. Y 就是 $L = (\boldsymbol{\alpha}_1, \boldsymbol{\alpha}_2, \cdots, \boldsymbol{\alpha}_s)$ 中的向量. 于是最小二乘法问题可叙述成：找 X 使（1）最小, 就是在 $L = (\boldsymbol{\alpha}_1, \boldsymbol{\alpha}_2, \cdots, \boldsymbol{\alpha}_s)$ 中找一向量 Y, 使得 B 到它的距离比到子空间 $L = (\boldsymbol{\alpha}_1, \boldsymbol{\alpha}_2, \cdots, \boldsymbol{\alpha}_s)$ 中其他向量的距离都短.

应用前面所讲的结论, 设

$$Y = AX = x_1\boldsymbol{\alpha}_1 + x_2\boldsymbol{\alpha}_2 + \cdots + x_s\boldsymbol{\alpha}_s$$

是所求的向量, 则 $C = B - Y = B - AX$ 必须垂直于子空间 $L = (\boldsymbol{\alpha}_1, \boldsymbol{\alpha}_2, \cdots, \boldsymbol{\alpha}_s)$. 为此只须而且必须

$$(C, \boldsymbol{\alpha}_1) = (C, \boldsymbol{\alpha}_2) = \cdots = (C, \boldsymbol{\alpha}_s) = 0$$

回忆矩阵乘法规则, 上述一串等式可以写成矩阵相乘的式子, 即

$$\boldsymbol{\alpha}_1{}'C = 0, \boldsymbol{\alpha}_2{}'C = 0, \cdots, \boldsymbol{\alpha}_s{}'C = 0$$

而 $\boldsymbol{\alpha}_1{}', \boldsymbol{\alpha}_2{}', \cdots, \boldsymbol{\alpha}_s{}'$ 按行正好排成矩阵 A', 上述一串等式合起来就是

$$A'(B - AX) = 0 \text{ 或 } A'AX = A'B$$

这就是最小二乘解所满足的代数方程, 它是一个线性方程组, 系数矩阵是 $A'A$, 常数项是 $A'B$.

回到前面的引例 1, 易知：

$$A = \begin{pmatrix} 3.6 & 1 \\ 3.7 & 1 \\ 3.8 & 1 \\ 3.9 & 1 \\ 4.0 & 1 \\ 4.1 & 1 \\ 4.2 & 1 \end{pmatrix}, B = \begin{pmatrix} 1.00 \\ 0.90 \\ 0.90 \\ 0.81 \\ 0.60 \\ 0.56 \\ 0.35 \end{pmatrix},$$ 最小二乘解 a, b 所满足的方程就是 $A'A\begin{pmatrix} a \\ b \end{pmatrix} - A'B = 0$,

即

$$\begin{cases} 106.75a + 27.3b - 19.675 = 0, \\ 27.3a + 7b - 5.12 = 0 \end{cases}$$

解得：$a = -1.05, b = 4.81$（取三位有效数字）.

对于引例 2：

显然：由 $A^{\mathrm{T}}AX = A^{\mathrm{T}}B, A^{\mathrm{T}}A \in \mathbf{R}^{3 \times 3}$, 可以解得：$X_0 = \begin{pmatrix} 0.0731 \\ 0.4919 \\ 2.2273 \end{pmatrix}$.

注意：这里解得的解是最佳的：$Ax - B$ 的长度最小.

如：引例 2 的解, $Ax - B$ 的长度为 $\|AX_0 - B\|_2 = \left\| \begin{pmatrix} 2.7922 \\ 3.5032 \\ 1.8084 \\ 1.5357 \\ 4.3604 \end{pmatrix} - \begin{pmatrix} 1 \\ 5 \\ 3 \\ 1 \\ 4 \end{pmatrix} \right\|_2 = 2.6998$;

任意一个其他的 X_i，均有：$\| AX_i - B \|_2 > \| AX_0 - B \|_2$；

比如：取 $X_1 = \begin{pmatrix} 1 \\ -1 \\ 2 \end{pmatrix}$ 时，则有 $\| AX_1 - B \|_2 = 8.2462 > \| AX_0 - B \|_2$. 因此，求解的 X_0

是最佳的.

二、人种基因间"距离"的度量

引例 3 在 A，B，O 血型的人们中，对各种群体的基因的频率进行了研究. 如果我们把四种等位基因 A_1, A_2, B, O 区别开，有人统计了如下的相对频率，如表 8-16 所示.

表 8-16

项目	因纽特人 f_{1i}	班图人 f_{2i}	英国人 f_{3i}	朝鲜人 f_{4i}
A_1	0.2914	0.1034	0.2090	0.2208
A_2	0.0000	0.0866	0.0696	0.0000
B	0.0316	0.1200	0.0612	0.2069
O	0.6770	0.6900	0.6602	0.5723
合计	1.0000	1.0000	1.0000	1.0000

问题：一个群体与另一群体的接近程度如何度量？换句话说，就是要一个表示基因的"距离"的合宜的量度.

解 首先，我们用单位向量来表示每一个群体. 为此目的，我们取每一种频率的平方根，记 $x_{ki} = \sqrt{f_{ki}}$. 由于对这四种群体的每一种有 $\sum\limits_{i=1}^{4} f_{ki} = 1$，因此我们得到 $\sum\limits_{i=1}^{4} x_{ki}^2 = 1$. 这意味着下列四个向量的每个都是单位向量. 记

$$a_1 = \begin{pmatrix} x_{11} \\ x_{12} \\ x_{13} \\ x_{14} \end{pmatrix}, a_2 = \begin{pmatrix} x_{21} \\ x_{22} \\ x_{23} \\ x_{24} \end{pmatrix}, a_3 = \begin{pmatrix} x_{31} \\ x_{32} \\ x_{33} \\ x_{34} \end{pmatrix}, a_4 = \begin{pmatrix} x_{41} \\ x_{42} \\ x_{43} \\ x_{44} \end{pmatrix}$$

在四维空间中，这些向量的顶端都位于一个半径为 1 的球面上.

现在用两个向量间的夹角来表示两个对应的群体间的"距离"似乎是合理的. 如果我们把 a_1, a_2 之间的夹角记为 θ，那么由于 $|a_i| = 1$，$i = 1, 2, 3, 4$，由内积公式，得 $\cos \theta = a_1 \cdot a_2$.

而 $a_1 = \begin{pmatrix} 0.5398 \\ 0.0000 \\ 0.1778 \\ 0.8228 \end{pmatrix}, a_2 = \begin{pmatrix} 0.3216 \\ 0.2943 \\ 0.3464 \\ 0.8307 \end{pmatrix}$. 故 $\cos \theta = a_1 \cdot a_2 = 0.9187$，得 $\theta = 23.2°$.

按同样的方式，我们可以得到表 8 – 17.

表 8 – 17

项目	因纽特人	班图人	英国人	朝鲜人
因纽特人	0°	23.2°	16.4°	16.8°
班图人	23.2°	0°	9.8°	20.4°
英国人	16.4°	9.8°	0°	19.6°
朝鲜人	16.8°	20.4°	19.6°	0°

由表 8 – 17 可见，最小的基因"距离"是班图人和英国人之间的"距离"，而爱斯基摩人和班图人之间的基因"距离"最大.

三、人口迁向城市动态分析的简单模型

引例 4 对城乡人口流动做年度调查，发现有一个稳定的朝向城镇流动的趋势：每年农村居民的 2.5% 移居城镇，而城镇居民的 1% 迁出. 现在总人口的 60% 位于城镇. 假如城乡总人口保持不变，并且人口流动的这种趋势继续下去，那么一年以后住在城镇人口所占比例是多少？两年以后呢？10 年以后呢？最终呢？

解 设开始时乡村人口为 y_0，城镇人口为 z_0，一年以后有

乡村人口： $\dfrac{975}{1\,000}y_0 + \dfrac{1}{100}z_0 = y_1$，

城镇人口： $\dfrac{25}{1\,000}y_0 + \dfrac{99}{100}z_0 = z_1$，

或写成矩阵形式：

$$\begin{pmatrix} y_1 \\ z_1 \end{pmatrix} = \begin{pmatrix} \dfrac{975}{1\,000} & \dfrac{1}{100} \\ \dfrac{25}{1\,000} & \dfrac{99}{100} \end{pmatrix} \begin{pmatrix} y_0 \\ z_0 \end{pmatrix}$$

两年后，有

$$\begin{pmatrix} y_2 \\ z_2 \end{pmatrix} = \begin{pmatrix} \dfrac{975}{1\,000} & \dfrac{1}{100} \\ \dfrac{25}{1\,000} & \dfrac{99}{100} \end{pmatrix} \begin{pmatrix} y_1 \\ z_1 \end{pmatrix} = \begin{pmatrix} \dfrac{975}{1\,000} & \dfrac{1}{100} \\ \dfrac{25}{1\,000} & \dfrac{99}{100} \end{pmatrix}^2 \begin{pmatrix} y_0 \\ z_0 \end{pmatrix}$$

10 年后，有

$$\begin{pmatrix} y_{10} \\ z_{10} \end{pmatrix} = \begin{pmatrix} \dfrac{975}{1\,000} & \dfrac{1}{100} \\ \dfrac{25}{1\,000} & \dfrac{99}{100} \end{pmatrix}^{10} \begin{pmatrix} y_0 \\ z_0 \end{pmatrix}$$

事实上，它给出了一个差分方程：$u_{k+1} = Au_k$. 我们现在来解这个差分方程.

首先：$A = \begin{pmatrix} \dfrac{975}{1\,000} & \dfrac{1}{100} \\ \dfrac{25}{1\,000} & \dfrac{99}{100} \end{pmatrix}$.

k 年之后的分布（将 A 相似对角化，$A = V\Lambda V^{-1}$，V 不唯一）：

$$\begin{pmatrix} y_k \\ z_k \end{pmatrix} = A^k \begin{pmatrix} y_0 \\ z_0 \end{pmatrix} = \begin{pmatrix} -1 & \dfrac{2}{5} \\ 1 & 1 \end{pmatrix} \begin{pmatrix} \left(\dfrac{193}{200}\right)^k & 0 \\ 0 & 1 \end{pmatrix} \begin{pmatrix} -\dfrac{5}{7} & \dfrac{2}{7} \\ \dfrac{5}{7} & \dfrac{5}{7} \end{pmatrix} \begin{pmatrix} y_0 \\ z_0 \end{pmatrix}$$

这就是我们所要的解，而且容易看出经过很长一个时期后这个解会达到一个极限状态：

$$\begin{pmatrix} y_\infty \\ z_\infty \end{pmatrix} = (y_0 + z_0) \begin{pmatrix} \dfrac{2}{7} \\ \dfrac{5}{7} \end{pmatrix}$$

总人口仍是 $y_0 + z_0$，与开始时一样，但在此极限中人口的 $\dfrac{5}{7}$ 在城镇，而 $\dfrac{2}{7}$ 在乡村. 无论初始分布是什么样，这总是成立的.

习题八

1. 计算行列式：

(1) $\begin{vmatrix} 2 & 1 \\ -1 & 2 \end{vmatrix}$；

(2) $\begin{vmatrix} x-1 & 1 \\ x^2 & x^2+x+1 \end{vmatrix}$；

(3) $\begin{vmatrix} a & b \\ a^2 & b^2 \end{vmatrix}$；

(4) $\begin{vmatrix} 1 & 1 & 1 \\ 3 & 1 & 4 \\ 8 & 9 & 5 \end{vmatrix}$；

(5) $\begin{vmatrix} 0 & a & 0 \\ b & 0 & c \\ 0 & d & 0 \end{vmatrix}$；

(6) $\begin{vmatrix} 1 & 2 & 3 \\ 3 & 1 & 2 \\ 2 & 3 & 1 \end{vmatrix}$.

2. 计算行列式：

(1) $\begin{vmatrix} 4 & 1 & 2 & 4 \\ 1 & 2 & 0 & 2 \\ 10 & 5 & 2 & 0 \\ 0 & 1 & 1 & 7 \end{vmatrix}$；

(2) $\begin{vmatrix} 0 & 1 & 1 & 1 \\ 1 & 0 & 1 & 1 \\ 1 & 1 & 0 & 1 \\ 1 & 1 & 1 & 0 \end{vmatrix}$；

(3) $\begin{vmatrix} -ab & ac & ae \\ bd & -cd & de \\ bf & cf & -ef \end{vmatrix}$；

(4) $\begin{vmatrix} a & 1 & 0 & 0 \\ -1 & b & 1 & 0 \\ 0 & -1 & c & 1 \\ 0 & 0 & -1 & d \end{vmatrix}$；

(5) $\begin{vmatrix} a-b-c & 2a & 2a \\ 2b & b-a-c & 2b \\ 2c & 2c & c-a-b \end{vmatrix}$; (6) $\begin{vmatrix} -2 & 2 & -4 & 0 \\ 4 & -1 & 3 & 5 \\ 3 & 1 & -2 & -3 \\ 2 & 0 & 5 & 1 \end{vmatrix}$;

(7) $\begin{vmatrix} 1 & 2 & 2 & \cdots & 2 \\ 2 & 2 & 2 & \cdots & 2 \\ 2 & 2 & 3 & \cdots & 2 \\ \vdots & \vdots & \vdots & & \vdots \\ 2 & 2 & 2 & \cdots & n \end{vmatrix}$; (8) $\begin{vmatrix} a & 0 & \cdots & 0 & 1 \\ 0 & a & \cdots & 0 & 0 \\ \vdots & \vdots & & \vdots & \vdots \\ 0 & 0 & \cdots & a & 0 \\ 1 & 0 & \cdots & 0 & a \end{vmatrix}$.

3. 证明：

(1) $\begin{vmatrix} a^2 & ab & b^2 \\ 2a & a+b & 2b \\ 1 & 1 & 1 \end{vmatrix} = (a-b)^3$;

(2) $\begin{vmatrix} a^2 & (a+1)^2 & (a+2)^2 & (a+3)^2 \\ b^2 & (b+1)^2 & (b+2)^2 & (b+3)^2 \\ c^2 & (c+1)^2 & (c+2)^2 & (c+3)^2 \\ d^2 & (d+1)^2 & (d+2)^2 & (d+3)^2 \end{vmatrix} = 0$;

(3) $\begin{vmatrix} x & -1 & 0 & \cdots & 0 & 0 \\ 0 & x & -1 & \cdots & 0 & 0 \\ \vdots & \vdots & \vdots & & \vdots & \vdots \\ 0 & 0 & 0 & \cdots & x & -1 \\ a_n & a_{n-1} & a_{n-2} & \cdots & a_2 & x+a_1 \end{vmatrix} = x^n + a_1 x^{n-1} + \cdots + a_{n-1} x + a_n$.

4. $A = \begin{pmatrix} 1 & -2 \\ 0 & 3 \end{pmatrix}$, $B = \begin{pmatrix} 2 & 1 \\ 0 & 5 \end{pmatrix}$, 求 $2A+B$ 和 $3A-B$.

5. $A = \begin{pmatrix} 3 & 0 & -5 \\ 1 & 4 & 7 \end{pmatrix}$, $B = \begin{pmatrix} 3 & 1 & 2 \\ 4 & 3 & 5 \end{pmatrix}$, 求 $A+B$.

6. 设 $A = (1,2)$, $B = \begin{pmatrix} 3 \\ 4 \end{pmatrix}$, 求 AB 和 BA.

7. $A = \begin{pmatrix} 3 \\ 2 \\ 1 \end{pmatrix}$, $B = (1,2,3)$, 求 BA.

8. 设 $A = (-1,2,3)$, $B = \begin{pmatrix} 2 \\ 1 \\ 0 \end{pmatrix}$, 求 AB.

9. 设 $A = \begin{pmatrix} 2 & 1 \\ -1 & 0 \\ 0 & -1 \end{pmatrix}$，$B = (1,2,3)$，求 BA.

10. 设 $A = \begin{pmatrix} 1 & 1 & 0 \\ 0 & -1 & 1 \end{pmatrix}$，$B = \begin{pmatrix} -1 & 1 \\ 2 & 0 \\ 0 & 2 \end{pmatrix}$，求 AB.

11. 设 $A = \begin{pmatrix} 1 & 0 & -1 & 2 \\ -1 & 1 & 3 & 0 \\ 0 & 5 & -1 & 4 \end{pmatrix}$，$B = \begin{pmatrix} 0 & 3 \\ 1 & 2 \\ 3 & 1 \\ -1 & 2 \end{pmatrix}$，求 AB.

12. 设 $A = \begin{pmatrix} 1 & 2 \\ 3 & 4 \end{pmatrix}$，$B = \begin{pmatrix} 1 & 0 \\ 2 & 1 \\ 0 & -2 \end{pmatrix}$，求 AB^{T}.

13. 设 $A = \begin{pmatrix} 1 & 0 & -11 \\ 2 & -1 & 0 \\ -3 & 1 & 7 \end{pmatrix}$，$B = (-1,2,0)$，求 AB^{T}.

14. 设矩阵 $A = \begin{pmatrix} 1 & -2 \\ 4 & 3 \end{pmatrix}$，$I$ 为单位矩阵，求 $(I-A)^{\mathrm{T}}$.

15. 求以下矩阵的逆矩阵：

(1) $A = \begin{pmatrix} 1 & -1 \\ -3 & 4 \end{pmatrix}$；　　(2) $A = \begin{pmatrix} 1 & 4 \\ 2 & 7 \end{pmatrix}$；　　(3) $A = \begin{pmatrix} 1 & 0 & 0 \\ 0 & 2 & 0 \\ 0 & 0 & -3 \end{pmatrix}$；

(4) $A = \begin{pmatrix} 0 & 1 & 2 \\ 1 & 1 & 4 \\ 2 & -1 & 0 \end{pmatrix}$；　　(5) $A = \begin{pmatrix} 1 & 1 & 2 \\ 1 & 2 & 2 \\ 1 & 2 & 3 \end{pmatrix}$.

16. 设矩阵 $A = \begin{pmatrix} 1 & 0 & -2 \\ 1 & -2 & 0 \end{pmatrix}$，$B = \begin{pmatrix} 1 & 2 & -3 \\ 0 & -1 & 2 \end{pmatrix}$，计算 $(AB^{\mathrm{T}})^{-1}$.

17. 设 $A = \begin{pmatrix} -1 & 5 \\ 3 & -6 \end{pmatrix}$，$B = \begin{pmatrix} 1 \\ -1 \end{pmatrix}$，求 $(A-I)^{-1}B$.

18. 设 $A = \begin{pmatrix} 0 & 1 & 0 \\ 2 & 0 & -1 \\ 3 & 4 & 1 \end{pmatrix}$，求 $(I+A)^{-1}$.

19. 解矩阵方程：

(1) $\begin{pmatrix} 1 & 1 & 0 \\ 2 & 1 & -1 \\ 3 & 4 & 2 \end{pmatrix}X = \begin{pmatrix} 1 & -4 \\ 0 & 2 \\ 3 & -1 \end{pmatrix}$；　(2) $\begin{pmatrix} 1 & 2 & 3 \\ 3 & 5 & 7 \\ 5 & 8 & 10 \end{pmatrix}X = \begin{pmatrix} 1 \\ 0 \\ -1 \end{pmatrix}$.

20. 设 A 是可逆矩阵，且 $A+AB=I$，求 A^{-1}.

21. （1）设 $(\boldsymbol{\alpha}_1^{\mathrm{T}},\boldsymbol{\alpha}_2^{\mathrm{T}},\boldsymbol{\alpha}_3^{\mathrm{T}})=\begin{pmatrix}3 & 1 & 1\\ 1 & -1 & 3\\ 0 & 2 & -4\\ 2 & -1 & 4\end{pmatrix}$，判断 $\boldsymbol{\alpha}_1,\boldsymbol{\alpha}_2,\boldsymbol{\alpha}_3$ 是否线性无关；

（2）设 $(\boldsymbol{\alpha}_1^{\mathrm{T}},\boldsymbol{\alpha}_2^{\mathrm{T}},\boldsymbol{\alpha}_3^{\mathrm{T}})=\begin{pmatrix}1 & 2 & 0\\ 0 & 2 & 3\\ 1 & 0 & 3\end{pmatrix}$，判断 $\boldsymbol{\alpha}_1,\boldsymbol{\alpha}_2,\boldsymbol{\alpha}_3$ 是否线性无关；

（3）设 $(\boldsymbol{\alpha}_1^{\mathrm{T}},\boldsymbol{\alpha}_2^{\mathrm{T}},\boldsymbol{\alpha}_3^{\mathrm{T}})=\begin{pmatrix}2 & 1 & 1\\ 4 & -2 & 3\\ 1 & 0 & 1\\ 1 & 1 & 0\\ 0 & 1 & 1\end{pmatrix}$，判断 $\boldsymbol{\alpha}_1,\boldsymbol{\alpha}_2,\boldsymbol{\alpha}_3$ 是否线性无关.

22. 设 $(\boldsymbol{\alpha}_1^{\mathrm{T}},\boldsymbol{\alpha}_2^{\mathrm{T}},\boldsymbol{\alpha}_3^{\mathrm{T}})=\begin{pmatrix}1 & 1 & -1\\ 1 & 0 & -4\\ 2 & 0 & -8\\ 1 & 2 & k\end{pmatrix}$，且 $\boldsymbol{\alpha}_1,\boldsymbol{\alpha}_2,\boldsymbol{\alpha}_3$ 线性相关，求 k 的值.

23. 设齐次线性方程组的系数矩阵 A 如下，求其对应的齐次方程组的一个基础解系：

(1) $A=\begin{pmatrix}1 & 1 & 2 & -1\\ 2 & 1 & 1 & -1\\ 2 & 2 & 1 & 2\end{pmatrix}$;
(2) $A=\begin{pmatrix}1 & 2 & 1 & -1\\ 3 & 6 & -1 & -3\\ 5 & 10 & 1 & -5\end{pmatrix}$;

(3) $A=\begin{pmatrix}2 & 3 & -1 & 5\\ 3 & 1 & 2 & -7\\ 4 & 1 & -3 & 6\\ 1 & -2 & 4 & -7\end{pmatrix}$;
(4) $A=\begin{pmatrix}3 & 4 & -5 & 7\\ 2 & -3 & 3 & -2\\ 4 & 11 & -13 & 16\\ 7 & -2 & 1 & 3\end{pmatrix}$.

24. 设非齐次线性方程组的增广矩阵如下，解方程组：

(1) $A=\begin{pmatrix}1 & 1 & 1 & 0 & 0 & 0\\ 1 & 1 & -1 & -1 & -2 & 1\\ 2 & 2 & 0 & -1 & -2 & 1\\ 5 & 5 & -3 & -4 & -8 & 4\end{pmatrix}$;
(2) $A=\begin{pmatrix}1 & -2 & 3 & -1 & 1\\ 3 & -1 & 5 & -3 & 2\\ 2 & 1 & 2 & -2 & 3\end{pmatrix}$;

(3) $A=\begin{pmatrix}1 & 1 & -3 & -1 & 1\\ 3 & -1 & -3 & 4 & 4\\ 1 & 5 & -9 & -8 & 0\end{pmatrix}$.

25. 假设一个经济系统由三个行业：五金化工、能源（如燃料、电力等）、机械组成，每个行业的产出在各个行业中的分配如表 8-18 所示，每一列中的元素表示占该行业总产出的比例. 以第二列为例，能源行业的总产出的分配如下：80% 分配到五金化工行业，10% 分配到机械行业，余下的供本行业使用. 因为考虑了所有的产出，所以每一列的小数加起来必须等于1. 把五金化工、能源、机械行业每年总产出的价格（即货币价值）分别用 p_1，p_2，p_3 表示. 试求出使得每个行业的投入与产出都相等的平衡价格.

表 8 – 18

产出分配			购买者
五金化工	能源	机械	
0.2	0.8	0.4	五金化工
0.3	0.1	0.4	能源
0.5	0.1	0.2	机械

第9章 线性规划

※数学史话※

运筹学的起源与发展

运筹学（英国用 operational research，美国用 operations research，简称 OR），从它的英文名称和中文翻译可以看出它与作战相关．运筹学的一些朴素思想，在历史上可以追溯到公元前四百年前；中国著名军事学家孙武著的《孙子兵法》一书中已有关于运筹学思想的描述．中文"运筹"一词来源于《史记——留侯世家》，刘邦夸奖张良，"夫运筹帷幄之中，决胜千里之外，吾不如子房"．这传达了运筹学的渊源．

运筹学是一门应用广泛的交叉学科，它汇聚了数学、物理学、统计学、管理学、心理学、仿生学等众多的学科．运筹学的有些分支起源很早，如图论这一重要分支的起源可以追溯到 16 世纪；即使是在现代通信领域广泛应用的排队论，也可以追溯到 20 世纪初．但是，运筹学作为一门学科的出现确实要归功于第二次世界大战．第二次世界大战前夕，科学发展从一门独立的学科发展向学科交叉发展，从"形而上学"的研究方法向系统综合研究的方向发展，系统科学、信息科学和计算机科学开始了它的早期发展．这个良好的发展时期被第二次世界大战暂时中断，大量的科学家为了国家利益投入到了为战争服务之中．在德国一方，科学家更多地投入到各种杀伤武器的研究；而在英美一方，科学家被组织成为作战研究小组，专门研究作战中的一些特殊问题，这些问题需要用数学模型和方法来解决．1939 年，当时在英国已有运筹学小组的核心存在，而以布莱克特（P. M，S. Blacket）领导的布莱克特小组最为著名．小组由三个哲学家、一个测量学家、一个天文学家、一个军官、一个普通物理学家、两个数学家和两个数理学家组成．这些运筹学小组为政府解决许多复杂的军事问题，如组织城市防卫和有效进攻敌人问题、布置雷达站问题、运输船队的护航问题、反潜深水炸弹投掷问题、飞行员长机僚机配对问题、太平洋岛屿军事物资存储问题、项目管理问题等，这些研究保障了英伦三岛免遭德军的蹂躏、美军在太平战争的胜利．

第二次世界大战结束后，这些科学家回到各自单位工作，但他们仍保持联系和活动，并将他们的研究成果推广到企业和政府应用之中．运筹学方法广泛地应用于民用企业，大学亦开设了这门课程，1948 年美国麻省理工学院首先开设了运筹学的非军事应用学科，随后，美国开设这方面学科的高等院校共 30 多所．从 20 世纪 50 年代开始，出现了一批运筹学用于管理方面的书籍，如韦斯特·丘奇曼（C. West. Churchuam）等三人合著的《运筹学入门》，爱德华·鲍曼（Edwad. H. Bowman）等二人合著的《生产管理分桥》，塞缪尔·里奇蒙（Sam－nel，B. Richmond）著的《用于管理决策的运筹学》等．这些都是从战争经验中获得一定数据来建立模型，描述一个特定的行动，把特定问题的解求出，以便决策者科学决策．

1948 年英国成立了运筹学俱乐部（现在称为联合王国运筹学会），每三年召开一次国际性会议，首次是在 1953 年于英国伦敦举行，有 21 个国家派出代表参加. 1952 年，美国成立了运筹学学会；同年，Morse 和 Kimball 出版了《运筹学方法》，标志着运筹学作为一门新兴学科的正式诞生. 从此，运筹学得到快速的发展. 1959 年，国际运筹学联合会(IFORS)成立.

中国大规模开展运筹学活动在 1958 年. 在 1956 年中国科学院成立了运筹学研究小组，向全国推广运筹学，他们配合产业部门的生产需要，从经营、组织、管理方面来挖掘生产潜力，开始了广泛宣传和推广，在这个时期，我国运筹学应用取得了一些成果. 如在邮电方面，用来调整和组织城乡邮路网；划分投递道段；确定投递路线，合理组织邮政业，安排包裹分拣生产过程；布置生产场地以及调运邮政空袋等. 在市内电话方面，运筹学用来科学地组织装拆工作，组织话机查修机线和网络设计. 在长途电话方面，用来接通长途接续台的电路，安排班次，组织分发台的话单分发. 在电报通信方面，用以组织来报投递，搭配电路，公电投底存放以及报房生产场地设计等. 在农村电话方面，用来组织电网的调整规划……在减少资源消耗，提高通信质量等方面取得了有效的经济效果. 此外，纺织工业中的配棉，纱机的看台，经轴储备量，拆布长度和棉纱支数的控割等也因为使用了运筹学方法而取得可喜成效. 运筹学应用面很广，几乎遍及所有门类. 生物、水文、医药、冶炼、建筑、交遇运输、商业等部门在不同程度上推行了运筹学，取得了一定的经济效益.

我国于 1980 年 4 月成立中国运筹学学会，1982 年加入 IFORS，1992 年中国运筹学学会脱离数学学会成为独立的一级学会，1999 年 8 月组织了第 15 届 IFORS 大会. 20 世纪 60 年代以来，华罗庚、许国志等老一辈数学家致力于在中国推广运筹学，为运筹学的普及和深入开展做出了不可磨灭的贡献.

运筹学的快速发展还要归功于另外两个关键因素. 一是第二次世界大战之后，运筹学的技术得到实质性的进展，最主要的贡献之一：1947 年 George Dantzig 给出了线性规划的单纯型解法. 其后，一系列的运筹学的标准工具，如线性规划、动态规划、排队论、库存理论都得到了完善. 第二个因素是计算机革命. 计算机的出现，使得原来手工计算对运算规模的限制得到了革命性的突破. 计算机的超强计算能力大大激发了运筹学在建模和算法方面的研究；同时，大量标准的运筹学工具被制作成通用软件（如 LINGO 等），或编入企业管理软件，如 MRP II、ERP 等.

计算机为非破坏性试验和系统仿真带来了强有力的手段，也促进了运筹学难解问题的算法研究，元启发式算法和人工智能算法应运而生. 但在运筹学发展的历史上并不总是一帆风顺的，也曾经出现过波折. 特别是在 20 世纪 70 年代，运筹学曾深深陷入数学泥沼，出现大量让人费解的算法，严格限制条件下的收敛性证明，使建模和算法远远脱离实际问题和应用，压抑了很多以实际为背景的研究，运筹学界内部也分成为两派. 我国运筹学界在 20 世纪 90 年代开始纠正这一现象，打出了"应用——运筹学的生命"的旗帜. 运筹学和企业实践的结合取得了丰硕的成果.

运筹学经常用于解决现实生活中的复杂问题，特别是改善或优化现有系统的效率. 研究运筹学的基础知识包括实分析、矩阵论、随机过程理论、离散数学和算法基础等. 而在应用方面，多与仓储、物流、算法等领域相关. 因此，运筹学与应用数学、工业工程、计算机科学、经济管理等专业密切相关.

9.1 线性规划模型

线性规划是运筹学中应用最广泛的方法之一. 自从1947年 G. B. Dantzig（美国数学家丹捷格）发明了求解线性规划的单纯形法后，线性规划已被广泛地应用于解决经济管理和工业生产中遇到的实际问题. 曾经有人进行过调查，在世界500家最大的企业中，有85%的企业使用过线性规划解决经营管理中遇到的复杂问题. 线性规划的使用已为使用者节约了数以亿万计的资金. 线性规划实质上是解决稀缺资源在有竞争的使用过程中如何进行最优分配的问题. 这类最优分配问题大部分是从经营管理中引出的，例如：产品的最优组合，生产排序，最优投资方案，人力资源分配、运输问题等. 在这类问题中，一个共性的问题是一些稀缺或有限的资源必须被分配到一些指定的生产活动中去，而这些资源的使用会伴随着费用或效益的发生. 线性规划可用于合理分配这些资源，并使付出的费用最小或获得的收益最大.

在本节中我们将首先介绍什么是线性规划问题，线性规划问题的数学表达式，简单线性规划问题的图解法，线性规划问题的标准形等线性规划的基本概念，然后简单介绍求解线性规划的单纯形法.

在现实的经济管理活动中，经常需要线性规划的知识来解决问题. 线性规划研究的问题主要是如何进行活动，使经济效益最大和资源消耗最小，即求经济函数的最优值. 线性规划通常解决安排问题、投资问题、配方问题、下料问题和运输问题这五类经典的经济问题.

（1）安排问题：企业如何安排生产，使得收入（利润）最大或成本（费用）最省.

案例 1 最优生产计划问题：某酿酒厂只生产香槟酒和葡萄酒两种产品. 当前，生产上受到三个方面的限制：一是每周最大的发酵设备能力为60 000单位；二是装瓶能力为50 000单位；三是香槟酒的净化能力为15 000单位. 根据产品的特点，每生产1瓶香槟酒需要3个单位的发酵能力、2个单位的装瓶能力和1个单位的净化能力，盈利2.5元；每生产1瓶葡萄酒需要1个单位的发酵能力和1个单位的装瓶能力，盈利1元. 在现有资源的条件下，应如何安排生产可使该厂的盈利最大？

（2）投资问题：投资者将一定数量的资金投向各企业，如何依据不同的获利情况，分配对各企业的投资额，使得若干年后收入最高.

案例 2 某投资公司将1 000万元的资金对A，B两个企业投资，对企业A每投资1万元，一年后公司可获得利润0.1万元；对企业B每投资1万元，两年后公司可获得利润0.3万元. 对企业A每次投资期限必须是一年，对企业B每次投资期限必须是两年，到期结算后，以本利和作为资金继续对A，B两个企业投资. 问：公司如何投资，才能使得在第3年年底收入最高？

（3）配方问题：

案例 3 假定一个成年人每天需要从食物中获取3 000 cal的热量、55 g蛋白质和800 mg的钙. 如果市场上只有四种食品可供选择，它们每千克所含热量和营养成分以及市场价格如

表 9-1 所示. 问：如何选择才能在满足营养的前提下使购买食品的费用最小？各种食物的营养成分如表 9-1 所示.

表 9-1

序号	食品名称	热量/cal	蛋白/g	钙/mg	价格/元
1	猪肉	1 000	50	400	14
2	鸡蛋	147	60	200	6
3	大米	1 000	20	300	3
4	白菜	200	10	500	2

（4）下料问题：企业如何根据对各种规格原料的需求，选择下料方式，使得原料的消耗最省.

案例 4 某工厂要制作 100 套钢筋架，每套需用 2.9 m、2.1 m、1.5 m 的钢筋各一根. 这些钢筋均用长 7.4 m 的原材料切割而成. 问：如何切割原材料才能使原材料最节省？

（5）运输问题：企业如何组织运输，使得产品的总运费最省.

案例 5 设有两个砖厂 A1、A2. 其产量分别为 23 万块与 27 万块. 它们的砖供应 3 个工地. 其需要量分别为 17 万块、18 万块和 15 万块. 而自各产地到各工地的运价如表 9-2 所示.

表 9-2

工地 砖厂	B_1	B_2	B_3
A_1	50	60	70
A_2	60	110	160

（其中运价为元每万块）问：如何调运，才使总运费最省？

一、线性规划模型的建立方法

例 1（生产计划问题）某工厂计划用现有的铜、铅两种原料生产甲、乙两种电缆，已知甲、乙两种电缆的单位售价分别为 6 万元和 4 万元. 生产单位产品甲、乙电缆对铜、铅的消耗量及可利用的铜、铅数量如表 9-3 所示.

表 9-3

单位产品 原料 所需材料量	甲电缆	乙电缆	原料可用量
铜/t	2	1	10
铅/t	1	1	8
价格/万元	6	4	

另外，市场对乙电缆的最大需求量为 7 单位，而对甲电缆的需求量无限制. 问：该工厂应如何安排生产才能使工厂的总收入最大？

根据前面数学建模的思想，我们将一个实际问题转化为线性规划模型有以下几个步骤：

（1）确定决策变量.

决策变量是模型要决定的未知量，也是模型最重要的参数. 问：如何安排生产？即工厂要确定甲电缆和乙电缆的生产数量，因此可设 x_1 = 生产甲电缆的数量，x_2 = 生产乙电缆的数量.

（2）确定目标函数.

目标函数决定线性规划问题的优化方向，是线性规划模型的重要组成部分. 很明显，工厂的目标是使总收入最大，总收入 = 甲单价 × 甲产量 + 乙单价 × 乙产量，因此目标函数可写为 $\max z = 6x_1 + 4x_2$.

（3）确定约束方程.

如果工厂可以随意选择生产两种电缆的数量，则他们的销售收入可以随意大. 而这实际是不可能的，因为任何生产都会受到种种客观条件的限制. 一个正确的模型应通过约束方程来反映这些客观条件. 本例中的限制条件是铜、铅两种原料分别不能超过 10 t 和 8 t. 这两个条件可由以下方程表示：

$$\begin{cases} 2x_1 + x_2 \leqslant 10 \\ x_1 + x_2 \leqslant 8 \end{cases}$$

（4）变量取值限制.

本例中市场对乙电缆的最大需求量为 7 单位，所以应有 $x_2 \leqslant 7$. 一般情况下，决策变量只取正值（非负值）. 因此，模型中应有变量的非负约束. 在本例中，非负约束为 $x_1, x_2 \geqslant 0$.

将以上几部分结合起来就得到反映工厂生产经营活动的完整的数学模型：

$$\max z = 6x_1 + 4x_2$$
$$\text{s.t.} \begin{cases} 2x_1 + x_2 \leqslant 10, & 铜资源约束, \\ x_1 + x_2 \leqslant 8, & 铅资源约束, \\ x_2 \leqslant 7, & 产量约束, \\ x_1, x_2 \geqslant 0, & 产量不允许为负值 \end{cases}$$

其中，max 是英文单词 maximize 的缩写，含义为"最大化"；"s.t."是"subject to"的缩写，表示"满足于……". 因此，上述模型的含义是：在给定的条件限制下，求使得目标函数 z 达到最大的 x_1, x_2 取值.

综上所述，有一个目标函数和一组约束方程，且目标函数和约束方程都是线性的数学模型，称为线性规划. 把实际线性规划问题化成数学模型的步骤如下：

（1）确定决策变量；

（2）确定目标函数；

（3）确定约束方程（或称约束行）；

（4）变量取值限制（如非负限制）.

例 2 建立案例 1 中的线性规划模型.

解 设生产香槟酒和葡萄酒分别为 x_1，x_2 单位，则根据题意得，收入为 $z = 2.5x_1 + x_2$，则目标函数是 $\max z = 2.5x_1 + x_2$，约束条件为

$$\text{s. t.} \begin{cases} 3x_1 + x_2 \leqslant 60\ 000，& \text{发酵设备约束，} \\ 2x_1 + x_2 \leqslant 50\ 000，& \text{装瓶能力约束，} \\ x_1 \leqslant 15\ 000，& \text{净化能力约束，} \\ x_1, x_2 \geqslant 0，& \text{产量不允许为负值} \end{cases}$$

所以所求线性规划模型为

$$\max z = 2.5x_1 + x_2$$

$$\text{s. t.} \begin{cases} 3x_1 + x_2 \leqslant 60\ 000，& \text{发酵设备约束，} \\ 2x_1 + x_2 \leqslant 50\ 000，& \text{装瓶能力约束，} \\ x_1 \leqslant 15\ 000，& \text{净化能力约束，} \\ x_1, x_2 \geqslant 0，& \text{产量不允许为负值} \end{cases}$$

例 3 建立案例 3 中的线性规划模型.

解 设购买猪肉、鸡蛋、大米和白菜分别是 x_1，x_2，x_3，x_4 千克，由题意得，费用 $z = 14x_1 + 6x_2 + 3x_3 + 2x_4$，则目标函数为 $\min z = 14x_1 + 6x_2 + 3x_3 + 2x_4$，

$$\text{约束条件为} \begin{cases} 1\ 000x_1 + 800x_2 + 1\ 000x_3 + 200x_4 = 3\ 000，& \text{能量约束，} \\ 50x_1 + 60x_2 + 20x_3 + 10x_4 = 55，& \text{蛋白质约束，} \\ 400x_1 + 200x_2 + 300x_3 + 500x_4 = 800，& \text{钙约束，} \\ x_1, x_2, x_3, x_4 \geqslant 0，& \text{食物量不允许为负值} \end{cases}$$

所以，所求线性规划模型为 $\min z = 14x_1 + 6x_2 + 3x_3 + 2x_4$

$$\text{s. t.} \begin{cases} 1\ 000x_1 + 800x_2 + 1\ 000x_3 + 200x_4 = 3\ 000，& \text{能量约束，} \\ 50x_1 + 60x_2 + 20x_3 + 10x_4 = 55，& \text{蛋白质约束，} \\ 400x_1 + 200x_2 + 300x_3 + 500x_4 = 800，& \text{钙约束，} \\ x_1, x_2, x_3, x_4 \geqslant 0，& \text{食物量不允许为负值} \end{cases}$$

二、线性规划的一般表示

$$\max(\min)z = c_1x_1 + c_2x_2 + \cdots + c_nx_n$$

$$\text{s. t.} \begin{cases} a_{11}x_1 + a_{12}x_2 + \cdots + a_{1n}x_n \leqslant (=, \geqslant)b_1， \\ a_{21}x_1 + a_{22}x_2 + \cdots + a_{2n}x_n \leqslant (=, \geqslant)b_2， \\ \cdots \\ a_{m1}x_1 + a_{m2}x_2 + \cdots + a_{mn}x_n \leqslant (=, \geqslant)b_m， \\ x_1, x_2, \cdots, x_n \geqslant 0 \end{cases}$$

其中，约束条件有 $m + n$ 个，m 个方程，n 个非负约束；$x_j(j = 1, 2, \cdots, n)$ 称为决策变量，如

甲、乙的生产量；$c_j(j=1,2,\cdots,n)$ 称为价值系数，如甲、乙电缆的单价；$b_i(i=1,2,\cdots,m)$ 称为右端系数，如铜、铅的可用资源；a_{ij} 称为技术系数，如单位甲电缆需要的铜、铅的数量.

线性规划除了上面的表示法，还有其他表示法：

（1）和的形式.

$$\max(\min)z = \sum_{j=1}^{n} c_j x_j$$

$$\text{s. t.} \begin{cases} \sum_{j=1}^{n} a_{ij}x_j \leqslant b_j, & i = 1,2,\cdots,m, \\ x_j \geqslant 0, & j = 1,2,\cdots,n \end{cases}$$

（2）向量的形式.

$$\max(\min)z = \boldsymbol{CX}$$

$$\text{s. t.} \begin{cases} \sum_{j=1}^{n} P_j x_j \leqslant b, \\ X \geqslant 0 \end{cases}$$

其中

$$\boldsymbol{C} = (c_1,c_2,\cdots,c_n), \boldsymbol{X} = (x_1,x_2,\cdots,x_n)^{\text{T}}$$

$$\boldsymbol{P}_j = \begin{pmatrix} a_{1j} \\ a_{2j} \\ \vdots \\ a_{mj} \end{pmatrix}, \boldsymbol{b} = \begin{pmatrix} b_1 \\ b_2 \\ \vdots \\ b_m \end{pmatrix}, \boldsymbol{0} = (0,0,\cdots,0)^{\text{T}}$$

（3）矩阵的形式.

$$\max(\min)z = \boldsymbol{CX}$$

$$\text{s. t.} \begin{cases} \boldsymbol{AX} \leqslant \boldsymbol{b}, \\ \boldsymbol{X} \geqslant \boldsymbol{0} \end{cases}$$

其中，$\boldsymbol{A} = \begin{pmatrix} a_{11} & a_{12} & \cdots & a_{1n} \\ a_{21} & a_{22} & \cdots & a_{2n} \\ \vdots & \vdots & & \vdots \\ a_{m1} & a_{m2} & \cdots & a_{mn} \end{pmatrix}$ 为技术系数矩阵，$\boldsymbol{C} = (c_1,c_2,\cdots,c_n)$，

$$\boldsymbol{X} = (x_1,x_2,\cdots,x_n)^{\text{T}}, \boldsymbol{0} = \begin{pmatrix} 0 \\ 0 \\ \vdots \\ 0 \end{pmatrix} (\text{即 } \boldsymbol{0} \text{ 矩阵}), \boldsymbol{b} = (b_1,b_2,\cdots,b_m)^{\text{T}}$$

三、线性规划问题的图解法

为了更直观地理解线性规划的解法，我们介绍图解法. 图解法常用于简单的线性规划，如模型中只有两个决策变量时.

例 4 例 1 中甲、乙电缆生产计划问题模型如下：

$$\max z = 6x_1 + 4x_2$$

$$\text{s.t.} \begin{cases} 2x_1 + x_2 \leqslant 10, \\ x_1 + x_2 \leqslant 8, \\ x_2 \leqslant 7, \\ x_1, x_2 \geqslant 0 \end{cases}$$

试用图解法求解该模型.

解 图解法具体步骤如下：

（1）分别以决策变量 x_1, x_2 为坐标轴建立直角坐标系；

（2）把各个约束条件中的不等号改成等号，得各直线：

$$2x_1 + x_2 = 10, x_1 + x_2 = 8, x_2 = 7, x_1 = 0, x_2 = 0$$

（3）在坐标系上画出以上各直线，并根据约束条件中的不等号找出满足约束条件的范围，如 $2x_1 + x_2 \leqslant 10$ 表示在直线 $2x_1 + x_2 = 10$ 的左下方；

（4）找可行域：各个约束条件表示范围的公共部分，如图 9-1 所示（阴影部分）；

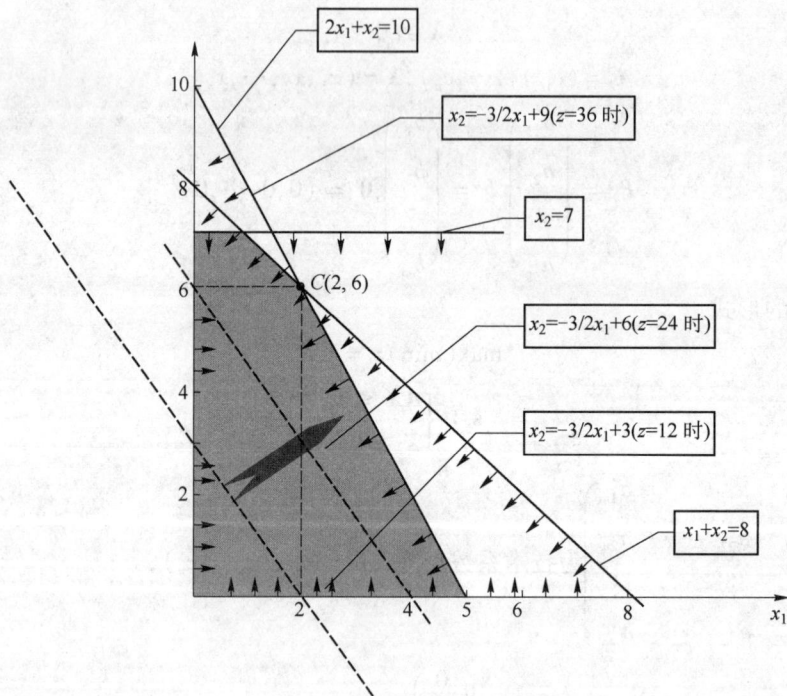

图 9-1

（5）把目标函数 $z = 6x_1 + 4x_2$ 写成 $x_2 = -\dfrac{3}{2}x_1 + \dfrac{1}{4}z$；

（6）取 $z = 0$，12（或 24 或 36）的两平行直线，$x_2 = -\dfrac{3}{2}x_1$，$x_2 = -\dfrac{3}{2}x_1 + 3$，显然在坐标系上越往右上方，$z$ 就越大；

（7）将 $x_2 = -\dfrac{3}{2}x_1$ 往右上方平移，看到与凸多边形（阴影部分）的顶点 $C(2,6)$ 相切

（见图 9 - 1）. 显然此时 z 最大，故最优解为 $x_1 = 2, x_2 = 6$.

线性规划的有关定义与结论：

（1）可行域：满足所有约束条件的决策变量的取值范围.（见图 9 - 1 中的公共部位）

（2）线性规划的可行域为凸集（即集合中任意两点的连线仍在集合中，如图 9 - 2 所示），如：实心球、三角形.

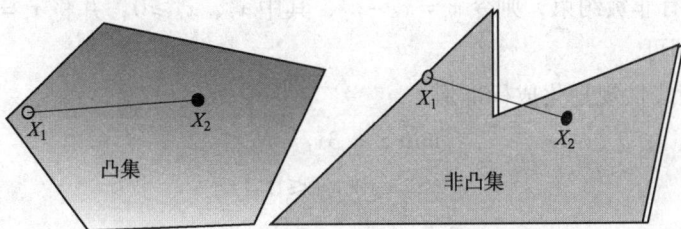

图 9 - 2

（3）线性规划的最优解在凸集的某一顶点上达到.（见图 9 - 1 中的 C 点）

（4）线性规划的可行域若有界，则必有最优解.

四、线性规划问题的单纯形法

图解法虽然直观，但当决策变量在两个以上时，就不容易解决线性规划问题了. 此时，需要用其他的方法求解，最常用的是单纯形法. 单纯形法是求解线性规划问题的主要方法，用 LINDO6.0 软件可以进行求解，这里只对单纯形法做简单的介绍.

（一）线性规划问题的标准形

用单纯形法求解线性规划前，都应先把线性规划化成如下形式：

$$\max z = c_1 x_1 + c_2 x_2 + \cdots + c_n x_n$$

$$\text{s. t.} \begin{cases} a_{11} x_1 + a_{12} x_2 + \cdots + a_{1n} x_n = b_1, \\ a_{21} x_1 + a_{22} x_2 + \cdots + a_{2n} x_n = b_2, \\ \cdots \\ a_{m1} x_1 + a_{m2} x_2 + \cdots + a_{mn} x_n = b_m, \\ x_1, x_2, \cdots, x_n \geqslant 0 \end{cases}$$

像上面格式的目标函数是"max"，约束行是"="，n 个决策变量就有 n 个非负约束的线性规划称为线性规划的标准形.

把一般形化成标准形的方法与步骤：

（1）如果目标函数是 $\min z = c_1 x_1 + c_2 x_2 + \cdots + c_n x_n$，则令 $\bar{z} = -z$，把目标函数化为

$$\max \bar{z} = -c_1 x_1 - c_2 x_2 - \cdots - c_n x_n$$

（2）如果某约束条件为不等式 $a_{i1} x_1 + a_{i2} x_2 + \cdots + a_{in} x_n \leqslant b_i$，则在约束条件的左端加一个非负变量 x_{n+i}，称之为松弛变量，则可变为等式

$$a_{i1} x_1 + a_{i2} x_2 + \cdots + a_{in} x_n + x_{n+i} = b_i$$

（3）如果某约束条件为不等式 $a_{i1}x_1 + a_{i2}x_2 + \cdots + a_{in}x_n \geqslant b_i$，则在约束条件的左端减一个非负变量 x_{n+i}，称之为剩余变量或松弛变量，则可变为等式

$$a_{i1}x_1 + a_{i2}x_2 + \cdots + a_{in}x_n - x_{n+i} = b_i$$

注意：以上第 2 和第 3 步可以概括为"大减小加"，一个松弛变量就能把不等式化成等式.

（4）若 x_i 没有非负约束，则令 $x_i = x_i' - x_i''$，其中 x_i'，$x_i'' \geqslant 0$，并将 $x_i = x_i' - x_i''$ 代入目标函数和约束条件即可.

例 5 将下列线性规划化成标准形

$$\min z = 3x_1 - x_2$$

$$\text{s.t.} \begin{cases} x_1 + x_2 \leqslant 1, \\ x_1 - x_2 \geqslant -1, \\ x_1 \geqslant 0 \end{cases}$$

分析：求 $\min \Rightarrow$ 令 $\bar{z} = -z$，x_2 无非负约束 $\Rightarrow$ 令 $x_2 = x_2' - x_2''$.

解 令 $\bar{z} = -z$，$x_2 = x_2' - x_2''$，则

$$\max \bar{z} = -z = -(3x_1 - x_2)$$
$$= -3x_1 + x_2 = -3x_1 + x_2' - x_2''$$

$$\text{s.t.} \begin{cases} x_1 + x_2 + x_3 = 1, \\ x_1 - x_2 - x_4 = -1, \Rightarrow \\ x_1, x_3, x_4 \geqslant 0 \end{cases} \begin{cases} x_1 + x_2' - x_2'' + x_3 = 1, \\ x_1 - (x_2' - x_2'') - x_4 = -1, \\ x_1, x_2', x_2'', x_3, x_4 \geqslant 0 \end{cases}$$

则得标准形

$$\max \bar{z} = -3x_1 + x_2' - x_2''$$

$$\begin{cases} x_1 + x_2' - x_2'' + x_3 = 1, \\ x_1 - x_2' + x_2'' - x_4 = -1, \\ x_1, x_2', x_2'', x_3, x_4 \geqslant 0 \end{cases}$$

为了方便地应用单纯形法求解线性规划，设计一种表格，在表格上运用单纯形法运算，这种表称为单纯形表. 为了方便熟记单纯形表的组成结构，可把单纯形表简记如下：

其中，横箭头表示横着放；纵箭头表示竖着放；X_B 为系数为 1 的决策变量，称为基变量；C_B 为决策变量 X_B 在目标函数中相应的系数；b 为约束方程中右边的常数；B 为 X_B 的系数矩阵（单位矩阵）；N 为约束方程中除了 X_B 的其他决策变量的系数矩阵；X 为决策变量；C 为目标函数中决策变量对应的系数；Z 为最优解；Z_j 常称为机会成本；$c_j - z_j$ 称为检验数.

（二）单纯形法的方法步骤

（1）写出初始单纯形表；

（2）最优检验：若检验数 $c_j - z_j$ 都小于等于 0，则结束，得到最优值，若检验数 $c_j - z_j$ 有的大于 0，则找检验数大于 0 中的最大者；

（3）找主列，即上述最大者所对应的列；

（4）找主行，b 所在的列除以主列后的最小值所在的行；

（5）找主元，即主列与主行的交叉处的值；

（6）主元化为 1（即主行除以主元），主列上除主元外的元素化为 0（利用矩阵的初等行变换）；

（7）改写 C_B 和 X_B，即主列对应的变量换掉主行对应的变量，C_B 也跟着改；

（8）转为步骤（2）.

注意：以上步骤是标准形的，故其他规划在用单纯形法时，必须先化为标准形.

例 6　试用单纯形法求解下面线性规划问题：

$$\max f(x) = 40x_1 + 45x_2 + 24x_3$$

$$\text{s. t.} \begin{cases} 2x_1 + 3x_2 + x_3 \leqslant 100, \\ 3x_1 + 3x_2 + 2x_3 \leqslant 120, \\ x_1, x_2, x_3 \geqslant 0 \end{cases}$$

解　原线性规划的标准形为

$$\max f(x) = 40x_1 + 45x_2 + 24x_3$$

$$\text{s. t.} \begin{cases} 2x_1 + 3x_2 + x_3 + x_4 = 100, \\ 3x_1 + 3x_2 + 2x_3 + x_5 = 120, \\ x_1, x_2, x_3, x_4, x_5 \geqslant 0 \end{cases}$$

系数矩阵为

$$\begin{array}{ccccc} x_1 & x_2 & x_3 & x_4 & x_5 \end{array}$$

$$A = \begin{pmatrix} 2 & 3 & 1 & 1 & 0 \\ 3 & 3 & 2 & 0 & 1 \end{pmatrix}$$

所以 X_B 取 x_4, x_5，故初始单纯形表为

C_B	X_B	b	x_1 40	x_2 45	x_3 24	x_4 0	x_5 0
0	x_4	100	2	3	1	1	0
0	x_5	120	3	3	2	0	1
OBJ = 0		z_j	0	0	0	0	0
		$c_j - z_j$	40	45	24	0	0

其中，机会成本 z_j = 表中 C_B 的第 1 行乘以 x_j 的第 1 行系数 + C_B 的第 2 行乘以 x_j 的第 2 行系数；检验数 $c_j - z_j$ = 目标函数中决策变量 x_j 对应的系数 - 机会成本 z_j.

迭代过程如下：

序号	C_B	X_B	b	x_1 40	x_2 45	x_3 24	x_4 0	x_5 0	b_i/a_{ij*}
	0	x_4	100	2	(3)	1	1	0	(33.3)
I	0	x_5	120	3	3	2	0	1	40
初始解		OBJ = 0		0	0	0	0	0	
			$c_j - z_j$	40	45	24	0	0	

其中：

（1）找主列：检验数中最大的数所在的列为主列，如最大为 45，所在列为主列，即 x_2 对应的列，x_2 为基变量；

（2）找主行：右端系数除以主列对应的元素（如 100/3，120/3），正数中的最小值对应的行为主行，即 x_4 对应的行，则 x_4 为非基变量；

（3）主行与主列交叉的元素为主元，主行各元素都除以主元，使主元所在位置上元素变为 1，即主行各元素都除以主元（b 对应的元素也要除以主元，如 100/3）；

（4）基变量 x_4 改为 x_2，C_B 对应的元素也改过来，接着使主列上其他元素变为 0，即上表中的主行乘以 -1 后加到第 2 行；

（5）计算机会成本 z_j = 表中 C_B 的第 1 行乘以 x_j 的系数 + C_B 的第 2 行乘以 x_j 的系数，如 $z_1 = 45 \times 2/3 + 0 \times 1 = 30$，接着计算检验数 $c_j - z_j$.

于是得第二阶段的表

序号	C_B	X_B	b	x_1 40	x_2 45	x_3 24	x_4 0	x_5 0	b_i/a_{ij*}
	45	x_2	100/3	2/3	1	1/3	1/3	0	50
II	0	x_5	20	(1)	0	1	-1	1	(20)
		OBJ = 1 500		30	45	15	15	0	
			$c_j - z_j$	10	0	9	-15	0	

其中：

（1）由上表知 $c_j - z_j$ 还没有都 ≤0，则找最大的数（10）所在的列为主列（第 1 列），接着求 $b_i/a_{ij}*$ 的值，正数中的最小数（20）所在的行为主行（第 2 行），得主元（1）；

（2）接着使主列上其他元素变为 0，即上表中的主行乘以 -2/3 后加到第 1 行（b 所在列也参与此运算）；

（3）基变量 x_5 改为 x_1，C_B 对应的系数也改过来，然后算 z_j 和检验数，得第三段单纯形表.

序号	C_B	X_B	b	x_1 40	x_2 45	x_3 24	x_4 0	x_5 0	b_i/a_{ij*}
	45	x_2	20	0	1	-1/3	1	-2/3	50
Ⅲ	40	x_1	20	1	0	1	-1	1	(20)
		OBJ = 1 700		40	45	25	5	10	
		$c_j - z_j$		0	0	-1	-5	-10	

由表知，检验数都$\leqslant 0$，故达到最优解，基变量的值就是 b 对应的值，所以最优解为 $x_1 = 20$，$x_2 = 20$，$x_3 = 0$，OBJ = 1 700.

例7 用单纯形法解决本节开头的案例2.

解 根据已知条件列成如下的表，然后建立数学模型：

部门	生产需要的设备能力		可供使用的设备能力
	香槟酒	葡萄酒	
发酵	3	1	60 000
装瓶	2	1	50 000
净化	1	0	15 000
每瓶利润	2.5	1	

设该厂计划生产香槟酒 x_1 瓶，葡萄酒 x_2 瓶，则该生产计划问题转化为以下线性规划：

$$\max z = 2.5x_1 + x_2$$

$$\text{s. t.}\begin{cases} 3x_1 + x_2 \leqslant 60\ 000, \\ 2x_1 + x_2 \leqslant 50\ 000, \\ x_1 \leqslant 15\ 000, \\ x_1, x_2 \geqslant 0 \end{cases}$$

化为标准形为

$$\max z = 2.5x_1 + x_2$$

$$\text{s. t.}\begin{cases} 3x_1 + x_2 + x_3 = 60\ 000, \\ 2x_1 + x_2 + x_4 = 50\ 000, \\ x_1 + x_5 = 15\ 000, \\ x_1, x_2, x_3, x_4, x_5 \geqslant 0 \end{cases}$$

系数矩阵为

$$\begin{matrix} & x_1 & x_2 & x_3 & x_4 & x_5 \end{matrix}$$

$$A = \begin{pmatrix} 3 & 1 & 1 & 0 & 0 \\ 2 & 1 & 0 & 1 & 0 \\ 1 & 0 & 0 & 0 & 1 \end{pmatrix}$$

所以 C_B 取 x_3, x_4, x_5，故初始单纯形表为

C_B	X_B	b	x_1 2.5	x_2 1	x_3 0	x_4 0	x_5 0
0	x_3	60 000	3	1	1	0	0
0	x_4	50 000	2	1	0	1	0
0	x_5	15 000	1	0	0	0	1
	OBJ $=0$ z_j		0	0	0	0	0
	$c_j - z_j$		2.5	1	0	0	0

迭代过程如下：

C_B	X_B	b	x_1 2.5	x_2 1	x_3 0	x_4 0	x_5 0	b_i/a_{ij*}
0	x_3	60 000	3	1	1	0	0	20 000
0	x_4	50 000	2	1	0	1	0	25 000
0	x_5	15 000	(1)	0	0	0	1	(15 000)
	OBJ $=0$ z_j		0	0	0	0	0	
	$c_j - z_j$		(2.5)	1	0	0	0	

第二阶段的表

C_B	X_B	b	x_1 2.5	x_2 1	x_3 0	x_4 0	x_5 0	b_i/a_{ij*}
0	x_3	15 000	0	1	1	0	-3	20 000
0	x_4	20 000	0	1	0	1	-2	25 000
2.5	x_1	15 000	(1)	0	0	0	1	15 000
	OBJ $=0$ z_j		2.5	0	0	0	2.5	
	$c_j - z_j$		0	(1)	0	0	0	

第三阶段的表

C_B	X_B	b	x_1 2.5	x_2 1	x_3 0	x_4 0	x_5 0	b_i/a_{ij*}
1	x_2	15 000	0	(1)	1	0	-3	(15 000)
0	x_4	5 000	0	0	-1	1	1	20 000
2.5	x_1	15 000	1	0	0	0	1	—
	OBJ $=0$ z_j		2.5	1	1	0	-0.5	
	$c_j - z_j$		0	-1	-1	0	(0.5)	

第四阶段的表

C_B	X_B	b	x_1 2.5	x_2 1	x_3 0	x_4 0	x_5 0	b_i/a_{ij*}
1	x_2	30 000	0	1	-2	3	0	$-5\ 000$
0	x_5	5 000	0	0	-1	1	(1)	(5 000)
2.5	x_1	10 000	1	0	1	-1	0	15 000
OBJ = 0	z_j		2.5	1	0.5	0.5	0	
	$c_j - z_j$		0	0	-0.5	-0.5	0	

由表知,检验数都 ≤ 0,故达到最优解,基变量的值就是 b 对应的值,所以最优解为 $x_1 = 10\ 000$,$x_2 = 30\ 000$,$x_3 = x_4 = 0$,$x_5 = 5\ 000$,$z = 55\ 000$,即生产香槟酒 10 000 瓶,葡萄酒 30 000 瓶,发酵和装瓶能力充分利用,但净化能力闲置 5 000 单位,可得最大利润 55 000 元.

9.2　运输问题

在物资调运中,如何制定调运方案,将这些物资运往指定的地点,使得运输成本最小,我们称之为运输问题.运输问题是一类具有特殊结构的线性规划问题.故存在着比单纯形法更简单的特殊解法.

一、问题类型

现已发现的运输问题有以下 6 类:

(1)一般运输问题,又称希契科克运输问题,简称 H 问题.

(2)网络运输问题,又称图上运输问题,简称 T 问题.

(3)最大流量问题,简称 F 问题.

(4)最短路径问题,简称 S 问题.

(5)任务分配问题,又称指派问题,简称 A 问题.

(6)生产计划问题,又称日程计划问题,简称 CPS 问题.

如把产地称为源(发点),销地称为汇(收点),则任务分配问题、生产计划问题等运输型问题的模型也可以归纳成类似上述形式.

二、运输模型

(一)问题提出

运输问题的典型情况是研究单一品种物质的运输调度问题:设某种物品有 m 个产地 A_1,A_2,$\cdots$,A_m,各产地的产量分别是 a_1,a_2,$\cdots$,a_m;有 n 个销地 B_1,B_2,$\cdots$,B_n,各个销地的销量分别为 b_1,b_2,$\cdots$,b_n. 假定从产地 $A_i (i = 1,2,\cdots,m)$ 向销地 $B_j (j = 1,2,\cdots,n)$ 运输单位物品的运价为 c_{ij},有关数据用表 9 - 4 和表 9 - 5 表示. 问:怎么调运这些物品才能使总运费最小?

表 9 – 4

销地＼产地	1	2	…	n	产量 a_i
1	x_{11}	x_{12}	…	x_{1n}	a_1
2	x_{21}	x_{22}	…	x_{2n}	a_2
⋮	⋮	⋮	⋮	⋮	⋮
m	x_{m1}	x_{m2}	…	x_{mn}	a_m
产量 b_j	b_1	b_2	…	b_n	

表 9 – 5

销地＼产地	1	2	…	n
1	c_{11}	c_{12}	…	c_{1n}
2	c_{21}	c_{22}	…	c_{2n}
⋮	⋮	⋮	⋮	⋮
m	c_{m1}	c_{m2}	…	c_{mn}

（二）数学模型

如果运输问题的总产量等于总销量，则有

$$\sum_{i=1}^{m} a_i = \sum_{j=1}^{n} b_j$$

当 a_i，b_j 满足此条件时称为产销平衡的运输问题，否则称为产销不平衡的运输问题. 产销不平衡的运输问题可以通过增加假想产地或假想销地，化成产销平衡的运输问题.

产销平衡运输问题的数学模型可表示如下：

$$\min z = \sum_{i=1}^{m} \sum_{j=1}^{n} c_{ij} x_{ij}$$

$$\text{s.t} \begin{cases} \sum_{j=1}^{n} x_{ij} = a_i (i = 1, \cdots, m), \\ \sum_{i=1}^{n} x_{ij} = b_j (j = 1, \cdots, n), \\ x_{ij} \geqslant 0 \end{cases}$$

式中，min 表示求极小值，因为目标函数表示运输总费用，要求其极小化，s. t. 表示"约束条件为". 约束条件中前 m 行的意义是由某一个产地 A_i 运往各个销地的物品数量 x_{ij} 之和等于该产地的产量 a_i，后 n 行的意义是由某一个产地 B_j 运往各个销地的物品数量 x_{ij} 之和等于该销地的销量 b_i，最后一行表示变量非负约束，因为物品为负数无意义.

以上模型是一种线性规划模型，单纯形法是求解线性规划问题十分有效的一般方法，因而单纯形法也可以求解运输问题. 但是采用线性规划的单纯形法求解运输问题时, 先得在每个约束条件中引入一个人工变量, 即使求解 3 个产地, 4 个销地 ($m=3, n=4$) 这样的简单运输问题, 在不考虑去掉多余约束条件的情况下, 变量数目也会达到 19 个之多, 因而需要寻求更简便的解法.

三、求解方法

(一) 求解思路

根据运输问题的数学模型求出的运输问题的解 $X=(x_{ij})$ 代表着一个运输方案, 其中每一个变量 x_{ij} 的值表示由 A_i 调运数量为 x_{ij} 的物品给 B_j. 前面已指出运输问题是一种线性规划问题, 可设想用迭代法进行求解, 即先找出它的某一个基可行解, 再进行解的最优性检验, 若它不是最优解, 就进行迭代调整, 以得到一个新的更好的解, 继续检验和调整改进, 直到得到最优解为止.

为了能按照上述思路求解运输问题, 要求每步得到的解 $X=(x_{ij})$ 都必须是其基可行解, 这意味着:

(1) 解 X 必须满足模型中的所有约束条件;

(2) 基变量对应的约束方程组的系数列向量线性无关;

(3) 解中非基变量的个数不能大于 $(m+n-1)$ 个, 原因是运输问题虽有 $(m+n)$ 个结构约束条件, 但是由于总产量等于总销量, 故只有 $(m+n-1)$ 个结构约束条件是线性独立的;

(4) 为使迭代顺利进行, 基变量的个数在迭代过程中应该始终保持为 $(m+n-1)$ 个. 因为可以证明 $(m+n-1)$ 个基变量所对应的约束方程的系数列向量线性无关.

(二) 表上作业法

表上作业法是求解运输问题的一种简便而有效的方法, 其实质是单纯形法, 但具体计算和术语有所不同. 其求解工作在运输表上进行, 它是一种迭代法, 可以满足上述的要求, 迭代步骤: 先按照某种规则找出一个初始调运方案; 再对现行解做最优性判别; 若这个解不是最优解, 就在运输表上对它进行调整改进, 得出一个新的解; 再判别, 再改进, 直到得到运输问题的最优解为止. 具体步骤归纳如下:

(1) 找到一个初始基本可行解, 也就是初始的调运方案, 即在 $m \times n$ 产销平衡表上给出 $m+n-1$ 个数字格.

(2) 求出各非基变量的检验数, 即在表上计算空格的检验数, 判断是否达到最优解. 若已是最优解, 停止计算; 否则转到第 (3) 步.

(3) 确定换入变量和换出变量, 找出新的基本可行解. 在表上用闭回路法调整.

(4) 重复 (1), (3) 步, 直到得到最优解为止.

例 1　某公司从三个产地 A_1、A_2、A_3 将物品运往四个销地 B_1、B_2、B_3、B_4, 已知从各个产地到各销地的单位产品的运价如下, 问: 应如何调运产品, 才能在满足各个销地需求量的前提下, 使总运输费用最低?

销地 产地	B_1	B_2	B_3	B_4	产量
A_1	20	11	3	6	5
A_2	5	9	10	2	10
A_3	18	7	4	1	15
销量	3	3	12	12	

1. 初始基本可行解

表上作业法的第一步就是找出一个初始基本可行解，初始基本可行解的求法有很多，下面简单介绍常见的三种.

（1）左上角法.

左上角法又称西北角法，或阶梯法，它的基本思想是给运输表中左上角的变量分配运输量以确定产销关系. 即先选取表 9−6 第一步中居于左上角的变量 x_{11} 作为第一个基变量，并辅以约束条件所允许的、尽可能大的数，即令 $x_{11} = \min(5,3)$，x_{11} 表示产地 A_1 的供应量为 5，销地 B_1 的需求量为 3，故从产地 A_1 到销地 B_1 的运输量 $x_{11} = 3$，将 3 填入表 9−6 中，也就意味着销地已经从产地得到全部物资不必再有其他产地供应了. 所以 x_{21}，x_{31} 的值都将等于 0，即 x_{21}，x_{31} 都是非基变量.

接着，选取下一个左上角变量作为基变量，即表中的 x_{12}，显然 $x_{12} = \min(5−3,3−0) = 2$，因为销地 B_2 还需要 3 个单位的物资，但产地 A_1 最大供应量中只剩下 2 单位，所以 $x_{12} = 2$. 这样依次由左上角往右下角移动得到表 9−6 中的第二步，一直到第六步，由此得初始调运方案，即初始基本可行解.

表 9−6

序号	销地 产地	B_1	B_2	B_3	B_4	产量
第 一 步	A_1	3	x_{12}			5
	A_2	—				10
	A_3	—				15
	销量	3	3	12	12	
第 二 步	A_1	3	2			5
	A_2		x_{22}			10
	A3		—			15
	销量	3	3	12	12	
…	…	…	…	…	…	…

续表

序号	产地＼销地	B₁	B₂	B₃	B₄	产量
第	A₁	3	2	—	—	5
六	A₂	—	1	9	—	10
步	A₃	—	—	3	12	15
	销量	3	3	12	12	

由第六步中显示的结果，x_{ij} 的非零数共有 6 个，即 $m+n-1=6$，故这就是初始方案的基本可行解．这个分配方案的总运输成本为 $z = \sum_{i=1}^{m} \sum_{j=1}^{n} c_{ij} x_{ij} = 205$．

（2）最小元素法．

最小元素法或最小成本法，它的基本思想是就近供应，即从运输表中运价最小的格子开始分配运输量以确定产销关系，然后划去该运价所在行或列；然后次小，一直到给出初始基本可行解，求出初始方案位置．

例 2　某公司从三个产地 A_1、A_2、A_3 将物品运往四个销地 B_1、B_2、B_3、B_4，各产地的产量、各销地的销量和各产地运往各销地每件物品的运费如下，问：应如何调运可使总运输费用最小？请利用最小元素法确定该问题的初始基本可行解．

产地＼销地	B₁	B₂	B₃	B₄	产量
A₁	3	11	3	10	7
A₂	1	9	2	8	4
A₃	7	4	10	5	9
销量	3	6	5	6	

解　先做出这问题的单位运价表和产销平衡表，见表 9－7，表 9－8．

表 9－7

产地＼销地	B₁	B₂	B₃	B₄
A₁	3	11	3	10
A₂	1	9	2	8
A₃	7	4	10	5

表 9－8

产地＼销地	B₁	B₂	B₃	B₄	产量
A₁					7
A₂					4
A₃					9
销量	3	6	5	6	

第一步：从题目的产销及运费表中找出最小运价为 1，这表示先将 A_2 的产品供应给 B_1．因 $a_2 > b_1$，A_2 除满足 B_1 的全部需要外，还可多余 1 t 产品．在表 9－8 的 (A_2, B_1) 的交叉格处

填上 3，得表 9 – 9. 并将表 9 – 7 的 B_1 列运价划去，得表 9 – 10.

表 9 – 9

销地 / 加工厂	B_1	B_2	B_3	B_4	产量
A_1					7
A_2	3				4
A_3					9
销量	3	6	5	6	

表 9 – 10

销地 / 加工厂	B_1	B_2	B_3	B_4
A_1	3	11	3	10
A_2	1	9	2	8
A_3	7	4	10	5

第二步：在表 9 – 10 未划去的元素中再找出最小运价 2，确定 A_2 多余的 1 t 供应 B_3，并给出表 9 – 11、表 9 – 12.

第三步：在表 9 – 12 未划去的元素中再找出最小运价 3；这样一步步地进行下去，直到单位运价表上的所有元素划去为止，最后在产销平衡表上得到一个调运方案，见表 9 – 13.

从而，这方案的总运费为 86 元.

表 9 – 11

销地 / 加工厂	B_1	B_2	B_3	B_4	产量
A_1					7
A_2	3		1		4
A_3					9
销量	3	6	5	6	

表 9 – 12

销地 / 加工厂	B_1	B_2	B_3	B_4
A_1	3	11	3	10
A_2	1	9	2	8
A_3	7	4	10	5

表 9 – 13

销地 / 加工厂	B_1	B_2	B_3	B_4	产量
A_1			4	3	7
A_2	3		1		4
A_3		6		3	9
销量	3	6	5	6	

（3）元素差额法.

最小元素法的缺点：为了节省一处的费用，有时造成在其他处要多花几倍的运费. 因此人们提出元素差额法，又称沃格尔法或伏格尔法，简称 VAM 法. 它是从运输表中各行和各列的最小元素和次小元素的差额来确定产销关系. 伏格尔法考虑到，一产地的产品假如不能按最小运费就近供应，就考虑次小运费，这就有一个差额. 差额越大，说明不能按最小运费调运时，运费增加越多. 因而对差额最大处，就应当采用最小运费调运.

伏格尔法的步骤是：

第一步：在表9-7中分别计算出各行和各列的最小运费和次最小运费的差额，并填入该表的最右列和最下行，见表9-14.

表9-14

销地 加工厂	B_1	B_2	B_3	B_4	行差额
A_1	3	11	3	10	0
A_2	1	9	2	8	1
A_3	7	4	10	5	1
列差额	2	5	1	3	

第二步：从行或列差额中选出最大者，选择它所在行或列中的最小元素. 在表9-14中 B_2 列是最大差额所在列. B_2 列中最小元素为4，可确定 A_3 的产品先供应 B_2 的需要，得表9-15.

表9-15

销地 加工厂	B_1	B_2	B_3	B_4	产量
A_1					7
A_2					4
A_3		6			9
销量	3	6	5	6	

同时将运价表中的 B_2 列数字划去. 如表9-16所示.

表9-16

销地 加工厂	B_1	B_2	B_3	B_4	行差额
A_1	3	11	3	10	0
A_2	1	9	2	8	1
A_3	7	4	10	5	2
列差额	2		1	3	

第三步：对表9-16中未划去的元素再分别计算出各行、各列的最小运费和次最小运费的差额，并填入该表的最右列和最下行. 重复第一、二步. 直到给出初始解为止. 用此法给出例1的初始解，列于表9-17.

表 9 – 17

加工厂 \ 销地	B_1	B_2	B_3	B_4	产量
A_1			5	2	7
A_2	3			1	4
A_3		6		3	9
销量	3	6	5	6	

由以上可见：伏格尔法同最小元素法除在确定供求关系的原则上不同外，其余步骤相同. 伏格尔法给出的初始解比用最小元素法给出的初始解更接近最优解.

本例用伏格尔法给出的初始解就是最优解.

2. 最优性检验

得到了运输问题的初始基可行解之后，即对这个解进行最优性判别，看它是不是最优解. 改进初始基本可行解有两种最常用的方法：闭回路法和对偶变量法（位势法）.

（1）闭回路法.

这种方法需要对每一个空格寻找一条闭回路，并根据闭回路求出每个空格的检验数. 在给出调运方案的计算表上，从每一空格出发找一条闭回路. 它以某空格为起点. 用水平或垂直线向前划，当碰到一数字格时转 $90°$ 后，继续前进，直到回到起始空格为止. 如表 9 – 13 所示，从 (A_1, B_1) 出发，到 (A_1, B_3)，转 $90°$ 后，到 (A_2, B_3)，转 $90°$ 后，到 (A_2, B_1)，转 $90°$ 后，到 (A_1, B_1)，从而得到一个闭回路见图 9 – 3（a）；从 (A_2, B_2) 出发，到 (A_2, B_3)，转 $90°$ 后，到 (A_1, B_3)，转 $90°$ 后，到 (A_1, B_4)，转 $90°$ 后，到 (A_3, B_4)，转 $90°$ 后，到 (A_3, B_2)，转 $90°$ 后，到 (A_2, B_2)，从而得到一个闭回路见图 9 –3（b）.

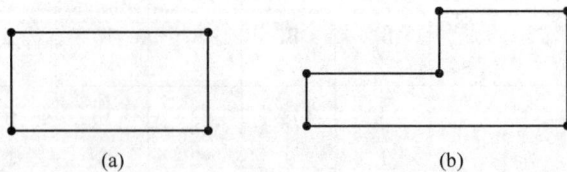

(a)　　　　　　　　　(b)

图 9 – 3

闭回路法计算检验数的经济解释为：在已给出初始解的表 9 – 13 中，可从任一空格出发，如 (A_1, B_1). 若让 A_1 的产品调运 1 t 给 B_1，为了保持产销平衡，就要依次做调整：在 (A_1, B_3) 处减少 1 t，(A_2, B_3) 处增加 1 t，(A_2, B_1) 处减少 1 t，即构成了以 (A_1, B_1) 空格为起，其他为数字格的闭回路. 如表 9 – 18 中的虚线所示.

表 9 – 18

销　地 加工厂	B₁	B₂	B₃	B₄	产量
A₁	3 (+1)	11 ——	3 4(−1)	10 3	7
A₂	1 3(−1)	9 ——	2 1(+1)	8	4
A₃	7	4 6	10	5 3	9
销量	3	6	5	6	

在这表中闭回路各顶点所在格的右上角数字是单位运价. 可见这个调整的方案使运费增加 (+1)×3 + (−1)×3 + (+1)×2 + (− 1)×1 =1(元).

这表明若这样调整运量将增加运费. 将 "1" 这个数填入 (A₁ , B₁) 格, 这就是检验数. 按以上所述, 可找出所有空格的检验数, 见表 9 – 19.

表 9 – 19

空格	闭回路	检验数
(11)	(11)—(13)—(23)—(21)—(11)	1
(12)	(12)—(14)—(34)—(32)—(12)	2
(22)	(22)—(23)—(13)—(14)—(34)—(32)—(22)	1
(24)	(24)—(23)—(13)—(14)—(24)	−1
(31)	(31)—(34)—(14)—(13)—(23)—(21)—(31)	10
(33)	(33)—(34)—(14)—(13)—(33)	12

当检验数还存在负数时, 说明原方案不是最优解, 要继续改进, 而且当运输问题中 m 和 n 较大时, 计算检验数的工作量很大.

（2）位势法.

用闭回路法求检验数时, 需给每一空格找一条闭回路. 当产销点很多时, 这种计算很烦琐. 下面介绍较为简便的方法——位势法, 或称乘数法, 或称对偶变量法.

先对初始调运方案求出位势, 然后求各空格的检验数. 当所有的检验数均为非负时, 就得到最优方案. 如果出现负的检验数, 则从检验数为负的空格出发, 作闭回路, 重新计算检验数, 做进一步调整. 用位势法求检验数就是对偶问题的表上作业法.

设 u_1 , u_2 , $\cdots$, u_m ; v_1 , v_2 , $\cdots$, v_n 是对应运输问题的 $m + n$ 个约束条件的对偶变量. $\boldsymbol{B}$ 是含有一个人工变量 x_a 的 $(m + n) \times (m + n)$ 初始基矩阵. 人工变量 x_a 在目标函数中的系数 $c_a = 0$, 从线性规划的对偶理论可知:

$$\boldsymbol{C}_B \boldsymbol{B}^{-1} = (u_1 , u_2 , \cdots , u_m ; v_1 , v_2 , \cdots , v_n)$$

而每个决策变量 x_{ij} 的系数向量 $\boldsymbol{P}_{ij} = \boldsymbol{e}_i + \boldsymbol{e}_{m+j}$, 所以 $\boldsymbol{C}_B \boldsymbol{B}^{-1} \boldsymbol{P}_{ij} = u_i + v_j$. 于是检验数为

$$\sigma_{ij} = c_{ij} - C_B B^{-1} P_{ij} = c_{ij} - (u_i + v_j)$$

由单纯形法得知，所有基变量的检验数等于 0. 即 $c_{ij} - (u_i + v_j) = 0$，$i, j \in B$，例如，在例 2 中由最小元素法得到的初始解 x_{23}，x_{34}，x_{21}，x_{32}，x_{13}，x_{14} 是基变量. x_a 为人工变量，对应的检验数是：

基变量	检验数	
x_a	$c_a - u_1 = 0$	因为 $c_a = 0$，所以 $u_1 = 0$
x_{23}	$c_{23} - (u_2 + v_3) = 0$	即 $2 - (u_2 + v_3) = 0$
x_{34}	$c_{34} - (u_3 + v_4) = 0$	$5 - (u_3 + v_4) = 0$
x_{21}	$c_{21} - (u_2 + v_1) = 0$	$1 - (u_2 + v_1) = 0$
x_{32}	$c_{32}(u_3 + v_2) = 0$	$4 - (u_3 + v_2) = 0$
x_{13}	$c_{13}(u_1 + v_3) = 0$	$3 - (u_1 + v_3) = 0$
x_{14}	$c_{14}(u_1 + v_4) = 0$	$10 - (u_1 + v_4) = 0$

从以上 7 个方程中，由 $u_1 = 0$ 可求得

$$u_2 = -1, u_3 = -5, v_1 = 2, v_2 = 9, v_3 = 3, v_4 = 10$$

因非基变量的检验数为

$$\sigma_{ij} = c_{ij} - (u_i + v_j), \quad i, j \in N$$

这就可以从已知的 u_i，v_j 值中求得. 这些计算可在表格中进行.

以例 2 说明.

第一步：按最小元素法给出表 9 - 13 的初始解，然后做表 9 - 20；即在对应表 9 - 13 的数字格处填入单位运价，见表 9 - 20.

表 9 - 20

销地 \ 加工厂	B_1	B_2	B_3	B_4
A_1			3	10
A_2	1		2	
A_3		4		5

第二步：在表 9 - 20 上增加一行一列，在列中填入 u_i，在行中填入 v_j，得表 9 - 21.

表 9 - 21

销地 \ 加工厂	B_1	B_2	B_3	B_4	u_i
A_1			3	10	0
A_2	1		2		-1
A_3		4		5	-5
v_j	2	9	3	10	

先令 $u_1 = 0$，然后按 $u_i + v_j = c_{ij}$，$i, j \in B$ 相继地确定 u_i，v_j。由表 9 – 21 可见，当 $u_1 = 0$ 时，由 $u_1 + v_3 = 3$ 可得 $v_3 = 3$，由 $u_1 + v_4 = 10$ 可得 $v_4 = 10$；在 $v_4 = 10$ 时，由 $u_3 + v_4 = 5$ 可得 $u_3 = -5$，以此类推可确定所有的 u_i，v_j 的数值。

第三步：按 $\sigma_{ij} = c_{ij} - (u_i + v_j)$，$i, j \in N$ 计算所有空格的检验数。如

$$\sigma_{11} = c_{11} - (u_1 + v_1) = 3 - (0 + 2) = 1$$
$$\sigma_{12} = c_{12} - (u_1 + v_2) = 11 - (0 + 9) = 2$$

这些计算可直接在表 9 – 21 上进行。为方便，特设计计算表 9 – 22 如下。

表 9 – 22

销地\加工厂	B_1	B_2	B_3	B_4	u_i
A_1	3 $1 = 3 - (0 + 2)$	11 $2 = 11 - (0 + 9)$	3 $0 = 3 - (0 + 3)$	10 $0 = 10 - (0 + 10)$	0
A_2	1 $0 = 1 - (-1 + 2)$	9 $1 = 9 - (-1 + 9)$	2 $0 = 2 - (-1 + 3)$	8 $-1 = 8 - (-1 + 10)$	-1
A_3	7 $10 = 7 - (-5 + 2)$	4 $0 = 4 - (-5 + 9)$	10 $12 = 10 - (-5 + 3)$	5 $0 = 5 - (-5 + 10)$	-5
v_j	2	9	3	10	

表 9 – 22 中还有负检验数，说明未得最优解，还可以改进。

当在表中空格处出现负检验数时，表明未得最优解。当有两个和两个以上的负检验数时，一般选其中最小的负检验数，以它对应的空格为调入格。即以它对应的非基变量为换入变量。由表 9 – 22 得（2，4）为调入格。以此格为出发点，作一闭回路，如表 9 – 23 所示。

表 9 – 23

销地\加工厂	B_1	B_2	B_3	B_4	产量
A_1			4(+1)----3(-1)		7
A_2	3		1(-1)------(+1)		4
A_3		6		3	9
销量	3	6	5	6	

（2，4）格的调入量 θ 是选择闭回路上具有（-1）的数字格中的最小者。即 $\theta = \min(1, 3) = 1$（其原理与单纯形法中按 θ 规划来确定换出变量相同）。然后按闭回路上的正、负号，

加入和减去此值，得到调整方案，如表 9 – 24 所示.

表 9 – 24

销地 加工厂	B_1	B_2	B_3	B_4	产量
A_1			5	2	7
A_2	3			1	4
A_3		6		3	9
销量	3	6	5	6	

对表 9 – 24 给出的解，再用闭回路法或位势法求各空格的检验数，如表 9 – 25 所示. 表中的所有检验数都非负，故表 9 – 24 中的解为最优解. 这时得到的总运费最小是 85 元.

表 9 – 25

销地 加工厂	B_1	B_2	B_3	B_4
A_1	0	2		
A_2		2	1	
A_3	9		12	

9.3　整数规划

整数规划是从 1958 年由 R. E. 戈莫里提出割平面法之后形成独立分支的，60 多年来发展出很多方法解决各种问题. 解整数规划最典型的做法是逐步生成一个相关的问题，称它是原问题的衍生问题. 对每个衍生问题又伴随一个比它更易于求解的松弛问题（衍生问题称为松弛问题的源问题）. 通过松弛问题的解来确定它的源问题的归宿，即源问题应被舍弃，还是再生成一个或多个它本身的衍生问题来替代它. 随即，再选择一个尚未被舍弃的或替代的原问题的衍生问题，重复以上步骤直到不再剩有未解决的衍生问题为止. 现今天比较成功又流行的方法是分支定界法和割平面法，它们都是在上述框架下形成的. 由前面的案例可知，线性方程组是现实工作中常见的数学模型，因此解线性方程组很有必要.

一、整数规划的定义

在线性规划问题中，有些最优解可能是分数或小数，但对于某些具体问题，常要求某些变量的解必须是整数. 例如，变量代表的是机器的台数、工作的人数或装货的车数等. 为了满足整数的要求，初看起来似乎只要把已得的非整数解舍入化整就可以了. 实际上化整后的数不见得是可行解和最优解，所以应该有特殊的方法来求解整数规划. 在整数规划中，如果所有变量都限制为整数，则称为纯整数规划；如果仅一部分变量限制为整数，则称为混合整数规划. 整数规划的一种特殊情形是 01 规划，它的变数仅限于 0 或 1. 不同于线性规划问题，整数和 01 规划问题至今尚未找到一般的多项式解法.

（一）整数规划问题的提出

在前面讨论的线性规划问题中，有些最优解可能是分数或小数，但对于某些具体的问题，常有要求解答必须是整数的情形（称为整数解），解决这样的问题即为整数规划. 注意：解决整数规划问题不是仅仅在线性规划求解中，将解"四舍五入"就行了，因为化整后的解不见得是可行解；即便是可行解，也不一定是优解.

（二）线性规划模型

$$\max z = c_1 x_1 + c_2 x_2 + \cdots + c_n x_n$$
$$\text{s.t.} \begin{cases} a_{11} x_1 + a_{12} x_2 + \cdots + a_{1n} x_n = b_1, \\ a_{21} x_1 + a_{22} x_2 + \cdots + a_{2n} x_n = b_2, \\ \cdots \\ a_{m1} x_1 + a_{m2} x_2 + \cdots + a_{mn} x_n = b_m, \\ x_1, x_2, \cdots, x_n \geq 0 \end{cases}$$

而整数规划要求 x_i 为整数，如机器的台数、人数等.

例 1 胜利家具厂生产桌子和椅子两种家具. 桌子售价 50 元/个，椅子售价 30 元/个，生产桌子和椅子需要木工和油漆工两种工种. 生产一个桌子需要木工 4 个小时，油漆工 2 小时. 生产一个椅子需要木工 3 个小时，油漆工 1 小时. 该厂每月可用木工工时为 120 小时，油漆工工时为 50 小时. 问：该厂如何组织生产才能使每月的销售收入最大？

解 设 x_1 表示生产桌子的数量，x_2 表示生产椅子的数量，z 表示每月的销售收入，则原问题可化为以下数学模型

$$\max z = 50x_1 + 30x_2$$
$$\text{s.t.} \begin{cases} 4x_1 + 3x_2 \leq 120, \\ 2x_1 + x_2 \leq 50, \\ x_1, x_2 \geq 0, \\ x_1, x_2 \text{ 为整数} \end{cases}$$

例 2 （背包问题）一个旅行者，为了准备旅行的必备物品，要在背包里装一些有用的东西，但他最多只能携带 b kg 的东西，而每件物品都只能整件携带，于是他给每件物品规定了一个"价值"，以表示其有用程度. 如果共有 m 件物品，第 i 件物品的重量为 b_i，价值为 c_i，问题就变成：在携带的物品总重量不超过 b kg 的条件下，携带哪些物品可使总价值最大？

解 设 $x_i = \begin{cases} 1, & \text{带第 } i \text{ 件物品,} \\ 0, & \text{不带第 } i \text{ 件物品,} \end{cases}$ z 表示所带物品的总价值，则

$$z = \sum_{\text{带第}i\text{件}} c_i = \sum_{i=1}^{m} c_i x_i$$

携带物品的总重量 $= \sum_{i=1}^{m} b_i x_i$，故其数学模型为

$$\max z = \sum_{i=1}^{m} c_i x_i$$

$$\text{s.t.} \begin{cases} \sum_{i=1}^{m} b_i x_i \leqslant b, \\ x_i = 0, 1, \\ i = 1, 2, \cdots, m \end{cases}$$

二、整数规划的分类

（一）纯整数规划

所有决策变量均要求为整数的整数规划称为纯整数规划.

例如

$$\max z = c_1 x_1 + c_2 x_2 + \cdots + c_n x_n$$

$$\text{s.t.} \begin{cases} a_{11} x_1 + a_{12} x_2 + \cdots + a_{1n} x_n = b_1, \\ a_{21} x_1 + a_{22} x_2 + \cdots + a_{2n} x_n = b_2, \\ \cdots \\ a_{m1} x_1 + a_{m2} x_2 + \cdots + a_{mn} x_n = b_m, \\ x_1, x_2, \cdots, x_n \text{ 取整数} \end{cases}$$

（二）混合整数规划

部分决策变量均要求为整数的整数规划称为混合整数规划.

例3 某公司计划在几个地点建厂，可供选择的地点有 A_1, A_2, $\cdots$, A_m，它们生产同一种产品，生产能力分别是 a_1, a_2, $\cdots$, a_m，建设费分别是 f_1, f_2, $\cdots$, f_m，又有 n 个地点 B_1, B_2, $\cdots$, B_n 需要销售这种产品，其销售量分别为 b_1, b_2, $\cdots$, b_n，从工厂 A_i 运往销地 B_j 的单位运费为 c_{ij}，应在哪些地方建厂，使得既满足各地需求，又使总建设费和总运输费最省？

解 设 x_{ij} 表示工厂 A_i 运往商店 B_j 的运量，则运费为 $\sum_{i=1}^{m} \sum_{j=1}^{n} c_{ij} x_{ij}$ ，设

$$y_i = \begin{cases} 1, \text{在第 } i \text{ 个地点建厂}, \\ 0, \text{不在第 } i \text{ 个地点建厂} \end{cases}$$

则总建厂费为 $\sum_{i=1}^{m} f_i y_i$ ，所以该问题的数学模型为

$$\min z = \sum_{i=1}^{m} \sum_{j=1}^{n} c_{ij} x_{ij} + \sum_{i=1}^{m} f_i y_i$$

$$\text{s.t.} \begin{cases} \sum_{j=1}^{n} x_{ij} \leqslant a_i y_i, i = 1, 2, \cdots, m, \\ \sum_{i=1}^{m} x_{ij} \geqslant b_j, j = 1, 2, \cdots, n, \\ x_{ij} \geqslant 0, y_i = 0, 1 \end{cases}$$

此模型为混合型整数规划.

例 4 工厂 A_1 和 A_2 生产某种物资. 由于该种物资供不应求，故需要再建一家工厂. 相应的建厂方案有 A_3 和 A_4 两个. 这种物资的需求地有 B_1，B_2，B_3，B_4 四个. 各工厂年生产能力、各地年需求量、各厂至各需求地的单位物资运费 c_{ij} 如表 9 – 26 所示.

表 9 – 26

销地 加工厂	B_1	B_2	B_3	B_4	年生产能力
A_1	2	9	3	4	400
A_2	8	3	5	7	600
A_3	7	6	1	2	200
A_4	4	5	2	5	200
年需求量	350	400	300	150	

工厂 A_3 或 A_4 开工后，每年的生产费用估计分别为 1 200 万元或 1 500 万元. 现要决定建设工厂 A_3 还是 A_4，才能使今后每年的总费用最少.

解 这是一个物资运输问题，特点是事先不能确定应该建 A_3 还是 A_4 中哪一个，因而不知道新厂投产后的实际生产物资. 为此，引入 0 – 1 变量：

$$y_i = \begin{cases} 1, \text{建工厂}, \\ 0, \text{不建工厂} \end{cases} (i = 3, 4)$$

再设 x_{ij} 为由 A_i 运往 B_j 的物资数量，单位为 kt；z 表示总费用，单位为万元.

则该规划问题的数学模型可以表示为

$$\min z = \sum_{i=1}^{4} \sum_{j=1}^{4} c_{ij} x_{ij} + (1\ 200 y_3 + 1\ 500 y_4)$$

$$\text{s.t.} \begin{cases} x_{11} + x_{21} + x_{31} + x_{41} = 350, \\ x_{12} + x_{22} + x_{32} + x_{42} = 400, \\ x_{13} + x_{23} + x_{33} + x_{43} = 300, \\ x_{14} + x_{24} + x_{34} + x_{44} = 150, \\ x_{11} + x_{12} + x_{13} + x_{14} = 400, \\ x_{21} + x_{22} + x_{23} + x_{24} = 600, \\ x_{31} + x_{32} + x_{33} + x_{34} = 200 y_3, \\ x_{41} + x_{42} + x_{43} + x_{44} = 200 y_4, \\ x_{ij} \geq 0, i, j = 1, 2, 3, 4, \\ y_i = 0, 1, i = 1, 2 \end{cases}$$

此模型为混合型整数规划.

（三）纯 0 - 1 整数规划

所有决策变量只能取值 0 或 1 的整数线性规划称为纯 0 - 1 整数规划.

例如

$$\max z = c_1 x_1 + c_2 x_2 + \cdots + c_n x_n$$

$$\text{s. t.} \begin{cases} a_{11} x_1 + a_{12} x_2 + \cdots + a_{1n} x_n = b_1, \\ a_{21} x_1 + a_{22} x_2 + \cdots + a_{2n} x_n = b_2, \\ \cdots \\ a_{m1} x_1 + a_{m2} x_2 + \cdots + a_{mn} x_n = b_m, \\ x_1, x_2 \cdots, x_n = 0, 1 \end{cases}$$

混合 0 - 1 规划：部分决策变量只能取值 0 或 1 的整数线性规划.

整数规划与线性规划不同之处只在于增加了整数约束. 不考虑整数约束所得到的线性规划称为整数规划的线性松弛模型.

例如，对于整数规划问题 $\text{s. t.} \begin{cases} \max z = \boldsymbol{CX} \\ \boldsymbol{AX} = \boldsymbol{b}, \\ \boldsymbol{X} \geqslant \boldsymbol{0}, \\ x_j \text{ 为整数}. \end{cases}$ 它的松弛问题是 $\text{s. t.} \begin{cases} \max z = \boldsymbol{CX} \\ \boldsymbol{AX} = \boldsymbol{b}, \\ \boldsymbol{X} \geqslant \boldsymbol{0}. \end{cases}$

注意：

（1）整数规划问题的可行解域包含于其松弛问题的可行解域；

（2）若松弛问题无可行解，则其原整数规划问题亦无可行解；

（3）整数规划问题的最优值小于等于其松弛问题的最优值；

（4）松弛问题的最优值是原整数规划的目标函数值的上界；

（5）若松弛问题可以找到一个整数解，则该整数解的目标函数是原整数规划问题最优值的下界；

（6）若松弛问题的最优解为整数解，则该最优解也是原整数规划问题的最优解.

三、整数规划的常用算法

（一）图解法

例5 设整数规划问题如下

$$\max z = x_1 + x_2$$

$$\begin{cases} 14 x_1 + 9 x_2 \leqslant 51, \\ -6 x_1 + 3 x_2 \leqslant 1, \\ x_1, x_2 \geqslant 0 \text{ 且为整数} \end{cases}$$

解 首先不考虑整数约束，得到线性规划问题（一般称为松弛问题）.

$$\max z = x_1 + x_2$$

$$\begin{cases} 14x_1 + 9x_2 \leqslant 51, \\ -6x_1 + 3x_2 \leqslant 1, \\ x_1, x_2 \geqslant 0 \end{cases}$$

用图解法求出最优解为：$x_1 = 3/2$，$x_2 = 10/3$，且有 $z = 29/6$.

现求整数解（最优解）：如用舍入取整法可得到 4 个点即 $(1,3)$，$(2,3)$，$(1,4)$，$(2,4)$. 显然，它们都不可能是整数规划的最优解.（见图 9-4）

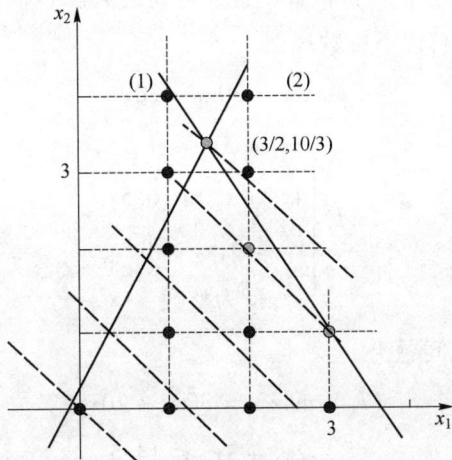

图 9-4

按整数规划约束条件，其可行解肯定在线性规划问题的可行域内且为整数点. 故整数规划问题的可行解集是一个有限集，如图 9-4 所示. 其中点 $(2,2)$，$(3,1)$ 的目标函数值最大，即为 $z = 4$.

（二）分枝定界法

分枝定界法的基本思想：先求出整数规划问题的松弛问题的解，若该解不满足整数性约束，则以该解为出发点，将原问题分解为两个枝问题，刺激"分枝"，且每一枝问题各增加一个新约束，因而可行域缩小；然后求枝问题的线性规划解，并对非可行解的枝问题继续分枝……这样，不断分枝，也就不断增加新约束，从而枝问题的可行域越来越小；由于增加的新约束会使问题的线性规划解的分量逐渐化为整数，因此分到一定程度，各枝问题的线性规划解将满足整数性约束. 因为整数问题的可行域不会超出其松弛问题的可行域，所以整数规划的最优解也不会优于其松弛问题的最优解. 因此在分枝的过程中，可按每一枝问题的上界的大小进行"剪枝"，即剪去某些枝问题，而保留的枝问题尽可能占少数；最终必能在保留的枝问题的线性规划解中得到原问题的最优解.

分枝定界法的解题步骤：

（1）求整数规划的松弛问题最优解；

若松弛问题的最优解满足整数要求，则得到整数规划的最优解，否则转下一步.

（2）分枝与定界：任意选一个非整数解的变量 x_i，在松弛问题中加上约束：$x_i \leqslant [x_i]$ 和 $x_i \geqslant [x_i] + 1$，组成两个新的松弛问题，称为分枝.

新的松弛问题具有特征：当原问题是求最大值时，目标值是分枝问题的上界；当原问题是求最小值时，目标值是分枝问题的下界.

检查所有分枝的解及目标函数值，若某分枝的解是整数并且目标函数值大于（max）等于其他分枝的目标值，则将其他分枝剪去不再计算，若还存在非整数解并且目标值大于（max）整数解的目标值，需要继续分枝，再检查，直到得到最优解.

例 6   用分枝定界法求解以下整数规划.

$$\max z = 30x_1 + 20x_2$$

$$\text{s. t.} \begin{cases} 2x_1 + 3x_2 \leqslant 14.5, \\ 4x_1 + x_2 \leqslant 16.5, \\ x_1 \geqslant 0, x_2 \geqslant 0, \\ x_1, x_2 \text{ 为整数} \end{cases}$$

解   原整数规划的松弛问题为

$$(L_0): \max z = 30x_1 + 20x_2$$

$$\text{s. t.} \begin{cases} 2x_1 + 3x_2 \leqslant 14.5, \\ 4x_1 + x_2 \leqslant 16.5, \\ x_1 \geqslant 0, x_2 \geqslant 0 \end{cases}$$

利用单纯形法求得松弛问题 (L_0) 的最优解为 $x_1 = 3.5$，$x_2 = 2.5$，这不是原整数规划的最优解，故进行分枝.

由于 $x_1 = 3.5$ 不是整数，故构造两个约束条件 $x_1 \leqslant 3$，$x_1 \geqslant 4$，分别加到原松弛问题中，从而得到两个新的松弛问题 (L_1) 和 (L_2)：

$$\max z = 30x_1 + 20x_2$$

$$\text{s. t.} \begin{cases} 2x_1 + 3x_2 \leqslant 14.5, \\ 4x_1 + x_2 \leqslant 16.5, \\ x_1 \leqslant 3, \\ x_1 \geqslant 0, x_2 \geqslant 0 \end{cases} \tag{L_1}$$

$$\max z = 30x_1 + 20x_2$$

$$\text{s. t.} \begin{cases} 2x_1 + 3x_2 \leqslant 14.5, \\ 4x_1 + x_2 \leqslant 16.5, \\ x_1 \geqslant 4, \\ x_1 \geqslant 0, x_2 \geqslant 0 \end{cases} \tag{L_2}$$

用单纯形法对问题(L_1)求得最优值$x_1=3$，$x_2=\dfrac{17}{6}$，$z_1=\dfrac{440}{3}$.

对问题(L_2)求得最优值$x_1=4$，$x_2=\dfrac{1}{2}$，$z_2=130$，可见$z_1\geqslant z_2$，所以把不满足整数约束的(L_2)剪掉，而对(L_1)进行分枝.

问题(L_1)的最优解中$x_2=\dfrac{17}{6}$不是整数，故构造两个约束条件$x_1\leqslant 2$，$x_1\geqslant 3$，分别加到原松弛问题中，从而得到两个新的松弛问题(L_3)和(L_4)，并利用单纯形法求得(L_3)的最优解$x_1=3$，$x_2=2$，$z_3=130$，(L_4)的最优解$x_1=\dfrac{11}{4}$，$x_2=3$，$z_4=\dfrac{570}{4}$，可见(L_3)的最优解满足了整数约束，但是$z_4\geqslant z_3$，所以要对(L_4)继续分枝.

对于(L_4)的最优解中$x_1=\dfrac{11}{4}$不是整数，故构造两个约束条件$x_1\leqslant 2$，$x_1\geqslant 3$，分别加到原松弛问题中，从而得到两个新的松弛问题(L_5)和(L_6)，并利用单纯形法求得(L_5)的最优解$x_1=2$，$x_2=\dfrac{7}{2}$，$z_5=130=z_3$，故把(L_5)剪掉. 而(L_6)无可行解，所以要把分枝(L_6)剪掉.

所以，原整数规划的最优解为问题(L_3)的最优解，即$x_1=3$，$x_2=2$，$z_3=130$. 分枝流程如图$9-5$所示.

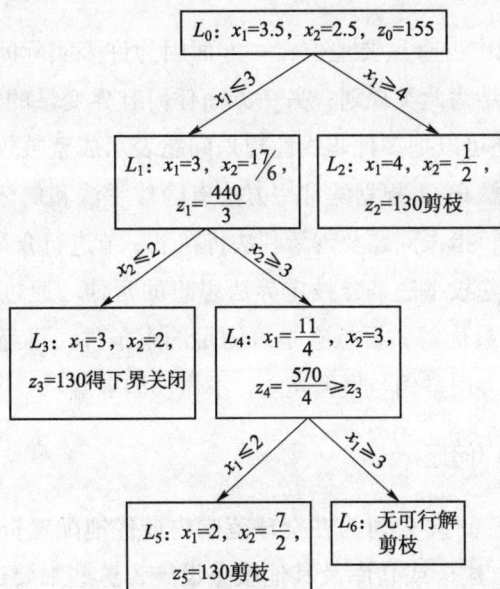

图 $9-5$

（三）割平面法

割平面法的基本思想：若整数规划的松弛规划L_0的最优解不是整数解，对L_0增加一个约束条件，得线性规划L_1，此过程缩小了松弛规划的可行解域，在切去松弛规划的最优解的同时，保留松弛规划的任一整数解，因此整数规划的解均在 L_1 中，若 L_1 的最优解为整数解，则得原整数规划问题的最优解．若 L_1 的最优解不是整数解，重复以上步骤，由于可行解域在不断缩小，且保留原整数规划问题所有的整数解，因此总可以在有限次后得到原整数规划问题的最优解．

割平面法的具体解法，我们就不详细介绍了．

四、整数规划的应用举例

（一）组合最优化

组合最优化通常都可表述为整数规划问题．两者都是在有限个可供选择的方案中，寻找满足一定约束的最好方案．有许多典型的问题反映整数规划的广泛背景．例如，背袋（或装载）问题、固定费用问题、和睦探险队问题（组合学的对集问题）、有效探险队问题（组合学的覆盖问题）、旅行推销员问题、车辆路径问题等．因此，整数规划的应用范围也是极其广泛的．它不仅在工业和工程设计和科学研究方面有许多应用，而且在计算机设计、系统可靠性、编码和经济分析等方面也有新的应用．

（二）0—1 规划

0—1 规划在整数规划中占有重要地位，一方面因为许多实际问题，例如指派问题、选地问题、送货问题都可归结为此类规划；另一方面任何有界变量的整数规划都与 0—1 规划等价，用 0—1 规划方法还可以把多种非线性规划问题表示成整数规划问题，所以不少人致力于这个方向的研究．求解 0—1 规划的常用方法有隐枚举法和匈牙利法，如求解指派问题用匈牙利方法就比较方便，指派问题及匈牙利法将在下一节进行介绍．

隐枚举法基本思想：隐枚举法是分枝定界法思想的延伸．通过放松主约束条件（而非变量符号限制条件）求得最优解，再检查是否满足约束条件，再经过分枝与剪枝等工作迭代出最优解．下面只进行应用举例与模型建立，不做模型求解．

1. 项目选定（选址）问题

在经济全球化的时代，许多公司为在全球范围内最优地配置资源（如获取廉价劳动力或原料等），要在不同地方建厂或仓库及其他服务设施，这些都要进行项目或地址的选择．在选址之前，许多候选地点要进行分析和比较，而每个决策都涉及一个选还是不选的问题．

例 7　试把以下问题建立为 0 - 1 规划数学模型：某销售公司打算通过在武汉或长春设立分公司（也许两个城市都设）增加市场份额，管理层同时也计划在新设分公司的城市最多建一个配送中心，当然也可以不建配送中心．经过计算，每种选择对公司收益的净现值、所需费用列在表 9 - 27 中，总预算投资费用不得超过 20 万元．如何决策使总净现值最大？

表 9－27

决策编号	问题	净现值/万元	所需资金/万元
1	长春建厂否？	18	12
2	武汉建厂否？	10	6
3	长春建配送中心否？	12	10
4	武汉建配送中心否？	8	4

解　$x_i = \begin{cases} 1, & 决策 j 问题的答案是"是", \\ 0, & 决策问题的答案是"否". \end{cases}$　$i = 1,2,3,4$，则原问题可化为以下 0—1 规划

模型

$$\max z = 18x_1 + 10x_2 + 12x_3 + 8x_4$$

$$\text{s.t.} \begin{cases} 12x_1 + 6x_2 + 10x_3 + 4x_4 \leqslant 14.5, \\ x_3 + x_4 \leqslant 1, \\ x_3 \leqslant x_1, \\ x_4 \leqslant x_2, \\ x_i = 0 \ 或 \ 1 (i = 1,2,3,4) \end{cases}$$

解得最优解为 $x_1 = 1$，$x_2 = 1$．

2. 互相排斥问题

例8　试把以下问题建立为 $0 - 1$ 规划数学模型：因为资金和管理水平的限制，某公司想以相同的价格和不同的租期（工时）租赁另一公司甲、乙、丙、丁四个车间中的两个，来生产五种新开发的产品(A、B、C、D、E)中的最多三种．由于车间的机床和工人的经验不同，生产不同产品的效率也不同，从而导致不同产品（任一阶段）在不同的车间生产所用的工时数不同（根据生产部的初步试验和经验判断估计出的数据见表 9 - 28）．另外，根据公司市场部的预测，每种产品的单位利润和在租期内最大的销售量以及各车间在租期内的总工时数等也如表 9 - 28 所示．

表 9－28

项目		单位产品（阶段）的生产工时/h					租期内总工时数/h
		产品 A	产品 B	产品 C	产品 D	产品 E	
车间	甲	5	8	4	9	7	180
	乙	7	11	3	10	7	230
	丙	4	9	3	8	6	170
	丁	3	7	5	9	5	165
单位利润/百元		11	14	8	15	9	
最大销售量/件		21	25	23	15	18	

解 设 x_j 表示生产第 j 种产品的数量 $(j = 1, 2, 3, 4, 5)$，$y_i = \begin{cases} 1, & \text{租 } i \text{ 车间}, \\ 0, & \text{其他}. \end{cases}$ $(i = 1, 2, 3, 4)$

$$z_j = \begin{cases} 1, & \text{实际生产 } j \text{ 产品}, \\ 0, & \text{其他} \end{cases} (j = 1, 2, 3, 4)$$

则原问题可化为以下 0—1 规划模型

$$\max z = 11x_1 + 14x_2 + 8x_3 + 15x_4 + 9x_5$$

$$\text{s.t.} \begin{cases} 5x_1 + 8x_2 + 4x_3 + 9x_4 + 7x_5 \leqslant 180 + M(1 - y_1), \\ 7x_1 + 11x_2 + 3x_3 + 10x_4 + 7x_5 \leqslant 230 + M(1 - y_2), \\ 4x_1 + 9x_2 + 3x_3 + 8x_4 + 6x_5 \leqslant 170 + M(1 - y_3), \\ 3x_1 + 7x_2 + 5x_3 + 9x_4 + 5x_5 \leqslant 165 + M(1 - y_4), \\ y_1 + y_2 + y_3 + y_4 = 2, \\ x_1 \leqslant 21z_1, \\ x_2 \leqslant 25z_2, \\ x_3 \leqslant 23z_3, \\ x_4 \leqslant 15z_4, \\ x_5 \leqslant 18z_5, \\ z_1 + z_2 + z_3 + z_4 + z_5 = 3, \\ x_j \geqslant 0 \text{ 且取整}, y_i = 0 \text{ 或 } 1, z_i = 0 \text{ 或 } 1 \end{cases}$$

取 $M = 1\,000$，得 $x_1 = 20$，$x_3 = 23$，$x_4 = 2$，$z = 434$.

3. 固定费用（成本）问题

在生产或经营过程中，某一个业务活动开展通常伴随着固定成本的发生，比如添置或启用设备，新采购材料时产生的差旅费，对工人必要培训的费用等，这些构成产品的固定成本. 这时，业务活动的总成本就包括与活动数量大小相关的变动成本和起动活动的固定成本.

例 9 试把以下问题建立为 0 – 1 规划数学模型：某工厂近期接到一批订单，要安排生产甲、乙、丙、丁四种产品，每件产品分别需要原料 A、B、C 中的一种或几种中的若干单位，合同规定要在 15 天内完成，但数量不限. 四种产品都在同一种设备上生产，且一台设备同一时间只能加工一件产品. 目前，工厂只有一台正使用中的这种设备（设备1），合同期内可挤出 3 天来生产订单，但会产生 150 元的机会成本损失；还有一台长期未用的设备（设备2）可以启用，启用时要做必要的检查和修理，费用 1 000 元；公司还考虑向邻厂租用 2 台（设备3，4），但对方也在统筹使用，租期分别只能 7 和 12 天，租金分别 2 000 和 3 100 元，工厂可以决定租一台或两台，也可以一台不租. 另外，每种产品生产会有固定成本和变动成本，具体如表 9 – 29 所示，假设每天工作 8 h，工厂最多使用 3 台设备，问：工厂如何生产和利用设备，利润最大？

表 9 – 29

项目	产品				资源限制				
	甲	乙	丙	丁	原料	设备 1	设备 2	设备 3	设备 4
原料 A	4	6	9	0	156				
原料 B	2	0	4	1	94				
原料 C	3	8	0	5	183				
设备台时/h	5	7	3	8		24	120	56	96
固定成本/元	350	400	180	310		150	1 000	2 000	3 100
变动成本/元	12	14	16	11					
单位产品价格/元	120	160	135	95					

解 设 x_j 表示生产第 j 种产品的数量($j = 1,2,3,4$)

$$y_i = \begin{cases} 1, \text{设备 } i \text{ 的使用台数} > 0, \\ 0, \text{其他} \end{cases} (i = 1,2,3,4)$$

$$z_j = \begin{cases} 1, \text{产品 } j \text{ 的实际生产量} > 0, \\ 0, \text{其他} \end{cases} (j = 1,2,3,4)$$

则原问题可化为以下 0—1 规划模型：

$$\max z = 120x_1 + 160x_2 + 135x_3 + 95x_4 -$$
$$(12x_1 + 14x_2 + 16x_3 + 11x_4 + 350z_1 + 400z_2 + 180z_3 + 310z_4) -$$
$$(150y_1 + 1\,000y_2 + 2\,000y_3 + 3\,100y_4)$$

$$\text{s. t.} \begin{cases} 4x_1 + 6x_2 + 9x_3 \leqslant 156, \\ 2x_1 + 4x_3 + x_4 \leqslant 94, \\ 3x_1 + 8x_2 + 5x_4 \leqslant 183, \\ 5x_1 + 7x_2 + 3x_3 + 8x_4 \leqslant 24y_1 + 120y_2 + 56y_3 + 96y_4, \\ y_1 + y_2 + y_3 + y_4 \leqslant 3, \\ x_1 \leqslant Mz_1, \\ x_2 \leqslant Mz_2, \\ x_3 \leqslant Mz_3, \\ x_4 \leqslant Mz_4, \\ x_j \geqslant 0, y_i = 0 \text{ 或 } 1, z_i = 0 \text{ 或 } 1 \end{cases}$$

9.4 指派问题

一、指派问题的标准形式及其数学模型

实际中，常常遇到这样的分配问题：有几项工作，恰有几个工人去完成其中的某一项，但

由于工作性质，以及每个人完成每项工作的技术水平、素质各不一样，因此他们完成每项工作的效率和创造的利润也就不同. 这样，我们就要考虑，应该怎么分配工作任务，即由哪个工人完成哪项工作任务，才能使总利润最高（最大化问题），或总工时最省（最小化问题）.

例1 某食品厂生产某种糕点要经过 A_1、A_2、A_3、A_4 四道工序来完成，恰有 B_1、B_2、B_3、B_4 四个工人来完成这四道工序，四个工人完成各道工序的时间如表 9–30 所示.

表 9–30

工人＼工作时间＼工序	A_1	A_2	A_3	A_4
B_1	5	4	3	3
B_2	1	2	6	4
B_3	8	3	10	4
B_4	7	4	8	5

若规定每个工人完成一道工序，每道工序也只是一个工人来完成，问：怎样分配工作任务，才能使总工时最省？

解 用 $x_{ij}(i,j=1,2,3,4)$ 表示第 i 个工人完成第 j 道工序任务. 若完成，记作 $x_{ij}=1$；不完成，记作 $x_{ij}=0$，f 表示总工时，则依题意建立数学模型如下：

$$\min f = 5x_{11} + 4x_{12} + 3x_{13} + 3x_{14} + x_{21} + 2x_{22} + 6x_{23} + 4x_{24} + 8x_{31} + 3x_{32} +$$

$$10x_{33} + 4x_{34} + 7x_{41} + 4x_{42} + 8x_{43} + 5x_{44}$$

$$\text{s. t.} \begin{cases} \sum_{j=1}^{4} x_{ij} = 1, i = 1,2,3,4, \\ \sum_{i=1}^{4} x_{ij} = 1, j = 1,2,3,4, \\ x_{ij} = 0 \text{ 或 } 1 \end{cases}$$

一般，n 个工人 A_1，A_2，…，A_n 去做 n 件不同的工作 B_1，B_2，…，B_n，假设工人 A_i 去做工作 B_j 所需时间 c_{ij}（见表 9–31），要求每个工人只做一件工作，且每件工作只由一个人完成. 问：如何分配工作任务，才能使总工时最省？

表 9–31

工人＼工作时间＼工序	B_1	B_2	…	B_n
A_1	c_{11}	c_{12}	…	c_{1n}
A_2	c_{21}	c_{22}	…	c_{2n}
⋮	⋮	⋮		⋮
A_n	c_{n1}	c_{n2}	…	c_{nn}

设 $x_{ij} = \begin{cases} 1, & \text{分配工人 } A_i \text{ 去做工作 } B_j, \\ 0, & \text{不分配工人 } A_i \text{ 去做工作 } B_j. \end{cases}$ f 表示总工时，则分配问题的数学模型是

$$\min f = \sum_{i=1}^{n} \sum_{j=1}^{n} c_{ij} x_{ij}$$

$$\text{s. t.} \begin{cases} \sum_{j=1}^{n} x_{ij} = 1, \\ \sum_{i=1}^{n} x_{ij} = 1, \\ x_{ij} = 0 \text{ 或 } 1 \end{cases}$$

如果 c_{ij} 表示分配工人 A_i 去做工作 B_j 所带来的利润，则数学模型中的目标函数是

$$\max f = \sum_{i=1}^{n} \sum_{j=1}^{n} c_{ij} x_{ij}.$$

二、匈牙利法

随着科学技术的不断进步，指派问题已经越来越多地出现在我们生活中．为解决一个实际问题，建立数学模型是一种有效的重要方法．对于建立起来的数学模型，还需要用一定的技术手段（如匈牙利法等）求解数学问题，以达到解决实际问题的目的．

标准的指派问题是一类特殊的 0—1 整数规划问题，可以用多种相应的解法来求解．但是，这些方法都没有充分利用指派问题的特殊性质来有效减少计算量．1955 年，库恩（W. W. Kuhn）利用匈牙利数学家康尼格（D. König）的关于矩阵中独立零元素的定理，提出了指派问题的一种解法，由此，习惯上称之为匈牙利解法．

由于分配问题模型的特殊性，用特殊的方法（匈牙利方法）来解决，要比用单纯形法更简便，解题步骤如下：

（1）将题中所给数表作为一个矩阵，矩阵中各行（或各列）元素分别减去该行（或该列）中最小元素，使各行（或各列）的最小元素变为 0 元素（若题中未给出表格，要依题中所给条件写出矩阵），得第二个矩阵．

（2）用最少的纵横线划去第二个矩阵中 0 元素所在的行（或列）．

（3）第二个矩阵中，未被纵横线划去的各元素减去它们之中最小元素，纵横线交叉处的元素分别加上这个最小元素，表示在求最优解的过程中不再考虑这个元素所对应的变量，得第三个矩阵．

重复第（2）、（3）步作法，直到所作的最少纵横线的条数等于矩阵的行数（或列数）为止．或者说，直到新表中各行（或各列）至少有一个 0 元素为止．

（4）在上面矩阵中，从具有最少 0 元素的行或列中的某一个 0 元素开始，将该 0 元素变为 1，而该 0 元素所在行或列的其他元素均变为 0，依此便得到最优化矩阵．

（5）根据第（4）步得到的最优化矩阵，写出最优方案，求出最优值．

例 2　求解例 1.

解 $\begin{pmatrix} 5 & 4 & 3 & 3 \\ 1 & 2 & 6 & 4 \\ 8 & 3 & 10 & 4 \\ 7 & 4 & 8 & 5 \end{pmatrix} \begin{matrix} -3 \\ -1 \\ -3 \\ -4 \end{matrix} \longrightarrow \begin{pmatrix} 2 & 1 & 0 & 0 \\ 0 & 1 & 5 & 3 \\ 5 & 0 & 7 & 1 \\ 3 & 0 & 4 & 1 \end{pmatrix} \begin{matrix} \text{划掉第 1、2 行，第 2 列} \\ \text{未划掉的各数} -1 \\ \hline \text{纵横线交叉处元素} +1 \end{matrix} \longrightarrow$

$\begin{pmatrix} 2 & 2 & 0 & 0 \\ 0 & 2 & 5 & 3 \\ 4 & 0 & 6 & 0 \\ 2 & 0 & 3 & 0 \end{pmatrix} \longrightarrow \begin{pmatrix} 0 & 0 & 1 & 0 \\ 1 & 0 & 0 & 0 \\ 0 & 1 & 0 & 0 \\ 0 & 0 & 0 & 1 \end{pmatrix}$

所以得 $x_{21} = x_{32} = x_{13} = x_{44} = 1$，其余元素全为 0，即工人 B_2 完成工序 A_1，B_3 完成工序 A_2，B_1 完成工序 A_3，B_4 完成工序 A_4，才能使总工时最省，其总工时为

$$\min f = 1 + 3 + 3 + 5 = 12$$

例 3 设有三项工作 A_1，A_2，A_3 要分配到三台机床 B_1，B_2，B_3 上，其成本矩阵如下，求使总成本最低的分配方案.

$$\begin{array}{c} \\ A_1 \\ A_2 \\ A_3 \end{array} \begin{array}{ccc} B_1 & B_2 & B_3 \\ \begin{pmatrix} 11 & 8 & 7 \\ 16 & 12 & 10 \\ 13 & 17 & 15 \end{pmatrix} \end{array}$$

解

$\begin{pmatrix} 11 & 8 & 7 \\ 16 & 12 & 10 \\ 13 & 17 & 15 \end{pmatrix} \begin{matrix} -7 \\ -10 \\ -13 \end{matrix} \longrightarrow \begin{pmatrix} 4 & 1 & 0 \\ 6 & 2 & 0 \\ 0 & 4 & 2 \end{pmatrix} \begin{matrix} \text{划掉第 3 行、第 3 列} \\ \text{未划掉的各数} -1 \\ \hline \text{纵横线交叉处元素} +1 \end{matrix} \begin{pmatrix} 3 & 0 & 0 \\ 5 & 1 & 0 \\ 0 & 4 & 3 \end{pmatrix} \longrightarrow \begin{pmatrix} 0 & 1 & 0 \\ 0 & 0 & 1 \\ 1 & 0 & 0 \end{pmatrix}$

所以最有分配方案是：A_1 分到 B_2 上；A_2 分到 B_3 上；A_3 分到 B_1 上. 其总成本最低为

$$\min f = 8 + 10 + 13 = 31$$

如果实际题目是求目标函数的最大值（如求最大利润、最大收益等），则可利用利润矩阵中诸数字的最大数减去矩阵中的各个数字 c_{ij}，对这个矩阵求最小值的问题，就是求原矩阵的最大值问题.

如果资源与用途数量不等，可以虚设用途或资源，使二者数目相等，然后，用以上方法解决.

例 4 四种资源用于生产四种产品的利润有如下矩阵，求使利润最大的分配方案.

$$\begin{array}{c} \\ A_1 \\ A_2 \\ A_3 \\ A_4 \end{array} \begin{array}{cccc} B_1 & B_2 & B_3 & B_4 \\ \begin{pmatrix} 5 & 4 & 8 & 3 \\ 2 & 3 & 6 & 4 \\ 7 & 2 & 10 & 3 \\ 6 & 4 & 8 & 5 \end{pmatrix} \end{array}$$

解 $\begin{pmatrix} 5 & 4 & 8 & 3 \\ 2 & 3 & 6 & 4 \\ 7 & 2 & 10 & 3 \\ 6 & 4 & 8 & 5 \end{pmatrix} \xrightarrow{10-c_{ij}} \begin{pmatrix} 5 & 6 & 2 & 7 \\ 8 & 7 & 4 & 6 \\ 3 & 8 & 0 & 7 \\ 4 & 6 & 2 & 5 \end{pmatrix} \longrightarrow \begin{pmatrix} 2 & 0 & 2 & 2 \\ 5 & 1 & 4 & 1 \\ 0 & 2 & 0 & 2 \\ 1 & 0 & 2 & 0 \end{pmatrix} \begin{matrix} \text{划掉第 1, 3, 4 行} \\ \text{未划掉的各数} -1 \end{matrix} \longrightarrow$

$\begin{matrix} -3 & -6 & -0 & -5 \end{matrix}$

$$\begin{pmatrix} 2 & 0 & 2 & 2 \\ 4 & 0 & 3 & 0 \\ 0 & 2 & 0 & 2 \\ 1 & 0 & 2 & 0 \end{pmatrix} \xrightarrow[\text{纵横线交叉处元素 } +1]{\substack{\text{划掉第 2, 4 列和第} \\ \text{3 行, 未划掉的各数 } -1}} \begin{pmatrix} 1 & 0 & 1 & 2 \\ 3 & 0 & 2 & 0 \\ 0 & 3 & 0 & 3 \\ 0 & 0 & 1 & 0 \end{pmatrix} \rightarrow \begin{pmatrix} 0 & 1 & 0 & 0 \\ 0 & 0 & 0 & 1 \\ 0 & 0 & 1 & 0 \\ 1 & 0 & 0 & 0 \end{pmatrix}$$

所以用资源 A_4 生产 B_1，A_1 生产 B_2，A_3 生产 B_3，A_2 生产 B_4. 其最大利润为

$$\max f = 6 + 4 + 10 + 4 = 24$$

三、指派问题的应用

（一）平衡指派问题的应用

1. 建筑中指派问题的应用

例 5 某建筑公司的五个建筑工程队 A_1，A_2，A_3，A_4，A_5 承建了五个建筑工程项目 B_1，B_2，B_3，B_4，B_5. 建筑公司对工程项目的建造费用的投标有如下矩阵：

$$\begin{pmatrix} 4 & 8 & 7 & 15 & 12 \\ 7 & 9 & 17 & 14 & 10 \\ 6 & 9 & 12 & 8 & 7 \\ 6 & 6 & 11 & 6 & 10 \\ 6 & 8 & 9 & 10 & 6 \end{pmatrix}$$

问：该建筑公司应当对五个工程队怎样分配工程项目，才能使总建筑费用最少？

解 设 $x_{ij} = \begin{cases} 1, & A_i \text{ 承建 } B_j, \\ 0, & A_i \text{ 不承建 } B_j \end{cases} (i,j = 1,2,3,4,5)$

则原问题可化为以下数学模型

$$\min z = 4x_{11} + 8x_{12} + \cdots + 10x_{54} + 6x_{55}$$

$$\text{s.t.} \begin{cases} \sum_{i=1}^{5} x_{ij} = 1, j = 1,2,3,4,5, \\ \sum_{j=1}^{5} x_{ij} = 1, i = 1,2,3,4,5, \\ x_{ij} = 0 \text{ 或 } 1 \end{cases}$$

$$\begin{pmatrix} 4 & 8 & 7 & 15 & 12 \\ 7 & 9 & 17 & 14 & 10 \\ 6 & 9 & 12 & 8 & 7 \\ 6 & 6 & 11 & 6 & 10 \\ 6 & 8 & 9 & 10 & 6 \end{pmatrix} \begin{matrix} -4 \\ -7 \\ -6 \\ -6 \\ -6 \end{matrix} \rightarrow \begin{pmatrix} 0 & 4 & 3 & 11 & 8 \\ 0 & 2 & 10 & 7 & 3 \\ 0 & 3 & 6 & 2 & 1 \\ 0 & 0 & 5 & 0 & 4 \\ 0 & 2 & 3 & 4 & 0 \end{pmatrix} \xrightarrow[\text{纵横线交叉处元素 } +1]{\substack{\text{划掉第 4,5 行和第 1 列} \\ \text{未划掉的各数 } -1}}$$

$$\begin{pmatrix} 0 & 3 & 2 & 10 & 7 \\ 0 & 1 & 9 & 6 & 2 \\ 0 & 2 & 5 & 1 & 0 \\ 1 & 0 & 5 & 0 & 4 \\ 1 & 2 & 3 & 4 & 0 \end{pmatrix} \xrightarrow[\text{纵横线交叉处元素 } +1]{\substack{\text{划掉第 3,4,5 行和第 1 列} \\ \text{未划掉的各数 } -1}} \begin{pmatrix} 0 & 2 & 1 & 9 & 6 \\ 0 & 0 & 8 & 5 & 1 \\ 1 & 2 & 5 & 1 & 0 \\ 2 & 0 & 5 & 0 & 4 \\ 2 & 2 & 3 & 4 & 0 \end{pmatrix} \xrightarrow[\text{未划掉的各数 } -1]{\text{划掉第 1,2,4,5 列}} \begin{pmatrix} 0 & 2 & 0 & 9 & 6 \\ 0 & 0 & 7 & 5 & 1 \\ 1 & 2 & 4 & 1 & 0 \\ 2 & 0 & 4 & 0 & 4 \\ 2 & 2 & 2 & 4 & 0 \end{pmatrix}$$

在上面最后那个矩阵中，从具有最少 0 元素的行或列中的某一个 0 元素开始，不妨从第 4 列的 0 元素开始，将该 0 元素变为 1，而该 0 元素所在行或列的其他元素均变为 0，以此便得

到最优化矩阵.

$$\begin{pmatrix} 0 & 0 & 1 & 0 & 0 \\ 0 & 1 & 0 & 0 & 0 \\ 1 & 0 & 0 & 0 & 0 \\ 0 & 0 & 0 & 1 & 0 \\ 0 & 0 & 0 & 0 & 1 \end{pmatrix}$$

故原问题的最优解为让 A_1 承建 B_3，A_2 承建 B_2，A_3 承建 B_1，A_4 承建 B_4，A_5 承建 B_5，这样总的建设费用最少，且为 $7 + 9 + 6 + 6 + 6 = 34$（万元）.

2. 图书馆资源优化配置中的应用

例 6　图书馆工作一般分为分类、编目、统计、入库四道工序. 而不同的工作人员对各道工序的完成时间也不同. 不同工作人员对于不同工序的完成时间如以下矩阵所示：

$$\begin{pmatrix} 13 & 18 & 3 & 11 \\ 11 & 8 & 13 & 7 \\ 8 & 3 & 9 & 16 \\ 15 & 0 & 11 & 5 \end{pmatrix}$$

问：如何合理指派工序使图书馆工作用时最少？

解　设 $x_{ij} = 1$ 表示第 i 名人员分配到第 j 道工序；$x_{ij} = 0$ 表示第 i 名人员未分配到第 j 道工序. 则原问题可化为以下数学模型：

$$\min f = \sum_{i=1}^{4} \sum_{j=1}^{4} b_{ij} x_{ij}$$

$$\text{s. t.} \begin{cases} \sum_{j=1}^{5} x_{ij} = 1, j = 1, 2, \cdots, 4, \\ \sum_{i=1}^{5} x_{ij} = 1, i = 1, 2, \cdots, 4, \\ x_{ij} = 0 \text{ 或 } 1, i, j = 1, 2, \cdots, 4 \end{cases}$$

$$\begin{pmatrix} 13 & 18 & 3 & 11 \\ 11 & 8 & 13 & 7 \\ 8 & 3 & 9 & 16 \\ 15 & 0 & 11 & 5 \end{pmatrix} \begin{matrix} -3 \\ -7 \\ -3 \\ -0 \end{matrix} \rightarrow \begin{pmatrix} 10 & 15 & 0 & 8 \\ 4 & 1 & 6 & 0 \\ 5 & 0 & 6 & 13 \\ 15 & 0 & 11 & 5 \end{pmatrix} \xrightarrow[\text{未划掉的各数 } -4]{\text{划掉第 2, 3, 4 列}} \begin{pmatrix} 6 & 15 & 0 & 8 \\ 0 & 1 & 6 & 0 \\ 1 & 0 & 6 & 13 \\ 11 & 0 & 11 & 5 \end{pmatrix}$$

$$\xrightarrow[\substack{\text{未划掉的各数 } -1 \\ \text{纵横线交叉处元素 } +1}]{\text{划掉第 1, 2 行和第 2 列}} \begin{pmatrix} 6 & 16 & 0 & 8 \\ 0 & 2 & 6 & 0 \\ 0 & 1 & 5 & 12 \\ 10 & 1 & 10 & 4 \end{pmatrix} \rightarrow \begin{pmatrix} 0 & 0 & 1 & 0 \\ 0 & 0 & 0 & 1 \\ 1 & 0 & 0 & 0 \\ 0 & 1 & 0 & 0 \end{pmatrix}$$

故最优解为指派丙来完成分类，丁来完成编目，甲来完成统计，乙来完成入库，这样才能使工作时间最少，其最少工作时间为 $f = 3 + 7 + 8 + 0 = 18$.

（二）一般指派问题的应用

当人数与任务数不等时，即任务数多于人数或人数多于任务数时，可按以下方法，从而把不平衡指派问题化为平衡指派问题.

状况	方法
人数多于任务数	添加若干虚拟任务
任务数多于人数	添加若干虚拟人
一人可做 n 件事	加边补小法
某事不能由某人做	加边补零（M）法

比如，人数多于任务数的不平衡指派问题，可以采用添加虚拟任务的方法，即添加"虚拟"的任务，各人做这些任务的费用为零．最优指派方案中，完成虚设的任务的人就不指派任务，从而虚拟任务不会增加目标函数的值，所以，在上面转化为平衡指派问题时每个人完成虚拟任务的效率设为 0 即可．同理，对任务数多于人数的情况，只需添加"虚拟"的人，这些人做各种事的费用为零．

例 7 一家企业岗位聘任，有甲、乙、丙、丁四个人要竞聘三个岗位，如何安排，才会使得工作的效率最大？四位竞聘者对三个岗位的综合效率数如表 9 – 32 所示．

表 9 – 32

职位	甲	乙	丙	丁
岗位一	75	81	86	67
岗位二	80	74	77	85
岗位三	83	72	85	83

解 原问题是一个人数多于任务数的不平衡指派问题，故添加一个虚拟岗位四，得到以下矩阵

$$\begin{pmatrix} 75 & 81 & 86 & 67 \\ 80 & 74 & 77 & 85 \\ 83 & 72 & 85 & 83 \\ 0 & 0 & 0 & 0 \end{pmatrix}$$

利用匈牙利法，$\begin{pmatrix} 75 & 81 & 86 & 67 \\ 80 & 74 & 77 & 85 \\ 83 & 72 & 85 & 83 \\ 0 & 0 & 0 & 0 \end{pmatrix} \xrightarrow{86-c_{ij}} \begin{pmatrix} 11 & 5 & 0 & 19 \\ 6 & 12 & 9 & 1 \\ 3 & 14 & 1 & 3 \\ 86 & 86 & 86 & 86 \end{pmatrix} \begin{matrix} -0 \\ -0 \\ -1 \\ -86 \end{matrix} \longrightarrow$

$\begin{pmatrix} 11 & 5 & 0 & 19 \\ 6 & 12 & 9 & 1 \\ 2 & 13 & 0 & 2 \\ 0 & 0 & 0 & 0 \end{pmatrix} \begin{matrix} \text{划掉第 3,4 列和第 4 行} \\ \text{未划掉的各数} -2 \\ \text{纵横线交叉处元素} +1 \end{matrix} \begin{pmatrix} 9 & 3 & 0 & 19 \\ 4 & 10 & 9 & 1 \\ 0 & 11 & 0 & 2 \\ 0 & 0 & 1 & 1 \end{pmatrix} \longrightarrow \begin{pmatrix} 0 & 0 & 1 & 0 \\ 0 & 0 & 0 & 1 \\ 1 & 0 & 0 & 0 \\ 0 & 1 & 0 & 0 \end{pmatrix}$

故最优解为竞聘者甲到岗位三，竞聘者丙竞聘到岗位一，竞聘者丁竞聘到岗位二．

习题九

一、试把实际问题转化为线性规划数学模型

1. 某工厂计划用现有的铜、铅两种原料生产甲、乙两种电缆，已知甲、乙两种电缆的单位售价分别为 10 万元和 13 万元. 生产单位产品甲、乙电缆对铜、铅的消耗量及可利用的铜、铅数量如下，问：该工厂应如何安排生产才能使工厂的总收入最大？

产品\原料	甲电缆	乙电缆	原材料可用量
铜/t	5	3	20
铅/t	4	7	45
价格/万元	10	13	

2. 某厂准备在电视台做广告，根据电视台的收费办法，播出时间有三种选择：

时间（1）星期一至星期五 18：30—22：30 热门时间，每 30 s 收费 400 元；

时间（2）星期六、星期日 18：30—22：30 热门时间，每 30 s 收费 550 元；

时间（3）18：30—22：30 以外的时间，即平时，每 30 s 收费 220 元；

工厂希望每天都播出 30 s 的广告，电视台希望放在时间（2）播出的次数不要超过在时间（1）播出的次数. 工厂则希望不要都在星期一至五热门时间内播出，以便平时也能看到广告播出，所以规定在时间（1）的播出时间每月不超过 15 次，还希望在星期六、星期日热门时间内平均每星期能播出两次，所以规定在时间（2）的播出每月不少于 4 次. 工厂估计，在时间（1）观众为平时的 3 倍. 在时间（2）的观众为平时的 5 倍. 试列出线性规划模型，用以确定一个月播放广告的方案，使（1）观众最多；（2）费用最少.

3. 某工厂熔炼一种新型不锈钢，需要用四种合金 T_1，T_2，T_3 和 T_4 为原料，经测这四种原料关于元素铬（Cr）、锰（Mn）和镍（Ni）的含量（%）、单价，以及这种不锈钢所需铬（Cr），锰（Mn）和镍（Ni）的最低含量（%）如下：

合金\元素	T_1	T_2	T_3	T_4	不锈钢所需各元素的最低含量
铬（Cr）	3.21	4.53	2.19	1.76	3.20
锰（Mn）	2.04	1.12	3.57	4.33	2.10
镍（Ni）	5.82	3.06	4.27	2.73	4.30
单价/(万元·t)$^{-1}$	11.5	9.7	8.2	7.6	

假设熔炼时重量没有损耗.

问：要熔炼成 100 t 这样的不锈钢，应选用原料 T_1，T_2，T_3 和 T_4 各多少吨，能够使成本最小？

4. 甲、乙两地生产某种产品，它们可调出的数量分别为 300 t 和 750 t，A，B，C 三地需要该种产品的数量分别为 200 t、450 t 和 400 t，甲地运往 A、B、C 三地的运费分别是 6 元/t、3 元/t、5 元/t，乙地运往 A、B、C 三地的运费分别是 5 元/t、9 元/t、6 元/t，问：怎样的调运方案才能使总运费最省？

二、将下列线性规划化成标准形

1.
$$\min z = 3x_1 - x_2 + 4x_3$$
$$\text{s. t.} \begin{cases} x_1 - 2x_2 + 5x_3 \geq 0, \\ -2x_1 + x_2 - 3x_3 \leq 0, \\ -3x_1 - x_2 = 0, \\ x_1 \geq 0, \ x_2 \leq 0; \end{cases}$$

2.
$$\min z = 3.6x_1 - 5.2x_2 + 1.8x_3$$
$$\text{s. t.} \begin{cases} 2.3x_1 + 5.2x_2 - 6.1x_3 \leq 15.7, \\ 4.1x_1 + 3.3x_3 \geq 8.9, \\ x_1 + x_2 + x_3 = 38, \\ x_1, \ x_2, \ x_3 \geq 0. \end{cases}$$

三、用图解法求解线性规划问题

1.
$$\max z = 50x_1 + 30x_2$$
$$\text{s. t.} \begin{cases} 4x_1 + 3x_2 \leq 120, \\ 2x_1 + x_2 \leq 50, \\ x_1, \ x_2 \geq 0; \end{cases}$$

2.
$$\min z = 3x_1 - x_2$$
$$\text{s. t.} \begin{cases} x_1 + x_2 \leq 1, \\ x_1 - x_2 \geq -1, \\ x_1 \geq 0; \end{cases}$$

3.
$$\max z = 6x_1 + 10x_2$$
$$\text{s. t.} \begin{cases} 0.18x_1 + 0.09x_2 \leq 72, \\ 0.08x_1 + 0.28x_2 \leq 56, \\ x_1 \geq 0, \\ x_2 \geq 0; \end{cases}$$

4.
$$\min z = 0.28x_1 + 0.9x_2$$
$$\text{s. t.} \begin{cases} x_1 + x_2 \geq 35\ 000, \\ x_2 \geq 0.2x_1, \\ 0 \leq x_1 \leq 50\ 000, \\ x_2 \geq 0. \end{cases}$$

四、用单纯形法求解下面线性规划

1.
$$\max z = 6x_1 + 4x_2$$
$$\text{s. t.} \begin{cases} 2x_1 + 3x_2 + x_3 = 100, \\ 4x_1 + 2x_2 + x_4 = 120, \\ x_1, \ x_2, \ x_3, \ x_4 \geq 0; \end{cases}$$

2.
$$\max z = 50x_1 + 30x_2$$
$$\text{s. t.} \begin{cases} 4x_1 + 3x_2 \leq 120, \\ 2x_1 + x_2 \leq 50, \\ x_1, \ x_2 \geq 0; \end{cases}$$

3.
$$\max z = 2x_1 + x_2$$
$$\text{s. t.} \begin{cases} 3x_1 + 5x_2 \leq 15, \\ 6x_1 + 2x_2 \leq 24, \\ x_1, \ x_2 \geq 0; \end{cases}$$

4.
$$\max z = 50x_1 + 100x_2$$
$$\text{s. t.} \begin{cases} x_1 + x_2 \leq 300, \\ 2x_1 + x_2 \leq 400, \\ x_2 \leq 250, \\ x_1, \ x_2 \geq 0; \end{cases}$$

5. $\max z = 2x_1 + 5x_2$

s. t. $\begin{cases} x_1 \leqslant 12, \\ 2x_2 \leqslant 12, \\ 3x_1 + 2x_2 \leqslant 18, \\ x_1, \ x_2 \geqslant 0; \end{cases}$

6. $\max z = 12x_1 + 8x_2 + 5x_3$

s. t. $\begin{cases} 3x_1 + 2x_2 + x_3 \leqslant 20, \\ x_1 + x_2 + x_3 \leqslant 11, \\ 12x_1 + 4x_2 + x_3 \leqslant 48, \\ x_1, \ x_2, \ x_3 \geqslant 0. \end{cases}$

五、解以下线性规划问题

1. 某工厂拥有 A、B、C 三种类型的设备，生产甲、乙两种产品．每件产品在生产中需要占用的设备机时数，每件产品可以获得的利润以及三种设备可利用的时数如下：

设备 ＼ 产品	甲	乙	设备能力/h
A	3	2	65
B	2	1	40
C	0	3	75
利润/(元·件$^{-1}$)	1 500	2 500	

问：工厂应如何安排生产可获得最大的总利润？

2. 某蔬菜收购点租用车辆，将 100 t 新鲜黄瓜运往某市销售，可供租用的大卡车和农用车分别为 10 辆和 20 辆，若每辆卡车载重 8 t，运费 960 元，每辆农用车载重 2.5 t，运费 360元，问：两种车各租多少辆时，可全部运完黄瓜，且运费最低？并求出最低运费．

3. 某工厂生产 A 和 B 两种产品，按计划每天生产 A，B 各不得少于 0 t，已知生产 A 产品一吨需用煤 9 t，电 4 度，劳动力 3 个（按工作日计算）；生产 B 产品一吨需用煤 4 t，电 5度，劳动力 10 个，如果 A 产品每吨价值 7 万元，B 产品每吨价值 12 万元，而且每天用煤不超过 300 t，用电不超过 200 度，劳动力最多只有 300 个，每天安排生产 A，B 两种产品各多少，才能保证完成生产计划，又能为国家创造最多的价值？

4. 下表给出甲、乙、丙三种食物的维生素 A，B 的含量及成本：

维生素 ＼ 食物	甲	乙	丙
维生素 A/(单位·kg^{-1})	400	600	400
维生素 B/(单位·kg^{-1})	800	200	400
成本/(元·kg^{-1})	7	6	5

营养师想购这三种食物共 10 kg，使之所含维生素 A 不少于 4 400 单位，维生素 B 不少于 4 800 单位，问：三种食物各购多少时，成本最低？最低成本是多少？

5. 胜利家具厂生产桌子和椅子两种家具．桌子售价 150 元，椅子售价 80 元．生产桌子和椅子需要木工和油漆工两种工种. 生产一个桌子需要木工 4 h, 油漆工 2 h. 生产一个椅子需要木工 3 h, 油漆工 1 h. 该厂每月可用木工工时为 180 h, 油漆工工时为 90 h. 问: 该厂如何组织生产才能使每月的销售收入最大?

6. 某木器厂生产圆桌和衣柜两种产品, 现有两种木料, 第一种有 72 m³, 第二种有 56 m³, 假设生产每种产品都需要用两种木料, 生产一只圆桌和一个衣柜分别所需木料如下. 每生产一只圆桌可获利 6 元, 生产一个衣柜可获利 10 元. 木器厂在现有木料条件下, 圆桌和衣柜各生产多少, 才使获得利润最多?

单位: m³

产品 ＼ 木料	第一种	第二种
圆桌	0.18	0.08
衣柜	0.09	0.28

7. 某养鸡场有 1 万只鸡, 用动物饲料和谷物饲料混合喂养. 每天每只鸡平均吃混合饲料 0.5 kg, 其中动物饲料不能少于谷物饲料的 $\frac{1}{5}$. 动物饲料每千克 0.9 元, 谷物饲料每千克 0.28 元, 饲料公司每周仅保证供应谷物饲料 50 000 kg, 问: 饲料怎样混合, 才使成本最低?

8. 某人承揽一项业务, 需做文字标牌 2 个, 绘画标牌 3 个, 现有两种规格的原料, 甲种规格每张 3 m², 可做文字标牌 1 个, 绘画标牌 2 个, 乙种规格每张 2 m², 可做文字标牌 2 个, 绘画标牌 1 个, 两种规格的原料各用多少张, 才能使总的用料面积最小?

六、解指派问题

1. 有甲、乙、丙、丁四个工人, 要分别派他们完成四项不同的任务, 分别记作 A、B、C、D. 他们完成各项任务所需时间如下, 问: 如何分派任务, 可使总时间最少?

工作 ＼ 任务	A	B	C	D
甲	6	7	11	2
乙	4	5	9	8
丙	3	1	10	4
丁	5	9	8	2

2. 有一份说明书, 要分别译成英、日、德、俄四种文字, 交与甲、乙、丙、丁四个人去完成, 因各人专长不同, 他们完成翻译不同文字所需要的时间 (h) 如下. 规定每项工作只能交与其中的一个人完成, 每个人只能完成其中的一项工作, 问: 如何分配, 能使所需的总时间最少?

工作＼人	甲	乙	丙	丁
译英文	2	10	9	7
译日文	15	4	14	8
译德文	13	14	16	11
译俄文	4	15	13	9

3. 学生 A，B，C，D 的各门课程成绩如下表，将该 4 名学生派去参加各门课程的单项竞赛．由于竞赛同时举行，故每人只能参加一门课程，若以他们的成绩作为选派依据，应如何分派最为有利？

学生＼课程	数学	物理	化学	英语
A	89	92	68	81
B	87	88	65	78
C	95	70	85	72
D	75	78	89	96

4. 现在有 4 个人，5 件工作，每人做每件工作所耗时间如下．

工人＼工作	B_1	B_2	B_3	B_4	B_5
A_1	10	11	4	2	8
A_2	7	11	10	14	12
A_3	5	6	9	12	14
A_4	13	15	11	10	7

问：指派哪个人去完成哪项工作，可使总消耗时间最少？（每人只能做一件事）

附表　标准正态分布函数值表

$$\Phi(x) = \frac{1}{\sqrt{2\pi}} \int_{-\infty}^{x} e^{-\frac{t^2}{2}} dt \quad (x \geq 0)$$

x	0.00	0.01	0.02	0.03	0.04	0.05	0.06	0.07	0.08	0.09
0.0	0.500 00	0.503 99	0.507 98	0.511 97	0.515 95	0.519 94	0.523 92	0.527 90	0.531 88	0.535 86
0.1	0.539 83	0.543 80	0.547 76	0.551 72	0.555 67	0.559 62	0.563 56	0.567 49	0.571 42	0.575 35
0.2	0.579 26	0.583 17	0.587 06	0.590 95	0.594 83	0.598 71	0.602 57	0.606 42	0.610 26	0.614 09
0.3	0.617 91	0.621 72	0.625 52	0.629 30	0.633 07	0.636 83	0.640 58	0.644 31	0.648 03	0.651 73
0.4	0.655 42	0.659 10	0.662 76	0.666 40	0.670 03	0.673 64	0.677 24	0.680 82	0.684 39	0.687 93
0.5	0.691 46	0.694 97	0.698 47	0.701 94	0.705 40	0.708 84	0.712 26	0.715 66	0.719 04	0.722 40
0.6	0.725 75	0.729 07	0.732 37	0.735 65	0.738 91	0.742 15	0.745 37	0.748 57	0.751 75	0.754 90
0.7	0.758 04	0.761 15	0.764 24	0.767 30	0.770 35	0.773 37	0.776 37	0.779 35	0.782 30	0.785 24
0.8	0.788 14	0.791 03	0.793 89	0.796 73	0.799 55	0.802 34	0.805 11	0.807 85	0.810 57	0.813 27
0.9	0.815 94	0.818 59	0.821 21	0.823 81	0.826 39	0.828 94	0.831 47	0.833 98	0.836 46	0.838 91
1.0	0.841 34	0.843 75	0.846 14	0.848 49	0.850 83	0.853 14	0.855 43	0.857 69	0.859 93	0.862 14
1.1	0.864 33	0.866 50	0.868 64	0.870 76	0.872 86	0.874 93	0.876 98	0.879 00	0.881 00	0.882 98
1.2	0.884 93	0.886 86	0.888 77	0.890 65	0.892 51	0.894 35	0.896 17	0.897 96	0.899 73	0.901 47
1.3	0.903 20	0.904 90	0.906 58	0.908 24	0.909 88	0.911 49	0.913 09	0.914 66	0.916 21	0.917 74
1.4	0.919 24	0.920 73	0.922 20	0.923 64	0.925 07	0.926 47	0.927 85	0.929 22	0.930 56	0.931 89
1.5	0.933 19	0.934 48	0.935 74	0.936 99	0.938 22	0.939 43	0.940 62	0.941 79	0.942 95	0.944 08
1.6	0.945 20	0.946 30	0.947 38	0.948 45	0.949 50	0.950 53	0.951 54	0.952 54	0.953 52	0.954 49
1.7	0.955 43	0.956 37	0.957 28	0.958 18	0.959 07	0.959 94	0.960 80	0.961 64	0.962 46	0.963 27
1.8	0.964 07	0.964 85	0.965 62	0.966 38	0.967 12	0.967 84	0.968 56	0.969 26	0.969 95	0.970 62
1.9	0.971 28	0.971 93	0.972 57	0.973 20	0.973 81	0.974 41	0.975 00	0.975 58	0.976 15	0.976 70

续表

x	0.00	0.01	0.02	0.03	0.04	0.05	0.06	0.07	0.08	0.09
2.0	0.977 25	0.977 78	0.978 31	0.978 82	0.979 32	0.979 82	0.980 30	0.980 77	0.981 24	0.981 69
2.1	0.982 14	0.982 57	0.983 00	0.983 41	0.983 82	0.984 22	0.984 61	0.985 00	0.985 37	0.985 74
2.2	0.986 10	0.986 45	0.986 79	0.987 13	0.987 45	0.987 78	0.988 09	0.988 40	0.988 70	0.988 99
2.3	0.989 28	0.989 56	0.989 83	0.990 10	0.990 36	0.990 61	0.990 86	0.991 11	0.991 34	0.991 58
2.4	0.991 80	0.992 02	0.992 24	0.992 45	0.992 66	0.992 86	0.993 05	0.993 24	0.993 43	0.993 61
2.5	0.993 79	0.993 96	0.994 13	0.994 30	0.994 46	0.994 61	0.994 77	0.994 92	0.995 06	0.995 20
2.6	0.995 34	0.995 47	0.995 60	0.995 73	0.995 85	0.995 98	0.996 09	0.996 21	0.996 32	0.996 43
2.7	0.996 53	0.996 64	0.996 74	0.996 83	0.996 93	0.997 02	0.997 11	0.997 20	0.997 28	0.997 36
2.8	0.997 44	0.997 52	0.997 60	0.997 67	0.997 74	0.997 81	0.997 88	0.997 95	0.998 01	0.998 07
2.9	0.998 13	0.998 19	0.998 25	0.998 31	0.998 36	0.998 41	0.998 46	0.998 51	0.998 56	0.998 61
3.0	0.998 65	0.998 69	0.998 74	0.998 78	0.998 82	0.998 86	0.998 89	0.998 93	0.998 96	0.999 00
3.1	0.999 03	0.999 06	0.999 10	0.999 13	0.999 16	0.999 18	0.999 21	0.999 24	0.999 26	0.999 29
3.2	0.999 31	0.999 34	0.999 36	0.999 38	0.999 40	0.999 42	0.999 44	0.999 46	0.999 48	0.999 50
3.3	0.999 52	0.999 53	0.999 55	0.999 57	0.999 58	0.999 60	0.999 61	0.999 62	0.999 64	0.999 65
3.4	0.999 66	0.999 68	0.999 69	0.999 70	0.999 71	0.999 72	0.999 73	0.999 74	0.999 75	0.999 76
3.5	0.999 77	0.999 78	0.999 78	0.999 79	0.999 80	0.999 81	0.999 81	0.999 82	0.999 83	0.999 83
3.6	0.999 84	0.999 85	0.999 85	0.999 86	0.999 86	0.999 87	0.999 87	0.999 88	0.999 88	0.999 89
3.7	0.999 89	0.999 90	0.999 90	0.999 90	0.999 91	0.999 91	0.999 92	0.999 92	0.999 92	0.999 92
3.8	0.999 93	0.999 93	0.999 93	0.999 94	0.999 94	0.999 94	0.999 94	0.999 95	0.999 95	0.999 95
3.9	0.999 95	0.999 95	0.999 96	0.999 96	0.999 96	0.999 96	0.999 96	0.999 96	0.999 97	0.999 97
4.0	0.999 97	0.999 97	0.999 97	0.999 97	0.999 97	0.999 97	0.999 98	0.999 98	0.99998	0.999 98
4.1	0.999 98	0.999 98	0.999 98	0.999 98	0.999 98	0.999 98	0.999 98	0.999 98	0.999 99	0.999 99
4.2	0.999 99	0.999 99	0.999 99	0.999 99	0.999 99	0.999 99	0.999 99	0.999 99	0.999 99	0.999 99
4.3	0.999 99	0.999 99	0.999 99	0.999 99	0.999 99	0.999 99	0.999 99	0.999 99	0.999 99	0.999 99
4.4	0.999 99	0.999 99	1.000 00	1.000 00	1.000 00	1.000 00	1.000 00	1.000 00	1.000 00	1.000 00
4.5	1.000 00	1.000 00	1.000 00	1.000 00	1.000 00	1.000 00	1.000 00	1.000 00	1.000 00	1.000 00

参 考 答 案

习题七答案

1. (1) $\begin{vmatrix} 2 & 1 \\ -1 & 2 \end{vmatrix} = 2 \times 2 - 1 \times (-1) = 5;$

(2) $\begin{vmatrix} x-1 & 1 \\ x^2 & x^2+x+1 \end{vmatrix} = (x-1)(x^2+x+1) - 1 \cdot x^2 = x^3 - x^2 - 1;$

(3) $\begin{vmatrix} a & b \\ a^2 & b^2 \end{vmatrix} = ab^2 - a^2 b;$

(4) $\begin{vmatrix} 1 & 1 & 1 \\ 3 & 1 & 4 \\ 8 & 9 & 5 \end{vmatrix} = 1 \times 1 \times 5 + 1 \times 4 \times 8 + 1 \times 3 \times 9 - 1 \times 1 \times 8 - 1 \times 3 \times 5 - 4 \times 9 \times 1 = 5;$

(5) $\begin{vmatrix} 0 & a & 0 \\ b & 0 & c \\ 0 & d & 0 \end{vmatrix} = 0 \times 0 \times 0 + a \times c \times 0 + b \times d \times 0 - 0 \times 0 \times 0 - a \times b \times 0 - c \times d \times 0 = 0;$

(6) $\begin{vmatrix} 1 & 2 & 3 \\ 3 & 1 & 2 \\ 2 & 3 & 1 \end{vmatrix} = 1 \times 1 \times 1 + 2 \times 2 \times 2 + 3 \times 3 \times 3 - 3 \times 1 \times 2 - 2 \times 3 \times 1 - 2 \times 3 \times 1 = 18.$

2. (1)

$\begin{vmatrix} 4 & 1 & 2 & 4 \\ 1 & 2 & 0 & 2 \\ 10 & 5 & 2 & 0 \\ 0 & 1 & 1 & 7 \end{vmatrix} \xlongequal[r_3 - 10r_2]{r_1 - 4r_2} \begin{vmatrix} 0 & -7 & 2 & -4 \\ 1 & 2 & 0 & 2 \\ 0 & -15 & 2 & -20 \\ 0 & 1 & 1 & 7 \end{vmatrix} \xlongequal{\text{按第1列展}} - \begin{vmatrix} -7 & 2 & -4 \\ -15 & 2 & -20 \\ 1 & 1 & 7 \end{vmatrix} \xlongequal[r_2 + 15r_3]{r_1 + 7r_3}$

$\begin{vmatrix} 0 & 9 & 45 \\ 0 & 17 & 85 \\ 1 & 1 & 7 \end{vmatrix} \xlongequal{\text{按第1列展}} - \begin{vmatrix} 9 & 45 \\ 17 & 85 \end{vmatrix} = 0;$

(2)

$\begin{vmatrix} 0 & 1 & 1 & 1 \\ 1 & 0 & 1 & 1 \\ 1 & 1 & 0 & 1 \\ 1 & 1 & 1 & 0 \end{vmatrix} \xlongequal{c_1 + c_2 + c_3 + c_4} \begin{vmatrix} 3 & 1 & 1 & 1 \\ 3 & 0 & 1 & 1 \\ 3 & 1 & 0 & 1 \\ 3 & 1 & 1 & 0 \end{vmatrix} \xlongequal[\substack{r_3 - r_1 \\ r_4 - r_1}]{r_2 - r_1} \begin{vmatrix} 3 & 1 & 1 & 1 \\ 0 & -1 & 0 & 0 \\ 0 & 0 & -1 & 0 \\ 0 & 0 & 0 & -1 \end{vmatrix} = 3 \times (-1) \times (-1) \times$

$(-1) = -3;$

（3）

$$\begin{vmatrix} -ab & ac & ae \\ bd & -cd & de \\ bf & cf & -ef \end{vmatrix} \xlongequal[\substack{r_2 \div d \\ r_3 \div f}]{r_1 \div a} adf \begin{vmatrix} -b & c & e \\ b & -c & e \\ b & c & -e \end{vmatrix} \xlongequal[r_3 + r_1]{r_2 + r_1} adf \begin{vmatrix} -b & c & e \\ 0 & 0 & 2e \\ 0 & 2c & 0 \end{vmatrix}$$

$$\xlongequal{\text{按第1列展}} -abdf \begin{vmatrix} 0 & 2e \\ 2c & 0 \end{vmatrix} = 4abcdef;$$

（4）

$$\begin{vmatrix} a & 1 & 0 & 0 \\ -1 & b & 1 & 0 \\ 0 & -1 & c & 1 \\ 0 & 0 & -1 & d \end{vmatrix} \xlongequal{r_1 + ar_2} \begin{vmatrix} 0 & ab+1 & a & 0 \\ -1 & b & 1 & 0 \\ 0 & -1 & c & 1 \\ 0 & 0 & -1 & d \end{vmatrix} \xlongequal{\text{按第1列展}} (-1)^{2+1} \times (-1) \times$$

$$\begin{vmatrix} ab+1 & a & 0 \\ -1 & c & 1 \\ 0 & -1 & d \end{vmatrix} \xlongequal{r_3 - dr_2} \begin{vmatrix} ab+1 & a & 0 \\ -1 & c & 1 \\ d & -cd-1 & 0 \end{vmatrix} \xlongequal{\text{按第3列展}} (-1)^{2+3} \times 1 \times \begin{vmatrix} ab+1 & a \\ d & -cd-1 \end{vmatrix} =$$

$$abcd + ab + ad + cd + 1;$$

（5）

$$\begin{vmatrix} a-b-c & 2a & 2a \\ 2b & b-a-c & 2b \\ 2c & 2c & c-a-b \end{vmatrix} \xlongequal{r_1 + r_2 + r_3} \begin{vmatrix} a+b+c & a+b+c & a+b+c \\ 2b & b-a-c & 2b \\ 2c & 2c & c-a-b \end{vmatrix} \xlongequal{r_1 \div (a+b+c)} (a+b+c)$$

$$\begin{vmatrix} 1 & 1 & 1 \\ 2b & b-a-c & 2b \\ 2c & 2c & c-a-b \end{vmatrix} \xlongequal[r_3 - 2cr_1]{r_2 - 2br_1} (a+b+c) \begin{vmatrix} 1 & 1 & 1 \\ 0 & -a-b-c & 0 \\ 0 & 0 & -a-b-c \end{vmatrix} = (a+b+c)^3;$$

（6）

$$\begin{vmatrix} -2 & 2 & -4 & 0 \\ 4 & -1 & 3 & 5 \\ 3 & 1 & -2 & -3 \\ 2 & 0 & 5 & 1 \end{vmatrix} \xlongequal[c_3 - 2c_1]{c_2 + c_1} \begin{vmatrix} -2 & 0 & 0 & 0 \\ 4 & 3 & -5 & 5 \\ 3 & 4 & -8 & -3 \\ 2 & 2 & 1 & 1 \end{vmatrix} \xlongequal{\text{按第1行展}} -2 \begin{vmatrix} 3 & -5 & 5 \\ 4 & -8 & -3 \\ 2 & 1 & 1 \end{vmatrix} \xlongequal[c_2 - c_3]{c_1 - 2c_3} -2$$

$$\begin{vmatrix} -7 & -10 & 5 \\ 10 & -5 & -3 \\ 0 & 0 & 1 \end{vmatrix} \xlongequal{\text{按第3行展}} -2 \begin{vmatrix} -7 & -10 \\ 10 & -5 \end{vmatrix} = -270;$$

（7）

$$\begin{vmatrix} 1 & 2 & 2 & \cdots & 2 \\ 2 & 2 & 2 & \cdots & 2 \\ 2 & 2 & 3 & \cdots & 2 \\ \vdots & \vdots & \vdots & & \vdots \\ 2 & 2 & 2 & \cdots & n \end{vmatrix} \xlongequal[\substack{r_3 - r_2 \\ \cdots \\ r_n - r_2}]{r_1 - r_2} \begin{vmatrix} -1 & 0 & 0 & \cdots & 0 \\ 2 & 2 & 2 & \cdots & 2 \\ 0 & 0 & 1 & \cdots & 2 \\ \vdots & \vdots & \vdots & & \vdots \\ 0 & 0 & 0 & \cdots & n-2 \end{vmatrix} \xlongequal{\text{按第1行展}} - \begin{vmatrix} 2 & 2 & \cdots & 2 \\ 0 & 1 & \cdots & 2 \\ \vdots & \vdots & & \vdots \\ 0 & 0 & \cdots & n-2 \end{vmatrix} =$$

$$-2 \times 1 \times 2 \times \cdots \times (n-2) = -2(n-2)!;$$

（8）

$$\begin{vmatrix} a & 0 & \cdots & 0 & 1 \\ 0 & a & \cdots & 0 & 0 \\ \vdots & \vdots & & \vdots & \vdots \\ 0 & 0 & \cdots & a & 0 \\ 1 & 0 & \cdots & 0 & a \end{vmatrix} \xrightarrow{\text{按第1行展}} a\begin{vmatrix} a & \cdots & 0 & 0 \\ \vdots & & \vdots & \vdots \\ 0 & \cdots & a & 0 \\ 0 & \cdots & 0 & a \end{vmatrix} + (-1)^{n+1} \times 1 \times \begin{vmatrix} 0 & \cdots & 0 & 1 \\ a & \cdots & 0 & 0 \\ \vdots & & \vdots & \vdots \\ 0 & \cdots & a & 0 \end{vmatrix}$$

$$= a^n + (-1)^{n+1} \times (-1)^{(n-1)+1} \times 1 \times \begin{vmatrix} a & \cdots & 0 \\ \vdots & & \vdots \\ 0 & \cdots & a \end{vmatrix}$$

$$= a^n + (-1)^{2n+1} a^{n-2}$$

$$= a^n + a^{n-2}.$$

3. （1）

$$\begin{vmatrix} a^2 & ab & b^2 \\ 2a & a+b & 2b \\ 1 & 1 & 1 \end{vmatrix} \xlongequal[c_3-c_1]{c_2-c_1} \begin{vmatrix} a^2 & ab-a^2 & b^2-a^2 \\ 2a & b-a & 2b-2a \\ 1 & 0 & 0 \end{vmatrix} \xrightarrow{\text{按第3行展}} \begin{vmatrix} ab-a^2 & b^2-a^2 \\ b-a & 2b-2a \end{vmatrix}$$

$$\xrightarrow[r_2\div(b-a)]{r_1\div(b-a)} (b-a)^2 \begin{vmatrix} a & b+a \\ 1 & 2 \end{vmatrix} = (a-b)^3;$$

（2）

$$\begin{vmatrix} a^2 & (a+1)^2 & (a+2)^2 & (a+3)^2 \\ b^2 & (b+1)^2 & (b+2)^2 & (b+3)^2 \\ c^2 & (c+1)^2 & (c+2)^2 & (c+3)^2 \\ d^2 & (d+1)^2 & (d+2)^2 & (d+3)^2 \end{vmatrix} \xlongequal[\substack{c_3-c_1 \\ c_4-c_1}]{c_2-c_1} \begin{vmatrix} a^2 & 2a+1 & 4a+4 & 6a+9 \\ b^2 & 2b+1 & 4b+4 & 6b+9 \\ c^2 & 2c+1 & 4c+4 & 6c+9 \\ d^2 & 2d+1 & 4d+4 & 6d+9 \end{vmatrix}$$

$$\xlongequal[c_4-3c_2]{c_3-2c_2} \begin{vmatrix} a^2 & 2a+1 & 2 & 6 \\ b^2 & 2b+1 & 2 & 6 \\ c^2 & 2c+1 & 2 & 6 \\ d^2 & 2d+1 & 2 & 6 \end{vmatrix} \xlongequal{c_4-3c_3} \begin{vmatrix} a^2 & 2a+1 & 2 & 0 \\ b^2 & 2b+1 & 2 & 0 \\ c^2 & 2c+1 & 2 & 0 \\ d^2 & 2d+1 & 2 & 0 \end{vmatrix} = 0;$$

（3）

$$\begin{vmatrix} x & -1 & 0 & \cdots & 0 & 0 \\ 0 & x & -1 & \cdots & 0 & 0 \\ \vdots & \vdots & \vdots & & \vdots & \vdots \\ 0 & 0 & 0 & \cdots & x & -1 \\ a_n & a_{n-1} & a_{n-2} & \cdots & a_2 & x+a_1 \end{vmatrix} \xrightarrow{c_1+xc_2+x^2c_3+\cdots+x^{n-2}c_{n-1}+x^{n-1}c_n}$$

$$\begin{vmatrix} x+(-x) & -1 & 0 & \cdots & 0 & 0 \\ 0+x^2+(-x^2) & x & -1 & \cdots & 0 & 0 \\ \vdots & \vdots & \vdots & & \vdots & \vdots \\ 0+x^{n-1}+(-x^{n-1}) & 0 & 0 & \cdots & x & -1 \\ a_n+a_{n-1}x+a_{n-2}x^2+\cdots+a_2x^{n-2}+a_1x^{n-1}+x^n & a_{n-1} & a_{n-2} & \cdots & a_2 & x+a_1 \end{vmatrix}$$

$$\xlongequal{\text{按第1行展}}(-1)^{n+1}(x^n+a_1x^{n-1}+\cdots+a_{n-1}x+a_n)\begin{vmatrix} -1 & 0 & \cdots & 0 & 0 \\ x & -1 & \cdots & 0 & 0 \\ \vdots & \vdots & & \vdots & \vdots \\ 0 & 0 & \cdots & x & -1 \end{vmatrix}$$

$$=(-1)^{n+1}(x^n+a_1x^{n-1}+\cdots+a_{n-1}x+a_n)\times(-1)^{n-1}$$

$$=x^n+a_1x^{n-1}+\cdots+a_{n-1}x+a_n.$$

4. $2A+B=\begin{pmatrix} 4 & -3 \\ 0 & 11 \end{pmatrix}, 3A-B=\begin{pmatrix} 1 & -7 \\ 0 & 4 \end{pmatrix}.$

5. $A+B=\begin{pmatrix} 6 & 1 & -3 \\ 5 & 7 & 12 \end{pmatrix}.$

6. $AB=11, BA=\begin{pmatrix} 3 & 6 \\ 4 & 8 \end{pmatrix}.$

7. $BA=\begin{pmatrix} 3 & 6 & 9 \\ 2 & 4 & 6 \\ 1 & 2 & 3 \end{pmatrix}.$

8. $AB=0.$

9. $BA=(0 \quad -2).$

10. $AB=\begin{pmatrix} 1 & 1 \\ -2 & 2 \end{pmatrix}.$

11. $AB=\begin{pmatrix} -5 & 6 \\ 10 & 2 \\ -2 & 17 \end{pmatrix}.$

12. $AB^{\mathrm{T}}=\begin{pmatrix} 1 & 4 & -4 \\ 3 & 10 & -8 \end{pmatrix}.$

13. $AB^{\mathrm{T}}=\begin{pmatrix} -1 \\ -4 \\ 5 \end{pmatrix}.$

14. $(I-A)^{\mathrm{T}}=\begin{pmatrix} 0 & -4 \\ 2 & -2 \end{pmatrix}.$

15.

(1) $A^{-1}=\begin{pmatrix} 4 & 1 \\ 3 & 1 \end{pmatrix};$

(2) $A^{-1}=\begin{pmatrix} -7 & 4 \\ 2 & -1 \end{pmatrix};$

(3) $A^{-1} = \begin{pmatrix} 1 & & \\ & \dfrac{1}{2} & \\ & & -\dfrac{1}{3} \end{pmatrix}$;

(4) $A^{-1} = \begin{pmatrix} 2 & -1 & 1 \\ 4 & -2 & 1 \\ -\dfrac{3}{2} & 1 & -\dfrac{1}{2} \end{pmatrix}$;

(5) $A^{-1} = \begin{pmatrix} 2 & 1 & -2 \\ -1 & 1 & 0 \\ 0 & -1 & 1 \end{pmatrix}$.

16. $(AB^{\mathrm{T}})^{-1} = \begin{pmatrix} 1 & 2 \\ \dfrac{3}{2} & \dfrac{7}{2} \end{pmatrix}$.

17. $(A-I)^{-1}B = \begin{pmatrix} 2 \\ 1 \end{pmatrix}$.

18. $(I+A)^{-1} = \begin{pmatrix} -6 & 2 & 1 \\ 7 & -2 & -1 \\ -5 & 1 & 1 \end{pmatrix}$.

19. 解矩阵方程

(1) $X = \begin{pmatrix} -3 & 27 \\ 4 & -31 \\ -2 & 21 \end{pmatrix}$;

(2) $X = \begin{pmatrix} -5 \\ 3 \\ 0 \end{pmatrix}$.

20. $A^{-1} = (I+B)^{-1}$.

21. (1) 由

$$A = (\alpha_1^{\mathrm{T}}, \alpha_2^{\mathrm{T}}, \alpha_3^{\mathrm{T}}) = \begin{pmatrix} 3 & 1 & 1 \\ 1 & -1 & 3 \\ 0 & 2 & -4 \\ 2 & -1 & 4 \end{pmatrix} \sim \begin{pmatrix} 1 & 0 & 1 \\ 0 & 1 & -2 \\ 0 & 0 & 0 \\ 0 & 0 & 0 \end{pmatrix}$$

知 $r(A)=2$, 列向量组即向量组 $\alpha_1, \alpha_2, \alpha_3$ 的秩为 2, 所以 $\alpha_1, \alpha_2, \alpha_3$ 线性相关.

(2) 由

$$A = (\alpha_1^{\mathrm{T}}, \alpha_2^{\mathrm{T}}, \alpha_3^{\mathrm{T}}) = \begin{pmatrix} 1 & 2 & 0 \\ 0 & 2 & 3 \\ 1 & 0 & 3 \end{pmatrix} \sim \begin{pmatrix} 1 & 0 & 0 \\ 0 & 1 & 0 \\ 0 & 0 & 1 \end{pmatrix}$$

知 $r(A)=3$, 列向量组即向量组 $\alpha_1, \alpha_2, \alpha_3$ 的秩为 3, 所以 $\alpha_1, \alpha_2, \alpha_3$ 线性无关.

（3）由

$$A = (\boldsymbol{\alpha}_1^{\mathrm{T}}, \boldsymbol{\alpha}_2^{\mathrm{T}}, \boldsymbol{\alpha}_3^{\mathrm{T}}) = \begin{pmatrix} 2 & 1 & 1 \\ 4 & -2 & 3 \\ 1 & 0 & 1 \\ 1 & 1 & 0 \\ 0 & 1 & 1 \end{pmatrix} \sim \begin{pmatrix} 1 & 0 & 0 \\ 0 & 1 & 0 \\ 0 & 0 & 1 \\ 0 & 0 & 0 \\ 0 & 0 & 0 \end{pmatrix}$$

知 $r(\boldsymbol{A}) = 3$，列向量组即向量组 $\boldsymbol{\alpha}_1, \boldsymbol{\alpha}_2, \boldsymbol{\alpha}_3$ 的秩为 3，所以 $\boldsymbol{\alpha}_1, \boldsymbol{\alpha}_2, \boldsymbol{\alpha}_3$ 线性无关.

22.

$$A = (\boldsymbol{\alpha}_1^{\mathrm{T}}, \boldsymbol{\alpha}_2^{\mathrm{T}}, \boldsymbol{\alpha}_3^{\mathrm{T}}) = \begin{pmatrix} 1 & 1 & -1 \\ 1 & 0 & -4 \\ 2 & 0 & -8 \\ 1 & 2 & k \end{pmatrix} \sim \begin{pmatrix} 1 & 0 & -4 \\ 0 & 1 & 3 \\ 0 & 0 & k-2 \\ 0 & 0 & 0 \end{pmatrix}$$

由 $\boldsymbol{\alpha}_1, \boldsymbol{\alpha}_2, \boldsymbol{\alpha}_3$ 线性相关，可知 $r(\boldsymbol{A}) < 3$，从而 $k-2 = 0$，得 $k = 2$.

23.（1）对此齐次线性方程组的系数矩阵 A 进行初等行变换，得

$$A = \begin{pmatrix} 1 & 1 & 2 & -1 \\ 2 & 1 & 1 & -1 \\ 2 & 2 & 1 & 2 \end{pmatrix} \sim \begin{pmatrix} 1 & 0 & 0 & -\dfrac{4}{3} \\ 0 & 1 & 0 & 3 \\ 0 & 0 & 1 & -\dfrac{4}{3} \end{pmatrix}$$

由此得

$$\begin{cases} x_1 = \dfrac{4}{3} x_4, \\ x_2 = -3 x_4, \\ x_3 = \dfrac{4}{3} x_4 \end{cases}$$

令 $x_4 = 1$，即得到该齐次线性方程组的一个基础解系

$$\boldsymbol{\xi}_1 = \begin{pmatrix} \dfrac{4}{3} \\ -3 \\ \dfrac{4}{3} \\ 1 \end{pmatrix}$$

（2）对此齐次线性方程组的系数矩阵 A 进行初等行变换，得

$$A = \begin{pmatrix} 1 & 2 & 1 & -1 \\ 3 & 6 & -1 & 3 \\ 5 & 10 & 1 & -5 \end{pmatrix} \sim \begin{pmatrix} 1 & 2 & 0 & -1 \\ 0 & 0 & 1 & 0 \\ 0 & 0 & 0 & 0 \end{pmatrix}$$

由此得

$$\begin{cases} x_1 = -2 x_2 + x_4, \\ x_3 = 0 \end{cases}$$

分别令 $\begin{pmatrix} x_2 \\ x_4 \end{pmatrix} = \begin{pmatrix} 1 \\ 0 \end{pmatrix}$, $\begin{pmatrix} x_2 \\ x_4 \end{pmatrix} = \begin{pmatrix} 0 \\ 1 \end{pmatrix}$, 即得该齐次线性方程组的一个基础解系

$$\boldsymbol{\xi}_1 = \begin{pmatrix} -2 \\ 1 \\ 0 \\ 0 \end{pmatrix}, \boldsymbol{\xi}_2 = \begin{pmatrix} 1 \\ 0 \\ 0 \\ 1 \end{pmatrix}$$

（3）对此齐次线性方程组的系数矩阵 $\boldsymbol{A}$ 进行初等行变换，得

$$\boldsymbol{A} = \begin{pmatrix} 2 & 3 & -1 & 5 \\ 3 & 1 & 2 & -7 \\ 4 & 1 & -3 & 6 \\ 1 & -2 & 4 & -7 \end{pmatrix} \sim \begin{pmatrix} 1 & 0 & 0 & 0 \\ 0 & 1 & 0 & 0 \\ 0 & 0 & 1 & 0 \\ 0 & 0 & 0 & 1 \end{pmatrix}$$

因此，该齐次线性方程组只有零解.

（4）对此齐次线性方程组的系数矩阵 $\boldsymbol{A}$ 进行初等行变换，得

$$\boldsymbol{A} = \begin{pmatrix} 3 & 4 & -5 & 7 \\ 2 & -3 & 3 & -2 \\ 4 & 11 & -13 & 16 \\ 7 & -2 & 1 & 3 \end{pmatrix} \sim \begin{pmatrix} 1 & 0 & -\dfrac{13}{17} & \dfrac{13}{17} \\ 0 & 1 & -\dfrac{19}{17} & \dfrac{20}{17} \\ 0 & 0 & 0 & 0 \\ 0 & 0 & 0 & 0 \end{pmatrix}$$

由此得

$$\begin{cases} x_1 = \dfrac{3}{17}x_3 - \dfrac{3}{17}x_4, \\ x_2 = \dfrac{19}{17}x_3 - \dfrac{20}{17}x_4 \end{cases}$$

分别令 $\begin{pmatrix} x_3 \\ x_4 \end{pmatrix} = \begin{pmatrix} 1 \\ 0 \end{pmatrix}$, $\begin{pmatrix} x_3 \\ x_4 \end{pmatrix}$, $\begin{pmatrix} 0 \\ 1 \end{pmatrix}$, 即得该齐次线性方程组的一个基础解系

$$\boldsymbol{\xi}_1 = \begin{pmatrix} \dfrac{3}{17} \\ \dfrac{19}{17} \\ 1 \\ 0 \end{pmatrix}, \boldsymbol{\xi}_2 = \begin{pmatrix} -\dfrac{3}{17} \\ -\dfrac{20}{17} \\ 0 \\ 1 \end{pmatrix}$$

24.

（1）对增广矩阵 $\overline{\boldsymbol{A}}$ 进行初等行变换，得

$$\overline{\boldsymbol{A}} = \begin{pmatrix} 1 & 1 & 1 & 0 & 0 & 0 \\ 1 & 1 & -1 & -1 & -2 & 1 \\ 2 & 2 & 0 & -1 & -2 & 1 \\ 5 & 5 & -3 & -4 & -8 & 4 \end{pmatrix} \sim \begin{pmatrix} 1 & 1 & 0 & -\dfrac{1}{2} & -1 & \dfrac{1}{2} \\ 0 & 0 & 1 & \dfrac{1}{2} & 1 & -\dfrac{1}{2} \\ 0 & 0 & 0 & 0 & 0 & 0 \\ 0 & 0 & 0 & 0 & 0 & 0 \end{pmatrix}$$

即得

$$\begin{cases} x_1 = -x_2 + \dfrac{1}{2}x_4 + x_5 + \dfrac{1}{2}, \\ x_3 = -\dfrac{1}{2}x_4 - x_5 - \dfrac{1}{2} \end{cases}$$

分别令 $\begin{pmatrix} x_2 \\ x_4 \\ x_5 \end{pmatrix} = \begin{pmatrix} 1 \\ 0 \\ 0 \end{pmatrix}, \begin{pmatrix} 0 \\ 1 \\ 0 \end{pmatrix}, \begin{pmatrix} 0 \\ 0 \\ 1 \end{pmatrix}$，即得该非齐次线性方程组的通解

$$\begin{pmatrix} x_1 \\ x_2 \\ x_3 \\ x_4 \\ x_5 \end{pmatrix} = C_1 \begin{pmatrix} -1 \\ 1 \\ 0 \\ 0 \\ 0 \end{pmatrix} + C_2 \begin{pmatrix} \dfrac{1}{2} \\ 0 \\ -\dfrac{1}{2} \\ 1 \\ 0 \end{pmatrix} + C_3 \begin{pmatrix} 1 \\ 0 \\ -1 \\ 0 \\ 1 \end{pmatrix} + \begin{pmatrix} \dfrac{1}{2} \\ 0 \\ -\dfrac{1}{2} \\ 0 \\ 0 \end{pmatrix} \quad (C_1, C_2, C_3 \in \mathbf{R})$$

(2) 对增广矩阵 $\overline{A}$ 进行初等行变换, 得

$$\overline{A} = \begin{pmatrix} 1 & -2 & 3 & -1 & 1 \\ 3 & -1 & 5 & -3 & 2 \\ 2 & 1 & 2 & -2 & 3 \end{pmatrix} \sim \begin{pmatrix} 1 & -2 & 3 & -1 & 0 \\ 0 & 5 & -4 & 0 & 0 \\ 0 & 0 & 0 & 0 & 1 \end{pmatrix}$$

知 $r(\mathbf{A}) = r(\overline{A}) = 3$, 该方程组无解.

(3) 对增广矩阵 $\overline{A}$ 进行初等行变换, 得

$$\overline{A} = \begin{pmatrix} 1 & 1 & -3 & -1 & 1 \\ 3 & -1 & -3 & 4 & 4 \\ 1 & 5 & -9 & -8 & 0 \end{pmatrix} \sim \begin{pmatrix} 1 & 0 & -\dfrac{3}{2} & \dfrac{3}{4} & \dfrac{5}{4} \\ 0 & 1 & -\dfrac{3}{2} & -\dfrac{7}{4} & -\dfrac{1}{4} \\ 0 & 0 & 0 & 0 & 0 \end{pmatrix}$$

即得

$$\begin{cases} x_1 = \dfrac{3}{2}x_3 - \dfrac{3}{4}x_4 + \dfrac{5}{4}, \\ x_2 = \dfrac{3}{2}x_3 + \dfrac{7}{4}x_4 - \dfrac{1}{4} \end{cases}$$

分别令 $\begin{pmatrix} x_3 \\ x_4 \end{pmatrix} = \begin{pmatrix} 1 \\ 0 \end{pmatrix}, \begin{pmatrix} 0 \\ 1 \end{pmatrix}$，即得该齐次线性方程组的一个基础解系

$$\begin{pmatrix} x_1 \\ x_2 \\ x_3 \\ x_4 \end{pmatrix} = C_1 \begin{pmatrix} \dfrac{3}{2} \\ \dfrac{3}{2} \\ 1 \\ 0 \end{pmatrix} + C_2 \begin{pmatrix} -\dfrac{3}{4} \\ \dfrac{7}{4} \\ 0 \\ 1 \end{pmatrix} + \begin{pmatrix} \dfrac{4}{5} \\ -\dfrac{1}{4} \\ 0 \\ 0 \end{pmatrix} \quad (C_1, C_2 \in \mathbf{R})$$

25. 对应的方程组为：$\begin{cases} 0.2p_1 + 0.8p_2 + 0.4p_3 = p_1, \\ 0.3p_1 + 0.1p_2 + 0.4p_3 = p_2, \\ 0.5p_1 + 0.1p_2 + 0.2p_3 = p_3. \end{cases}$ 解得：$\begin{pmatrix} p_1 \\ p_2 \\ p_3 \end{pmatrix} = k \begin{pmatrix} 0.722\ 3 \\ 0.467\ 3 \\ 0.509\ 8 \end{pmatrix}$.

习题八答案

1. 600.

2. 3 921 225；156 849.

3. 2 296.

4. 除（2）、（3）不成立，其余均成立.

5. （1）$A\overline{B}\,\overline{C}$；（2）$AB\overline{C}$；（3）$ABC$；（4）$A\cup B\cup C$；

（5）$\overline{A}\,\overline{B}\,\overline{C}$；（6）$\overline{AB\cup BC\cup CA}$；（7）$\overline{ABC}$；（8）$AB\cup BC\cup CA$.

6. （1）$A\subset B$；（2）$B\subset A$.

7. （1）$A_1A_2A_3A_4$；（2）$\overline{A_1A_2A_3A_4}$；

（3）$\overline{A_1}A_2A_3A_4 + A_1\overline{A_2}A_3A_4 + A_1A_2\overline{A_3}A_4 + A_1A_2A_3\overline{A_4}$；

（4）$\overline{A_1}A_2A_3A_4 + A_1\overline{A_2}A_3A_4 + A_1A_2\overline{A_3}A_4 + A_1A_2A_3\overline{A_4} + A_1A_2A_3A_4$.

8. （1）该生是三年级男生但不是运动员；

（2）当某系的运动员全是三年级男生时；

（3）当某系除三年级外其他年级的学生都不是运动员时；

（4）当某系三年级的学生都是女生，而其他年级都没有女生时.

9. $\dfrac{99}{392}$.

10. （1）$\dfrac{25}{49}$；（2）$\dfrac{10}{49}$；（3）$\dfrac{20}{49}$；（4）$\dfrac{5}{7}$.

11. （1）$\dfrac{1}{4}$；（2）$\dfrac{5}{8}$.

12. 0.3%.

13. $\dfrac{4}{7}$；$\dfrac{2}{3}$.

14. 0.008 4.

15. 3.45%.

16. $\dfrac{19}{28}$.

17. 0.973.

18. $\dfrac{25}{69}$；$\dfrac{28}{69}$；$\dfrac{16}{69}$.

19. 0.504；0.496.

20. 11 次.

21. 0.010 4.

22.

X	-3	1	2
P	$\frac{1}{3}$	$\frac{1}{2}$	$\frac{1}{6}$

$$F(x) = \begin{cases} 0, & x \leqslant -3, \\ \dfrac{1}{3}, & -3 < x \leqslant 1, \\ \dfrac{5}{6}, & 1 < x \leqslant 2, \\ 1, & 2 < x. \end{cases}$$

23.

X	0	1	2	3	4	5
P	$(0.4)^5$	$5(0.4)^4 0.6$	$10(0.4)^3(0.6)^2$	$10(0.4)^2(0.6)^3$	$5(0.4)^1(0.6)^4$	$(0.6)^5$

24. （1）

X	0	1	2	3	4	5
P	$\frac{1}{243}$	$\frac{10}{243}$	$\frac{40}{243}$	$\frac{80}{243}$	$\frac{80}{243}$	$\frac{32}{243}$

（2）

X	3	4
P	$\frac{2}{3}$	$\frac{1}{3}$

25. （1）

X	1	2	3	$\cdots$	i	$\cdots$
P	$\frac{10}{13}$	$\frac{3}{13} \cdot \frac{10}{13}$	$\left(\frac{3}{13}\right)^2 \frac{10}{13}$	$\cdots$	$\left(\frac{3}{13}\right)^{i-1} \frac{10}{13}$	$\cdots$

（2）

X	1	2	3	4
P	$\frac{10}{13}$	$\frac{3}{13} \cdot \frac{10}{12}$	$\frac{3}{13} \cdot \frac{2}{12} \cdot \frac{10}{11}$	$\frac{3}{13} \cdot \frac{2}{12} \cdot \frac{1}{11}$

（3）

X	1	2	3	4
P	$\dfrac{10}{13}$	$\dfrac{3}{13} \cdot \dfrac{11}{13}$	$\dfrac{3}{13} \cdot \dfrac{2}{13} \cdot \dfrac{12}{13}$	$\dfrac{3}{13} \cdot \dfrac{2}{13} \cdot \dfrac{1}{13}$

26.

X	1	2	3	4	5
P	0.9	0.09	0.009	0.000 9	0.000 1

27. （1）$A = 1$；

（2）$f(x) = \begin{cases} 2x, & 0 < x < 1, \\ 0, & 其他. \end{cases}$

（3）$P\{0.3 < X < 0.7\} = \int_{0.3}^{0.7} 2x \mathrm{d}x = \left[x^2 \right]_{0.3}^{0.7} = 0.4$.

28. （1）0.92；

（2）$x = 57.5$.

29. （1）0.986 1；（2）0.039 2；（3）0.217 7；（4）0.878 8；（5）0.012 4.

30. （1）0.805 1；（2）0.549 8；（3）0.326 4；（4）0.667 8；（5）0.614 7；

（6）0.825 3.

31. （1）0.866 5；（2）0.997 3.

32.

X \ Y	$-1/2$	1	3
-2	1/8	1/16	1/16
-1	1/6	1/12	1/12
0	1/24	1/48	1/48
$1/2$	1/6	1/12	1/12

33.

X	0	$\dfrac{3}{2}$	2
P	$\dfrac{1}{3}$	$\dfrac{1}{3}$	$\dfrac{1}{3}$

Y	-1	1	2
P	$\dfrac{3}{6}$	$\dfrac{1}{6}$	$\dfrac{2}{6}$

34. 0.26.

35. 1.2.

36. 7.15.

37. 27.22.

38. $E(X) = -0.2; E(X^2) = 2.8; E(3X^2 + 5) = 13.4.$

39. $E\left(\frac{1}{4}\pi X^2\right) = \int_a^b \frac{1}{4}\pi x^2 \frac{1}{b-a}\mathrm{d}x = \frac{\pi}{12}(b^2 + ab + a^2)$.

40. 4.

41. （1） $E(Y) = E(2X) = \int_{-\infty}^{+\infty} 2xf(x)\,\mathrm{d}x = 2\left(\int_{-\infty}^0 x\cdot 0\mathrm{d}x + \int_0^{+\infty} x\mathrm{e}^{-x}\mathrm{d}x\right) = 2$；

（2） $E(Y) = E(\mathrm{e}^{-2X}) = \frac{1}{3}.$

42. $E(X + \mathrm{e}^{-2x}) = \frac{4}{3}.$

43. $2\mathrm{e}^2.$

44. 5.208 96.

45. 256.

46. 21.

47. （1） $E(X) = 2; E(Y) = 0$；（2） $E(Z) = -\frac{1}{15}$；（3） $E(Z) = 5.$

48. 2.

49. $\lambda = 1.$

50. $\frac{1}{6}.$

51. 44.

52. $\frac{8}{9}.$

53. $D(X) = 27.5, D(Y) = 15$；乙种型号冰箱比甲种型号冰箱质量更加稳定.

54. $D(X) = 2.5, D(Y) = 0.000\ 25.$

55. （1）

X Y	-1	1
-1	1/4	0
1	1/2	1/4

（2）2.

56. $\mathrm{Cov}(X,Y)=E(XY)-E(X)E(Y)=p-p^2=p(1-p)$,

$$r_{XY}=\frac{\mathrm{Cov}(X,Y)}{\sqrt{DX}\sqrt{DY}}=\frac{p(1-p)}{\sqrt{p(1-p)}\sqrt{p(1-p)}}=1.$$

57.

X	2 000	200	−500
P	0.2	0.5	0.3

Y	800	500	−300
P	0.3	0.4	0.3

$E(X)=350$（万元）,$E(Y)=350$（万元）,$\sigma_X=\sqrt{D(X)}=1\,781.2$,$\sigma_Y=\sqrt{D(Y)}=443.3$,
故应投资购买 B 小区.

58.

X	42	37
P	0.6	0.4

Y	100	−50
P	0.6	0.4

$E(X)=40$（万元）,$E(Y)=40$（万元）,$\sigma_X=\sqrt{D(X)}=2.45$,$\sigma_Y=\sqrt{D(Y)}=73.48$.
因此，应采取决策方案一.

59. 方案一是一个更好的决策，即支付 1 400 元，运走该批货物.

60. 应用期望收益最大原则，比较得出应订购 150（单位）.

61. 损失值矩阵

状态 方案	景气 （0.35）	一般 （0.45）	不景气 （0.2）
方案一	0	0	16
方案二	5	2	8
方案三	10	3	0

期望损失值：$E_1=3.2$,$E_2=4.25$,$E_3=4.85$，用最小机会损失期望准则确定最优方案得方案一，建大仓库.

62. $E_{T_1}=3\,000$,$E_{T_2}=3\,150$,$E_{T_3}=2\,850$，故投资 B 证券.

63. 设开工为方案一，不开工为方案二，由决策树得方案一的平均收益为 6.445 万元，方案一的平均收益为 3.805 万元，故采取方案一开工.

64. 最优决策为立即卖出.

65. 当调查结果为需求量大时，最优方案为引进大型设备；当调查结果为需求量一般时，最优方案为引进大型设备；当调查结果为需求量小时，最优方案为引进小型设备.

习题九答案

一、1. 设生产甲 x t，乙 y t，则所求模型为

$$\max R = 10x + 13y$$

$$\text{s. t.} \begin{cases} 5x + 3y \leqslant 20, \\ 4x + 7y \leqslant 45, \\ x, y \geqslant 0 \end{cases}$$

2. 设在时间（1）（2）（3）分别每月播放 x_1、x_2、x_3 次，在时间（3）每次播放时的观众为 a 人，则一个月的观众数为 $y = 3ax_1 + 5ax_2 + ax_3$，费用为 $z = 400x_1 + 550x_2 + 220x_3$，所

$$\max y = 3ax_1 + 5ax_2 + ax_3 \qquad \min z = 400x_1 + 550x_2 + 220x_3$$

求模型为 $\text{s. t.} \begin{cases} x_1 \leqslant 15, \\ x_2 \leqslant 4, \\ x_1, x_2, x_3 \geqslant 0 \end{cases}$ 和 $\text{s. t.} \begin{cases} x_1 \leqslant 15, \\ x_2 \leqslant 4, \\ x_1, x_2, x_3 \geqslant 0 \end{cases}$

3. 设分别用原料 T_1，T_2，T_3 和 T_4 为 x_1 t，x_2 t、x_3 t 和 x_4 t，则所求模型为

$$\min z = 11.5x_1 + 9.7x_2 + 8.2x_3 + 7.6x_4$$

$$\text{s. t.} \begin{cases} 3.21x_1 + 4.53x_2 + 2.19x_3 + 1.76x_4 \geqslant 3.20, \\ 2.04x_1 + 1.12x_2 + 3.57x_3 + 4.33x_4 \geqslant 2.10, \\ 5.82x_1 + 3.06x_2 + 4.27x_3 + 2.73x_4 \geqslant 4.30, \\ x_1, x_2, x_3, x_4 \geqslant 0 \end{cases}$$

4. 设甲地运往 A，B，C 三地的产品分别为 x_1、x_2、x_3，乙地运往 A，B，C 三地的产品分别为 x_4、x_5、x_6，则所求模型为

$$\min z = 6x_1 + 3x_2 + 5x_3 + 5x_4 + 9x_5 + 6x_6$$

$$\text{s. t.} \begin{cases} x_1 + x_2 + x_3 = 300, \\ x_4 + x_5 + x_6 = 750, \\ x_1 + x_4 = 200, \\ x_2 + x_5 = 450, \\ x_3 + x_6 = 400, \\ x_1, x_2, x_3, x_4, x_5, x_6 \geqslant 0 \end{cases}$$

二、1.

$$\max \bar{z} = -3x_1 - x_2' - 4x_3' + 4x_3''$$

$$\text{s. t.} \begin{cases} x_1 + 2x_2' + 5x_3' - 5x_3'' - x_4 = 0, \\ -2x_1 - x_2' - 3x_3' - 3x_3'' + x_5 = 0, \\ -3x_1 + x_2' = 0, \\ x_1, x_2', x_3', x_3'', x_4, x_5 \geqslant 0 \end{cases}$$

2.

$$\max \bar{z} = -3.6x_1 + 5.2x_2 - 1.8x_3$$

$$\text{s. t.} \begin{cases} 2.3x_1 + 5.2x_2 - 6.1x_3 + x_4 = 15.7, \\ 4.1x_1 + 3.3x_3 - x_5 = 8.9, \\ x_1 + x_2 + x_3 = 38, \\ x_1, x_2, x_3, x_4, x_5 \geqslant 0 \end{cases}$$

三、1. 作以下图

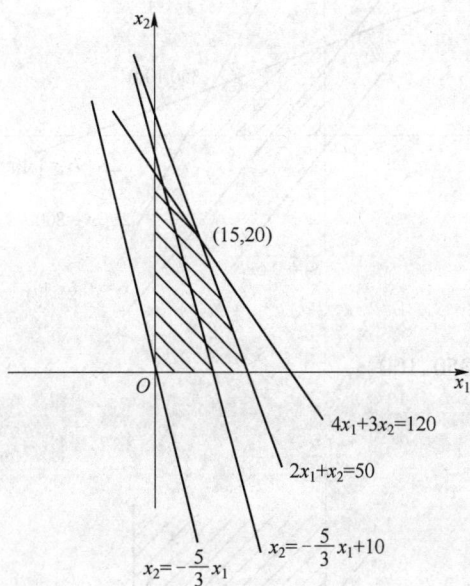

由图解法得最优解为$(15, 20)$.

2. 作以下图

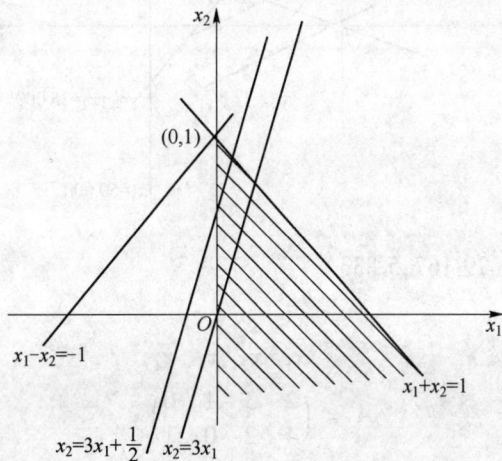

由图解法得最优解为$(0, 1)$.

3. 原约束条件可化为 s.t. $\begin{cases} 2x_1 + x_2 \leqslant 800, \\ 2x_1 + 7x_2 \leqslant 1\,400, \\ x_1, x_2 \geqslant 0, \end{cases}$ 则可画以下图

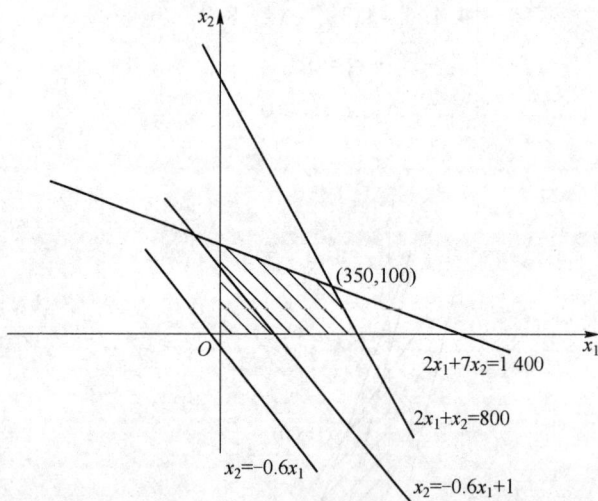

由图解法得最优解为 $(350, 100)$.

4. 作以下图为

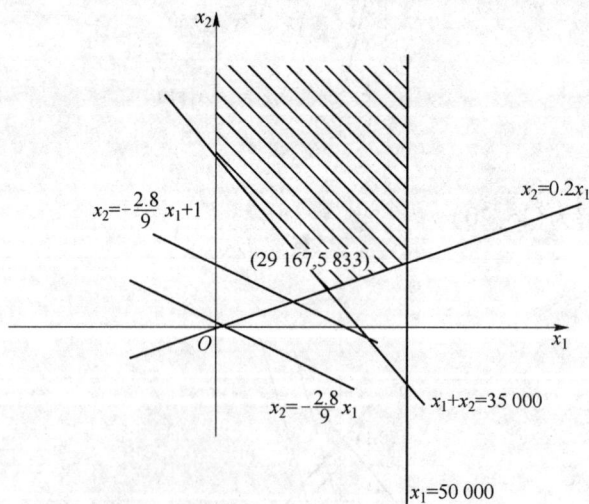

由图解法得最优解为 $(29\,167, 5\,833)$.

四、1. 系数矩阵为

$$A = \begin{matrix} & \begin{matrix} x_1 & x_2 & x_3 & x_4 \end{matrix} \\ & \begin{pmatrix} 2 & 3 & 1 & 0 \\ 4 & 2 & 0 & 1 \end{pmatrix} \end{matrix}$$

所以 X_B 取 x_3，x_4，故初始单纯形表为

C_B	X_B	b	x_1 6	x_2 4	x_3 0	x_4 0
0	x_3	100	2	3	1	0
0	x_4	120	4	2	0	1
OBJ = 0	z_j		0	0	0	0
	$c_j - z_j$		6	4	0	0

迭代如下

序号	C_B	X_B	b	x_1 6	x_2 4	x_3 0	x_4 0	b_i/a_{ij*}
	0	x_3	100	2	3	1	0	50
I	0	x_4	120	(4)	2	0	1	(30)
初始解	OBJ = 0			0	0	0	0	
	$c_j - z_j$			6	4	0	0	

序号	C_B	X_B	b	x_1 6	x_2 4	x_3 0	x_4 0	b_i/a_{ij*}
	0	x_3	40	0	(2)	1	$-1/2$	(20)
II	6	x_1	30	1	1/2	0	1/4	60
	OBJ = 0			6	3	0	3/2	
	$c_j - z_j$			0	1	0	$-3/2$	

序号	C_B	X_B	b	x_1 6	x_2 4	x_3 0	x_4 0	b_i/a_{ij*}
	4	x_2	20	0	1	1/2	$-1/4$	
III	6	x_1	20	1	0	$-1/4$	3/8	
	OBJ = 0			6	4	1/2	5/4	
	$c_j - z_j$			0	0	$-1/2$	$-5/4$	

所以最优解为 $x_1 = 20$，$x_2 = 20$，OBJ = 200.

2. 该线性规划问题的标准形为

$$\max z = 50x_1 + 30x_2 + 0x_3 + 0x_4$$

$$\text{s. t.} \begin{cases} 4x_1 + 3x_2 + x_3 = 120, \\ 2x_1 + x_2 + x_4 = 50, \\ x_1, x_2, x_3, x_4 \geq 0 \end{cases}$$

系数矩阵为

$$x_1 \quad x_2 \quad x_3 \quad x_4$$

$$A = \begin{pmatrix} 4 & 3 & 1 & 0 \\ 2 & 1 & 0 & 1 \end{pmatrix}$$

所以 X_B 取 x_3，x_4，故初始单纯形表为

C_B	X_B	b	x_1 50	x_2 30	x_3 0	x_4 0
0	x_3	120	4	3	1	0
0	x_4	50	2	1	0	1
OBJ = 0	z_j		0	0	0	0
	$c_j - z_j$		50	30	0	0

迭代如下

序号	C_B	X_B	b	x_1 50	x_2 30	x_3 0	x_4 0	$b_i/a_{ij\,*}$
	0	x_3	120	4	3	1	0	30
I	0	x_4	50	(2)	1	0	1	(25)
初始解		OBJ = 0		0	0	0	0	
		$c_j - z_j$		50	30	0	0	

序号	C_B	X_B	b	x_1 50	x_2 30	x_3 0	x_4 0	$b_i/a_{ij\,*}$
	0	x_3	20	0	(1)	1	-2	(20)
II	50	x_1	25	1	1/2	0	1/2	50
		OBJ = 0		50	25	0	25	
		$c_j - z_j$		0	5	0	-25	

序号	C_B	X_B	b	x_1 50	x_2 30	x_3 0	x_4 0	$b_i/a_{ij\,*}$
	30	x_2	20	0	(1)	1	-2	
III	50	x_1	15	1	0	-1/2	3/2	
		OBJ = 0		50	30	5	15	
		$c_j - z_j$		0	0	-5	-15	

所以最优解为 $x_1 = 15$，$x_2 = 20$，OBJ $= 1\ 350$.

3. 该线性规划问题的标准形为

$$\max z = 2x_1 + x_2 + 0x_3 + 0x_4$$

$$\text{s. t.} \begin{cases} 3x_1 + 5x_2 + x_3 = 15, \\ 6x_1 + 2x_2 + x_4 = 24, \\ x_1, x_2, x_3, x_4 \geqslant 0 \end{cases}$$

选择 x_3，x_4 为初始基变量，则迭代如下

c_B	X_B	b	x_1 2	x_2 1	x_3 0	x_4 0	b_i/a_{ij*}
0	x_3	15	3	5	1	0	5
0	x_4	24	[6]	2	0	1	4
	$c_j - z_j$		$\boxed{2}$	1	0	0	

所以选择 x_1 为进基变量，x_4 为出基变量.

c_B	X_B	b	x_1 2	x_2 1	x_3 0	x_4 0	b_i/a_{ij*}
0	x_3	3	0	[4]	1	$-1/2$	$\dfrac{3}{4}$
2	x_1	4	1	1/3	0	1/6	$\dfrac{4}{1/3} = 12$
	$c_j - z_j$		0	1/3	0	$-1/3$	$\min\left\{\dfrac{3}{4}, \dfrac{4}{1/3}\right\} = 3/4$

所以选择 x_2 为进基变量，x_3 为出基变量.

c_B	X_B	b	x_1 2	x_2 1	x_3 0	x_4 0	b_i/a_{ij*}
1	x_2	3/4	0	1	1/4	$-1/8$	
2	x_1	15/4	1	0	$-1/12$	5/24	
	$c_j - z_j$		0	0	$-1/12$	$-7/24$	

所以，最优解为 $\boldsymbol{X} = (x_2, x_1)^{\mathrm{T}} = \left(\dfrac{15}{4}, \dfrac{3}{4}\right)^{\mathrm{T}}$，

故有：$\max z = 2x_1 + x_2 = 2 \times \dfrac{15}{4} + \dfrac{3}{4} = \dfrac{33}{4}$.

4. 该线性规划问题的标准形为

$$\max z = 50x_1 + 100x_2 + 0x_3 + 0x_4 + 0x_5$$

$$\text{s. t.} \begin{cases} x_1 + x_2 + x_3 = 300, \\ 2x_1 + x_2 + x_4 = 400, \\ x_2 + x_5 = 250, \\ x_1, x_2, x_3, x_4, x_5 \geqslant 0 \end{cases}$$

系数矩阵为

$$A = \begin{matrix} & x_1 & x_2 & x_3 & x_4 & x_5 \\ & \begin{pmatrix} 1 & 1 & 1 & 0 & 0 \\ 2 & 1 & 0 & 1 & 0 \\ 0 & 1 & 0 & 0 & 1 \end{pmatrix} \end{matrix}$$

所以 X_B 取 x_3, x_4, x_5 故初始单纯形表为

C_B	X_B	b	x_1 50	x_2 100	x_3 0	x_4 0	x_5 0
0	x_3	300	1	1	1	0	0
0	x_4	400	2	1	0	1	0
0	x_5	250	0	1	0	0	1
OBJ = 0	z_j		0	0	0	0	0
	$c_j - z_j$		50	100	0	0	0

迭代过程如下：第一阶段

C_B	X_B	b	x_1 50	x_2 100	x_3 0	x_4 0	x_5 0	b_i/a_{ij*}
0	x_3	300	1	1	1	0	0	300
0	x_4	400	2	1	0	1	0	400
0	x_5	250	0	(1)	0	0	1	(250)
OBJ = 0	z_j		0	0	0	0	0	
	$c_j - z_j$		50	100	0	0	0	

第二阶段

C_B	X_B	b	x_1 50	x_2 100	x_3 0	x_4 0	x_5 0	b_i/a_{ij*}
0	x_3	50	(1)	0	1	0	−1	(50)
0	x_4	150	2	0	0	1	−1	75
100	x_2	250	0	(1)	0	0	1	—
OBJ = 0	z_j		0	100	0	0	100	
	$c_j - z_j$		50	0	0	0	−100	

第三阶段

C_B	X_B	b	x_1 50	x_2 100	x_3 0	x_4 0	x_5 0	b_i/a_{ij*}
50	x_1	50	(1)	0	1	0	-1	
0	x_4	50	2	0	-2	1	1	
100	x_2	250	0	1	0	0	1	
	OBJ $= 0$ z_j		50	100	50	0	50	
	$c_j - z_j$		0	0	-50	0	-50	

所以最优解为 $x_1 = 50$, $x_2 = 250$, $x_3 = x_5 = 0$, $x_4 = 50$, $z = 27\,500$.

5. 该线性规划问题的标准形为

$$\max z = 2x_1 + x_2 + 0x_3 + 0x_4 + 0x_5$$

$$\text{s. t.} \begin{cases} x_1 + x_3 = 4, \\ 2x_2 + x_4 = 24, \\ 3x_1 + 2x_2 + x_5 = 18, \\ x_1, x_2, x_3, x_4, x_5 \geqslant 0 \end{cases}$$

选择 x_3, x_4, x_5 为初始基变量, 则迭代如下

c_B	X_B	b	x_1 2	x_2 5	x_3 0	x_4 0	x_5 0	b_i/a_{ij*}
0	x_3	4	1	0	1	0	1	$\dfrac{4}{0} = -$
0	x_4	12	0	[2]	0	1	0	6
0	x_5	18	3	2	0	0	0	9
	$c_j - z_j$		2	5	0	0	0	

所以选择 x_2 为进基变量, x_4 为出基变量.

c_B	X_B	b	x_1 2	x_2 5	x_3 0	x_4 0	x_5 0	b_i/a_{ij*}
0	x_3	4	1	0	1	0	0	$\dfrac{4}{1} = 4$
5	x_2	6	0	1	0	1/2	0	$\dfrac{6}{0} = -$
0	x_5	6	[3]	0	0	-1	1	$\dfrac{6}{3} = 2$
	$c_j - z_j$		2	0	0	$-5/2$	0	

所以 x_1 为进基变量，x_5 为出基变量.

c_B	X_B	b	x_1 2	x_2 5	x_3 0	x_4 0	x_5 0	b_i/a_{ij*}
0	x_3	2	0	0	1	1/3	$-1/3$	
5	x_2	6	0	**1**	0	1/2	0	
2	x_1	2	1	0	0	$-1/3$	1/3	
	$c_j - z_j$		**0**	**0**	0	$-11/6$	$-2/3$	

单纯形表得计算结果表明：$\boldsymbol{X}^* = (2,6,2,0,0)^T$ 为最优解.

$$\max z^* = 2 \times 2 + 5 \times 6 = 34$$

6. 先化为标准形：$\max z = 12x_1 + 8x_2 + 5x_3$.

$$\text{s. t.} \begin{cases} 3x_1 + 2x_2 + x_3 + x_4 = 20, \\ x_1 + x_2 + x_3 + x_5 = 11, \\ 12x_1 + 4x_2 + x_3 + x_6 = 48, \\ x_1, x_2, x_3, x_4, x_5, x_6 \geqslant 0 \end{cases}$$

迭代过程如下：第一阶段

C_B	X_B	b	x_1 12	x_2 8	x_3 5	x_4 0	x_5 0	x_6 0	b_i/a_{ij*}
0	x_4	20	3	2	1	1	0	0	20/3
0	x_5	11	1	1	1	0	1	0	11
0	x_6	48	(12)	4	1	0	0	1	(4)
	OBJ = 0	z_j	0	0	0	0	0	0	
		$c_j - z_j$	12	8	5	0	0	0	

第二阶段

C_B	X_B	b	x_1 12	x_2 8	x_3 5	x_4 0	x_5 0	x_6 0	b_i/a_{ij*}
0	x_4	8	0	(1)	3/4	1	0	$-1/4$	(8)
0	x_5	7	0	2/3	11/12	0	1	$-1/12$	21/2
12	x_1	4	1	1/3	1/12	0	0	1/12	12
	OBJ = 0	z_j	12	4	1	0	0	1	
		$c_j - z_j$	0	4	4	0	0	-1	

第三阶段

C_B	X_B	b	x_1 12	x_2 8	x_3 5	x_4 0	x_5 0	x_6 0	b_i/a_{ij*}
8	x_2	8	0	1	3/4	1	0	−1/4	32/3
0	x_5	5/3	0	0	(5/12)	−2/3	1	1/12	(4)
12	x_1	4/3	1	0	−1/6	−1/3	0	1/6	—
	OBJ = 0 z_j		12	8	4	4	0	0	
	$c_j - z_j$		0	0	1	−4	0	0	

第四阶段

C_B	X_B	b	x_1 12	x_2 8	x_3 5	x_4 0	x_5 0	x_6 0	b_i/a_{ij*}
8	x_2	5	0	1	0	11/5	−9/5	−2/5	32/3
5	x_3	4	0	0	1	−8/5	12/5	1/5	(4)
12	x_1	2	1	0	0	−3/5	2/5	1/5	—
	OBJ = 0 z_j		12	8	5	12/5	12/5	1/5	
	$c_j - z_j$		0	0	0	−12/5	−12/5	−1/5	

故最优解为 $x_1 = 2, x_2 = 5, x_3 = 4, x_4 = 0, x_5 = 0, x_6 = 0$，最优值 $z^* = 84$.

五、1. 设生产甲产品 x_1 件，乙产品 x_2 件，则由题意得以下模型

$$\max z = 1\,500x_1 + 2\,500x_2$$

$$\text{s. t.} \begin{cases} 3x_1 + 2x_2 \leqslant 65, \\ 2x_1 + x_2 \leqslant 40, \\ 3x_2 \leqslant 75, \\ x_1, x_2 \geqslant 0 \end{cases}$$

作以下图形

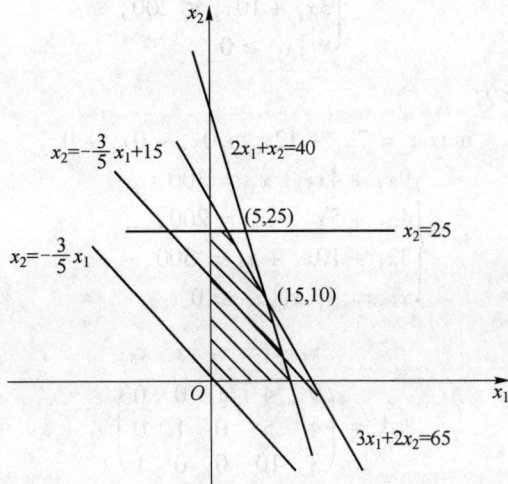

所以由图解法得最优解为 $x_1 = 5, x_2 = 25$，即生产甲产品 5 件，乙产品 25 件时，利润最大.

2. 设租卡车 x_1 辆，农用车 x_2 辆，则由题意得以下模型

$$\min z = 960x_1 + 360x_2$$

$$\text{s. t.} \begin{cases} 8x_1 + 2.5x_2 \geqslant 100, \\ 0 \leqslant x_1 \leqslant 10, \\ 0 \leqslant x_2 \leqslant 20, \\ x_1, x_2 \geqslant 0 \end{cases}$$

作以下图形

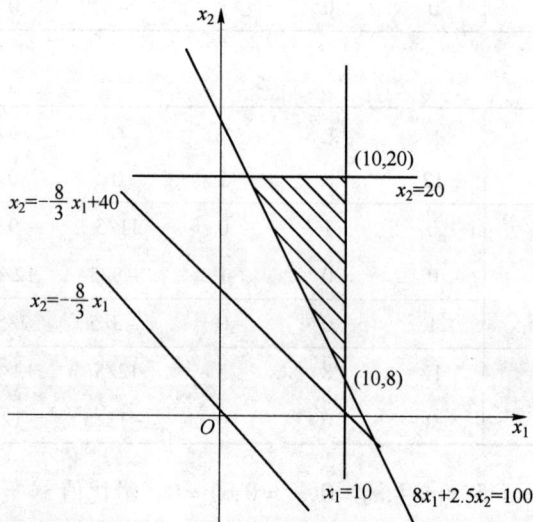

所以由图解法得最优解为 $x_1 = 10, x_2 = 8$，即租卡车 10 辆，农用车 8 辆时，运费最低，最低运费为 12 480 元.

3. 设每天安排生产 A，B 两种产品分别为 x_1 t，x_2 t，则由题意得模型

$$\max z = 7x_1 + 12x_2$$

$$\text{s. t.} \begin{cases} 9x_1 + 4x_2 \leqslant 300, \\ 4x_1 + 5x_2 \leqslant 200, \\ 3x_1 + 10x_2 \leqslant 200, \\ x_1, x_2 \geqslant 0 \end{cases}$$

该线性规划问题的标准形为

$$\max z = 7x_1 + 12x_2 + 0x_3 + 0x_4 + 0x_5$$

$$\text{s. t.} \begin{cases} 9x_1 + 4x_2 + x_3 = 300, \\ 4x_1 + 5x_2 + x_4 = 200, \\ 3x_1 + 10x_2 + x_5 = 300, \\ x_1, x_2, x_3, x_4, x_5 \geqslant 0 \end{cases}$$

系数矩阵为

$$\begin{array}{ccccc} x_1 & x_2 & x_3 & x_4 & x_5 \end{array}$$

$$A = \begin{pmatrix} 9 & 4 & 1 & 0 & 0 \\ 4 & 5 & 0 & 1 & 0 \\ 3 & 10 & 0 & 0 & 1 \end{pmatrix}$$

所以 X_B 取 x_3, x_4, x_5 故初始单纯形表为

C_B	X_B	b	x_1 7	x_2 12	x_3 0	x_4 0	x_5 0
0	x_3	300	9	4	1	0	0
0	x_4	200	4	5	0	1	0
0	x_5	300	3	10	0	0	1
OBJ = 0	z_j		0	0	0	0	0
	$c_j - z_j$		7	12	0	0	0

迭代过程如下:

第一阶段

C_B	X_B	b	x_1 7	x_2 12	x_3 0	x_4 0	x_5 0	b_i/a_{ij*}
0	x_3	300	9	4	1	0	0	300/4
0	x_4	200	4	5	0	1	0	40
0	x_5	300	3	(10)	0	0	1	(30)
OBJ = 0	z_j		0	0	0	0	0	
	$c_j - z_j$		7	12	0	0	0	

第二阶段

C_B	X_B	b	x_1 7	x_2 12	x_3 0	x_4 0	x_5 0	b_i/a_{ij*}
0	x_3	180	39/5	0	1	0	-2/5	900/39
0	x_4	50	(5/2)	0	0	1	-1/2	(20)
12	x_2	30	3/10	1	0	0	1/10	100
OBJ = 0	z_j		18/5	12	0	0	6/5	
	$c_j - z_j$		17/5	0	0	0	-6/5	

第三阶段

C_B	X_B	b	x_1 7	x_2 12	x_3 0	x_4 0	x_5 0	b_i/a_{ij*}
0	x_3	24	0	0	1	-78/25	29/25	
7	x_1	20	1	0	0	2/5	-1/5	
12	x_2	24	0	1	0	-3/25	4/25	
OBJ = 0	z_j		7	12	0	34/25	13/25	
	$c_j - z_j$		0	0	0	-34/25	-13/25	

所以最优解为 $x_1 = 20$，$x_2 = 24$，$x_3 = 24$，$z = 428$，即 A，B 分别生产 20 t 和 24 t 时，使价值最高.

4. 设所购甲、乙两种食物分别为 x kg、y kg，则丙种食物为 $(10 - x - y)$ kg. x、y 应满足线性条件为

$$\begin{cases} 400x + 600y + 400(10 - x - y) \geqslant 4\,400 \\ 800x + 200y + 400(10 - x - y) \geqslant 4\,800 \end{cases} \text{化简得} \begin{cases} y \geqslant 2, \\ 2x - y \geqslant 4 \end{cases}$$

作出可行域如上图中阴影部分.

目标函数为 $z = 7x + 6y + 5(10 - x - y) = 2x + y + 50$，令 $m = 2x + y$，作直线 $l : 2x + y = 0$，则直线 $2x + y = m$ 经过可行域中 $A(3,2)$ 时，m 最小，即 $m_{\min} = 2 \times 3 + 2 = 8$，所以 $z_{\min} = m_{\min} + 50 = 58$. 答：甲、乙、丙三种食物各购 3 kg、2 kg、5 kg 时成本最低，最低成本为 58 元.

5. 设生产桌子 x_1 个，椅子 x_2 个，则由题意得线性规划问题为

$$\max z = 150x_1 + 80x_2$$

$$\text{s. t.} \begin{cases} 4x_1 + 3x_2 \leqslant 180, \\ 2x_1 + x_2 \leqslant 90, \\ x_1, x_2 \geqslant 0 \end{cases}$$

该线性规划问题的标准形为

$$\max z = 150x_1 + 80x_2 + 0x_3 + 0x_4$$

$$\text{s. t.} \begin{cases} 4x_1 + 3x_2 + x_3 = 180, \\ 2x_1 + x_2 + x_4 = 90, \\ x_1, x_2, x_3, x_4 \geqslant 0 \end{cases}$$

系数矩阵为

$$\begin{matrix} x_1 & x_2 & x_3 & x_4 \end{matrix}$$
$$A = \begin{pmatrix} 4 & 3 & 1 & 0 \\ 2 & 1 & 0 & 1 \end{pmatrix}$$

所以 X_B 取 x_3，x_4，故初始单纯形表为

C_B	X_B	b	x_1	x_2	x_3	x_4
			150	80	0	0
0	x_3	180	4	3	1	0
0	x_4	90	2	1	0	1
OBJ = 0		z_j	0	0	0	0
		$c_j - z_j$	150	80	0	0

迭代如下

序号	C_B	X_B	b	x_1 150	x_2 80	x_3 0	x_4 0	b_i/a_{ij*}
	0	x_3	180	(4)	3	1	0	(45)
I	0	x_4	90	2	1	0	1	45
初始解		OBJ = 0		0	0	0	0	
		$c_j - z_j$		150	80	0	0	

序号	C_B	X_B	b	x_1 150	x_2 80	x_3 0	x_4 0	b_i/a_{ij*}
	150	x_1	45	1	3/4	1/4	0	
II	0	x_4	0	0	−1/2	−1/2	1	
		OBJ = 0		150	225/2	75/2	0	
		$c_j - z_j$		0	−65/4	−75/2	0	

所以最优解为 $x_1 = 45, x_2 = x_3 = x_4 = 0, z = 6\,750$.

6. 设生产圆桌 x 只,生产衣柜 y 个,利润总额为 z 元,那么 $\begin{cases} 0.18x + 0.09y \leqslant 72, \\ 0.08x + 0.28y \leqslant 56, \\ x \geqslant 0, \\ y \geqslant 0. \end{cases}$

而 $z = 6x + 10y$.

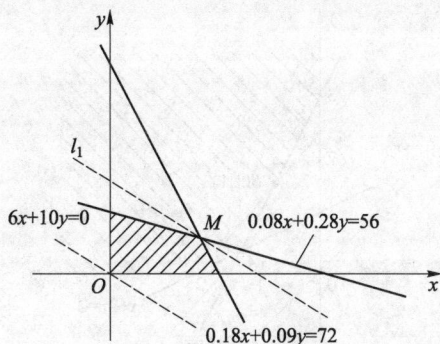

如上图所示,作出以上不等式组所表示的平面区域,即可行域.

作直线 l: $6x + 10y = 0$,即 l: $3x + 5y = 0$,把直线 l 向右上方平移至 l_1 的位置时,直线经过可行域上点 M,且与原点距离最大,此时 $z = 6x + 10y$ 取最大值解方程组 $\begin{cases} 0.18x + 0.09y = 72, \\ 0.08x + 0.28y = 56, \end{cases}$ 得点 M 坐标(350,100). 答:应生产圆桌 350 只,生产衣柜 100 个,能使利润总额达到最大.

7. 设每周需用谷物饲料 x kg,动物饲料 y kg,每周总的饲料费用为 z 元,那么

$\begin{cases} x + y \geqslant 35\,000, \\ y \geqslant \dfrac{1}{5}x, \\ 0 \leqslant x \leqslant 50\,000, \\ y \geqslant 0, \end{cases}$ 而 $z = 0.28x + 0.9y$.

如下图所示，作出以上不等式组所表示的平面区域，即可行域.

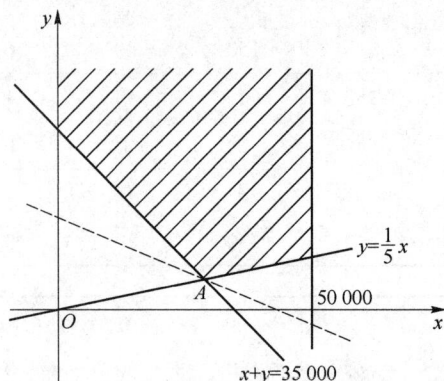

作一组平行直线 $0.28x + 0.9y = t$，其中经过可行域内的点且和原点最近的直线，经过直线 $x + y = 35\,000$ 和直线 $y = \dfrac{1}{5}x$ 的交点 $A\left(\dfrac{87\,500}{3}, \dfrac{17\,500}{3}\right)$，即 $x = \dfrac{87\,500}{3}$，$y = \dfrac{17\,500}{3}$ 时，饲料费用最低.

所以，谷物饲料和动物饲料应按 $5 : 1$ 的比例混合，此时成本最低.

8. 设用甲种规格原料 x 张，乙种规格原料 y 张，所用原料的总面积是 z m^2，目标函数

$$z = 3x + 2y$$

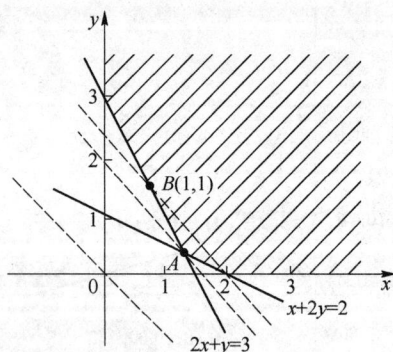

线性约束条件，$\begin{cases} x + 2y \geq 2, \\ 2x + y \geq 3, \\ x \geq 0, y \geq 0. \end{cases}$ 作出可行域. 作一组平等直线 $3x + 2y = t$.

解 $\begin{cases} 2x + y = 3, \\ x + 2y = 2 \end{cases}$ 得 $A\left(\dfrac{4}{3}, \dfrac{1}{8}\right)$.

A 不是整点，A 不是最优解. 在可行域内的整点中，点 $B(1,1)$ 使 z 取得最小值.

$$z\,\min = 3 \times 1 + 2 \times 1 = 5$$

答：用甲种规格的原料 1 张，乙种原料 1 张，可使所用原料的总面积最小为 5 m^2.

六、1.

$$
\begin{pmatrix} 6 & 7 & 11 & 2 \\ 4 & 5 & 9 & 8 \\ 3 & 1 & 10 & 4 \\ 5 & 9 & 8 & 2 \end{pmatrix} \begin{matrix} -2 \\ -4 \\ -1 \\ -2 \end{matrix} \rightarrow \begin{pmatrix} 4 & 5 & 9 & 0 \\ 0 & 1 & 5 & 4 \\ 2 & 0 & 9 & 3 \\ 3 & 7 & 6 & 0 \end{pmatrix} \xrightarrow[\substack{未划掉的各数 -3 \\ 纵横线交叉处元素 +3}]{划掉第2,3行第4列} \begin{pmatrix} 1 & 2 & 6 & 0 \\ 0 & 1 & 5 & 7 \\ 2 & 0 & 9 & 6 \\ 0 & 4 & 3 & 0 \end{pmatrix}
$$

$$
\xrightarrow[\substack{未划掉的各数 -1 \\ 纵横线交叉处元素 +1}]{划掉第3行和第1,4列} \begin{pmatrix} 1 & 1 & 5 & 0 \\ 0 & 0 & 4 & 7 \\ 3 & 0 & 9 & 7 \\ 0 & 3 & 2 & 0 \end{pmatrix} \xrightarrow[\substack{未划掉的各数 -2}]{划掉第1,2,4列} \begin{pmatrix} 1 & 1 & 3 & 0 \\ 0 & 0 & 2 & 7 \\ 3 & 0 & 7 & 7 \\ 0 & 3 & 0 & 0 \end{pmatrix} \rightarrow
$$

$$
\begin{pmatrix} 0 & 0 & 0 & 1 \\ 0 & 0 & 2 & 0 \\ 3 & 0 & 7 & 0 \\ 0 & 3 & 0 & 0 \end{pmatrix} \rightarrow \begin{pmatrix} 0 & 0 & 0 & 1 \\ 0 & 0 & 2 & 0 \\ 0 & 1 & 0 & 0 \\ 0 & 0 & 0 & 0 \end{pmatrix} \rightarrow \begin{pmatrix} 0 & 0 & 0 & 1 \\ 1 & 0 & 0 & 0 \\ 0 & 1 & 0 & 0 \\ 0 & 0 & 1 & 0 \end{pmatrix}
$$

所以当甲完成任务 D，乙完成任务 A，丙完成任务 B，丁完成任务 C 时，用时最少，且等于 $4+1+8+2=15$.

2.

$$
\begin{pmatrix} 2 & 10 & 9 & 7 \\ 15 & 4 & 14 & 8 \\ 13 & 14 & 16 & 11 \\ 4 & 15 & 13 & 9 \end{pmatrix} \begin{matrix} -2 \\ -4 \\ -11 \\ -4 \end{matrix} \rightarrow \begin{pmatrix} 0 & 8 & 7 & 5 \\ 11 & 0 & 10 & 4 \\ 2 & 3 & 5 & 0 \\ 0 & 11 & 9 & 5 \end{pmatrix} \xrightarrow[\substack{未划掉的各数 -3 \\ 纵横线交叉处元素 +3}]{划掉第2行第1,4列} \begin{pmatrix} 0 & 5 & 4 & 5 \\ 14 & 0 & 10 & 7 \\ 2 & 0 & 2 & 0 \\ 0 & 8 & 6 & 5 \end{pmatrix}
$$

$$
\xrightarrow[\substack{未划掉的各数 +2}]{划掉第1,2,4列} \begin{pmatrix} 0 & 5 & 2 & 5 \\ 14 & 0 & 8 & 7 \\ 2 & 0 & 0 & 0 \\ 0 & 8 & 4 & 5 \end{pmatrix} \xrightarrow[\substack{未划掉的各数 -2 \\ 纵横线交叉处元素 +2}]{划掉第3行和第1,2列} \begin{pmatrix} 0 & 5 & 0 & 3 \\ 14 & 0 & 6 & 5 \\ 4 & 2 & 0 & 0 \\ 0 & 8 & 2 & 3 \end{pmatrix} \rightarrow
$$

$$
\begin{pmatrix} 0 & 0 & 0 & 3 \\ 0 & 1 & 0 & 0 \\ 4 & 0 & 0 & 0 \\ 0 & 0 & 2 & 3 \end{pmatrix} \rightarrow \begin{pmatrix} 0 & 0 & 0 & 3 \\ 0 & 1 & 0 & 0 \\ 0 & 0 & 0 & 0 \\ 1 & 0 & 0 & 0 \end{pmatrix} \rightarrow \begin{pmatrix} 0 & 0 & 0 & 0 \\ 0 & 1 & 0 & 0 \\ 0 & 0 & 0 & 1 \\ 1 & 0 & 0 & 0 \end{pmatrix} \rightarrow \begin{pmatrix} 0 & 0 & 1 & 0 \\ 0 & 1 & 0 & 0 \\ 0 & 0 & 0 & 1 \\ 1 & 0 & 0 & 0 \end{pmatrix}
$$

所以当甲翻译俄文、乙译日文、丙完译英文、丁译德文时，用时最少，且等于 $4+4+9+11=28(\mathrm{h})$.

3.

$$
\begin{pmatrix} 89 & 92 & 68 & 81 \\ 87 & 88 & 65 & 78 \\ 95 & 70 & 85 & 72 \\ 75 & 78 & 89 & 96 \end{pmatrix} \xrightarrow{96-a_{ij}} \begin{pmatrix} 7 & 4 & 28 & 15 \\ 9 & 8 & 31 & 18 \\ 1 & 26 & 11 & 24 \\ 21 & 18 & 7 & 0 \end{pmatrix} \begin{matrix} -4 \\ -8 \\ -1 \\ \end{matrix} \rightarrow \begin{pmatrix} 3 & 0 & 24 & 11 \\ 1 & 0 & 23 & 10 \\ 0 & 25 & 10 & 23 \\ 21 & 18 & 7 & 0 \end{pmatrix}
$$

$$
\xrightarrow[\substack{未划掉的各数 -1 \\ 纵横线交叉处元素 +1}]{划掉第3,4行和第2列} \begin{pmatrix} 2 & 0 & 23 & 10 \\ 0 & 0 & 22 & 9 \\ 0 & 26 & 10 & 23 \\ 21 & 19 & 7 & 0 \end{pmatrix} \xrightarrow[\substack{未划掉的各数 -9 \\ 纵横线交叉处元素 +9}]{划掉第4行和第1,2列} \begin{pmatrix} 2 & 0 & 14 & 1 \\ 0 & 0 & 13 & 0 \\ 0 & 26 & 1 & 14 \\ 30 & 28 & 7 & 0 \end{pmatrix}
$$

$$
\xrightarrow[\substack{未划掉的各数 -1}]{划掉第1,2,4列} \begin{pmatrix} 2 & 0 & 13 & 1 \\ 0 & 0 & 12 & 0 \\ 0 & 26 & 0 & 14 \\ 30 & 28 & 6 & 0 \end{pmatrix} \rightarrow \begin{pmatrix} 0 & 1 & 0 & 0 \\ 0 & 0 & 12 & 0 \\ 0 & 26 & 0 & 14 \\ 30 & 0 & 6 & 0 \end{pmatrix} \rightarrow \begin{pmatrix} 0 & 1 & 0 & 0 \\ 0 & 0 & 12 & 0 \\ 0 & 0 & 0 & 1 \\ 1 & 0 & 0 & 0 \end{pmatrix} \rightarrow \begin{pmatrix} 0 & 1 & 0 & 0 \\ 1 & 0 & 0 & 0 \\ 0 & 0 & 1 & 0 \\ 0 & 0 & 0 & 1 \end{pmatrix}
$$

所以 A 参加物理，B 参加数学，C 参加化学，D 参加英语最有利.

4. 添加虚拟人（戊），构造效率矩阵：

$$C = \begin{pmatrix} 10 & 11 & 4 & 2 & 8 \\ 7 & 11 & 10 & 14 & 12 \\ 5 & 6 & 9 & 12 & 14 \\ 13 & 15 & 11 & 10 & 7 \\ 0 & 0 & 0 & 0 & 0 \end{pmatrix} \longrightarrow \begin{pmatrix} 8 & 9 & 2 & 0 & 6 \\ 0 & 4 & 3 & 7 & 5 \\ 0 & 1 & 4 & 7 & 9 \\ 6 & 8 & 4 & 3 & 0 \\ 0 & 0 & 0 & 0 & 0 \end{pmatrix} = C' \longrightarrow \begin{pmatrix} 8 & 9 & 2 & 0 & 6 \\ 0 & 4 & 3 & 7 & 5 \\ 0 & 1 & 4 & 7 & 9 \\ 6 & 8 & 4 & 3 & 0 \\ 0 & 0 & 0 & 0 & 0 \end{pmatrix}$$

从未划去的元素中找最小者：$\min\{4,3,7,5,1,4,7,9\}=1$. 未划去的行减去此最小者 1，划去的列加上次最小者 1，得 C''

$$C'' = \begin{pmatrix} 9 & 9 & 2 & 0 & 6 \\ 0 & 3 & 2 & 6 & 4 \\ 0 & 0 & 3 & 6 & 8 \\ 7 & 8 & 4 & 3 & 0 \\ 1 & 0 & 0 & 0 & 0 \end{pmatrix} \longrightarrow C'' = \begin{pmatrix} 9 & 9 & 2 & 0 & 6 \\ 0 & 3 & 2 & 6 & 4 \\ 0 & 0 & 3 & 6 & 8 \\ 7 & 8 & 4 & 3 & 0 \\ 1 & 0 & 0 & 0 & 0 \end{pmatrix}$$

从而得到最优指派矩阵：

$$X^* = \begin{pmatrix} 0 & 0 & 0 & 1 & 0 \\ 1 & 0 & 0 & 0 & 0 \\ 0 & 1 & 0 & 0 & 0 \\ 0 & 0 & 0 & 0 & 1 \\ 0 & 0 & 1 & 0 & 0 \end{pmatrix}$$

指定甲做工作 4，乙做工作 1，丙做工作 2，丁做工作 5，从而最小耗时为

$$z = 2 + 7 + 6 + 7 = 22$$

参考文献

［1］吴传生. 经济数学——概率论与数理统计［M］. 北京：高等教育出版社，2015.

［2］吴传生. 经济数学——线性代数［M］. 北京：高等教育出版社，2015.

［3］韩旭里，谢永钦. 概率论与数理统计［M］. 上海：复旦大学出版社，2009.

［4］师亚萍，李小琴. 财会数学［M］. 广州：广东高等教育出版社，2014.

［5］周誓达. 线性代数与线性规划［M］. 北京：中国人民大学出版社，2005.

［6］卢刚. 线性代数［M］. 北京：高等教育出版社，2003.

［7］吴赣昌. 概率论与数理统计（经济类）［M］. 北京：中国人民大学出版社，2011.

［8］赵凤治. 线性规划计算方法［M］. 北京：科学出版社，2019.

［9］戴维·C. 雷，史蒂文·R. 雷. 线性代数及其应用［M］. 北京：机械工业出版社，2018.

［10］何书元. 概率论［M］. 北京：北京大学出版社，2015.